KB126435

동기간

동기간

성과 폭력

줄리엣 미첼 | 이성민 옮김

도서출판 b

| 일러두기 |

- 원문에서 이탤릭으로 강조된 부분은 고딕체로 표기했다.
- 각주에서 대괄회[ ]는 옮긴이의 것이다.

차 례

삽화 목록 ···················· 6
옮긴이 서문 ················· 7
감사의 말 ··················· 13
서문 ························· 15

1. 동기와 정신분석: 개관····*27*
2. 오이디푸스는 누이가 있었나?····*71*
3. 누이-오라비/오라비-누이 근친상간 ····*109*
4. 옆으로 보기: '한 아이가 매 맞고 있어요'····*145*
5. 젠더와 성적 차이의 차이····*187*
6. 누가 내 의자에 앉아 있었던 거지?····*213*
7. 애착과 모성 박탈: 존 보울비는 어떻게 동기를 놓쳤는가?····*245*
8. 우리 자신의 시대에: 성욕, 정신분석, 그리고 사회 변화····*273*
9. 결론: 동기들, 그리고 젠더의 생성····*303*

참고 문헌 ················· 353
색인 ······················ 367

| 삽화 목록 |

<작센의 시빌라, 에밀리아, 시도니아 공주>, 대 루카스 크라나흐 _18
<아벨을 살해하는 카인>, 파울 루벤스 _60
<두 자매> _78
<오이디푸스와 스핑크스>, 귀스타브 모로 _106
<브론테 자매>, 패트릭 브랜웰 브론테 _118
<지그문트와 지글린데>, 아서 래컴 _138
<대공 막시밀리안 2세, 페르디난트 2세, 그리고 요한>, 야콥 자이제네거 _169
<매튜 데커 준남작의 딸들>, 얀 반 마이어 _188
<헤니지 로이드와 그의 누이>, 토머스 게인즈버러 _244
<헤르메스, 헤르세, 아글라우로스>, 파올로 베로네세 _287
<콜몬들리 자매>, 영국 화파 _300
<쌍둥이>, 더피 에어즈 _335

영국의 정신분석학자 줄리엣 미첼은 『정신분석과 여성주의』(1974)라는 저서를 통해 여성주의 안으로 정신분석 이론을 도입한 것으로 유명하다. 미첼은 1940년 뉴질랜드에서 태어났으며, 44년에 영국으로 이주해서 살았다. 본 번역서를 읽다보면 뉴질랜드에서 아기였을 때 어머니가 자신을 숲으로 데려간 일화가 등장하기도 한다.

히스테리 연구를 통해 측면 관계의 중요성에 주목하게 된 미첼은 2003년 『동기간』이라는 책을 '성과 폭력'이라는 부제를 달고 출간했다. 알다시피 정신분석의 '영원한' 주제는 오이디푸스 콤플렉스적인 것이며, 아버지-어머니-아이의 삼각형 구조다. 이 책에서 미첼은 기존의 정신분석이 수직적 관계와 수직적 이해방식만을 알고 있을 뿐이라고 비판하며, 정신분석에 측면적 관계와 관점을, 즉 동기간의 문제를 도입하려고 시도한다.

실제로 지금까지의 정신분석은 부모와 자식의 관계를 중심에 놓고 환자의 심적인 현실에 접근해왔다. 부모 가운데서도 처음에는 아버지가 중요했다. 하지만 세계대전을 겪으면서 존 보울비나 멜라니 클라인 같은 이론가들은 어머니를 강조하기 시작했으며, 이에 대한 반동으로 라캉은 다시금 상징적 아버지를 강조했다. 하지만 이 모든 이론가들은 측면적이고 수평적인 형제자매 관계에는 관심을 기울이지 않았다. 미첼은 이와 같은 이론적 공백을 문제로 삼으면서, 동기간과 또래집단의 독자적 중요성에 주목하기 시작했다.

미첼의 논적 가운데 한 명은 유명한 여성주의자 페이트먼이었다. 페이트먼은 서양의 근대를 정초한 자유, 평등, 우애 가운데 우애=형제애가 본질적으로 가부장적인 것이라고 주장했다. 미첼은 서양 사회의 토대인 사회적 형제애가 남성 지배적이긴 하지만 수직적인 가부장제는 아니라고 반박한다. 그러고는 동기간 가운데 남자 동기간인 형제 관계가 아니라 동기간 그 자체에, 측면적 관계 그 자체에 주목해야 한다고 말한다. 새로운 사회를 위한 새로운 관계적 자원으로서 말이다. 미첼은 집단심리학이 아버지나 어머니를 중심축으로 두는 수직적 집단 구성 원리보다는 오히려 동기간과 또래집단에 주목해야 한다고 본다. 미첼에 따르면, 동기간은 부모와 자식의 관계에 대해서 상대적 독립성을 갖는다.

내가 이 책을 만난 건 우연이 아니다. 우연이라고 말해버리고 싶은 때가 인생에서 종종 있는 법이지만 말이다. 몇 가지 고민이 이 책을 붙잡게 했다. 나는 새로운 인간관계적 자원으로 우리 아시아인에게 익숙한(그리고 불행히도 정치적으로나 미시적 삶 속에서나 여전히 유효한) 권위주의적인 수직적 자원 말고 다른 무엇이 있을까를 고민하고 있었다. 권위주의에 대한 저항 말고는 아무것도 알지 못하게 된 아나키즘적 자원의 불모성을 이미 잘 알고 있는 상태에서 말이다. 이때 내 생각은 이러한 것이었다. 수직적 관계의 소멸을 원하면서도 어쩌면 우리를 반응하게 만드는 걸로는 그래도 그것밖에 모르겠어서, 측면적/수평적 관계에서 우리는 오히려 방법을 상실하고 있는 게 아닐까? 서양에서 아나키즘을 지탱하는 측면적 자원은 프랑스혁명의 슬로건에 들어 있는 그 유명한 사회적 형제애, 즉 우애다.

이런 고민을 하던 가운데 나는 무엇보다도 남녀 관계의 황폐화에 대한 대안을 곧바로 남녀 관계에서 찾아야 하지 않겠냐는 생각도 가지고 있었다. 배타적인 형제애 말고 남매애가 공동체나 사회를 위한 새로운 대안적 자원일 수도 있겠다고 생각한 것도 그 무렵이다. 다만 아무런 개념적 지도도 없이 착상으로 머문 채 말이다. 그러다가 나는 줄리엣 미첼의 이 책『동기간: 성과 폭력』을 찾아냈다. 나는 미첼이 이미 중요한 개념들을 가다듬고 있다는 사실을 알게 되었고, 그래서 이 책을 번역하지 않을 수 없었다.

미첼을 읽고 나서, 이제 한 가지를 더 이야기할 수 있다. 오늘날 새로운 세대의 어린 시절에서는 가족 내 동기간 경험이 극적으로 축소되고 있다. 또한 길거리나 운동장에서 늦게까지 뛰어놀던 또래 경험도 사라졌다. 반면에 우리가 살고 있는 공동체와 사회에서는 분명 측면 관계에서 유래하는 것처럼 느껴지는 현상들이 증대하고 있다. 섹스가 아닌 젠더와 퀴어의 사회적 분출도 그러하며, 여자에 대한 일베적 혐오도 그 진원지를 (라캉이나 보울비, 멜라니 클라인처럼 수직적 관계를 강조하는 이론가들이 진단하는 것과는 달리, 부성적이거나 모성적인 몰기능이 아니라) 동기와 또래 관계에 두고 있다. 오늘날 우리 사회가 환호나 근심으로 목격하고 있는 현상들, 친밀성 차원에서 발생하면서도 결코 사적 영역에 머물고 있지 않은 긍정적이거나 부정적인 현상들은 그 주된 뿌리를 측면적 관계에 두고 있다.

2012년에 번역되어 출간된 티나 로젠버그의『또래압력은 어떻게 세상을 치유하는가』역시 측면 관계의 실질적 중요성에 주목하는 선구적인 저술이다. 번역 상태만 좋다면, 오늘날 인간 세계와 공동체의 미래를 걱정하는 누구나 읽어야 할 필독서가 바로 로젠버그의 책이다. 반면에 미첼의 이 책은 정신분석이라는 이론적 배경 없이 읽어내기 쉽지 않은 책이다. 따라서 나는『동기간』이 우선은 학자들과 전문가들에게 널리 읽히기를 바라며, 이 책에 산재하는 미첼의 이론적 착상들이 다른 학자들의 이어지는 연구를 통해 좀 더 전개되고 체계화되기를 기대한다.

추세에 민감하지 않을 수 없는 비평가들은 이 책에서 마르지 않는 이론적 자원을 발견할 수 있을 것이다. 미첼이 우리에게 제시하는 것은 가령 푸코, 들뢰즈, 라캉, 지젝, 바디우, 랑시에르, 가라타니 다음으로 올 '미첼'이 아니다. 오히려 측면적=수평적 관점을 철저하고도 세심하게 습득한 한 학자가 이 세상의 거의 모든 것들에 대해 새롭게 제시하는 통찰들이며, 미첼의 말처럼 그것들은 '잡는 사람이 임자'다.

일반적 독자들이나 학생들의 경우도 어려운 책을 읽어내는 수고를 마다하지 않는다면 이 책에 얻을 것이 없지는 않을 것이다. 그동안 위아래만 바라보고 살았다면 말이다.

번역 용어에 대해서 한 가지 일러둘 것이 있다. 정신분석 문헌들은 '사이코패스'의 문제를 잘 다루지 않았다. 그래서 'psychosis'와 'psychopathy'의 구분도 크게 부각되지 않았다. 하지만 이 책에서는 'psychosis'에 못지않게 'psychopathy'도 중요하게 취급된다. 그래서 이 둘의 번역에서 좀 더 견고한 구분이 요청된다. 'psychosis'는 통상 '정신병'으로 번역되고 있으나, '신경증'과 '도착증'에 맞추어 '정신증'으로 번역하는 사례가 있었다. 'psychopathy'에는 '정신병질'이라는 번역어가 있으나, 'psychophath'라는 관련어의 경우 '사이코패스'라는 음역이 더 익숙하다. 음역을 택해야 할 정도로 사태가 궁핍하지 않다는 판단하에, 역자는 최종적으로 좀 다른 선택을 했다. 즉 'psychosis'를 '정신증'으로 번역하고 'psychopathy'를 '정신병'으로 번역하기로 했다. 관련어를 포함해서 다음과 같은 대조표를 제시한다.

psychosis: 정신증   psychotic: 정신증자

psychopathy: 정신병   psychopath: 정신병자

sociopathy: 사회병

　책을 한 권 번역하다 보면 도움을 받아야 하는 일이 늘 발생한다. 미첼이 참조하는 오래된 문헌들을 구하지 못해 쩔쩔매고 있을 때, 미국에 머물고 있는 나의 친구이자 해양과학자 박숭현 선생은 그곳 도서관에서 그 문헌들을 찾아 전송해주었다. 단비와도 같은 고마운 선물이었다. 초역이 끝나고 몇 가지 해결하지 못한 문제를, 저자만이 해결해줄 수 있는 문제를 해결해준 미첼에게도 감사한다. 존경하는 나의 친구 이신철 선생은 내가 나의 작업을 사실상 끝냈다고 생각했을 때 정교한 교정 작업을 나에게 선사했으며, 이로써 나는 자존심이 상하는 약간의 기쁨을 경험했다. 상한 자존심만큼 고마움을 돌려주겠다.

　도서출판 b의 조기조 대표는 책이 나올 때마다 감사의 말에서 자신이 언급되는 일이 이제는 좀 지겨워졌다는 생각을 감추지 못한 적이 있다. 그래서 따로 감사의 말을 하지 않겠다. 하지만 출판사의 김장미, 백은주 두 분에게는 소용없어진 그 분량을 따로 챙겨놓은 것들에 보태어 틀림없이 전한다.

2015년
이성민

감사의 말

앤 본, 존 콘웰, 수잔 크로스, 잭 구디, 보그단 레스닉, 캐럴 롱, 폴리 로스데일, 존 톰슨, 리사 영에게 감사한다. 그리고 케임브리지 지저스 칼리지와 그곳 연구원들의 지성적이고 물질적인 관대함에 감사한다.

이 책의 몇몇 장의 초기 판본들은 런던의 프랑스연구소, 베를린, 런던, 스톡홀름의 정신분석 연구소들, 런던정치경제대학, 에식스대학교, 플로리다주립대학교, 가나대학교, 류블랴나대학교, 런던대학교, 스톡홀름대학교, 피렌체의 유럽대학연구소 역사문명과, 런던과 케임브리지의 집단분석연구소, 나폴리의 철학연구소, 런던의 현대미술연구소를 포함한 여러 장소에서, 그리고 영국 정신치료사 협회, 런던 정신치료센터를 대상으로, 그리고 2001년 존 보울비 기념 학술대회에서 강연 혹은 강연 일부로서 제공되었다. 4장 일부는 『정신분석 연감(Jahrbuch der Psychoanalyse)』 43권(Frommann-Holzboog, 2001)에 「'옆으로 보기': 정신분석과 동기관계의 문제('Seitwärts schauen': Die Psychoanalyse und das Problem der Geschwisterbeziehung)」로서 출간되었다.

13

모든 사람은 태어날 때부터 자유로우며 존엄과 권리에서 평등하다. 모든
사람은 이성과 양심을 부여받았으며 서로에게 형제애의 정신으로 행동해
야 한다.

— 세계 인권선언 제1조 (1948)

　최근의 분석은 남자들의 형제애 속에서, 특히 현대 서양 사회의 사회계
약을 특징짓는 우애의 이상 속에서 여자의 부재를 지적해왔다. 형제애는
가부장제의 얼굴 중 하나로 간주되어 왔다.[1] 나 자신의 견해는 이렇다.
비록 형제애가 남성 지배의 한 측면이기는 하지만, 그럼에도 그것은 중요
하게 다르다 — '형제애'를 가부장제로 흡수하는 것은 측면적인(lateral)
것을 생략하는 대가를 치르면서 모든 것이 수직적 이해들(vertical under-
standings)로 종속되는 방식의 예증이다. 실로 나는 이 '수직화'야말로 (성

---

[1] [미첼은 여기서 캐럴 페이트먼의 견해를 염두에 두고 있는 것 같다. 9장을
　　볼 것.]

15

차별주의를 포함해서) 형제애의 이데올로기들이 보이지 않게 작용할 수 있게 해주는 주된 수단일 수도 있겠다고 생각하게 되었다.

처음에 나는 『미친 남자와 메두사: 히스테리 되찾기와 동기관계가 인간 조건에 미치는 효과』(2000a)로 출간된 히스테리 연구를 통해 동기의 중요성에 이끌렸다. 그 이후로 나는 '동기를 생각하기'가 겉보기에 결코 끝날 것 같지 않은 일련의 물음들로 이어지는 것을 발견했다—한층 더 심화된 분석을 위한 자료. 나는 당연히 외동아이에 대해 알고 있다. 사정이 바뀔 수도 있겠으나 확실히 지금까지 세계의 역사에서 우리 모두는 여동기나 남동기를 가지고 있거나 가질 것으로 기대하며, 이는 심적으로나 사회적으로 중요하다. 그리고 어떤 복잡한 방식으로 또래가 동기를 대체한다. 물론 모든 사람들이 언제나 동기의 중요성을 알고 있었다. 하지만 동기를 모든 사람의 현실적이거나 잠재적인 병리학에 연결시키는 것, 우리의 사랑과 삶, 증오와 죽음에 연결시키는 것은 탐구의 풍요로운 광맥을 열어놓는다.

이 책은 정신분석가로서의 나의 임상적 자료가 데려다준 두 번째 중간 역이다(『미친 남자와 메두사』가 첫 번째였다). 하지만 이 역으로부터 나오는 여러 선로들은 관찰이나 '실험'이나 허구적 창조물이나 그 밖에 다른 수단들을 통해 인간 사회를 연구하는 모든 분야들에서 다양한 장소들로 이어진다. 내가 정치, 젠더연구, 소설, 영화, 인류학 등등을 경유하여 일화에서 신경정신의학에 이르는 다양한 원천들을 사용하는 것은 학제간 연구에 대한 교조적인 전념의 결과가 아니라 단순히 탐구되고 있는 대상을 그려내고 이해하는 데 도움이 된다면 가능한 무엇이건 이용할 필요가 있다고 믿기 때문이다. 따라서 여기서 전개되는 반성들과 명제들은, 그것들의 기초에 있는 오래되고도 깊은 임상적 교환들처럼, '잡는 사람이 임자'다. 그것들은 확증될 수도 있고 세공될 수도 있고 거부될 수도 있다. 그 어떤 응답이건 우리에게 다르게 볼 것을 요청하는 이 장(場)에서 무언가를 덧붙인다. 그리하여 이 책은 희망컨대 대화의 일부인 것이다.

1920년대에 뜨거운 논란거리가 된 한 유명한 대화에서[2] 인류학자 브로니슬라브 말리노프스키는 남녀 동기간에서의 허용과 금지가 부모와 아이 사이에서의 허용과 금지보다 더 중요할지도 모른다고 주장했다. 지도적인 정신분석가였던 어니스트 존스는 강력하게 반대했다. 존스는 모든 인간 문화의 구축에서 아이-어머니 근친상간과 아이-아버지 살해에 대한 토템과 터부(이른바 오이디푸스 콤플렉스)의 보편적 중심성을 주장했다. 논쟁은 해소되지 않았지만 모든 사회과학들에서 일반적 경향은 다른 모든 것에 비해서 아이와 부모의 수직적 관계를 — 특히 1920년대 이후로는, 아기와 어머니의 관계를 — 대단히 특권화하는 것이었다. 이러한 강조는 얼마나 종족중심적[3]일 수 있겠는가? 얼마나 이것은 누구나 알고 있는 것(동기의 중요성)을 무시하면서 존재하는 이데올로기적 처방에 복무하는 분석일 수 있겠는가? 최근에 프랑스 남부의 내가 잘 아는 작은 마을에서 나와 함께 자기의 어린 딸들에 대해 의논하던 한 친구가 이런 의견을 내놓았다. '물론 길게 보면 아이들은 내가 그들에게 중요한 것보다 훨씬 더 서로에게 중요하지. 결국 아이들은 평생 동안 서로를 알고 지낼 테니까.'

동기에 대한 우리의 무시는 역설적이게도 인간 경험의 형성적 부분으로서, 성인기를 희생하면서 아동기를 강조해왔던 것의 일부다. 이러한 경향성은 서양 세계의 17세기에 시작된다(Ariès, 1962). 그 이후로 그것은 추동력을 모아 19세기와 20세기에 강화되기에 이른다. 하지만 아이를

---

2 | [직접 대화를 했다는 뜻은 아니다. 말리노프스키와 존스는 글을 통해 논쟁했다.]

3 | [ethnocentric. '종족중심적'으로 번역한 이 말은 맥락상 '서양중심적'이라는 뜻이다. 이 책에서 앞으로 몇 차례 더 등장하는 이 표현은 모두 그 뜻으로 사용된다. 덧붙여 미첼이 사용하는 '우리'는 거의 언제나 '우리 서양인'으로 읽어야 한다.]

〈작센의 시빌라, 에밀리아, 시도니아 공주〉 대 루카스 크라나흐 (1535), 빈 미술사 박물관

연구하는 사람들은 물론 어른이며, 그 결과 부모-아이의 수직적 관계가
탐구 방식 안에 복제된다. 정신분석의 경우 분명 그렇다. 정신분석은 부모
에 대한 아이의 감정이 성인 치료사라는 인물로 '전이'되는 것을 중심적인
탐구 방식으로 사용한다. 남동기와 여동기에 대한 말리노프스키의 강조는
어머니 남동기의 중요성으로 이해되었다. 다시 말해서 그것은 측면성의
관심사가 아니라 출계(descent)의 문제로 '수직화'되었다.

말리노프스키에 따르면, 80년 전 트로브리안드인들 사이에서 아이-부
모 관계는 애정 어린(affectionate) 관계였으며, 유아의 욕망으로서건 부모
의 학대로서건 그 어떤 성욕화의 암시도 거의 없었다. 남매간의 관계는
금지된 영역이었다.

무엇보다도 아이들은 자신들의 사랑 문제에서 전적으로 자유롭다. 부모의

간섭이 전혀 없을 뿐 아니라, [성인] 남자나 여자가 아이들에게 도착적인 성적 관심을 갖는 일도 거의 없다. … 아이와 성적인 놀이를 한 사람은 우스꽝스럽고 역겨운 자로 간주될 것이다. … 이른 나이부터 같은 어머니의 남매는, 그들 간의 모든 친밀한 관계를 금하는 엄격한 터부에 따라서, 서로 분리되지 않으면 안 된다. (Malinowski, 1927: 57[4])

동기 사랑에 대한 완강한 금지는 아주 어린 아이에 의해서도 이미 내재화되었지만, 금지 자체는 정신분석이 부모와의 관계에서 그토록 잘 기술한 심적 조건을 산출한 것 같다 — 금지는 무의식적으로만 존재하는 바로서의 욕망들을 창조하는 억압을 수립한다. 그와 동시에, 부모와의 애정 어린 유대와 터부화된 남매 관계는 말리노프스키가 '아이들의 공화국'이라고 부르는 것의 형성에 의해 사회적으로 지지된다. 아이들은 놀이를 통해서 탐구, 성적 탐색, 사회적 조직화, 난폭한 감정의 통제가 — 모두 어른의 간섭 없이 — 일어나는 (누이나 오라비가 언제나 배제되는) 사회적 집단들을 형성한다.

말리노프스키의 자료를 읽고 몇 가지 생각이 떠오른다. 그 자료는 성욕과 재생산을 분리하는 5장의 제안을 확증한다. 더 나아가 그것은 왜 우리가 생물학적 부모를 그토록 강조하는지에 의문을 제기한다. 존스는 트로브리안드인들이 생물학적 아버지보다는 사회적 아버지를 인정할 때 부인(denial)의 상태에서 살고 있다고 정력적으로 주장했다.[5] 말리노프스키가 응답하기를, 아이들의 공공연한 성적 놀이는 재생산으로 이어지지 않으며

---

4 | [브로니슬라브 말리노프스키, 『미개사회의 성과 억압/문화의 과학적 이론』, 한완상 옮김, 삼성출판사, 1982, 87쪽.]

5 | [Ernest Jones, 'Mother-Right and Sexual Ignorance of Savages', in *Essays in Applied Psychoanalysis*, vol. 2, ed. Ernest Jones, London: The Hogarth Press, 1951, p. 162.]

따라서 트로브리안드인들이 일정한 혼인상의 지위와 그 조건들이 놓여 있지 않다면 성욕과 생식(procreation)을 연결하지 않는 것은 아주 자연스러운 일이다 — 그런데 이는 부성의 생물학적인 의미보다는 사회적인 의미를 산출한다. 이로 인해서 나는 생물학적 부성의 중요성을 우리가 당연한 것으로 여긴다는 사실을 고찰하게 된다. 다시금, 내 생각에 우리는 사회적 동기성(siblinghood)의 위치에서 바라보는 것이 생물학적 부모성(parenthood)에 어떤 다른 관점을 제공한다는 것을 발견한다.

우리는 사회적 아버지 대 생물학적 아버지에 관한 논쟁에 빠져들 필요가 없다 — 양자 모두는 특정한 사회-역사적 조건들 속에서 나온다. '자연적' 부성의 배타적 중요성에 대한 '보편적' 강조처럼 보이는 것은 실상 '자유, 평등, 그리고 우애' — 즉 이른바 '남자의 형제애' — 를 중심으로 조직화된 서양 사회의 유표적 특징이라고 나는 제안한다. 프로이트는 모성에서와 같은 부모임의 물질적 증거가 없이 생물학적 아버지의 역할을 받아들이는 데 필요했던 지적인 비약이 인간의 관념적 진보에서 하나뿐인 가장 위대한 성취를 구성한다고 명시적으로 생각했다.[6] 그렇지만 이러한 비약이 불필요했던 것은 트로브리안드인만이 아니다. 우리는 쟁점을 반대로 바라볼 필요가 있다. 즉 생물학적 부모는 언제 그리고 왜 우리에게 그토록 중요해지는가? 역사는 한결같지 않은 것이다. 가령 생물학적 어머니는 2차 세계대전 이전까지 가난한 노동계급 아이에게 중요하게 여겨지지 않았다. 상층계급 어머니도 비슷하다. 현 영국 여왕과 그녀의 며느리 다이애나 사이에 있었던 최초의 불화 가운데 하나는 다이애나의 어린 아이 윌리엄이 어머니와 함께 호주 여행을 가서는 안 된다는 여왕의 주장을 둘러싸고 발생했다.

---
6 | [프로이트, 「인간 모세와 유일신교」, 『종교의 기원』, 이윤기 옮김, 열린책들, 2003, 398-399쪽.]

생물학적 아버지를 유일하게 가능한 아버지라는 추상적 관념으로 개념화하는 것으로의 소위 그 비약을 위한 한 가지 중요한 계기는 17세기 말 부권론자와 계약론자 사이에 벌어진 논쟁이다(9장). 생물학적 부모가 그 논쟁의 의식적 논점이라는 게 아니다. 오히려 논란이 된 가족 개념들 안으로 생물학적 부모를 끌고 들어와 읽어내는 게 흥미롭다는 것이다. 부권론자에게, 악명 높게는 로버트 필머 경에게, 아버지는 가족의, 따라서 사회의 유일한 부모였다 ── 가족은 사회의 소우주였다. (18세기까지 어머니는 아버지의 씨를 위한 운반수단에 불과하다고 간주되었다(Hufton, 1995).) 나의 최초 독서가 제시하는 바에 따르면 계약론자에게서 사적인 것과 공적인 것이라는 새로운 구분은 생물학적 부모가 '사적인' 것의 중심에 있다는 생각에 의존하고 있었다. '자연'이 사회의 토대인(부권론자) 대신에, '자연적-생물학적'인 것은 정치체 내부에 있지만 정치체와는 분리된 사적 영역에 해당한다. '자연'은 어떤 개념의 변이를 표지하는 단어들 중 하나다: 자연적인 것은 가장 기본적인 관계인 동시에 불법적인 ── 사회화되지 않은 자연에 속하는 ── 것이다. 셰익스피어가 글로스터 백작으로 하여금 그의 '적자 에드거'를 서자('자연적') 아들 에드먼드와 비교하게 할 때('저 잡놈을 인정해야겠지요[7]'), 마치 그는 법 안에서 생물학의 자리가 새롭게 강조되고 있는 것을 가리키고 있는 것도 같다.

생물학적 부성의 막중함은 아내가 아이의 어머니라는 것을 알 필요성을 설명한다고 주장한 것은 프로이트만이 아니다. 엥겔스도 그렇게 주장했고 실로 '근대기'의 부상과 더불어 '모두'가 그렇게 주장했다. 생물학적 친족관계의 지고함은 아마도 사회계약의 핵심적인 이데올로기적 가정일 것이다 ── 그것은 이전에 여자들을 정치체 외부에 있는 것으로 설명하고 봉쇄했던 '자연상태'를 대체한다. 계약이론 안에서 생물학적 부성과 모성

────
7 | [윌리엄 셰익스피어, 『리어 왕』, 최종철 옮김, 민음사, 2005, 14쪽.]

은 사회 안에 자연을— 손댈 수 없는 것, 접근금지, 맨 밑바닥의 변경
불가능한 고립영토(enclave)로서 — 놓는 것이다. 그리하여 그것의 중요
성을 인정하지 않는 것은, 존스의 주장에 따르면, 망상적 부인에 의지하는
것이다. 서양의 관점에서 존스는 옳다. 하지만 형제자매의 생물학적 근접
성과 부성의 사회적 의미에 관심을 갖는 사회의 관점에서는 그렇지 않다.

한편으로 사회적 부모성과 생물학적 동기성, 그리고 다른 한편으로
사회적 동기성과 생물학적 부모성은 거의 이렇게 조율된 쌍들로 가는
것만 같다. 계약이론의 사회적 형제애에 주로 기반하고 있는 사회들에
대한 사유에서 부모성이 생물학적인 것으로서 구축된다면, 생물학적 동기
관계는 사회적 조직화— 막중한 사회적 형제애의 창조— 에서 구조적
계기로서 구축되지 않는다. 생물학적 동기성에서 사회적 중요성의 이러한
부재는 우리가 동기간 학대의 정도와 중요성을 간과한(Cawson et al., 2000,
그리고 3장) 이유일 수도 있다. 트로브리안드인들에게 이는 전적으로 끔찍
할 뿐 아니라 너무나도 가시적이었을 것이다.

하지만 우리는 생물학적 동기간 터부를 실로 인정하는 측면적 또래집
단 조직의 구조를 의도하지 않은 채 만들어낸 것일지도 모른다. 우리는
대체로 연령별 사업인 학교를 설립하는데, 그래서 동기들이 같은 학급에,
따라서 같은 또래집단에 있는 경우는 드물다. 그리하여 학교는 얼마간은
말리노프스키가 보았던 '트로브리안드 아이들의 공화국'처럼 기능한다.
그렇지만 어차피 똑같은 주요 차이가 있다. 즉 우리는 다시금 교사가
부모의 위치에(in loco parentis)[8] 서는 것을 통해서 우리의 수직적 구조들을
유지한다.

그래서 17세기 이래로 아이에 대한 우리의 집중은 정확히 이와 같았던

---

8 | ['in loco parentis'는 '부모의 위치에'를 뜻하는 라틴어로서, 교육학에서는
'부모 위치권'으로 번역되기도 한다. 이 원리에 따르면, 학교의 교사는 아이
에 대한 부모의 권한과 책임을 이양받는다.]

것처럼 보인다 — 아이에 대한 성인 중심의 초점 맞춤, 그리고 아이가 의존하는 혹은 의존하게 되어 있는 어른들의 맥락 안에서 아이를 보는 분석 양태들. 분명 이것은, 적어도 부분적으로는, 동기들이 아이로서조차 그림에서 누락되어온 이유다 — 동기들은 스스로도 잘 해나갈 수 있지만, 어른들이 있는 곳에서가 아니라면 가시적이지 않다. 서양 사회에서 아이들은 부모의 돌봄과 통제가 불충분해서 서로 근친상간을 저지른다고 여겨진다. 우리가 형제애의 이상들에 관한 사회적, 정치적, 경제적 이야기를 고양시킨 것이 마치 동기간 혈연의 중요성을 축소시킨 것에 의존하고 있는 것도 같다. 이슬람교 가족에서 간통한 누이를 오라비가 살해하는 것과 빈곤한 독신모 가족에서 남동기가 동생을 강간하는 것은 유사해 보인다. 사실 그 둘은 서양적 사회계약 바깥에 있다는 점에서만 유사하다. 그 둘은 그렇지만 다르다. 전자는 혈연관계에 기초한 사회 질서에 속한다. 반면에 후자는 서양적 체계 안에 그와 같은 혈연관계의 사회적 자리나 이해가 부재하기 때문에 발생한다. 따라서 아동기 폭력과 학대의 증가는 단지 돌봄과 통제에 대한 부모적이거나 그 밖의 수직적인 권위부여가 상실되었기 때문만이 아니라 사회적 형제애라는 추상적 이상들에 기초한 정치체 내부에 생물학적 동기성을 위한 사회적 자리가 부재하기 때문인 것으로도 볼 수 있다. 이는 물론 앞선 사례에서 간통한 누이의 죽음을 용서해주지 않는다. 내가 다른 사회 체계의 사례를 택한 것은 단순히 다음을 보여주기 위해서였다: 다른 관행들에 대한 서양인들의 충격은 이른바 '타자화(othering)'만을 입증하는 것이 아니라 더 적실하게는, 서양의 '자유, 평등, 우애'라는 기치하에 혈연 동기성의 사회화를 내재적으로 거부하고 있음을 입증한다. 사적 영역에서 자연적 부모에게 사회적으로 부여된 권위에(그리고 사회적 영역에서 부모 대체자들에게, 그들이 마찬가지로 자연적인 양, 사회적으로 부여된 권위에) 의지하는 것은 하나의 이상으로서의 사회적 형제애의 지배를 보증한다. 반면에 자연적 형제애는,

아무런 사회적 자리도 주어지지 않기 때문에, 주목되지 않은 채로(혹은 다만 수직적 권위의 부재라며 한탄의 대상이 된 채로) 마구 날뛴다.

마찬가지로, 수직적 관계들에 대한 우리의 몰두로 인해서 우리는 바로 부모와 부모 대체자들이 아이들의 폭력을 제한해야 한다고 믿는다. 우리는 또한 폭력이 일차적으로는 권력을 가진 권위 인물 — 어머니, 아버지 혹은 교사 — 에 대항한 것이라고 주장한다. 하지만 물론 학교에서, 남태평양 제도의 어린이 공화국에서, 남자아이들은 서로 싸우며 여자아이들은 서로 복수를 한다. 확실히 우리는 우리 자리를 차지하는 새로운 아기나 우리가 존재하기 이전에 거기 있었던 더 나이 든 동기에 의해 가해지는 어린 아이로서의 우리의 실존에 대한 위협을 경시하거나 전적으로 간과했다. 이로부터 이 비존재감의 바로 그 외상과의 동일시가 따라 나오는데, 이러한 외상은 권력 투쟁에 의해 '해소될' 것이다. 심적으로 소멸됨은 그 명백한 소멸에 책임이 있는 자를 파괴하려는 소원의 조건들을 창출한다. 이것은 더 약한 것에 맞서 더 강한 것으로서 나타난다. 더 작은 것에 맞서 더 큰 것으로서, 소녀에 맞서 소년으로서, 더 어두운 것에 맞서 더 흰 것으로서. 어른들의 전쟁에서 우리는 또래를 쳐부수고, 죽이고, 강간한다. 그렇지만 아이러니하게도, 형제애의 사회계약에 기초한 사회들에서 이러한 행동들은 측면적으로 통제되지 않는다. 우리의 사회적 상상은 오직 수직적 권위만을 그릴 수 있다. 남태평양 섬 아이들의 공화국에 대한 우리의 이미지는 『파리대왕』이다: 소년들의 상호 난동과 살해.

측면적 통제의 부재에 의존하고 있는 형제애라는 사회계약적 이상 배후에는 전제자 형이 놓여 있다. 측면으로 바라보는 것은 분석을 변화시킨다. 제정신인 그 어떤 사람이라도 거대한 제국의 구성이 '유대인'이라 불리는 이질적 인구의 파괴에 달려 있을 것이라고 혹은 그러한 파괴에 의해 조금이라도 향상될 것이라고 믿을 수는 없었을 것이다 — 왜 그토록 많은 사람들이 그럴 수 있다고 믿었는가? 왜 놀이터의 악동이 무해한 희생양을 괴롭히는 불필요한 행위에 대한 지지를 얻는가? 희생양은 으레 이해되듯이 전제자의 숨겨진 유약함을 나타내지 않으며, 오히려 그의 바로 그 존재의 어떤 외상적 근절을 나타내는데, 이는 광적인 웅대함에 의해서만 회복될 수 있다: 나를 위한 여지만 있다. 그렇다면 전제자/악동의 추종자들은 공허하지만 웅대한 전제자/악동과 공유하는 자기의 근절 속에서 '자기가 텅 비어(empty of themselves)' 있다: 외상은 유도된다. 전제의 웅변술의 광적인 흥분 속에서, 개별적 정체성들과 판단들은 소실되며, 모두가 하나가 되기에 이른다. 해결되지 않으면 끝없이 복제되는 '기원적인' 순간은 동기나 상상된 동기가 자기를 대체할 때 — 자기 자리에 또 다른 동기가 있을 때 — 이다. 괴롭힘을 당하는 희생양들은 악동/전제자의 자리를 차지하고 있다고 미친 듯이 상상된다. 타인들이 그 미친 비전을 지지하는 것은 그들 또한 어딘가에서 이 '보편적인' 전치/대체(displacement/replacement)[9]의 외상에 호소할 수 있기 때문이다.

전제적 자기의 필사적 웅대함과 제국의 비전들은 성욕과 폭력 양자 모두를 내포하는데, 이것들은 자기사랑을 은폐하며, 위험에 처한 순간에 자기를 보존하고자 하는 욕구를 은폐한다. 그렇지만 아이들이 발견했듯이, 전제자/악동이 경험하는 끝없는 소멸 순간의 해결되지 않은 외상을 안고서 계속 살아가는 것을 철회시킬 수 있는 것은 오로지 동기/또래들의 고유한 사회적 조직화뿐이다 — 존엄과 권리의 평등을 위한 여지가 있는 자매애와 형제애.[10] 동기를 바라보는 것은 성과 폭력을 새롭게 바라보는 것이다. 동기를 들여오면 우리가 바라보고 있는 그림이 변한다.

---

9 | ['전치'로 번역한 'displacement'는 앞으로도 여러 번 등장하는데, 대부분의 경우 '자리박탈'로 읽으면 더 편하게 읽을 수 있다. 번역은 '전치'로 통일했다.]

10 | [서문 맨 앞에서 인용된 세계 인권선언 제1조를 염두에 둔 말이다.]

1

동기와 정신분석: 개관

동기의 중요성을 주장하기에는 이상한 시간이다. 전 지구적으로 세계 인구 증가율은 하락하고 있다. 서양에서는 일반적으로 대체점 이하에 있다.[1] 세계 인구의 5분의 1이 넘는 중국은 '한 자녀' 가족정책을 보급하려고 노력 중이다── 도심지에서는 상당한 성공을 거두었다. 미래에 여하한 (혹은 여하간, 많은) 동기들이 있을까?

하지만 이 책은 동기가 그 어떤 사회구조에서도 본질적이며, 부모와 아이의 관계를 포함한 일체의 사회관계에서 심적으로 본질적이라고 주장한다. 내재화된 사회관계들은 정신의 주요한 요소들이다. 특히 여기서의 작업은 동기들이 거의 기묘하게 그림 바깥에 남겨져왔다는 것을 고려한다. 심적인 관계들과 사회적 관계들에 대한 우리의 이해는 수직적 상호작용── 조상, 부모, 아이들 간의 위아래로의 계보들──을 중시해왔다. 20세

─────
[1] 최근에 프랑스는 이러한 추세에 예외가 되었다. 거의 두 세기 동안 예외적으로 낮은 출산율을 염려했던 프랑스는 언제나 출산장려 정책의 선봉에 있었다. 최근에 프랑스는 가령 이탈리아의 1.7명과 비교할 때 2.2명이라는 출산율로 보상을 받았다.

27

기 대부분의 시기 동안 모델은 아기와 어머니의 관계였다. 그 이전에는 아이와 아버지였다. 이제 우리는 부모의(특히 계부모의) 성적이고 폭력적인 학대 같은 관심사들이 우리에게서 동기 학대의 정도를 은폐했음을 배운다(Cawson et al., 2000). 왜 우리는 사랑과 성욕에서의 혹은 증오와 전쟁에서의 측면 관계들이, 그 관계들을 분식하고 고찰하고 그 관계들에 영향을 미치고자 할 때 사용할 수 있는, 어떤 이론적 패러다임을 필요로 했음을 고려하지 않았을까? 나는 이 물음에 대한 대답은 확신이 없다. 하지만 나는 우리의 사회적 이해와 심리적 이해에 있어, 수직적 이해의 근-배타적인 지배로부터 수평적인 것과 수직적인 것의 상호작용으로의 이와 같은 패러다임 전환이 필요하다는 것을 확신한다. 왜 우리 정신의 구조를 부양하는 단 하나의 관계 집합만 있어야 하는가? 혹은 왜 모든 시간들과 장소들에서 하나가 지배적이어야 하는가? 세계 안에 완전동기들이 더 적어질 것이라고 해도, 측면 관계들— 동기들에서 시작해서 또래들과 친애 관계[2]로 나아가는 수평축 위에서 발생하는 관계들— 은 여전히 있을 것이다. 일부다처 사회들에서, 모성사망률이 높거나 이혼과 재혼이 있는 혹은 연속 결합[3]이 있는 사회적 조건들에서, 반동기들은 존속할 것이다.[4]

장래의 사회적 상호작용의 문제들을 초기 아동기의 동기간을 가지고서 푸는 것이 본질적이라고 주장될 수 있으며 주장되었다(Winnicott, 1958). 동기 근친상간이나 동기 살해에 대한 욕망을 극복하지 못한다면, 그것들의

---

2 | [affinal kin. 친구나 부부처럼 혈연관계가 없이 서로 좋아하는 측면적 관계를 말한다.]

3 | [serial coupling. 한 파트너와 일정 기간 같이 살다가 헤어지고 다른 파트너를 만나는 방식의 결합을 가리킨다.]

4 | [완전동기(full sibling)는 양친이 모두 같은 동기를 말하며 반동기(half-sibling)는 한쪽 부모만 같은 동기를 말한다.]

변형이 이후의 측면 관계들과 더불어서, 또래들과 이른바 동배들(equals)과 더불어서 — 사랑 속에서, 전쟁 속에서 — 더욱 고집스럽게 나타날 것인가? 프로이트가 주장하기를, 아내와 결혼하기 위해서는, 어머니와 결혼할 수 없다는 것을 어린 시절에 알 필요가 있다(오이디푸스 콤플렉스).[5] 나는 (다만 어머니의 심리적 계승자가 아니라) 여동기의 심리적 계승자와 결혼할 수 있으려면 우리가 최소한 여동기와 결혼할 수 없다는 것 또한 알 필요가 있다고 제안한다. 하지만 실로 우리는 우리의 여동기나 남동기를 얼마간 닮은 누군가와 결혼하는가? 성공적인 이성애적 관계를 위한 이상적 상황은 근원적인 유아기 사랑-대상과 너무 닮지 않은 누군가에 대한 아동기에서 오는 금지된 근친상간적 소원들과 자기 자신을 닮았지만 너무 닮지는 않은 누군가에 대한 현재의 성인적 욕망의 혼합물을 내포한다는 설이 있어왔다. 우리는 종종, 그녀는 아버지(어머니)와 결혼했다는 말을 듣곤 한다 — 어쩌면 우리는 동기와 결혼한 것 아닐까? 이와 유사하게, 문헌들은 아버지를 죽이려는 오이디푸스적 욕망을 강조한다 — 우리는 주로 아버지를 죽이는 것일까 형제를 죽이는 것일까?

부모에 대한 수직적 사랑이나 증오와 동기에 대한 측면적 감정들의 상대적 중요성을 우리는 어떻게 평가할 수 있는가? 전쟁에서 우리는—

---

5 | 오이디푸스 콤플렉스는 신화적 그리스 영웅 오이디푸스의 이름을 따서 명명되었다. 그의 삶, 죽음과 이어지는 그의 가족의 역사는 소포클레스의 삼부작 『오이디푸스 왕』, 『콜로노스의 오이디푸스』, 『안티고네』에 생생하게 묘사되어 있다. 오이디푸스의 부모는 아들이 아버지를 죽이게 된다는 예언을 피하기 위해 아들을 산중턱에 내다 버렸다. 하지만 양치기가 그를 구했고 그는 코린토스의 왕가에서 아들로 자라게 되었다. 입양된 것을 알지 못하기에 그는 운명에 이끌려 알지 못한 채 친부 라이오스를 살해하며 친모 이오카스테와 결혼하여 네 아이를 낳는다. 오이디푸스 콤플렉스는 어머니를 소유하고 아버지를 죽이려는 소원에 초점을 맞추는 무의식적 관념들의 집합이다(여자아이가 갖는 아버지에 대한 소원과 어머니에 대한 증오는, 종종 주장되듯 엘렉트라 콤플렉스인 것이 아니라, 여자아이의 오이디푸스 콤플렉스다).

우리의 아버지들이 아니라— 우리의 동기들과 나란히 싸운다: 형제적 사랑과 증오의 해소는 우리가 누구를 죽여도 좋고 죽이면 안 되는지의 근저에 놓여 있는 것 같다. 1차 세계대전에서 '형제적' 충절이 성공을 위해 반드시 필요했다는 것은 널리 주목되었다— 그리고 시인 윌프레드 오언이 묘사했듯이, 죽임을 당한 적 또한 형제다.[6] (완전동기건 반-동기건 아니면 단순히 태어나지 않은— 하지만 아동기에 모두가 폐위를 두려워하기에 언제나 예기된— 동기건) 동기들 사이에서 일어나는 일은 놀이친구들이나 또래들의 핵심 경험이다. 레비-스트로스가 '친족의 원자'(Lévi-Strauss, 1963)라고 부르는 것은 그 중심점에 동기들이 있다. 바로 이 원자가 여기서 나의 관심사다. 정신분석은, 오이디푸스적인 것과 수직적인 것을 강조함과 더불어서, 그 자체의 경계 훨씬 너머로까지 영향력을 행사해왔다. 나는 정신분석의 이론적이고 임상적인 관점에 측면축을 덧붙이고 싶다. 나는 또한 이것이 집단행동 이론들 위로 그리고 더 일반적으로는 사회심리학 위로 어떻게 사상(寫像)되는지에 관심이 있다.

　최근에 나는 임상 심리학자들과 정신치료사들이 모인 자리에서 그들의 작업에서 동기들의 자리에 관해 이야기하고 있었다. 나는 한 가지 일화를 들려주면서 질문을 했다. 'BBC 월드 서비스 보도에 따르면 인도 남부의 케랄라 주는 육아 서비스 대규모 확대를 발표했습니다. 왜 그랬을까요?' 내 안에 있는 여성주의에 위안이 되게도, 청중석의 모든 사람들은 더 많은 어머니들이 노동인구에 합류할 수 있도록 그랬을 거라고 대답했다. 이는 나 자신의 즉각적 가정이기도 했다. 사실은 엄청나게 높은 식자율을 유지하려는 한 주에서 여자아이들이 학교에 다닐 수 있도록 하기 위한 것이었다. 여자아이들이 어린 동생들을 돌보기 위해 집에 머물러야 했기 때문에 아무래도 식자율이 떨어지고 있었던 것이다. 다시 한 번 나는

───────
6 | [영국 시인 오언(Wilfred Owen)의 시 「이상한 만남(Strange Meeting)」 참조.]

사회의 역사에서 그리고 개인과 사회집단 양자의 심리역학에서 동기들을 규정적 자리에서 배제시키는 우리의 그 종족중심주의로 인해 충격을 받았다. 이러한 종족중심주의를 확인하자면, 에이즈가 덮친 사하라 이남 아프리카에 '소년소녀 가장' 가족이 얼마나 많은지 알게 될 때 서양의 상상력에는 충격으로 다가온다.

여기서 명제는 이렇다: 동기들의, 그리고 동기들에서 실마리를 잡는 일체의 측면 관계의 중요성에 대한 관찰은 수직적 패러다임을 통한 이해의 유일무이한 중요성에 도전하는 패러다임 전환으로 이어져야 한다. 어머니와 아버지는 물론 엄청나게 중요하다. 하지만 사회적 삶은 우리의 서양 이론들에서 그렇게 되듯 부모와의 관계로부터만 뒤따라 나오는 것은 아니다. 아기는 부모의 세계만이 아니라 또래의 세계 안으로 태어난다. 따라서 우리의 생각은 이원성을 초과하는가?

첫 번째 것보다 더 잠정적인 두 번째 가설이 있으며, 이는 다음과 같다: 우리의 수직적 패러다임의 지배 혹은 근-배타성(near-exclusiveness)은 인간의 사회심리와 개인심리가 남자 편에서 이해되어왔기 때문에 생겨났다. 나 자신의 연구 영역인 정신분석을 보자면, 나는 그 이론의 주요부분에서 여성성을 설명하는 개념들과 동기를 병합하고자 할 때 필요한 개념들 사이에서 놀랄 만한 중첩을 발견했다. 여기서 나는 단순히 지표들을 제공하겠다. 동기관계는 남성의 거세에 대한 두려움과는 대조되는 여자아이와 연결된 두려움, 즉 소멸의 두려움 같은 경험을 우선시킨다. 동기관계는 으레 여자아이와 연결되는 사랑의 상실에 대한 두려움을 내포한다. 사랑의 주체가 아니라 대상이 됨으로써 확증될 필요가 있는 과도한 나르시시즘. 동기와 여성성에는 유사한 간과된 운명이 있다.

정신분석은, 모든 거대 이론들과 마찬가지로, 정상규범과 남성적인 것의 등치를 가정하는 패턴을 따랐다. 그 역설적인 결과로 남성적 심리는 당연하고도 비가시적인 것으로 여겨진다. 이러한 이데올로기에 대한 현재의 여성주의적 도전으로 남성성은 하나의 탐구 대상으로 출현하고 있다. 동기와 동기관계에 대한 검토는 두 젠더 모두를 분석적 그림 안으로 끌어들인다. 동기는 자아이상 같은 거의 잊힌 개념들 기저에 놓여 있는 형상이다 — 더 나이 든 동기는 주체가 닮고자 하는 누군가로서 이상화되며, 때로 이는 경쟁자에 대한 증오의 반전이다. 그것은 동성애를 위한 기저 구조일 수 있다. 동기는 또한 동일함이 남성성과 등치되고 차이가 여성성과 등치되는 계몽적 사고의 문제에 대한 포스트모던적 관심에서도 도움이 된다. 포스트모던 여성주의는, '동일한 것'으로서 응집하는 어떤 것이 시사하는 통합은 자신에게서 원하지 않는 것을 자신과는 다른 것으로 배척함으로써만 성취된다는 것을 보여주는 데 관심을 두었다. 남성적 통합은 여성성을 타자적이거나 다른 것으로 축출하는 것을 대가로 해서 성취된다. 형제들은 자매들이나 여성성을 자신들의 구성에서 몰아낸다.

즉 측면성의 구조화적 중요성에 대한 이러한 주장의 이면에서 우리는 모더니즘에서 포스트모더니즘으로의, 그리고 인과적 설명에서 상관적 설명으로의 전환을 볼 수 있는 것이다. 그렇다면, 남성성과 여성성의 동일함/차이 축에 대한 설명들이 동기와 맺는 가능한 연계 속에서 우리는 여성주의의 역할(그리고 여자와 남자의 역할에서의 점증하는 '동일함')이 수직성보다는 측면성을 촉진한다는 것을 본다. 사회적 변화들은 전환의 버팀목이 된다. 가령 유산 상속은 수직적인 것에 의존하지만, 이제 쇠퇴하고 있다고 말해진다. 플로리다에 있는 연금수령자들의 자동차 스티커에 있는 '우리는 당신의 유산을 소비하고 있습니다'라는 문구가 추세를 보여준다. 빈곤의 여성화에도 불구하고 여자들이 지불 노동을 통해 자기부양을 할 수 있다면, 여자는 전에는 기부였던 것에 대한 그녀 *스스로의 등가물*을 제공한다. 이 단계에서 이러한 사유들은 추가적인 연구를 할 만한 사변적 탐구 노선들 이상이 아니다. 그렇지만 그것들은 출계(descent)의 중요성 쇠퇴와 동맹(alliance)의 중요성 부상을 실로 암시한다.

히스테리와 동기

이 책의 이어지는 장들은 현저하게 정신분석의 관점에서 진행된 오랜 히스테리 연구로부터 나온다.[7] 이 연구는 또한 원-여성주의자로서의 히스 테리증자(Clement, 1987; Cixous, 1981; Hunter, 1983; Gallop, 1982 등등), 가부장제하에서 가능한 유일한 저항 형태가 자신의 히스테리였던 여자 (Showalter, 1987, 1997)에 대한 제2물결 여성주의의 관심에 의해 연료를 공급받았다. 나는 여성주의자들의 히스테리증자를 연구하기보다는 오히 려 남성 히스테리에 오랫동안 관심이 있었다. (꿈의 분석과 더불어서) 남성 히스테리의 현존 덕분에 프로이트는 정신분석을 보편적으로 현존하 는 무의식적 과정들의 관찰을 토대로 건축된 이론으로 정초할 수 있었는 데, 이 과정들은 대부분 인간 성욕의 표현에 대한 사회적 장애물에 의해 존재하게 된 것이다. 가장 분명하게, 우리는 모두 근친상간을 범해서는 안 된다는 것을 받아들였다 —— 우리 모두의 내부에 있는 히스테리증자는 바로 그것을 하길 원하며, 허락되지 않은 무엇이건 하길 원한다. 히스테리 성 시력상실, 피로, 부동성, 혹은 어떤 식이장애들의 양상 같은 히스테리 증상들은, 일단 이해되고 나면, 불법적인 성적 욕망을 드러내는 동시에 히스테리증자가 인정하길 바라지 않는 그에 대한 금지를 드러낸다. 교차문 화적으로도 역사적으로도 히스테리는 거의 배타적으로 여자들과 연결되 었다. (19세기 후반 샤르코에 의해 기록되었고 그와 함께 연구한 적이 있는 프로이트에 의해 분석된) 남성 히스테리는 무의식적 과정들이 어떤 특정 인구에 속하지 않는다는 것을 —— (19세기에 흔히 그렇게 생각되었 듯) '타락자들'도 아니고 병자들이나 여자들도 아니라는 것을 —— 입증했 다. 19세기 말 남성 히스테리에 대한 인식을 통해서, 히스테리 증상이

---

7 | 이 작업은 Mitchell 2000a에서 정점에 이르렀다.

일상적이고 보편적인 과정들의 크게 쓰기[8]라는 것을 볼 수 있게 되었다. 신경증의 과장들은 모든 사람의 일상생활의 정신병리학을 우리에게 보여 준다.

그렇지만 무의식적 과정들의 보편성이 일단 입증되자, 진단으로서의 히스테리에 변동이 일어났다. 히스테리는 더 이상 어떤 질병, 그 극난석인 경우들이 규범적인 것을 돋보이게 만드는 어떤 질병으로 간주되지 않았다. 오히려 그것은 인성의, 그리고 특히 여성적 인성의 한 측면으로 간주되기에 이르렀다. 미국에서 (DSM Ⅲ에 따르면) '연극성 인성장애(Histrionic Personality Disorder)'를 겪는 사람 중 약 70퍼센트가 여성이다. 히스테리는 여성 인성의 한 측면이나 표현이 되었다. 우리는 히스테리증자가 여자로 붕괴되고 여성성이 히스테리성으로 붕괴되는 것과 더불어서 항상적으로 원점으로 되돌아온다.

히스테리는 질병 진단으로는 이미 물러났지만, 나의 정신분석 임상 작업에서는 히스테리를 인성장애(만이 아니라) 그 이상의 어떤 것으로 관찰하는 일이 여전히 쉬운 일이었다. 히스테리는 일반적 진단명으로 사용되지 않은 지 이미 오래되었지만(Brenman, 1985), 사회적이고 정치적인 삶 속에서 그 (일상 언어적) 용어의 지속과 만연은 정당화되는 것처럼 보였다. 이 두 요인으로 인해서 나는 역사적으로만이 아니라 민족지적으로 (ethnographically)도 바라보게 되었다. 히스테리가 보편적 잠재성이었으며 언제나 그래왔다는 데는 의심의 여지가 없어 보였다. 우리 모두는 히스테리 증상을 가질 수도 있고, 히스테리적으로 행위할 수도 있고, 이러한 행위가 삶의 방식이 되거나 이러한 증상이 지속된다면 히스테리증자일 수도 있다. 그렇다면 문제는 다음과 같다. 왜 히스테리는, 남자에게도

---

8 | ['크게 쓰기(writing large)'는 이어지는 문장의 '과장'과 같은 의미로 읽을 수 있다.]

가능하다면, 언제 어디서나 여자와 연결되는가?

남자들에게서 처음으로 히스테리를 인지한 이후에 정신분석은 '히스테리의 재여성화'라고 부를 수 있는 것을 여자아이의 전-오이디푸스적 어머니-애착 국면의 중요성을 통해 설명한다. 아버지의 자리로부터 발산하는 '법'(Lacan, 1982a, 1982b)은 어머니에 대한 아이의 오이디푸스적 욕망(어머니-아내 이오카스테에 대한 오이디푸스의 사랑)을 철폐한다. 상징적 거세의 위협을 가하는 법(거세 콤플렉스)은 남근적 어머니-사랑을 금지한다. 그 결과 성이 구별된다— 법이 조롱을 당하면 두 성 모두 거세 위협에 처하게 되지만, 여자아이는 결코 어머니 대체물과의 관계에서 아버지의 자리에 서게 되지 않을 것이다. 대신에 여자아이는 자세를 바꾸어야만 한다. 그녀는 마치 어머니의 위치, 아버지의 사랑의 대상의 위치에 있는 듯이 되어야 한다. 여자아이는 사랑의 대상으로 어머니를 단념해야 하고, 그 대신 그녀와 같아져야 한다. 그렇다면 '이상화된' 정상규범적 세계에서 여자아이는, 남근을 결여하는 어머니가 그렇기에 욕망하는 것인 남근이 영원히 없다는 나르시시즘적 상처를 보충하기 위해, 아버지의 사랑을 얻으려고 노력한다. 법을 조롱하면서 여자아이는 어머니를 위해 이 남근을 가지고 있다고 믿기를 고집한다(남성적 자세, 히스테리증자의 남근적 태도). 동시에 여자아이는 남근이 없다는 것을 불평하기를(여성적 자세, 히스테리증자의 공허한 매혹과 끊임없는 불평), 그것을 아버지로부터 받아야 한다고 불평하기를 고집한다.

이러한 고전적 해석은 많은 새로운 강조들을, 그리고 실로 덧붙임들을 수용해왔다. 나는 히스테리 성향이 '보편적'(혹은 '횡단적transversal'— 편재적이지만 형태들이 다양한)이라고 주장될 때 그것의 상이한 현시들은 어떤 특징을 공유하는지에 관심이 있었다. 히스테리증자는 언제나, 지나치게 거기 있는 동시에 불충분하게 현존한다— 웅대함과 심적 붕괴 사이에서 움직인다. 어떻게 이와 같은 표현은 정신분석적 해석에 부합하는가?

나는 이렇게 제안한다: 히스테리증자는 — 남성이건 여성이건 — 떠맡은 남근적 위치를 극화하는 동시에 음경을 탈취당했다고 믿는데, 이 후자는 그/녀가 아무것도 가지고 있지 않다는 것을 의미한다. 그래서 그녀는 엄청나게 강력해 보이는 동시에 끔찍하게 '공허한' 것으로 보인다. 그녀는 남근적 능력을 마치 그녀의 마음속에서 실제 음경인 양 내사하며(introject), 또한 동시에 그 무엇도 '상실'하지 않았음에도 그것에 대한 아무런 내적 표상도 가지고 있지 않기에 공허함을 느낀다. 남근적으로 보임에도 불구하고 그녀는 어머니와의 관계에서의 '공허한' 남성적 위치와 아버지와의 관계에서의 공허한 여성적 위치 사이에서 동요한다. '공허한'이라고 말하는 것은 그녀가 '상실된' 어머니를 내재화하지도 못했고 '상실된' 남근을 받아들이지도 못했기 때문이다. 둘 모두에 대한 그녀의 갈망은 강박적이고 끊임이 없다. 상황의 두 측면 모두에서 그녀는 상징적 법을 이해하고 있지 못함을 드러낸다 — 그녀는 (정신분석 이론의 수많은 독자들처럼) 남근이, 현존하건 부재하건, 실재적 음경이라고 믿는다. 그리하여 그녀는 끊임없이 유혹을 한다, 마치 그런 방식으로 실재적 음경을 얻게 될 것인 양 말이다. 여기 걸려 있는 것은 또한 나르시시즘적 사랑(자기 자신에 대한 사랑)과 이른바 '대상 사랑'(타인에 대한 사랑)의 문제다. 나는 이 문제로 되돌아올 것인데, 왜냐하면 그것이 동기관계를 도입하지 않고서는 파악될 수 없다고 믿기 때문이다. 사실상 히스테리의 이 모든 표현들은 설명을 위해 동기를 필요로 한다. 하지만 또 다른 요인 — 남성 히스테리의 인정 — 이, 그 자체로 또한, 배타적으로 수직적인 세대 간 설명을 문제 삼는다.

남성 히스테리는 상식적으로는 있음직하지 않았다. 그 상태에 대한 서양의 이름은 자궁을 뜻하는 그리스어와 관련되어 있으며, 19세기의 많은 의사들은 바로 그러한 근거에서 남성 히스테리에 반대했다. 그렇지만 이는 심적 삶과는 아무런 관계도 없다: 남자들이 자궁을 가졌다고 상상하며, 음경을 갖지 않았다고 상상한다. 임신을 하고 출산을 할 수 있는 능력을 믿고 있는 남자 히스테리증자는 망상을 경험하고 있다. 따라서 남성 히스테리에는 정신증적 요소가 있는데, 이는 그것이 '더 심각한' 것으로 간주됨을 함의한다. 하지만 자궁을 가졌다는 혹은 음경을 갖지 않았다는 믿음은 남성 히스테리증자를 여성적 위치에 놓는다 — 그리고 대개는 바로 그곳이 그가 진단에서 자신을 발견했던 곳이다. 남성 히스테리는 여성성에 대한 거부와 더불어 나란히 거부되었다. 이상한 등식이 출현한다. 남성 히스테리는 여성적이다. 따라서 상쇄되는 것은 바로 그것의 남성성이다. 여성성은 질병이 된다. 1920년대에 영국의 정신분석가 조운 리비에르는 여성성(혹은 '여성다움')이 가면이었던 한 여성 환자의 사례사를 썼다(Riviere, [1929]). 몇 십 년 뒤에 자크 라캉은 여성성 그 자체는 가면이라고 썼다(Lacan, 1982a, 1982b). 가장은 히스테리에 핵심적이지만, 만약 여성성을 차려입고 있다거나 여성성 그 자체가 가장 의복이라면 그건 다르다.

히스테리증자는 가장을 해야만 한다 — 공허하다고 느끼기에 그는 자신의 실존을 보증해줄 의복을 필요로 한다. 하지만 그가 욕망의 주체로 여전히 남아 있으면서 여성성을 선택한다면, 이 여성성은 신체 전체를 마치 신체가 하나의 남근인 양 이용할 것이다 — 그리하여 여성성 그 자체는 남근적일 것이다. 그가 가장으로서 남성성을 선택한다면, 그것의 남근적 자세는 남자에 의해 과시된다는 것 때문에 못지않게 비본래적으로 보일 것이다. 하지만 히스테리에 대한 이 모든 오이디푸스적 설명들에서 확립되는 것은 근친상간적인 오이디푸스적 욕망을 완전히 억압하지 못해서 생겨나는 무의식적 성욕의 중요성이다. 이는 우리가 동기를 고려하게 될 때 중대한 물음을 발생시킬 것이다. 그럼에도 불구하고 히스테리의 정의들 속에는 또한 우리가 동기를 결부시켜야 한다는 것을 가리키는 두 번째 요소가 있다. 그것은 외상의 중요성이다. 샤르코 이후로 외상은 남성 히스테리의 병인학에서 결정적인 것으로 간주되었다. 히스테리에 대한 이해가 언제나 히스테리를 재여성화하면서, 외상적 요소는 대부분 망각되었다.

장-마르탱 샤르코가 파리에 있는 그의 대규모 공공 병원 살페트리에르에서 남성 히스테리의 만연을 공언했을 때, 그는 또한 그것의 병인학에 새로운 차원을 덧붙였다. 그는 그의 남성 히스테리증자들에게 여성적인 것이 전혀 없다고 주장했다. 그들은 비-기질성 신체 증상들(따라서, 히스테리 증상들)을 가지고서 어떤 외상— 작업장이나 기차에서의 사고, 거리에서의 싸움 등등— 에 응하고 있었다. 1차 세계대전 때, 아무런 실제 부상도 없었던 남성 전쟁 피해자들의 증상과 고전적인 여성 히스테리증자의 증상의 유사성은 이 가능성을 확증했다. 그렇지만 외상과 히스테리의 관계는 해결되지 않은 채 남아왔으며(Herman, 1992), 독자적인 하나의 주제다. 여기서 나의 의도는 다르다. 요컨대 나는 (전쟁 히스테리의 명칭이 된) 외상신경증과 히스테리 사이에 차이가 있지만 외상의 부재와 현존의 차이는 아니라고 주장할 것이다. 외상신경증의 외상은 현실적이고 실재적인 반면에 히스테리의 외상은 외상의 환상이라고 구분하는 게 보통이다. 나는 상황을 달리 놓는다. 두 경우 모두 외상이 있다. 외상신경증에서 외상은 현재에 있고, 히스테리에서 외상은 과거에 있다. 히스테리에서 이 망각된 과거의 외상은 재-실연(re-enactment)을 통해서 항상적으로 소생된다— 우리는 실로 위기의 드라마를 만든다. 원하는 것을 얻는 데서의 오늘날의 사소한 장애물은 외상적인 것으로 취급된다— 하지만 옛날 옛적 히스테리증자의 어린 시절에, 그와 같은 장애물의 결과는 실제로 외상적이었다.

외상이란 무엇인가? 한 잔여적 정의는 이렇다. 외상은 경험이 처리될 수 없을 정도로 폭력적인(신체적이건 정신적이건) 방식으로 방어 경계를 돌파하는 것이다: 정신 혹은 신체 혹은 둘 모두가 파열되어 내부에 상처나 틈새를 남긴다. 외상이 열어놓은 이 틈새를 이윽고 메우는 것은 무엇인가?

신체나 정신에 구멍을 만들었던 현존이나 대상을 모방하는 것이 핵심적이다. 가령 환상 속에서 아버지를 살해하고 나서 죽은 아버지처럼 된다면, 이는 틈새를 메우기 위한 행위처럼 보인다. 히스테리는 정의상 모방적이며, 일련의 정신적이거나 신체적인 상황들을 흉내 낸다. 그리하여 히스테리는, 카멜레온처럼, 주위환경의 색깔을 띤다. 가령 비만하고 부유한 세계의 '얄팍한(thin)' 문화 속에서 식이장애로 나타나거나, 철도가 새롭고 무서운 것일 때 '철도 척추[9]'로 나타난다. 여기서 히스테리는 다시금 정상적인 것을 과장한다 —— 히스테리적 모방은 너무나도 정확해서, '거기 있지 않은 것'과 '그것이 여전히 거기 있음을 확실히 하기 위해 그가 된 것(what one has become)' 사이에 아무 구분도 없다.

그렇지만 이 모방들은, 다종다양하기는 해도, 무작위적이지는 않다. 그것들은 그 인물의 경험과 개인사로부터 유래하는 의미를 갖는다. 동기와의 관계에서 내가 보고자 하는 것은 개별적 상황이 아니라 일반적 상황이다. 모든 시간과 장소에서 가장 잘 알려진 히스테리적 모방 중 하나는 다양한 모습에서의 죽음의 모방이다(King, 1993). 심한 경우 히스테리증자가 자살을 한다는 것이 알려져 있음에도, 죽은 척하기라는 일반적인 히스테리적 추세는 다만 소원 실행으로만 이해되어왔다. 정신분석은 히스테리에서 터부화된 성욕의 돌파를 부각시켰지만, 외상이 죽음의 모방으로 번역되는 것을 이따금 관찰하는 것(Freud, [1928]) 이상으로는 한 일이 없다. 히스테리와 외상신경증을 갈라놓기를 열망하기에 정신분석은 이 차원을 이론적 이해 속으로 통합하지 않았다. 차후에 죽음으로서 상상되거나 실연되는 외상 속에서, 자아 또는 '나' 또는 주체 위치는 소멸된다. 여기서도 동기가 설명에 도움이 된다.

---

9 | [railway spine. 철길 사고에 연루된 승객들의 외상후 증상들에 대한 19세기 진단명.]

우리는 히스테리에서의 성욕과 외상경험을 오이디푸스 이야기에서 한곳에 가져올 수 있다. 어머니와 결혼하기 전에 오이디푸스는 우연히 아버지를 죽인다. 이 성년의 행위 이전에, 아기로서의 오이디푸스는 부모에 의해(하지만 아버지의 명에 따라) 산중턱에 버려졌다. 죽어서, 아버지 살인자라는 운명을 실현하는 일을 피하도록 말이다. 적어도 그 이야기에서, 이 의도된 유아살해의 외상은 나중의 근친상간적 성욕의 조건인 것처럼 보일 것이다. 하지만 그렇다고 해도, 이 외상은 정의상 전-오이디푸스적이다 — 아기 오이디푸스의 곤경은 아무도 돌볼 사람이 없을 때의 신생아의 무력함을 상징한다. 아버지 살해는 아들을 죽이고자 했던 아버지의 소원에 대한 반작용이다. 그렇지만 아버지의 죽음은 어머니와의 근친상간 — 아마도 아버지가 우선적으로 두려워했던 무엇일 근친상간 — 에 대한 장애물을 제거한다.

지배적인 정신분석 이론에서 — 이미 거기 있는 동기건 도래할 동기건 — 동기의 현존은 어머니가 한 아버지와 성관계를 갖는다는 것을 지시하기 때문에 중요하다. 당연시되고 있는 핵가족 모델은 그것이 아이 자신의 아버지라고 가정한다. 우리가 그 대신 일부다처제 친족집단을 생각해본다면, 분명 동기는 같은 부모의 아이라고 하는 가족 내 위치의 성욕으로 채워져 있을 뿐 아니라, 부모와는 독립적으로 자기 권리에서의 성욕으로도 채워져 있다. 특히 동기의 출현이나 동기의 가능성은 히스테리에서 그토록 분명한 성욕과 외상을 동시에 함께 가져온다. 성욕이 생식기성(genitality)이 아니라 다면적이거나 '다형적인' 리비도적 사랑, 다양한 감정으로 다양한 대상을 사랑할 수 있는 사랑으로서 이해되어야 한다는 것을 기억할 때, 걸음마 아기가 새로운 아기에게 느끼거나 유아가 더 나이 든 동기에게 느끼는 것이 바로 그것이다. 하지만 흠모받는 동기는, 아이의 나르시시즘에 내재하는 일체의 긴급성과 더불어 사랑을 받는바, 아이의 대체자로서 미움도 받는다 — 아이는 결코 다시는 아기일 수 없으며, 아이는 결코 이전부터 존재하는 형/오빠나 누나/언니가 될 수 없다. 동기는 주체의 유일무이함을 위협하는 대표적인 누군가이다. 자기를 닮은 자를 사랑하는 것의 황홀경은 동시에 자기 자리에 서있는 자에 의해 소멸되는 외상으로 경험된다. 동기 대체자에 대한 사랑/증오가 극복되지 않으면, 이후의 히스테리는 아이의 곤궁의 바로 이러한 현시들을 이용하기에 이르도록 퇴행할 것이다. 연극성 인성장애를 겪는 사람들은 부적절하게 유혹하며 도발적이라고, 정서적으로 얇다고, 자기-극화하고 있다고 묘사되며, 관심을 얻으려고 자신의 육체를 이용하고 있다고, 짜증을 잘 부리고 극도로 영향을 받기 쉽다고 묘사된다. 괴로움에 빠진 모든 걸음마 아기에게서 볼 수 있는 이러한 성질들은 동기 전치의 외상에 대한 반응으로 생겨나는 것 같다.

집단 심리학과 동기

개인의 정신생활에는 타인이 본보기나 대상이나 조력자나 적대자로 끼어들게 마련이다. (Freud, [1921]: 69[10])

인간은 자신의 친구들의 친구일 수 없다면 자신의 적들의 적일 수 없다. (Bion, [1948]: 48)

집단 심리학에 대한 몇몇 정신분석적 설명들은 측면 관계의 중요성에 대한 관찰만 제공하는 것이 아니라 또한 측면 관계의 상대적 자율성에

---

10 | [프로이트, 「집단 심리학과 자아 분석」, 『문명 속의 불만』, 김석희 옮김, 열린책들, 2003, 73쪽.]

대한 이론적 이해의 전망을 제공한다. 최초의 설명들에서도 동기들은 기회를 얻는다. 그리하여 『집단 심리학과 자아 분석』(1921)에서 프로이트는 사회적 정의에 대한 요구의 모든 양상들이 어떻게 '보육원에서'의 상황으로부터 나오는지를 설명한다.[11] 동기들(그리고 나중에는, 학교아이들) 간의 강렬한 질투, 경쟁, 선망은 평등과 공정에 대한 요구로 역전된다. 가부장적 편향이 있는 프로이트가 보기에, 아버지나 그의 대체자에게 모두가 평등하게 사랑받아야 한다. 아무도 공정한 몫 이상을, 혹은 장자상속이나 젠더 차이로 인한 법적으로 약정된 불공정한 몫 이상을 가져서는 안 된다 — 이 문제로 나는 되돌아올 것이다.

이어지는 장들에서 나는 수평적/수직적인 것의 해석을 다루면서 다음과 같은 가능성을 제기했다: 아이들은 아버지에 대해 그들 상호 간의 같음에서 평등하기 이전에, 어머니에 대해 그들 상호 간의 차이에서 평등해야만 한다. 이것은 동기들에게서 최초의 결정적인 수직 관계일 것이다. 나는 잠정적으로 그것을 '어머니의 법'이라고 불렀다. 그렇지만 또한 탐구되어야 할 독립적인 측면 관계들도 있다.

지난 20년 동안, 발달 심리학 분과들은 동기간 관계를 기록해왔으며(가령 Boer and Dunn, 1992), 동기간의 자율적인 상호작용과 타협의 풍부함을 보여주었다. 이는 메타심리학이 이 동기관계들을 상대적으로 독립적인 자율적 구조로서 개념화해야 한다는 생각을 증명하는 데 도움이 된다. 이를 집단 심리학의 관점에서 고찰할 때, 자아와 자아이상 — 나는 무엇인가의 무엇과 나는 무엇이고 싶은가의 무엇 — 의 구성에 대해 생각하는 것에서 시작할 필요가 있다고 나는 주장하고자 한다.

인간의 신경증 성향은 부분적으로 인간 정신의 분할에 의존한다. 핵심적인 분할은 자아와 자아이상으로의 분할이다. 우리는 다른 포유동물들이

---
11 | [같은 책, 133쪽.]

자신은 누구인가에 관한 문제를 — 적어도 어느 정도로든 강렬하게 — 느끼는지를 상상할 수 없다. 그것[자신은 누구인가]이 자신은 누구와 같기를 바라는가와, 즉 자신의 이상과 구분된다는 것은 차치하고 말이다. 인간에게 이 이상은 주체(자아)가 열망하는 지위(실재적이건 윤색된 것이건)를 지닌 누군가의 내재화일 수 있다. 그게 아니라면 그것은 잔소리를 하는 양심이라는 모습을 한, 자아의 최악의 비판자일 수 있다. 고전적으로, 이론적 설명에서 이 이상은 아버지라는 실재적 대상을 모델로 하는 것으로 가정된다. 아이는 바로 그의 승인이나 검열을 받아들이며(내재화하며), 따라서 아버지의 표상은 마음속에 주체 자신의 인성의 한 측면으로서 수립된다. 이는 거의 확실하게 참이다. 하지만 원래의 모델이 또 다른 아이, 영웅적이거나 비판적인 더 나이 든(혹은 다른) 동기일 수도 있지 않을까? 우리 대다수의 경우, 우리의 양심이 우리를 깎아내리고 열등감을 느끼게 만들 때 우리가 듣는 목소리는 어른이 아니라 다른 아이의 조롱을 상기시킨다. 실로 잠복기(다섯 살에서 열 또는 열두 살 사이)의 아이가 이 목소리를 탈내재화하고 마치 그 목소리가 다시 한 번 아이 또래들의 외부 세계로부터 나는 양 듣는 것은 흔치 않은 일이 아니다. 이는 정신분열증의 분열이나 분해라기보다는 상이한 '연극적' 부분[역할]들로의 해체다. 하지만 유사성을 보건대 자아이상의 이러한 확립과 폐지에서 우리는 오이디푸스적인 아버지의 받아들임이 아니라 동기-또래에 기초한 내재화를 고찰하고 있는 것일 수도 있다. 병리학적 변이들은 신경증보다는 정신증적인 경향이 있을 터인데, 왜냐하면 합성적 자아의 파편화가 발생하는 것은 바로 정신증에서기 때문이다. 신경증자는 현실을 왜곡하며, 정신증자는 현실과 전혀 관계하지 않는다. 우리는 모든 사람들의 매일 밤의 정신증적 경험으로 간주되는 꿈에서 해체된 자아를 본다.

해체와 정신증에 대한 이와 같은 관찰을 집단 심리학으로 이항해보면, 좋든 나쁘든 집단들이 빠져드는 망상적 국면들을 이해하는 데 더 가까이 이를 수 있을 것이다. 해체의 이면은 거짓 통합이다. 종교 공유 같은 집단 환영은 모든 개별 자아들을 하나의 통합된 자아의 일부인 양 취급한다. 이는 집단 망상이 될 수 있는데, 그러한 망상 속에서 그들은 타인들에 대항해 하나인 것으로 실제로 믿어진다. 예를 들어 본다면, 원래의 통합된 집단은 또 다른 소수 집단이 다수를 말살할 것이라고 혹은 과도한 번식 같은 것을 통해 다수가 될 것이라고 믿는다. 정상적인 통합의 환영에서 병리학적 망상까지의 이러한 연속체가 나의 주장처럼 측면 관계에 기초하고 있다면, 집단 심리학 이론들이 현재의 상태 이상으로 나아가지 못한 이유 중 하나는 다음과 같은 사실과 관련되어 있을 것이다. 첫째, 동기들이 누락되었다. 둘째, 사실상 정신증이 더욱 적합한 탐구 영역인 곳에서 개별 신경증과의 비교가 이루어진다. 신경증은 자아의 해체나 망상적 통합을 내포하지 않는다.

아이가 자아이상을 오이디푸스적 아버지보다는 또래에 기초해서 형성하는 가능성으로 돌아가 보자. 우리는 유아가 또 다른 아이에 의해 의기양양에 이를 정도로 크게 기뻐한다는 아주 흔한 관찰을 충분히 주시하지 않았다. 어린 아이는 더 나이든 아이의 별난 행동을 쳐다보면서 기뻐서 꿈틀거린다. 버스에서 아기는 또 다른 아기의 모습에 고무된다: 그 아기는 다른 아기가 자신과 같다는 것을 아는가? — 만약 그렇다면, 어떻게? 더 나이 든 아이나 다른 아이를 쳐다볼 때의 아기의 이 황홀경은 또한 조울 상태에서 조증의 병리학과 중요한 관련을 맺고 있을 것이다. 조증과 울증은 집단 현상이기도 하다 — 집단 경험의 최고조는 과도할 수 있으며, 그 여파는 우울이다. 다시금 조울은 수직적인, 이 경우는 모성적인 축에 의존하는 것으로 이해되어왔다. 하지만 그것을 정상적인 의기양양과 슬픔으로 되돌려 보면, 돌이 지난 이후로 유아의 다른 아이에 대한 경험은 적어도, 더하지는 않더라도, 어른들에 대한 경험만큼이나 두드러져 보인다. 분명 유아는 어머니의 모습에, 혹은 딸랑이를 흔들 수 있는 자신의

44

능력에 의기양양해질 수 있다. 하지만 또 다른 아이의 동작이 아기를 매혹하며 높은 수준의 기쁨을 유발한다.

우리 대부분은 우리에게 특히 자기충족적으로 보이는 아이와 동물(가령 고양이)을 사랑한다고 프로이트는 지적했다. 그들의 완전함에서 우리가 동일시할 수 있는 나르시시즘을 발견하고 이러한 동일시를 통해서 상상적으로 우리 자신을 되찾는다는 것이다. 같은 것을 왜 아기는 하지 말아야 하는가? 만일 그렇다고 한다면, 프로이트의 일차 나르시시즘에 대한 가정을 르네 지라르(Girard, 1978)가 비판한 것은 내게 유익한 가능성으로 보인다. 지라르는 마르셀 프루스트의 글을 이용해서, 우리는 (우리가 의존하는 타자들을 우리가 사랑하기 시작할 때 점차 감소되는) 나르시시즘적 완전함의 상태에서 이 세계 안으로 들어오는 게(프로이트의 주장) 아니라고 제안한다. 오히려 신생아의 자기는 '텅 빈' 상태이며 자기 자신으로 가득 찬 타자들과의 모방적 동일시를 통해서 채워지게 된다. 이러한 타자에는 부모만이 아니라 더 나이 든 아이들도 포함될 것이다. 그렇다면 유아는 다른 아이들— 특히 동기들— 과의 이 시초적 동일시들로부터 자신의 나르시시즘적 자아를 발달시킬 것이다.

그렇지만 고전적 정신분석은 신생아를 '일차 나르시시즘'의 상태에 있는 것으로 기술한다. 그것을 동기들과 또래들의 영향과 연결하고자 한다면 이는 더 특정될 필요가 있다. 최초의 나르시시즘은 (자궁이라는, 그리고 그 다음에는 어머니라는) 개념상의 환경과 '하나 되어 있음'이다. 그렇지만 이러한 나르시시즘에 자아는 거의 없거나 전혀 없다. 자아는 일차 동일시를 통해 발달하게 된다. 대개 그러한 동일시는 모방적이다. 비록 아기 자신의 신체, 아기의 욕구와 충동은 모방을 굴절시키고 강력한 개체성을 심어주며, 이러한 방식으로 교환과 상호주관성과 상호성의 매트릭스를 확립하겠지만 말이다. 여기서 결과하는 이른바 '이차 나르시시즘'은, 그리하여, '발달한다'기보다는(발달은 하겠지만) 현존과 부재 사이에서 흔들리게 될 자아를 — 충만과 공허의 감각을 — 내포할 것이다. 멜라니 클라인은 이러한 관찰을 어머니에 대한 좋은 반응과 나쁜 반응의 분열/투사 과정을 통해 설명한다. 그렇지만 동기/또래(가령 어머니 가슴에 있는 다른 아기)가 이 과정에 기여하는 바는 결정적으로 보인다.

개체가 처음부터 사회적이라는 것은 내가 보기에는 공리 같다. 그렇지만 더 나아가 우리는 개체가 또한 핵가족에서도 최소한 생후검진이나 거리나 버스에서 다른 아기들을 포함하는 집단 안에서 자기 자신이 된다는 사실로서 사회적인 것을 특정할 수 있을 것이다. '아이' 개념은 역사적으로도 교차문화적으로도 다양할 것이다. 하지만 우리는 언제나 아이의 의미가 어른(특히 부모)과 다른 존재로서 도출된다고(그리고 그러한 것으로 아이에 의해 받아들여진다고) 생각하는 것 같다. 이와 같은 이해는, 참이기는 해도, 부당하게 어른 중심적이다. 아기는 단지 자신이 부모가 아님을 배우는 것(정신분석 이론에서, 오이디푸스/거세 콤플렉스)으로만 아이가 되는 게 아니다. 아이는 또한 긍정적으로, 동기나 또래들과 더불어 모방적이면서도 상호작용적으로 아이가 된다. 부모와의 일차 동일시가 외상에 종속된다면(너는 너의 부모나 부모 중 한 명과 같다고 생각하지. 하지만 그렇지 않아. 적어도 지금은 아니야), 또래집단과의 일차 동일시는 긍정적이며, 부정이 아니라 차이화에 종속된다(너는 타인들과 같지만 차이를 가지고서 그렇지). 이는 이후의 삶에서 또래 동일시가 총체적일 수도 있고 다양성을 병합할 수 있다는 것을 의미한다 — 집단은 때로는 획일적으로 구성되며, 때로는 개별 부분들로 분해된다. 그것은 또한 사랑과 증오, 경쟁과 질투와 선망이 사회적이며, 집단 안에서 특별히 측면적으로 습득되는 것일 수 있다는 것을 의미한다.

어떤 유아 병동에서건 우리는 어머니 무릎에 앉은 아기가 또 다른 무릎 위에 앉은 또 다른 아기가 젖을 먹고 있다는 — 그 아이가 이미 알고 있고 자신을 위해 원하고 있는 쾌락을 얻고 있다는 — 사실에 교란당하는 것을 본다. 그와 같은 일은 가슴에 대한 아이의 선망(Klein, 2000)을 가리킬 뿐 아니라 다른 아기에 대한 질투도 가리킨다. 사회적 정의는 가슴이 두 아이 모두에게 이용 불가능하거나 아니면 두 아이 모두에게 동등한 양으로 이용 가능하다는 것을 내포할 것이다. 하지만 이를 확립하는 데는 어른의 권위만 필요한 것이 아니다. 그것은 측면적 질투와 장난감을 붙잡으려는 열망에 내재한다. 그것은 아기가 이웃보다 더 빨리 기어가려고 할 것이고, 하지만 아기가 또한 그 둘 사이에서 대상을 왔다갔다 주고받기 시작할 것이라는 걸 의미한다. 나의 딸은 6개월 때 훌륭하게 기어 다녔다. 싹트는 올림픽 주자이기 때문도, 누군가가 가르쳐주었기 때문도 아니며, 우리가 9개월 된 아이와 함께 살고 있었고 그 두 아기는 계단을 오르내리면서 노는 법을 함께 배웠기 때문이다.

히스테리처럼 집단 심리학은 수직적 패러다임에서 파생되는 것으로 이해되어왔다. 하지만 여기서 다시금 정초적 텍스트 안에는 측면적인 것을 열어놓도록 밀어붙일 수 있는 지점이 있다. 『집단 심리학과 자아 분석』(1921)에서 프로이트는 인류의 집단역사적, 선조적(ancestral), 또는 계통발생적 과거를 설명하기 위해 개인들과의 임상 작업으로부터 구축한 신화를 참조한다. 그의 이전 저술 『토템과 터부』(1913)에 대한 참조인데, 거기서 형제들 무리가 지금까지 모든 여자를 독차지해온 원초적 아버지를 살해한다. 그런 다음 형제들은 그들 자신의 상호적인 법과 금지를 제정해야만 한다. 그렇게 하지 않으면 혼돈이 다시 찾아올 것이다. 하지만 한 남자가 형제들의 협정을 초과한다. 이야기는 공상적이지만, 우리는 모든 것을 오로지 수직적 패러다임에 따라서 이해할 때 생겨나는 문제를 지적하기 위해 그것을 사용할 수 있다(프로이트는 그렇게 하지 않았지만). 그것은 앞서 논의된 자아이상의 문제와 연결되며, 어떤 가능한 측면적 관점을 열어놓는다. 형제애를 초과하는 남자는 인류의 기원들에 관한 프로이트의 허구적 가설에서의 영웅이다. 아버지의 살해 이야기를 들려주는 것은 바로 그다. 이 시인은 이야기의 '자아' 또는 주체다. 그는 대담한 형제들 중 한 명이며 신격화된다. '영웅 신화의 거짓말은 영웅의 신격화에서 절정에 이른다. 어쩌면 신격화된 영웅이 아버지/신보다 먼저 존재했을지도 (…) 모른다. 따라서 신들을 연대순으로 나열하면, 어머니 여신–영웅–아버지 신이 될 것이다'(Freud, [1921]: 137).[12] 다시 말해서 중요한 사람들의 심리적 연대기는 어머니 다음에 동기들 다음에 아버지 순이다.

프로이트는—말하자면, 인류의 기원에 대한 서사 이야기의—원형적 시인 그 자신이 최초의 영웅이라고 주장한다. 원초적 아버지의 살해는 형제 집단의 작업이 아니라 시인 자신의 고독한 행위였다고 주장하는 것은 바로 그 영웅이다. 이것은 '거짓말'이다. 역사는 이 고독한 영웅적 행동을 서사시에서 들려주고, 다른 형제들은 그 시인-영웅과 동일시하게 된다. 시인은 그의 대담한 행동에 관한 이야기를 들려주며, 그로써 영웅적인 혁명적 살인자로서 자신을 아버지의 자리에 놓는다. 그리하여 프로이트가 몇몇 19세기 인류학자들처럼 여가장(matriarch)의 일차성을 가정한다면, 죽임을 당하고 나서 동일시되는 것은 아버지가 아닐 것이다. 그것은 의기양양한 큰형일 것이다. 어쩌면 (서양 신화의 상습적 특징이기도 한데) 시인-영웅 아버지 살인자는 큰아들이 아니라 어머니의 총아 막내아들일 것이다. 그렇다고 한다면 이 막내는 어머니의 첫째, 그 자신의 큰형을 자신의 열망의 모델로 사용하고 있을 것이다. 사랑받는 막내이면서 그는 또한 아들에 대한 어머니의 일차적 욕망을 만족시키는 자이기를 원할 수도 있을 것이다.

프로이트의 용어로 이 첫째 아들은 어머니가 가지지 않았던 것, 즉 남근을 나타낸다. 그렇다고 한다면, 시인-영웅의 동일시는 우선은 아버지

---

12 | [프로이트, 「집단 심리학과 자아 분석」, 『문명 속의 불만』, 김석희 옮김, 열린책들, 2003, 154쪽.]

가 아니라 큰형에 대한 동일시다. 가령 동기들이 많은 영국의 소수민족 환자들 가운데 막내아들은 종종 (손위 동기들이 일을 해서 그를 교육시킬 돈이 있기 때문에) '전문직'에 종사하지만, 그럼에도 불구하고 총애를 받는 그 어린 아들은 따뜻한 가정에서 배제되었다고 느낀다 ― 또 다른 사회계급의 세계로 보내졌으며, 서양 사회가 가장으로서의 아버지의 자리라고 생각하는 것을 차지하는 장남을 선망한다. 막내는 큰형이 되기를 원한다. 이 특수한 사례 너머서도 영웅적 자아이상의 이와 같은 동기적 기원은 그럴듯해 보인다. 둘 중 어느 쪽이든, 다른 형제들은 자신들의 영웅적 자아이상으로서 한 형제와 동일시한다.

프로이트의 작업에서 자아이상 개념은 초자아 개념 안에 포섭되게 되었다. 초자아는 아버지-인물의 권위의 내재화다. 자아이상 개념은 초자아와 동일하지 않으므로 소생되어야 한다. 여기서 특히 유관적인 것은 이렇다. 즉 자아이상 개념의 대체와 더불어 우리는 집단 심리학에서 프로이트가 환상을 펼쳤던 그리고 최근에 특별한 임상적 관찰과 관련해 탐구되었던 '영웅적 자기'라는 개념을 잃었다. 몇몇 환자들로부터의 외삽을 통해서, 하지만 특히 한 환자를 이용하면서, 리카르도 스타이너는 창조적 예술가가 자신의 전임자들(다른 예술가들)을 내적인 모델로서 이용한다는 제안을 한다(Steiner, 1999). 나의 관점에서 이러한 주장이 흥미로운 것은 이 모델들이 ― 오래전에 죽어서 묻혔지만 ― 상상적으로 주체와 같은 나이로 경험된다는 것이다. 다시 말해서 예술가의 이 선조들은 '측면화'된다. 그렇지만 스타이너의 환자는 그들을 다만 경쟁적/모방적인 모델이 아니라 온전히 창조적인 모델로 이용할 수 있기 전에 그 자신을 이러한 이전 예술가들과 구분하는 법을 배워야만 했다. 그는 그들이 유적으로 그와 같지만(모두가 예술가들이었다) 개별적으로는 다르다는 것을 발견해야만 했다. 그가 이를 할 수 있기 전에 그는 그들이 그와 같다고 상상했으며, 그가 예술적으로 전진할 수 있는 유일한 길은 그의 유일무이함을 위협하는 바로 그 각각의 경쟁자들을 근절시키는 것이었다. 이러한 살인적 경쟁 때문에 그는 모든 위대한 대가들을 세계에서 제거하기를 원했다.

이것은 즉각 나의 동기 모델이 아니라 스타이너의 수직적 설명 — '위대한 대가들'은 아버지들이다 — 을 연상시킨다. 그렇지만 이 소원은 스타이너의 환자로 히여금 어떤 특정한 전시에서 모든 학교 친구들의 예술작품을 문자 그대로 제거하는 데 성공했던 — 그래서 그 자신의 작품만 전시되었던 — 때를 생각나게 만들었다. 스타이너는 클라인주의 분석가이며, 따라서 이른바 '우울적 위치'의 해소가 창조성을 위해 갖는 중요성에 동의한다. 이 위치에서 개인은 어머니의 (출산력과 동의어인) 창조성에 대한 상상속의 선망적 파괴에 대해 후회를 느끼며, 가해졌다고 느껴지는 손상을 예술적 시도를 통해서 수선하려고 노력한다. 영웅적 자기의 중요성을 강조하면서 스타이너가 지적하는 것은 이렇다: 개인이 살해했다고 느끼는 것은, 그리고 이제 전임자들이 대표하는 창조적 전통을 이어감으로써 소생시키고자 하는 것은 특히 어머니의 다른 아기들이다. 이 아기들은, 내가 주장하는바, 가장 중요하게는 자율적인 동기들이다.

스타이너는 클라인적인 모성-연관적 우울적 위치가 아동기의 위치라는 데 주목한다. 청소년기에 우울적 위치는 반복된다. 하지만 처음에는 함께 경쟁하다가 의기양양하게 살해하는 대상은 이번에는 어머니가 아니라 영웅적 타자다. 그런 다음, 위대한 전통 속에서 '그를' 본뜨기 위해서, 수선적으로(reparatively) 소생시키는 것이다. 유아기와 사춘기 사이에 끼어드는 잠재기가, 학교에서 보내건 아동 노동으로 보내건, 막중한 또래 관계의 시기라는 것을 고려한다면, 유아기 어머니에 초점을 맞추었던 것에서 잠재기 또래로의 이러한 변동은 이해가 갈 것이다. 그렇지만 나는 또한 영웅적 자아이상들과 그것들의 부정태에 있어 동기와 또래집단 관계의 중요성을 위한 토대가 이미 아동기에 놓인다고 믿는다.

50

신경증, 정신증, 나르시시즘적인 경계선 상태, 정신병, 그리고 동기들

정신의학, 다양한 임상심리학, 정신분석 등이 생겨난 역사적 조건들은 이해의 수직적 축에 초점 맞추는 것에 호의적이었다. 이러한 배경에서 종교와 의학 양쪽 모두가 두드러졌다. 하지만 이러한 역사적 조건의 한 측면은 종교의 쇠퇴였으며, 종교에서의 영혼을 기억에 대한 스트레스로 대체한 심리학들이 종교를 대체한 것이었다(Hacking, 1995; Shepherd, 2000). 종교의 쇠퇴에 대한 설명들에서 언급되지 않은 것은 서양의 종교들이 가부장적이라는 것이다. 심리학들이 종교를 대체했다면, 그것들이 대체한 것은 어떤 가부장적 종교였다. 이 심리학들이 사용한 의학 모델은 마찬가지로 어떤 가부장적 수직적 모델이었다. 하지만, 종교와 심리학이 의존했던 의학 모델이 가부장적이었음에도 불구하고, 모성 이데올로기 또한 두드러지고 있었다. 19세기 후반 영국은 '도덕적 모성'의 전성기를 자랑했다 —— 그것은 남편을 돌보기 위해, 하지만 더더욱 특히 아이를 돌보기 위해, 헤게모니적인 중간계급에 있어 아내를 가정에 머물게 하는 것이었다(Seccombe, 1993). 어머니의 중요성의 부상은 다음 세기의 시기 동안 발생한 공적 가부장제에서 사적 가부장제로의 변동으로서 기술되었던 어떤 것을 수반했다(Walby, 1986). 이는 가족이 더 넓은 정치체로부터 점점 더 고립됨을 의미했다.

정신분석 이론은 이러한 틀 안에서 움직였으며, 그것의 실천은 개인적 심리의 사유화를 반향했다. 초점은 프로이트와 그의 초기 추종자들의 부성중심적 도식과 남근중심적 도식에서 '모성적 정신분석(mothering psychoanalysis)'(Sayers, 1991)으로 이동했다가 다시 거꾸로 돌아갔다(Lacan, 1982a, 1982b). 모든 사례들에서 신경증에 대한 설명은 수직적 틀에 의존한다. 이론이 형성된 맥락은 사적인 가족을 반향하는 사적인 상담실이다. 그렇지만 측면 관계들은 이러한 사적 공간을 초과한다 —— 거리, 학교,

일터 같은 더 넓은 사회적 세계 안에서 발생하며, 이러한 공간들과 그 공간들의 다채로운 점유를 가족 안으로 가져온다.

고전적 정신분석은 환자/분석자가, 대체로 그의 상상 속에서일지언정, 현실에 대한 관계를 유지했기 때문에 신경증을 다룰 수 있다고 주장한다. 그는 아동기의 이 핵심적 관계를 치료사에게 '전이'하며, 그 관계의 쾌락들과 문제들을 되산다(relive). 정신증자는 현실과의 접촉을 끊었다. 신경증과 정신증이라는 두 위치 사이에 있는 중간 위치는 20세기에 걸쳐 계속해서 중요성이 커졌다. 그것은 다양하게 불리는바, 나르시시즘적 장애들의 영역이라고도 하고 신경증적이고 정신증적인 차원을 갖는 경계선 상태들의 영역이라고도 한다. 나는 이제 이 중간 위치에 정신병(psychopathy)을 넣고 싶다. 이유는 여러 가지다. 정신병은 강박적으로 반사회적이고 비도덕적인 개인을 기술하는 정신의학 용어다. 정신병은 우리 주변 도처에 있다. 하지만 일반적으로 그것은 정신분석적 세공을 피해갔다.[13] 그것은 집단 실천들과 그에 대한 이해에서 중요하다 — 그것은 분명 '동기들'을 필요로 한다.

정신분석은, 비록 환자들과 사례 자료 일부가 정신병을 포함하고 있기는 하지만, 일반적으로 신경증, 정신증, 그리고 '경계선'이라는 포괄범주 (umbrella category)와 관련이 있다. 세 상태 모두 특수한 사회적 관계를 내포한다. 신경증자가 현실에 대한 관계를 보유하고 있음은 그가 여전히 타인들을 사랑한다는 사실에 의해 지시된다. 정신증자는 그와 같은 관계가 전혀 없다. 그 사이에 있는 환자는 사랑이 없지는 않지만 그 사랑은 자신에 대한 것이고, 다만 오락가락 혹은 인위적으로 타인들에 대한 것인데, 이때

---

13 | 나는 정신병(과 여타의 그러한 상태들)을 정신의학적 의미가 아니라 정신분석적 의미로 지칭한다. 즉 (DSM-IV-TR에서는 반사회적 인성장애로 재명명된) 인성장애라기보다는 무의식적 과정들과 관련된 증상들의 역학적 집합으로 지칭한다.

그 타인들은 보통 자기 자신의 판본이나 측면으로서 지각된다. 나는 측면 패러다임의 도입이 고전적 신경증을 새롭게 틀짓는다고 제안한다. 분명 히스테리와 강박증은 유일한 신경증이 아니다. 오히려 정신증적, 경계선적, 신경증적인 히스테리와 강박증 상태가 있을 수 있다(Libbrecht, 1995). 편집증과 정신분열증 같은 정신증에 대한 이해도 동기에 대한 고려를 덧붙임으로써 이득을 얻는다. 편집증은 동기 질투와 밀접한 관련이 있다. 정신분열증은 측면적인 사랑과 증오의 핀머리 우유부단[14]과 '나는 누구인가?'라는 물음을 특징으로 하는 사고 혼란과 밀접한 관련이 있다. 하지만 나는 정신병이야말로 무엇보다도 동기들과 그들의 측면 상속인들의 영역이라고 주장하고자 한다. 정신병은 탐사되지 않은 경계선이다.

신경증자의 사랑은 아직도 욕망하고 있는 유아기의 기원적 사랑 대상들 — 부모 — 의 전치들로 간주된다. 정신증자(psychotic)는 이들을 부인하거나 거부하는 것으로 이해된다. 경계선자와 그에 상당하는 자들은 너무 많은 나르시시즘 때문에 이들에게 이를 수 없는 것으로 이해된다. 나는 오히려, 경계선 환자들을 나르시시즘과 대상-애착 사이의 측면 축에서 움직이는 것으로 바라본다면 더 정확한 그림을 얻는다고 제안한다. 경계선자는 자신이 누구인지 확신하지 못하며, 다른 모든 사람들은 그에게로 동화되지 않을 경우 그의 실존을 가로막는다. 그렇다면, 경계선 환자나 인성은 오이디푸스 국면에 들어서지 못한 것만이 아니다. 그는 수직적 관심사보다는 측면적 관심사에 지배되고 있는 것이다. 부분적으로 그는 부모를 그의 동배로 만들고 있으며, 하지만 그는 또한 또래들 가운데서의 그의 자리를 이용하여 이 모델을 제공하고 있다: 말하자면, 모두가 아이들이다. 정신병자(psychopath)는 경계에 거주한다.

---

14 | [pinhead irresolution. 저자인 미첼은 역자에게 이 비유가 '거의 동시적인 사랑과 증오'의 상태를 가리킨다고 설명해 주었다.]

행동적으로 볼 때, 정신병자의 수행은 변경 유형(frontier type)이다. (⋯)
변경과 경계는 강박적인 반사회적 행동의 발산에 감탄스러울 정도로
적합하다. 변경과 경계는 개인적 자유의 빛으로 번쩍인다. 공동체의 저지
와 구속은 부재하며, 물리적 의미에서건 심리적 의미에서건 아무런 제한도
없다. (Lindner, 1945: 11-12)

성의 왕이 되기 위해서 정신병자는 수평화된 세계에 살아야만 한다.
프로이트는 아이가 처음에 동기의 도래를 증오하며 그런 다음 아버지가
그를 사랑하기 때문에 그를 사랑해야 한다는 것을 깨닫는다고 주장한다
(그리고 다른 이들도 프로이트를 따랐다). 내 생각에 이는 한 가지 측면일
수는 있다 — 하지만 가장 중요한 측면은 아니다. '모두가 다 같이 아이들
이다'의 중요성은 주요 심적 메커니즘을 그것의 가장 시초적인 형성에서
바라볼 때 한층 더 분명해진다. 프로이트에게 '반대로의 역전'은 모든
심적 메커니즘 가운데 가장 원시적인 것이다. 그것은 부모에 대한 사랑이
증오가 되고 증오가 사랑이 될 때 예증된다. 클라인주의자에게 이 사랑/증
오 과정은 어머니의 현존하는(좋은/사랑받는), 부재하는(나쁜/증오받는)
젖가슴에 대한 동요하는 관계에서 놀랍도록 명백하다. 그렇지만 반대로의
역전은 아이들의 상호작용의 유표적 특징이기도 하다. 정말로 대단히
그러하다. 포옹이 순식간에 주먹질로 변하고, 그 역으로도 그렇다. 서로의
목을 감싸고 있는 아이들의 팔은 조르고 있는 건지 껴안고 있는 건지를
말하기가 종종 어려우며, 이는 아이들 놀이에서 시작해서 집단행동으로
이어진다. 전광석화처럼 친구들은 적이 되고 이웃들은 외계인이 되며,
그 역으로도 그렇다.
분열, 투사, 내사(introjection)는 모두가 정신병리적 경계선 인성과 정상
적인 또래집단 상호작용 양자 모두를 특징짓는 과정들이다. 자아와 대상

양자 모두는 좋은 것과 나쁜 것으로 분열되며, 신경증적 과정과는 달리 양가성(ambivalence)이 받아들여지는 것은 드물다. 가장 좋은 친구들을 가지며, 자기 자신이 최고라고 느낀다. 자기도 그렇게 될까봐 두려워 겁쟁이를 증오하며, 가장 인기 있는 아이가 소유하고 대표하는 모든 것을 갖고자 하며 그 모든 것이고자 한다. 지배적인 정신적 방어로서 없는 것은 엄밀한 의미에서의 신경증적 억압 과정이다. 아이들은 서로에 대한 관계에서 자신들의 용납될 수 없는 욕망을 — 때로는 권위 인물의 명령으로, 때로는 집단 속에서 생성된 서로에 대한 반응으로서 — 억누를 것이다. 그렇지만 사랑과 전쟁에서 모든 것이 공평할 때 욕망들이 문화적으로 금지되기보다는 반사회적이 되는 정도는 해명이 필요하다.

경계선 상태에서 억압의 상대적 부재는 이 상태가 다른 방어들에 의해 지배됨을 의미한다. 그리고 이번에는 이 요인은 어떻게 측면 과정들이 내재화될 수 있는지를 암시한다. 동기 근친상간은 터부다. 하지만 그것은 강력하게 억압되고 따라서 너무나도 무의식적인 욕망이어서 다만 정신병적 증상이나 꿈속에서 혹은 일상생활의 정신병리들 속에서 가장된 형태로 회귀할 수 있을 뿐인 그런 것이 아니다. 오히려 그것은 전의식적이고 때로는 어렴풋이 기억되는 가능성으로 변형된다. 어머니에 의해 은유적으로 금지된, 하지만 부모가 없을 때 쉽게 탐닉할 수 있는 가능성으로 말이다. 부모의 돌봄 부재가 동기 근친상간과 폭력에 책임이 있다고 언제나 주장된다. 나는 이것이 종족중심적일 수 있다고 생각한다. 서양 아기들은 양육 커플의 고립된 친밀성 속에서 돌봄(이라고들 하는 것)을 받거나 부모의 항상적인 관심과 더불어 자라기 때문에, 규칙들과 규제들은 외적일 것이다. 아이에 대한 개별적 관심이 더 적은 곳에서는 또래 행동에 대한 사회적 요구들이 더 내재화될 수도 있을 것이다. 비스콘티의 서사 영화 <로코와 형제들>(1960)은 이를 예증한다. 남부를 떠나 밀라노로 이주한 형제들은 두 문화 사이에 붙잡혀 있다. 로코는 형 시모네의 전 여자친구인 나디아와 데이트를 한다. 시모네는 로코를 공격하지만 로코는 형제와 싸울 수 없다고 주장한다. 시모네는 나디아와 어울리기 전에 그것을 생각했어야 했다고 응답한다. 남부에서라면 로코는 이를 알고 있었을 것이다. 규칙은 내재화되었을 것이다. 현대적인 밀라노에서는 그렇지 않다.

어머니에 대한 오이디푸스적 욕망은 그토록 깊이 억압되어 아무도 상기하지 못하는 반면에, 많은 사람들은 동기나 또래들이 불러일으킨 흥분을 상기한다. 전의식과 의식에 접경한 이 욕망은 놀이로 변형된다. 전쟁에서, 또래집단 난교와 동년배 적국 여자 강간 양자 모두는 아동기 아이들 사이에서 만연했던 성욕으로의 퇴행을 보여준다.

▬▬▬▬▬ 누이와 오라비: 젠더 차이 대 성적 차이

심적으로 결정적인 동기간 상호작용의 단계는 같음과 차이를 구별하는 과정이 절정에 달할 때다: 이 연상/연하의 남동기/여동기는 나와 같다(우리는 한 명 또는 두 명의 부모를 공유한다), 하지만 그/녀는 또한 다르다 ── 연상이거나 연하다/여자아이거나 남자아이다. 이 단계는 나르시시즘적이고 남근적이기 때문에, 같음은 '같은' 생식기를 통해서 표현된다. 즉 클리토리스와 음경은 삽입하기 놀이를 위해 똑같은 것으로 취급되며 놀이로 삽입당하기를 위해 똑같은 밑바닥으로 취급된다. 아이들은 몇몇 고등 포유동물처럼 장난으로, 그리고 신체를 이용하는 탐구 분위기에서, 함께 밀치고 부딪친다. 더 잘 배우기 전까지 동기들(과 또래들)은 또한 각자가 ── 죽이든 죽임을 당하든 ── 똑같은 파괴력과 힘을 갖는 것처럼 행동한다. 두 젠더 모두 자신들이 단성생식적으로 출산할 수 있다고 상상하며, 똑같은 아기를 전적으로 자기 자신이 만들었다고 상상한다. 이후에 청소년기에 동기 근친상간이 있을 경우, 이성애적 재생산 사실은 전적인 충격으로 다가오는 것으로 보인다── 그것은 세대 간 성적 환상의 고유한 측면이지 동기적 성적 욕망의 고유한 측면은 아니다. 동기적 성욕은 재생산 없는 섹스다. 이성애적 성인에게서의 항문 삽입은 아마도 세계사에서 최고 비밀의 피임 방법일 것이다.

물론 어떤 문화들에서 동기 커플은 금지되지 않았으며 오히려 왕조를 강화하기 위해서나 집단 이익을 보존하기 위해서 명해졌다(Hopkins, 1980). 아버지가 확실하게 알려지지 않은 또 다른 어떤 문화들에서, 동기 커플은 손쉽게 어쩌다 발생할 수 있고 또 실제로 발생하기 때문에 대단히 두려운 존재였다. 어떤 신화들에서 세상 사람 모두가 이성애 쌍둥이의 자손들이다. 동기 근친상간이 (이따금씩) 실시되기도 하고 (보통은) 금지되기도 한다는 사실은 그것의 심적인 표상이 무의식적 과정보다는 전의식-의식에 더 가깝다는 것과의 평행성을 암시한다.

그렇다고 한다면 두 가지 구분되지만 여기서는 연관되어 있는 물음들이 떠오른다. 첫째, 정신분석은 무의식적 과정을 이해하기 위해 작업한다. 동기 터부들이 무의식적이라기보다 전의식적이라면, 정신분석적 임상적 이해와 그러한 이해에서 결과하는 이론들은, 심적이건 사회적이건 측면적 상호작용을 이해하는 데 유용할 수 있을까? 둘째, 여동기들은 남동기들과 유적으로 다른가? 동기적 성적 욕망의 근의식(near consciousness)에 필적하거나 심지어 그것을 초과하는 것이 동기들 사이의, 따라서 또래들 사이의 근의식적 삶이다. 이것들 또한 억압되기보다 억눌린 것이라면, 정신분석은 별다르게 제공할 것이 없을 것이다. 그렇지만 사실 내가 보기에, 억압되어야 할 정도로 금지되어 있는 것 같은 어떤 핵심적 측면이 있는 것 같다── 그것은 누가 동기로서 분류되는가에 달려 있으며, 이는 교차문화적으로 상이할 것이다. 유대-기독교 전통에서 부모가 같은 남동기들은── 비록 어떤 상황에서는(가령 여동기가 혼전이나 혼외 성관계를 가졌을 때) 여동기를 죽여야 하지만── 서로를 죽여서는 안 된다.

아, 내 죄 썩은 내가 하늘까지 나는구나.

난 인류 최초의 — 형제를 죽인

저주를 받고 있다.

— 셰익스피어, 『햄릿』, 3막 3장. 36-8 [15]

금지된 것이 성욕인 곳에서조차 죽음은 가까이 있는 것으로 보인다. 동기나 유사동기 관계에 있는 어떤 사람과 섹스를 해서는 안 된다. 그것은 죽은 형의 미망인 아라곤의 캐서린과 결혼할 때 헨리 8세의 문제였다. 『햄릿』에서 그것은 클라우디우스가 자신이 살해한 형 햄릿의 미망인 게르트루드와 결혼을 한 범죄다. [16]

신화적 인류학적 참조들 속에서 프로이트는 언제나 누이와의 성관계를 어머니와의 성관계에 대한 가장 뿌리 깊은 근친상간 금지와 더불어서 또는 그 금지에 뒤따라서 터부화되는 것으로 간주했다. 나는 수직적 오이디푸스 콤플렉스를 통해 발생하는 '성적 차이' 개념과 구분되는 바로서 측면적 콤플렉스로부터 생겨나는 것에 대해 여기서 '젠더'라는 용어를 사용했다. 이 구분은 충동 개념과 관계가 있다. (동물적 본능이 아닌) 충동은 없어졌거나 없어질 수 있는 어떤 것을 향한 추진이다 — 따라서 그것은 표상될 수 있다(현존하는 것은 표상될, 재-현될 필요가 없다). 상징적 거세 위협의 유의미화를 통한 오이디푸스 콤플렉스의 끝내기는 여자아이들과 남자아이들을 한 인간 집단의 남근 부재에 입각한 성적 구분에 — 똑같이, 하지만 다르게 — 종속되게 만든다. 남근은 여자들에게 정의상 없어진

---

15 | [윌리엄 셰익스피어, 『햄릿』, 최종철 옮김, 민음사, 1998, 123쪽.]

16 | 부분적으로 문제는 튜더 왕조 무렵에 영국 사람들이 성경을 읽을 수 있었고 전에는 금지되었다고 믿었던 어떤 관계들을 신이 허락했다는 것을 알 수 있었기 때문에 생겨났다.

것이므로, 남근은 누구에게나 부재하는 것으로 상상될 수 있다. 내가 주장하는 것은 측면적인 같음과 차이의 상징화는 이러한 식으로 어떤 생식기관의 부재에 달려 있지 않다는 것이다. 분명 여자아이들과 남자아이들은 여하한 생식기적 차이들을 주목하며 중시한다. 하지만 가능한 부재의 외상이 걸려 있는 것처럼 보이지는 않는다. 배뇨에 관한 경쟁이 있다 —— 남자아이는 범위, 여자아이는 양. 또한 이른바 사소한 차이들의 '나르시시즘'이 있다. 하지만 생식기의 차이는 청소년기의 생식기적이고 재생산적인 가능성들과 더불어서만 중요해진다. 음경 대 클리토리스는 다만 사소한 차이일 뿐이다.

여자아이의 남자아이와의 성적 차이는 그녀가 어머니와 같다는 것, 즉 남근이 없다는 것을 모델로 하고 있다는 고전적 입장은 정당화되는 것처럼 보일 것이다. 하지만 이것이 효력을 발휘하려면 여자아이와 남자아이 모두 또 다른 부재 또한 받아들여야 한다. 즉 아이로서 그들은 아기를 낳을 수 없다는 사실을 받아들여야 한다. 그렇지만 이것은 그들을 측면적 젠더를 따라서 구별하는 것이 아니라, 다만 세대적 선을 따라서 그리고 동성 부모와의 세대 간 동일시를 통해 구별한다. 측면적으로는, 그들의 성욕의 재생산적 측면이 단성생식적이라는 사실은 상실이나 부재가 전혀 함축되어 있지 않다는 것을 의미한다—— 아이들 각자는 상상적으로 혼자서 아기를 생산할 수 있기에, 이성애는 필요가 없다. 유성 재생산에서는 각 성이 다른 성이 갖지 않은 것을 제공하는 것으로 보인다. 동기 성욕의 경우는 그렇지 않다. '부재'를 충동의 표상의 구별적 특징으로 본다면, 분명한 동기 대상을 지닌 성 충동의 표상은 전혀 없는 것인가?

앞서 나는 임신이라는 결과를 낳는 청소년 동기 근친상간이 참여자들에게 엄청난 충격으로 다가오는 것으로 보인다고 말했다. 재생산 가능성이 정신증적으로 폐제되거나 부인되는 것인가 아니면 단성생식적 환상이 유성 재생산의 환상을 일절 가로막는 것인가? 다시 말해서, 심적으로 누이

'인류 최초의… 형제를 죽인 저주'
〈**아벨을 살해하는 카인**〉 파울 루벤스 (c.1608-9), 위트 라이브러리, 코톨드 미술연구원, 런던

와 오라비는 성적으로 구별되지 않는 것인가? 이러한 관찰은 어떤 면에서 또 다른 관찰과 일치한다. 히스테리증자는, 그리고 때로는 처음 부모가 된 사람도, 출산된 아이가 그/녀의 아이라는 것을 '알지' 못한다. 덧붙여, 히스테리 남자들은 종종 아버지 되기에 실패하며, 히스테리 여자들은 연속해서 재생산을 할 수는 있지만(펌프킨 이터 증후군[17]), 한 아이와 그 다음 아이의 차이에 대한 감각 없이 그렇게 할 수 있다. 겉보기에 다양한 이러한 관찰들은 분명 공통의 뿌리를 갖는다. 심적으로 말해서 이 모든 사례들에서 아기는 아기의 창조자에게 클로닝 같은 복제물이다. 이 모든 환상들에서 창조자들이 알 필요가 없는 것은 출산을 할 때 그들 자신이 죽음에 예속되어 있다는 사실이다.

이러한 일반적 진리를 넘어서, 어머니가 일단 임신을 하게 되면 아이를 낳는 것이(아이가 유산되거나 낙태되거나 죽는다고 할지라도) 불가피함을 깨달으면서 동시에 또 다른 저 거대한 불가피성인 죽음과 접촉한다는 것은 언제나 중요해 보였다. 아이가 자기 아이라는 것을 아는 것은 아이의 부모로서 죽게 될 것임을 아는 것이다. 자기 자신의 개체적 죽음에 대한 바로 이러한 인식은 자신의 혈통이 자기 아이를 낳는 것을 통해서 계속 살아남는다는 인식에 밑줄을 친다. 아주 사변적인 추측이지만, 동기간 재생산을 장려했던 소수의 사회 집단들은 죽음에 대한 앎을 무의식적으로 회피하고 있는 것일 수도 있다. 통상적인 설명에 따르면 그들은 위협받는 사회적 집단으로서 자신들을 위한 미래를 동기간 내혼을 통해서 보장하고 있으며, 또한 동기간에 필요한 차이를 확립하고 있다. 하지만 어쩌면 그들은 또한 클로닝이나 복제물로 상상되는 것이 불멸성의 한 형태이기 때문에 그들이 도대체 죽을 수 있다는 것을 심적으로 부인하고 있는 것일지도 모른다.

---

17 | [pumpkin-eater syndrome. 더 많은 아이를 가지려는 강박을 가리킨다.]

소포클레스의 『오이디푸스 왕』에서 자신이 자기 아이들의 남동기라는 사실을 오이디푸스가 언급하는 유일한 곳은 어머니/아내 이오카스테와 근친상간을 저지른 것을 발견한 후에 자기 눈을 뽑았던 손을 언급하는 곳이다. 이것은 자기 거세일 수도 있다. 하지만 폭력은 동기성과 연관되어 있다. '모성적' 정신분서가 기운데 가장 자애로운 도널드 위니콧은 두 누나가 있었다. 그의 두 누나는 로지라고 불리는 인형을 공유하고 있었다. 진보적인 가정에 살았던 도널드는 자기 인형 릴리가 있었다. 하루는 그 온순한 작은 소년은 로지의 머리를 박살냈다. 동기 성욕은 폭력에 몰두하며, 터부는 그러한 접면(interface)에서, 오이디푸스의 자기폭력에서 작동한다고 나는 제안한다.

나는 재생산에 의해 요구되는 절대적인 성적 차이가 오이디푸스적인 수직적 구성물이라고 주장하고 있다. 따라서 나는 측면 축을 따라 생겨나는 여자아이/남자아이 차이를 표시하기 위해 대신 '젠더'를 사용하고 있다. 나는 나의 정의를, 혹은 오히려 젠더의 의미 범위를, 역사학자 조운 스콧에게서 취할 것이다: '젠더의 사용은 성을 포함할 수도 있지만 성에 의해 직접 규정되지 않고 성욕을 직접 규정하고 있지도 않은 관계들의 전 체계를 강조한다'(Scott, 1996a: 156). 이를 염두에 두면서 나는 젠더 차이와 성적 차이를 구별할 것이다. 전자와는 달리 후자는 성에 의해 직접 규정된다. 거세 콤플렉스가 성적 재생산에 의해 '요구되는' 성적 차이를 표지한다면, 젠더 차이는 성욕을 포함하지만 초과하는 여자아이와 남자아이의 측면적 구분을 표지한다.

내가 제안하는바, 특히 젠더 구분에서 동기의 과제는 각자가 계열적으로 다양하며 단순히 나르시시즘적 자기의 복제에 불과하지 않다는 것을 배우는 것이다. 잠재기에 또래집단 동성애는 두드러지며, 사춘기가 성적 차이를 위한 새로운 요구를 하기 전에 각 젠더의 양성애적 가능성들이 탐사된다. 그렇다면, 여자와 남자의 젠더 차이는 어떤 분명한 성 충동의 특징이 아닌데, (성적 차이가 부재하는 남근에 의존하듯이) 이 성 충동은 자신의 표상을 위해 어떤 핵심적 부재에 의존하고 있다. 남자아이와 여자아이 모두는 자기의 복제물을 출산할 가능성을 '상실'해야 한다 — 이것은 양자 모두에게 있어 표상되어야 하는 '부재'이다. 그것은 그들을 서로로부터 구별시키지 않으며, 오로지 그들의 어머니로부터 구별시킨다. 그렇다고 해서 동기 성욕과 그것의 금지가 없다는 말은 아니다. 다만 이 금지가 성적 차이를 규정하지는 않는다는 것이다. 그렇다면 측면적인 성적 터부와 그 결과들의 본성은 무엇인가? 그것은 내가 말했듯이 폭력과 밀접한 관련이 있다.

동기 성욕과 죽음 충동

내 생각에 죽음이라는 주제는 성욕이라는 주제만큼이나 프로이트의 정신분석에 기본적이다. 심지어 나는 주로 후자가 전자를 은폐하기 위해 더 현저한 역할을 부여받았다고 믿는다. (J.-B. Pontalis, 1981)

크레온: 그녀더러 그녀가 유일하게 존중하는 죽음에게 기도하라 하시오 (소포클레스 『안티고네』[18])

그는 그녀를 부스러지도록 사랑한다. (여동생이 새로 태어난 두 살 된 아이에 대한 어머니의 관찰)

『안티고네』는 연대기적으로는 마지막이지만 소포클레스의 세 테바이

---

18 | [소포클레스, 『소포클레스 비극전집』, 천병희 옮김, 숲, 2008, 126쪽.]

희곡 가운데 첫 번째로 집필되었다. 셋 가운데 『오이디푸스 왕』이 가장 유명해졌다. 대부분의 해석들은 안티고네가 국가에 맞서 가족의 가치를 대표한다고 본다. 그렇게 보게 되면 이 희곡에서, 따라서 그 3부작에서, 죽음 개념의 중요성과 중심성을 과소평가하게 된다.

안티고네의 두 오라비 폴뤼네이케스와 에테오클레스는 전쟁을 벌였다. 각자는 그들의 아버지 오이디푸스가 왕으로 있었고 근친상간이 발견된 후 추방당한 도시 테바이의 왕좌 계승권을 주장했다. 그들의 삼촌(즉 그들의 어머니의 오라비이자 그들의 아버지의 어머니의 오라비) 크레온이 그곳을 다스리고 있었다. 크레온은 후계자로 에테오클레스[19]에게 호의적이다. 폴뤼네이케스와 에테오클레스는 서로를 죽인다. 크레온은 에테오클레스의 죽음을 애도하며 온전한 의례와 더불어 묻어주지만, 폴뤼네이케스의 시신은 매장하지 못하게 한다. 안티고네는 두 오라비 모두에게 온전한 장례를 치러주어야 한다고 주장하며 혼자서 폴뤼네이케스를 묻어주고 애도함으로써 크레온의 금지를 깬다. 크레온은 안티고네를 유폐하며 은밀히 죽게 한다. 안티고네의 약혼자인 크레온의 아들 하이몬은, 누그러진 크레온이 안티고네를 풀어주고 구해주려고 가던 그 순간, 그녀의 시신을 발견한다. 하이몬은 자살한다. 그의 어머니(크레온의 아내)도 아들의 죽음 소식을 듣고는 스스로 목숨을 끊는다. 『오이디푸스 왕』은 성욕과 재생산에 관한 희곡이다. 『안티고네』는 죽음에 관한 것이다.

오이디푸스의 근친상간에 대한 형벌은 그의 형제-아들들이 서로를 죽이는 것이다. 죽음의 의미를 아는 것은 오로지 안티고네. 희곡의 시작 부근에서 그녀는 언젠가 그녀가 죽어야만 한다는 것을 안다고 주장한다. 그녀는 또한 죽음이 존중되고 애도되어야만 한다는 것을 안다.

---

19 | [미첼은 폴뤼네이케스와 에테오클레스를 계속해서 혼동한다. 저자의 동의하에 번역에서는 바로잡아 놓았다.]

각 동기는 다른 동기를 소멸시킬 위험을 불러내기 때문에, 동기들은 서로 죽이기를 원하게 될 것이다. 이러한 살의는 금지되며, 공격적인 놀이와 건강한 경쟁으로 변형되어야만 한다. 그렇지만 폭력을 금지하는 명령 너머에서, 무엇이 그와 같은 이행을 초래할 수 있는가? 왜 이 명령에 복종하는가? 왜 실로 그 명령은 전쟁에서는 무시되는가? 정신분석의 거세 콤플렉스 이론은, 아이의 어머니 때문에 아이가 실제로 남근이 없는 인간 집단이 존재한다는 것을 깨달을 때에만 이 위협이 어린 아이에게 유의미해진다고 주장한다.

프로이트에 따르면 무의식 속에는 죽음에 대한 표상이 없다 — 아무것도 아닌 어떤 것은 표상될 수 없다. 프로이트의 이론에서 거세 — 잃어버린 남근 — 가 죽음을 나타낸다. 동기의 도입은 이러한 정식화에 몇 가지 방식으로 이의를 제기한다. 아이들이 동기를 죽이지 말라는 이야기를 듣는다는 것을 고려한다면, 죽음의 표상은 무엇과 같을 것인가? 안티고네를 이용해 본다면, 필요한 것은 죽음이 — 이생에서는 — 불가피한 동시에 절대적이라는 것을 아는 것일 터이다. 죽음은 실로 지배권을 갖는다. 어린 아이는 이를 알지 못한다 — 놀이친구를 쏘아 죽이면, 그 친구는 2분 있다가 일어난다. 혹은 이 놀이는 죽음에 대한 견딜 수 없는 앎을 받아들이기 시작하는 한 방법인가? 내가 제안하는바, 아이가 죽음에 대해 알기 시작하고 따라서 형제를 죽이지 말아야 한다는 것을 알게 되는 것은 그 형제의 바로 그 실존이 우선적으로 주체의 자기의 죽음으로서 경험되었기 때문이다. 도널드 위니콧 덕분에 '피글'로 유명해진 한 아이가 이를 예증한다.

> 어머니: '제 딸은 21개월 때 (이제 7개월 된) 여동생이 있었어요. 그 아이한테는 너무 이르다고 생각했지요. 그것과 (또한 제 생각에) 그에 대한 우리의 불안이 아이에게 큰 변화를 초래하는 것 같았어요.

그 아이는 쉽게 싫증을 내고 침울해져요. 전에는 분명치 않았던 일이지요. 그리고 갑자기 자신의 관계들을, 그리고 특히 자신의 정체성을 의식해요. 예리한 고통과 동생에 대한 공공연한 질투는 오래 지속되지 않았어요. 고통이 아주 예리하긴 했었지만. 그 둘은 이제 서로를 아주 재미있어 해요….

더 자세한 내용을 말하려고 하지는 않겠어요. 다만 그 아이가 밤늦게까지 계속 소리 질러 우리를 부르게 한 환상들에 대해 말하겠어요.' (Winnicott, 1978: 6, 강조는 나의 것[20])

자기 자신의 부재감은 히스테리 상태에서 존속되며, 또한 중요한 타인이 사망할 때마다 소생될 수 있는 외상이다. 후자의 경우 특히 죽은 사람이 또래라면, 죽은 자의 '타자'로서의 지위가 인정되기 전에 죽은 자의 한 측면과의 즉각적인 모방적 동일시가 종종 일어난다. 애도 과정만이 죽은 사람을 사별당한 사람과 다른 존재로서 확립한다. 던과 그녀의 동료들은 동기 상호관계가 자기-타자 구별의 주요 촉진자임을 관찰한 바 있다. 하지만 내가 주장하고자 하는 것은, 그것이 발생하기 전에 자기가 애도되어야 하는 것 같다는 것이다. 그 경험은 마치 다른 동기가, 내 자리에 있는 것처럼 보임으로써, 나를 죽인 것 같은 경험이다. 최초의 반응은 우선 죽이는 것이다 —— 안티고네의 두 오라비들처럼, 각자가 서로를 죽이는 것. 그렇다면 여기서 결정적인 부재는 부재하는 남근(거세 콤플렉스)이 아니라 부재하는 자기다.[21]

아이가 자기 자신의 죽음의 감각을 자신의 유일무이한 자기에 대한

---

20 | [도널드 위니콧, 『피글』, 반건호·유희정 옮김, 하나의학사, 2002, 25-26쪽.]
21 | 어니스트 존스는 이 현상에 대한 임상 관찰에서 '소멸(aphanisis)'이라는 용어를 사용했다. 물론 그는 그것을 동기들과 연결시키지 않았다.

애도과정으로 바꾸고, 그리하여 아이가 다른 것들 가운데 하나로서 ─ 계열의 한 부분으로서 ─ 재창조될 수 있게 해주는 것은 무엇인가? 첫째, 나는 이것이 한 번으로 끝나는 성취가 아니라고 생각한다. 그것은 종종 생애를 통해 반복되어야 하는 것이다. 그것의 성취는 분석 환자들이 ─ 실로 모든 환자들, 우리 모두가 ─ 우리가 '평범하다'는 저 두려운 운명의 엄청난 경감을 발견하게 될 때 목격된다. 내심 우리는 다른 누구와도 똑같다, 다른 누구라도 우리와 같은 것처럼.

걸음마 아기는 태어날 아기가 자기의 또 다른 판본이라고 부분적으로 믿는 것처럼 보인다. 아기가 실제로 태어나면, 이 새로운 존재는 '아기'다. 아기였던 피글은 이제 '아무도 아닌 것(no one)'이다. 그 실존에 의해 주체를 소멸시키는 자를 죽이려 하는 소원 속으로, 또 다른 자기에 대한 예기 속에 또한 현존했던 사랑이 쇄도해 들어온다. '새로운 아기를 부스러지도록 사랑하는' 걸음마 아기의 얼굴에서 살인과 흠모의 근접한 동시성을 볼 수 있다. 이 '반대로의 역전'이라는 심적 메커니즘은 또한 '삶 충동'이 죽음 충동을 완화하기 위해 넘쳐 들어오는 것처럼 사랑이 증오를 대체할 때 볼 수 있다. 그것은 전치되고 소멸된 주체가 동기를 사랑할 수 있게 해주며, 또한 동시에 점차로 자기를 회복할 수 있게 해준다.

그렇다면 동기적 성과 죽음은 복잡하게 뒤얽혀 있다. 자기로서의-타자에 대한 나르시시즘적 사랑은 또 다른 자기는 있을 수 없다는 것을 일단 깨닫게 되면 살의 속에서 폭발한다. 하지만 일단 살인에 저항하면, 새로운 형태로 사랑이 돌아온다. 유일무이한 자기는 애도될 수 있으며, 바로 여기서 모든 충동들이 자신들의 표상을 위해 의존하고 있는 상실이 느껴지게 된다. 나르시시즘적 자기사랑은 다만 거울 이미지만을 갖는다. 웅대하고 유일무이한 자기의 상실에 의존하는 새로운 자기존중은 표상을 ─ 자기 자신의 주체임(subjecthood)의 상징적 판본을 ─ 갖는다. 금지된 것은 네가 사랑해야 하는 자를 죽이는 것이다 ─ 너 자신의 삶은 그 터부를 존중하는 것에 의해 보장된다: 너 자신을 네 이웃을 사랑하듯 사랑하라. 젠더들이 상이한 역할을 하더라도, 동기간 성은 성적 차이에 관한 것이 아니라 삶과 죽음에 관한 것이다.

측면선을 따라 있는 '젠더 차이'와 수직선을 따라 있는 '성적 차이'는 현실적 생식력이 처음으로 그림 안에 늘어오는 청소년기에 함께 모이게 될 것이다. 여자아이와 남자아이 모두가 동기에 대한 살의를 재-경험할 것이다. 그렇지만 이것은 살아남은, 당신이 쏘아 죽였을 때 정말로 다시 일어서는 또래(들)의 이상적 이마고로서 출현할 수 있다── 이들은 영웅적 자기의 토대다: 우리는 우리의 나르시시즘을 또래 생존자 안에 놓음으로써 회복한다. 죽음을 존중하는 것에 반하는 범죄를 달래고 그 범죄와 결탁하는 누이 이스메네와는 달리 안티고네는 영웅적 이상이다. 영웅적 이상이기 위해서 그녀는 결혼과 모성을 포기해야만 했다. 여자아이건 남자아이건, 영웅적 자기는 재생산을── 어머니와 아버지 되기를── 내포하지 않는다. '어머니를 통해 거슬러 생각하기'(버지니아 울프)[22]는, 커서 아버지 되기처럼, 수직적 동화의 과제. 동기와의 근친상간에 대한 이차적 터부는 각자가 잠재적 부모라는 사실 덕분에 청소년기에 확립된다. 다른 이유도 있겠지만 가령 이러한 이유로 인해서 청소년기는, 재생산을 회피하고 무리(gang)와 강렬한 우정을 창조하는 가운데, 동성애의 전성기다.

정신분석, 동기, 젠더 차이

정신분석 이론은 자기 자신의 테제── 부재하는 것만이 표상될 수 있

───
22 │ [버지니아 울프, 『자기만의 방』, 이미애 옮김, 민음사, 2006, 116쪽.]

다. 현존하는 것은 표상될 수 없으며 따라서 볼 수 없다— 에 대한 좋은 예증이다. 프로이트의 가장 흥미로운 전기 작가 중 한 명인 디디에 앙지외는 어떻게 프로이트가 하이 모더니즘(high modernism)의 가부장적 구조들을 그것들이 사라져가고 있을 때 볼 수 있었는지를 보여주었다(Anzieu, 1986). 뒤이어 특히 자아심리학에서 정신분석을 가부장적 위치와 동일시했는데, 이는 자기 자신의 남근중심적 위치의 비가시성을 함의했다. 대상관계 이론의 가모장적 전제들의 경우도 마찬가지다. 어머니의 심적 중요성은 그것이 정신분석 이론에서 없어져가고 있을 때 인지되었다. 일단 확립되면 그것은 동일시되었고 그리하여 현존하게 되었으며, 따라서 그것은 더 이상 재-현과 이어지는 분석의 대상일 수 없었다. 분석가 그녀 자신은 '어머니의 법'이 발원하여 작동하는 위치에 있었다. 그래서 이 법은 비가시적이었다.

고전적 정신분석은 어른과 함께 시작된다. 모성적으로 지배된 정신분석은 아이 환자에 대한 관심에서 자라난 동시에 아이에 초점을 둔 여타 발달 심리학들에 영향을 받은 만큼이나 영향을 주게 되었다. 환자, 수련생, 실제 아이들은 '동기'였다. 그리고 그 역할은 그처럼 현존했기 때문에 분석을 위해 이용될 수 없었다. 동기 전이— 측면적 또래로서의 환자와 분석가— 가 목격될 때, 그것을 수직적인 오이디푸스 모델 속으로 억지로 밀어 넣는 경향이 있다. 동기들을 특징적으로 포함하고 있는 멜라니 클라인의 초기 작업이 그 사례다. 집단 심리학은, 언제나 전시 상황에 의해 추동되었던바, 이 측면 차원이 누락되어 있는 어떤 것임을 깨달았다(Brown, 1998; Holmes, 1980; Hopper, 2000). 동기들의 희곡인 『안티고네』는 (1944년에 처음 제작된 아누이의 판본이 그러하듯이) 전시를 위한 드라마다.

이제 우리는 성욕(측면적)과 재생산(수직적)의 구분을 볼 수 있을 것이다. 왜냐하면 서양 세계의 헤게모니적 백인 사회 집단들에서 재생산은 성욕의 거의 불가피한 결과가 아니기 때문이며, 또한 무엇보다도 그것은 급격하게 쇠퇴하고 있기 때문이다. 개념으로서의 '젠더'는 이러한 맥락에서 재생산에 의존하지 않는 차이들을 기술하기 위해 등장한다. 젠더 경계 횡단, '젠더 트러블'(Butler, 1999), 젠더 전환 등은 모두가 유성 재생산이 걸려 있지 않을 때 가능하다. 동기와 또래 무리들은 같음과 차이에 초점을 맞추고 '지나간 시간'보다는 '현재의 시간'에 관심을 갖는 포스트모더니즘의 인원이다. 동기들은 대체로 재생산하지 않지만, 누군가를 아껴주고 신경써주고 돌볼 수 있다. 재생산의 분명한 이원성을 따라 구성되지 않은 사회 집단들은 위협으로서 가해진 복제의 외상으로 인해 야기되는 폭력을 관리하는 것에 의존하며, 또한 계열성을 표상하는 것이 핵심적이다. 삶과 죽음, 섹스와 살인, '반대로의 역전'의 메커니즘, 사랑과 증오의 분열 등은 모두가 동기-측면 관계의 심적 표상의 표현들이다. 극단적인 판본에서, 경계선의 병리들 속에 거주하는 것은 바로 이러한 메커니즘과 이러한 측면 이미지들이다.

2
오이디푸스는 누이가 있었나?

내가 처음으로 정신분석과 정신분석의 누락된 동기들을 생각했을 때, 나는 온갖 사람들에게 물었다. 오이디푸스는 누이가 있었나? 내 친구들, 동료들, 지인들은 모두가 물음에 답할 수 없었다. 그리고 그들이 그것 때문에 너무 짜증스러워 해서 나는 내가 편한 마음으로 의도했던 바를 그만두고 답에서 시작하는 게 더 낫겠다는 결심을 했다. 그렇다, 오이디푸스는 누이가 있다. 그의 딸인 이스메네와 안티고네, 이렇게 둘이 있다. (그는 또한 그의 아들인 두 형제도 있다.) 하지만 소포클레스의 희곡 『오이디푸스 왕』에서, 어머니와의 근친상간이라는 오이디푸스의 범죄에 의해 도입된 혼돈의 이 동기 차원은 단 한 번 언급된다. 그것은 스스로 눈이 멀게 된 오이디푸스가 서 있는 방으로 안티고네와 이스메네가 들어올 때 언급된다.

오이디푸스   애들아, 너희들은 어디 있느냐? 자, 이리 오너라,

                같은 어머니에게서 태어난 이 나의 손들이 닿는

                곳으로! 한때는 밝았던 너희들 아비의 두 눈을

이렇게 보지 못하도록 만들어놓은 이 손들에게로,
얘들아, 너희들의 아비는 보지도 알지도 못하고 제가
태어난 바로 그곳에서 너희들의 아비가 되었구나.[1]

우리가 아는 한, 이오카스테와 라이오스에게는 오이디푸스 말고 아이가 없었고, 따라서 오이디푸스의 아이들은 그의 유일한 동기들, 혹은 차라리 반동기들이다(그들은 어머니가 같지만 아버지는 같지 않다). 어머니와 동침한 오이디푸스의 범죄는 세대를 혼란시킨다. 하지만 희곡 안에서 — '오이디푸스 콤플렉스'로서의 그것의 전개에서도 그렇듯 — 아들-어머니의 축이 측면 차원을 그늘에 가리거나, 아니면 거의 지워버린다. 우리는 오이디푸스와 그의 아이들이 형제들이고 누이들이라는 것을 완전히 망각한다. 나는 이것을 심적 삶의 구성에 대한 정신분석적 이해로부터의 측면성의 — 동기들과 그들의 계승자인 또래들과 친애자들[2]의 — 중요성의 억누름에 대한 은유로서 취하고자 한다. 그렇지만 나는 또한 이렇게 묻고자 한다. 소포클레스의 원래 희곡에서 초점은 그토록 배타적으로 수직적 세대에 맞추어져 있는가, 아니면 내가 동기들의 누락이라고 지적하고 있는 것이 그 시기 테바이에서 어머니와 누이 혹은 그 문제라면 아버지와 아들 사이의 심적 구분이 지금보다 덜했던 것에서 귀결하는 것인가?
이 은폐된 동기들에 대한 나의 자각은 수년 동안 히스테리와 씨름하던

---

1 | *Sophocles: The Three Theban Plays*, trans. R. Fagles (London: Allen Lane, 1982): *Oedipus the King*, pp. 66-7 (강조는 나의 것). [소포클레스 『소포클레스 비극 전집』, 천병희 옮김, 숲, 2008, 88쪽. 천병희가 '같은 어머니에게서 태어난 이 나의 손들'이라고 번역한 부분은 미첼이 인용하는 영역본에서는 'your brother's hands', 즉 '너희 오라비의 손들'이라고 되어 있다.]

2 | [affines. 친구나 배우자처럼 혈연관계 없이 자연적으로 좋아하여 유대 관계가 생긴 사람을 가리킨다.]

과정을 통해서 생겼다. 히스테리는 나의 임상 실천에서 흔한 것이었지만 지난 20세기의 진단 문헌이나 이론 문헌 안에 대체로 부재했다. 여기에는 비슷한 무언가가, 어떤 유사성이 있는 것 같다. 동기와 히스테리 양자 모두는 때로는 분명하게 현존하면서 주목되지 않으며, 또 어떤 다른 때는 널리 관찰되지만 아무렇게도 취급되지 않는다. 히스테리가 정신분석 안에서 정의되는 한에서, 히스테리는 불충분하게 억압된 불법적인 오이디푸스적 근친상간 욕망을 불안이나 공포나 신체적 '전환'을 통해 신체적으로 재-실연하는 것으로서 간주된다. 다시 말해서 그것은 오로지 수직적 패러다임을 통해서만 이해된다. 내가 때때로 히스테리를 언급하겠지만, 히스테리는 다만 나의 배경 자료에 불과하다. 나는 앞서 『미친 남자와 메두사』에서 동기의 중요성에 대해 했던 몇몇 제안들을 심화시키기를 원한다. 여기서 나는 두 가지 방식으로 고찰할 계획이다. 한편으로 동기 누락의 함축들을 다루기 위해 동기를 정신분석 이론으로 데리고 가기. 그리고 다른 한편으로, 정신분석의 한계 바깥에서 동기의 중요성을 이해함에 있어 정신분석을 조력자로서 이용하기 — 지금까지 동기의 중요성을 놓친 것이 정신분석만은 아니다.

그리하여 나는 정신분석의 틀 안에서 동기 문제에 초점을 맞출 것이며, 하지만 나의 물음들은 여타의 사회과학/인문학 분과들에서의 '일반인' 독서에 의해, 무엇보다도 인류학과 영문학에 의해 고취된다. 이는 기선(基線)이 되는 것이 다음과 같은 확신임을 의미한다. 즉 무의식적 과정들이 있으며 그 과정들은 중요하며 또한 그 과정들은 의식적 과정들과는 다르게 조직화되며 표현된다는 — 특수한 유형의 임상적 실천과 그로부터 나오는 이론을 궁극적인 준거점으로 삼는 — 확신. 핵심적인 무의식적 과정들은 유아기에, 그리고 유아기에서 아동기로의 이행기에 정해진다. 우리가 이유가 있어 망각하게 되는 바로 이 초기 시절에 우리는 인간적 사회성의 의미들과 함축들을 내재화한다. 정신분석 이론에서 성적 욕망은 금지에 직면하며 그 결과 그것의 표상은 억압된다. 억압은 어느 정도로 실패하며, 불법적 욕망은 처음에 그 욕망을 인지할 수 없게 하는 방식으로 회귀한다. 그것은 직접적으로 표현될 수 없으며, 그래서 그것은 신경증 증상, 꿈, 일상생활의 정신병리들, 농담의 힘 — 억압을 통해 무의식적이 되었지만 그런 다음 부분적으로 무의식을 탈출한 어떤 것(비록 그것의 의미는 그것의 표현이 해독되기 전까지는 알려지지 않은 채로 남아 있지만)의 다양한 현시들 — 속에 은폐되어 있다. 이것은 문화적 터부들과 배움의 과정들이라는 맥락 안에서 유아의 성적 욕망의 중요성을, 따라서 유아기의 중요성을 강조하는 이론이다: 어떻게 한 명의 인간 동물은 마음, 언어, 정신, 사회관계 등등을 갖는 인간 존재가 되는가? 정신분석의 이러한 가정들은 물론 다른 분야에서 널리 받아들여졌으며, 그것들에 대한 반대를 통해서건 승인을 통해서건 일반 문화 속에 널리 유포되었다.

동기 살해와 동기 근친상간에 대한 금지는 그것들의 부모-아이 간 등가물에 대한 금지보다 더 약할 수는 있겠지만 그럼에도 불구하고 필수불가결하며 따라서 사회성 획득의 일부를 형성하며 무의식적 과정들의 구성에 독립적으로 기여한다. 그것은 수직적 터부하에 포섭될 수 없다. 다시 말해서 동기관계는 의식적 과정뿐 아니라 무의식적 과정에서도 중요하다. 따라서 그것이 정신분석 이론과 실천 속에, 그리고 정신분석의 영향을 받은 모든 것 속에 포함되는 것은 필수불가결한 일이다. 동기는, 그리고 내가 동기들로부터 따라 나오는 일체의 측면 관계라고 부르는 것은 사회적으로나 심적으로나 중요성을 갖는다.

동기의 중요성은 발달 심리학에서 그리고 집단 요법을 수행하는 치료사들에 의해 주목되었다. 정신분석 내에서도 동기는 이따금씩 관찰이나 물음으로서 표면화된다(Colonna and Newman, 1983; Holmes, 1980; Hopper, 2000; Oberndorf, 1928; Volkan and Ast, 1997). 나의 논점은 이러한 극히 귀중하지만 산발적이고 통합성이 결여된 관찰들과는 다르다. 즉 동기들은 고전적으로 오이디푸스 콤플렉스 안으로 포섭되어 있지만, 나는 수직축과 측면축이 언제나 상호작용하더라도 각 차원은 상대적 자율성을 갖는다고 믿게 되었다. 동기 폭력과 동기 근친상간은 부모를 향한 것들과는 동일하지 않다. 그것들에 대한 금지는 더 약하며, 나는 나중에 이 더 약한 터부에 대한 가능한 이유를 제공할 것이다 — 하지만 그럼에도 불구하고 금지는 있다. 대부분의 문화들에서 어떤 핵심적 금지는 내재화되며, 욕망들의 대표들은 억압되어 무의식적이 된다. 수직적인 것과 측면적인 것이 나의 주장대로 동일하지 않고 질적으로나 구조적으로 상이하다면, 이 상이한 욕망들은 — 활동적이건 억압되었건 — 스스로를 상이하게 현시할 것이다.

　동기와 동기 등가물에 대한 나의 강조는 성욕에 대한 강조에 어떤 다른 차원을 제안한다. 동기 전치는 죽으려는 또는 죽임을 당하려는 욕망을 불러낸다. 수직적인 오이디푸스 이야기 안에는 오이디푸스의 부지불식간의(혹은 더 정확히, 무의식적인) 아버지 라이오스 살해에 의해 표상되는 죽임에 대한 금지도 있다. 다시금 나는 이것이 동기간 금지와 같지 않다고 주장하고자 한다. 1차 세계대전 뒤에 프로이트는 죽음 충동 가설을 세웠다. 그렇지만 1장에서 언급했듯이 그는 또한 무의식 속에는 죽음에 대한 표상이 있을 수 없다고 주장했다. 나는 그러한 표상이 있다고 생각하며, 우리가 그걸 보지 못한 것은 동기의 중요성을 억눌렀기 때문이라고 생각한다. 이론의 층위에서 동기 살의가 심적으로 중대하다는 사실은 논쟁적인 죽음 충동 가설에 새로운 강조점을 부여하며, 어쩌면 그 가설에 대한 다른 이해를 제공한다. 나는 이를 여러 가지 방식으로 탐구할 것이다. 나는 소멸을 향한 충동이 있느냐 없느냐라는 논쟁적인 개념을 옹호하거나 반대하는 것보다는 '죽음'의 심적 역할에 더 관심이 있다.

　아버지를 죽이는 것과 어머니와 성관계를 갖는 것은 관련이 있지만 별도인 두 사건이다 — 너는 한 명은 죽이길 원하며 다른 한 명과는 섹스를 원한다. 동기간의 폭력과 성욕은 그 구성에 있어 훨씬 더 가까우며, 중요한 것은 성과 살의의 행동과 감정이 동일한 인물에 대한 것이라는 점이다. 동기들 사이에서의 성과 폭력의 이러한 근접성은 등치의 양 측면 모두에 영향을 미친다. 너의 동기를 살해하려는 근본적인 욕망이 있다. 그것 또한 금지를 만난다: 너의 형제 아벨을 죽여서는 안 된다, 그 대신 너의 형제(이웃)를 너 자신처럼 사랑해야 한다. 폭력은 사랑으로 변화되어야 한다 — 하지만 사랑의 가능성은 이미 거기, 자신에 대한 사랑 속에, 정신분석적 용어로 나르시시즘이라 불리는 것 속에 있다. 나르시시즘은 어떻게 다른 이에 대한 사랑, 대상-사랑이 되는가? 내가 보기에 동기를 향한 양가성은 이러한 변형의 필요불가결한 부분이다. 사랑과 동시에 태어나는 폭력이란 무엇인가?

우리는 오이디푸스 콤플렉스와 거세 콤플렉스 이전에 성적으로 '다형 도착적'이다. 우리는 또한 아이로서 죽이려는 소원에서 '다형도착적'이지 않은가? 억압 — 이 죽이려는 소원과 그것의 금지를 무의식적인 것으로 만들기 — 은 실패하며, 동기들과 동기 대체자들에 대한 폭력이 행동화된다. 전쟁은 탈-억압이다. 살인과 자살에 대한 금지는 이 욕망(혹은 더 정확히, 그것의 표상)이 또한 어느 정도까지는 억압되고 무의식적이어야 한다는 것을 의미한다. 유아-부모 간 성욕에서와 마찬가지로 여기서도 승화라는 대안적 경로 — 충동을 겨루기나 우호적 경쟁 같은 문화적으로 허용 가능한 다른 목적들로 돌려놓기 — 가 있다. 유아 성욕의 억압이나 승화의 실패와 유사하게, 살의의 억압이나 승화의 실패는 내가 폭력도착이라고 부르려는 것 속에서 실연될 수 있는데, 폭력도착은 심적으로 성도착처럼 구조화되어 있다. 성도착은 억압의 실패다. 우리 모두는 유아기에 성적으로 '다형도착적'이라고 간주된다. 하나의 종으로서 우리는 적어도 성적으로 문란한 만큼이나 폭력적으로 문란하다.

나는 제안한다: 자신의 동기를 자기 자신처럼 사랑하는 것은 정확히

나르시시즘도 아니고 대상-사랑도 아니다. 그것은 극복된 증오에 의해
변형된 나르시시즘이다. 동기 살의가 동기 사랑과 맺고 있는, 따라서 이어
지는 사랑-관계들과/이나 성욕과 맺고 있는 특수한 관계의 이러한 더
일반적인 틀구조 안에 다음과 같은 추가적인 논제가 들어 있다: 동기간의
성적 사랑은 오이디푸스적/부모적 사랑과는 중요한 측면에서 다르며 이는
아이-분만에 있어 엄청난 중요성을 갖는다. 동기들을 위한 이러한 주장들
은 여러 관찰들을 설명해주며, 정신분석 이론에게는 어떤 다른 차원을
함의한다.

적어도 정신분석 이론 안에서는, 증오가 사랑보다 먼저 온다고 언제나
수장되어왔으며, 이에 대한 다수의 설명들이 있다. 여기서 나는 '히스테리
증자는 증오하는 곳에서 사랑한다'(프로이트)라는 우리의 인식을 이용할
것이다. 다시 말해서 히스테리에서 증오는 일차적이다. 우리 모두에게는
잠복된 또는 잠재적인 히스테리가 있으므로, 동기 증오의 일차성은 '히스
테리적' 성폭력을 설명하는 데 도움이 될 수도 있을 것이다. 증오의 중요한
현시들은 부적절하게 설명되었다. 가령 소아과 의사이자 정신분석가인
도널드 위니콧은 (환상 속에서 아이가 어머니를 공격한다고 하는 멜라니
클라인의 선천적 선망과 파괴성이라는 개념을 암묵적으로 반박하면서)
클라인과는 아주 대조적으로 자신의 작업을 통해 자신은 아이에 대한
어머니의 증오가 어머니에 대한 아이의 증오보다 먼저 온다는 것을 안다고
강조했다. 그렇지만 위니콧은 어머니 자신이 우선은 아기나 어린 아이였을
때 증오하지 않았다면 어머니의 그 증오가 어디에서 왔는지 의아해 하지
않았다.[3] 하지만 위니콧은 또한 그가 어머니의 증오에 대한 그의 확신과

_____
3 | 줄리아 크리스테바(Kristeva, 1982)는 이 증오가 출산 상황 그 자체로부터
   독자적으로(sui generis) 생겨난다고 설명한다. 그녀는 분만에 대한 어머니의
   반응을 기술하기 위해 '비천함(abjection)'이라는 개념을 사용한다. 증오는
   아무런 심적 역사도 갖지 않는다. 모성의 도래와 더불어서 도대체 처음으로

'작은 아이는… 동기를… 사랑하며, 심지어 흠모한다.'
〈두 자매〉 클레어 코울맨 제공

결코 연결하지 않았던 어떤 말을 무심결에 했다. 형제자매는 우선은 서로를
충분히 증오해야지만 서로를 사랑할 수 있다는 말을. 그렇지만 나는 증오
나 사랑 가운데 어느 하나의 우선성을 언명하기 전에 그것들이 무엇을
의미하는지를 좀 더 명기할 필요가 있다고 생각한다.

　양가성은 인간관계의 한 조건이다. 하지만 양가성에 대해 생각하는
것조차도 이원론적인 분열을 내포한다: 사랑과 증오. 언어는, 사고 그

생겨나는 심적 반응들이라는 동일한 문제 — 즉 어머니 되기의 아동기/유아
기 역사가 전혀 없다는 것 — 는 또한 메리 켈리의 저작 『산후기록』(Kelly,
1983)에도 내재한다. 크리스테바의 설명은, 위니콧의 설명처럼, 선결문제를
요구한다(begs a question) — 어머니의 유아기 어디로부터 증오가 생겨나는
가? 내가 제안하는바, 증오받는 아기는 어머니가 아동기에 증오했던 동기의
복제다. 무심코 관찰해보아도, 얼마나 많은 어머니들이 자기 아기를 동기
이름으로 우연히 지칭하는지는 주목할 만하다(주목할 것까지도 없다!).

자체는 분열을 필연화한다. 양가성의 핀머리(pinhead)에서 사는 것은 불가능하다. 임상 작업 중에 우리는 그것의 섬광 같은 순간들을 보고 경험한다. 우리의 일반적인 생각에 따르면, 우리는 양가성으로 우리의 명백한 사랑함 속에 부정성이 있다는 것을 가리키기에, 그리고 우리는 부정적인 것을 우리 것으로 소유하고자 하지 않기에 양가성은 지지될 수 없다. 하지만 이것이 문제가 아니다. 문제는 사람들이 두 개의 전적으로 상반된 감정을 동시에 경험한다는 것이다 — 그리고 그 감각은 살아낼 수 없는(unlivable) 것이다. 하지만 이것은 모든 아이들의 경험이다 — 그리고 그것은 동기들로 전형화되는(또는 체현되는) 경험이다. 어린 아이는 이미 있는 동기를, 그리고 또한 앞으로 도래할 동기를(실제로 도래하건 하지 않건) 사랑하며, 심지어 흠모한다. 이것은 감정적인(affectual) 나르시시즘적 상태로서, 이후에 — 바라건대 — 나타나게 될 사랑 속에 취해질 것이다. 이 사랑은 나르시시즘적 사랑을 가로지른다. 그렇지만 최초의 심리적 표지라 부를 수 있는 것을 만들어내는 것은 증오다. 새로운 아기(또는 이미 거기 있는 아이)에 대한 나르시시즘적 사랑은 마이클 발린트(Balint, 1952)가 '일차적 사랑'이라고 불렀던 것에 비견할 수 있다. '일차적 사랑'은 어머니에 대한 아기의 첫 느낌이다. 그렇지만 우리는 아기의 자기사랑이 아기가 문자 그대로 그 자신이라고 여기는 사람들을 포함하는 데까지 뻗어나가는 것을 볼 수 있을 것이다. 다른 이에 의한 자기 자신의 잠재적 근절은 지적으로 다루어져야만 한다 — 누군가가 자신을 대체하는 상황은 정신으로 하여금 일할 것을 강제하며, 사랑이라는 감정적인 상태는 정신화된다. 출산을 앞두고 있는 아버지 칼 융이 남자 아기 동생이 태어나면 어떻게 할 것인지를 물었을 때, 두 살 된 그의 딸 아가틀리는 준비된 대답을 가지고 있었다: '개를 죽일 거야'(B. Clark in Farmer, 1999: 8). 아가틀리는 그 문제에 대해 생각을 했던 것이다.

그렇다면, 동기적 성욕과 살의는 인접해 있다. 그렇지만 동기적인 성적 사랑은 오이디푸스적/부모적 사랑과는 아주 의미심장한 방식으로 다르다. 모든 아이들은 아기를 만들기를 원한다. 그리고 모든 아이들은 성적인 감정을 갖는다. 재생산 욕망과 출산 환상과 성 충동이 한데 모이는 것은 부모와의 관계 — 오이디푸스 콤플렉스, 오이디푸스와 그의 어머니 이오카스테 — 에서다. 우리는 오이디푸스의 선택을 통상 오이디푸스 콤플렉스로 해석하는 것과는 다소 다르게 강조점을 두어 읽어볼 수 있다: 재생산적 환상들이 충동의 무작위성을 형태짓기 위해서는, 아이의 다형도착적 성욕은 어머니에 대한 사랑의 표지하에 들어가야 한다. 욕망된 어머니의 없음은 어머니나 아버지가 되려는 소원, 일반적으로 재생산하려는 소원의 없음과 일치한다. 강조점은 근친상간에 대한 적극적 소원의 필요에 있다. 그것의 금지나 그것의 실행의 비극들에 있는 것이 아니라 말이다. 우리는 어머니를 원하지 않으면 부모가 되기를 원하지 않을 것이다. 그렇지만, 동기들과 관련해서는 성적인 감정이 있지만, 내 생각에 재생산적 환상은 없다.

히스테리의 두 가지 상이한 특성이 그 차이를 예증한다. 히스테리적 출산, 상상 임신, 그리고 ('용납 불가능한' 것이건 아니면 사회적으로 인가된 것이건) 남성 의만(couvade)은 모두가 단성생식적 출산 환상의 사례들이다(Mitchell, 2000a) — 히스테리증자는, 아이처럼, 스스로 아기를 만들 수 있다고 믿는다. 정신분석의 첫 아이인 꼬마 한스는, 그가 곧 생산할 것이라고 주장했던 아기들을 어디에서 얻게 되냐고 아버지가 물었을 때, '물론 나한테서'라고 답했다.[4] 이것이 나중의 삶에서 무의식적으로 유지된

---

4 | [지그문트 프로이트, 『꼬마 한스와 도라』, 김재혁 옮김, 열린책들, 2003, 123쪽. 미첼은 한스의 답을 'from myself of course'라고 하고 있고 국역본은 '그야 내가 낳은 거지'라고 하고 있다. 영역본의 정확한 표현은 'why, from me'다. 6장(241쪽)에서 미첼은 이 한스의 표현이라고 하면서 'from themselves(자기들한테서)'라고 하고 있다. 결국 의미는 대동소이하다고 할 수

다면, 그것은 오이디푸스적 억압의 실패와 관련된다. 그렇지만 그것은 언제나 주장되듯 근친상간적으로 어머니 갖기(*having* the mother)를 고집할 때 실행되는 아버지의 거세 위협에 묶여 있지 않다. 그 대신 이 히스테리적 가능성은 내가 앞서 '어머니의 법'이라고 지칭했던 것에 대한 거부로부터 생겨나는데, 그 법은 아이가 아이이면서 어머니이기(*being* a mother)를 금지한다.

또한 히스테리의 또 다른 똑같이 유력한 특성이 있다── 현실적이건 심리적이건, 아이-없음(childlessness) 또는 아이로부터-자유로움(childfreeness). 이것은 환상된(fantasized) 단성생식적 출산의 동전의 이면이다. 발그레한 성욕과 성적 불감증 사이의 동요처럼, 상상 임신과 아이 없음 양자 모두는 히스테리증자의 특성이다── 같은 이유에서 말이다. 히스테리증자는 한 명의 돈 후안이다── 돈 후안이 아버지가 된다는 것은 상상할 수 없다. 만일 어쩌다가 아이가 생산되면, 어느 쪽 성의 부모건 심리적으로 말해서 그게 '그의' 또는 '그녀의' 아이라는 것을 알지 못한다. 나의 환자 가운데 한 명은── 그런 환자들은 많은데── 그의 잘 생긴 아들들을 식탁 너머로 바라보면서 아이들이 좋은데도 걔들이 그와 무슨 상관이 있는지를 알 수가 없었던 일을 떠올렸다. '이 아이는 어디에 온 걸까?'는, 잘 알려져 있듯이, 동기가 태어날 때 걸음마 아기의 물음이다. 그것은 너무나도 손쉽게 나중의 삶으로까지 지속되며, 환자들의 당혹감 속에서 반복된다. 단성생식적 출산 환상과 심리적인 아이로부터-자유로움은 같은 동전의 양 측면이다.

동기 성욕은 동일자로서 경험되는 누군가와의 섹스에서 시작해서, 없애고 싶은 차이를 지닌 누군가와의 섹스에 이르기까지 그 범위가 걸쳐 있다. 그것은 아동기 환상에서 아주 빈번하게 등장하는 상상적 쌍둥이나

───── 있겠지만 정확한 인용이라고 볼 수는 없다.]

상상적 누이/오라비의 본질적 부분일 수 있다. 그것은 외로움 속에서 일종의 '숲속의 아이들'식 위안일 것이다.[5] 아룬다티 로이의 수상작 『작은 것들의 신』(Roy, 1997: 2장)에 나오는 쌍둥이 경우처럼 말이다. 다른 편 끝에서 그것은 전시 강간에서 목격되는 격분의 전조일 것이다. 이 경우 동기는 자신의 실존을 계속 위협하며, 그리하여 살의와 성욕은 대처 방식들이다 — 희생양에게는 끔찍한 결과를 낳는. 프로이트의 '늑대인간'은 딱 들어맞는 정신분석 사례다. 늑대인간 누나의 성적 환상과 성적 공습의 침입은 미래의 정신분석 환자가 될 그 작은 아이를 완전히 겁먹을 정도로 몰고 갔다. 하지만 오늘날의 NSPCC[6] 보고서(Cawson et al., 2000)가 분명히 하듯, 교란당한 아동의 동기 학대 기원을 놓치는 일은 빈번하다.

동기간 근친상간은 세대 간 근친상간보다 터부시되는 강도가 덜하다. 대부분의 문화들에서 어머니와의 성교나 심지어 아버지와의 성교는 거의 생각할 수 없는 것이다. 왜냐하면 그 욕망의 중핵 표상은 억압되는 것 이상이기 때문이며, 즉 파괴되기 때문이다. 이러한 환상 제거는 동기간 근친상간에는 해당하지 않는다. 아동기의 성 놀이는 어느 정도까지는 정상적인 것이며 또한 합의된 것이다. 많은 치료사들은 청소년 동기간 섹스가 일반적이라고 보고하며, 죄책감이나 비행감이 빈번히 부재하다고 기록한다. 환자나 의뢰인의 이와 같은 관심 부재는 너무나도 자주 치료사의 무관심 속에 반향된다. 치료사 자신이 — 내 생각에는 부정확하게도 — 그것이 문제의 중요한 지시자임을 발견하지 못한다. 이론에서건 치료

---

5 | ['숲 속의 아이들(babes in the wood)'은 영국의 전래 동화다. 병든 부모가 죽고 두 남매는 삼촌에게 맡겨진다. 삼촌은 유산을 차지하려고 악당들을 시켜 아이들을 죽이게 한다. 악당들의 손에서 벗어난 아이들은 숲 속을 방황하다 서로를 껴안은 채 죽는다.]

6 | [National Society for the Prevention of Cruelty to Children, 국립아동학대예방 협회]

에서건 동기관계에는 자율적 자리가 주어진 적이 없기 때문에 그 관계가 잘못된다고 해도 실질적으로 크게 문제되지 않는 것으로 해석되는 것 같다. 만약 그 관계가 그 자체의 무의식적 과정을 산출하는 것으로 이해된 다면, 가능한 병리학적 결과들 또한 파악될 수 있을 것이다. 하지만 완전동 기간 근친상간의 발생은 일반적으로 부모의 무관심으로 책임이 전가된다. 그 결과 근친상간이 아니라 무관심이 주목을 받는다. 동기 임신이 실제로 발생해야만 그 괴물 같은 소산에 대한 부모의 공포와 두려움이 침입해 들어오고 임상의 또한 걱정하게 되는 것 같다.

그래서 동기 근친상간은 임신이 없다면 대체로 아주 심각하게 간주되 지 않는다. 이러한 태도는 아이의 환상을 복제하는 것이며, 내게는 부정확 해 보인다. 장래에 동기 환상들이 결혼에서나 동반자관계에서나 부모 되기에서 펼쳐진다는 것을 놓고 볼 때, 사실에서건 환상에서건 아이의 과거 동기간에 발생한 일은 막중하다. 그렇다면 동기의 간과는 동기적 성적 환상에서 재생산의 부재와 관련이 있을 것이다 — 아이들은 서로 간에 아기를 만들지 않는 섹스를 하고 있다. 유성 재생산은 다른(이른바 '반대') 성을 가진 두 사람을 요구한다. 성욕은 그렇지 않다. 동기들은 젠더가 다르더라도 성적으로 '반대'가 아니다. 어른의 마음속에서는: 임신 이 가능하지 않으면, 성도 없다. 이것은 분명 성을 놓치는 것이다. 그보다 한층 더 중요하게, 그것은 — 공공연한 폭력이건 잠재적 폭력이건 — 폭력을 놓치는 것이다.

그렇다면 분명 측면적인 성적 끌림에는 동성애적인 것과 이성애적인 것 둘 다가 있다. 나는 그 둘 — 측면적인 동성애와 이성애 — 의 구분이 상대적으로 중요하지 않다고 주장하고자 한다. 그것[측면적인 성적 끌림] 은 항문-남근적이며, 심층에서는 젠더 무차별적이다. 상상적으로 사용되 는 생식기는 동일하거나(항문) 상동적이다(클리토리스와 음경). 이러한 측면적 성욕은, 재생산이 환상의 일부로 나타나지 않는다는 점에서, 수직적인 근친상간적 욕망과 다르다. 그렇기에 그것은 오이디푸스적 환상들과 구분되는데, 후자의 경우 원래의 이야기가 분명히 하듯이 너의 어머니(또는 아버지)와 아기를 낳는 것이 욕망의 핵심 성분이다. 오이디푸스의 경우, 이는 실연되며, 문제는 말끔하게 요약된다: 네가 어머니와 아이를 낳고자 한다면, 네가 아버지가 된 그 아이들은 너의 동기들일 것이다. 우리는 이러한 앎이 터부와 관계하기 때문에 그것을 억압하며, 그래서 아무도 오이디푸스에게 누이가 있다는 것을 기억하지 못한다. 동기 근친상간의 아이는, 사회적으로 용납된다면 — 프톨레마이오스 왕조에서처럼 — 동기가 아니라 다만 아이로 간주된다. 사회적으로 용납되지 않는다면, 괴물로 상상된다.

동기들은 '엄마 아빠' 놀이를 할 수도 있을 것이다. 하지만 이것은 수직적 모방이다. 직업 세계에서 소방관이나 간호사 되기처럼 말이다. 아이들의 서로에 대한 성적 욕망은 오히려 '한 아이가 — 보통은, 동기가 — 매 맞고 있어요'(Freud, [1919]: 179; 4장을 볼 것)라는 널리 관찰되는 자위 환상에 포함되는 욕망일 것이다.

동기적 성적 환상의 비-재생산적 성격은 사랑과 관련한 살의의 중요성과 밀접한 관련이 있다. 근친상간처럼, 겨루기나 경쟁 같은 더 온건한 어떤 것으로 완화되어야 하고 그리하여 그 치명적인 침이 상실되어야 하는 이 살의는 무엇인가? 멜라니 클라인은 어머니의 소유와 존재 일체(all the mother has and is)에 대한 아기의 선망과 그에 따른 그녀를 파괴하려는 아기의 소원을 강조한다(Klein, [1957]). 내가 제안하는바, 동기 증오는 우선적으로 — 선망이 아니라 — 증오다. 그것은 선망이 될 수 있으며, 그런 다음 이 선망적 경쟁은 본뜨기나 겨루기로 승화될 수 있다. 그것은 — 어머니를 향한 아기의 파괴성과는 달리 — '수선될(repaired)' 필요가 없으며(멜라니 클라인은 아기의 수선 환상에 대해 강조했다), 또한 감사(gratitude)는 모성적 관계에서와는 달리 그것의 긍정적인 이면처럼 보이지 않는다. 선망은 감사에 의해 극복되고 대체될 수 있다 — 당신은 당신이 열망했으며 박탈을 느꼈던 것을 충분히 수여받았다는 것을 깨닫는다. 증오는 그와 같은 해결책을 결코 찾지 못한다 — 그렇지만 증오는 사랑으로 역전될 수 있다. 증오와 폭력은 분명 선망과 관련되는 게 아니라 외상과 관련된다. 외상적 경험에 의해 심적으로 말살될 때 삶의 첫 표지는 격분과 증오다.

외상적 반응이 소진되기 위해서는 어떤 적응이 필요하다 — 지진으로 인한 집 상실이나 전쟁터에서의 친구 상실은 시간이 지나면서 극복되어야 한다. 대상은 심적으로 상실되어야만 내적 이미지로 복원될 수 있다 — 이는 애도의 과정이다. 하지만 이와는 반대로 히스테리증자는 애도할 수 없다 — 그의 증상들은 포기될 수 없는 어떤 것을 재-실연한다. 이것은 과거는 과거임을 받아들일 수 없는 꽤 흔한 무능력의 극단적인 표현이다. 애도가 발생할 수 없다면, 교차문화적 히스테리 연구에서 너무나도 공통적으로 주목된 특징인 '들러붙기(haunting)'가 발생한다.[7] 대상은 상실되고 그런 연후 표상되고 내재화되지 않는다. 대신에 대상은 마치 상실되지 않았던 것인 양, 영원히 현전하는 양 존속한다.

간단히 그리고 도식적으로 말해서, 살의를 품은 동기들의 중요성의 근저에 놓인 역사로서 내가 구성하게 될 가설적 역사는 다음과 같다. 미숙한 상태로 태어나기에 인간 신생아와 유아는 언제나 어떤 외상이나 외상들, 즉 자극의 어떤 과도함을 겪게 되는데(세상은 우리에게 너무 벅차다), 이는 물리적 외상과의 엄밀한 유비에서 원-심리적 방어층을 뚫고 들어가며 원-주체의 폭발, 소멸로서, 원-주체의 실존 속의 틈새로서 경험

---

7 | 앙드레 그린(Green, 1995)은 애도 실패를 대부분의 현대 정신신경증들의 만연해 있는 특징으로 간주한다. 그러한 관찰에 동의하면서도 나의 설명은 그린과는 다르다. 이 애도 실패는 모든 소위 '경계선' 사례들에서 히스테리적 침전의 표현이다.

된다. 우리 모두는 어떤 완전히 예기치 못한 아주 큰 충격을 상기해봄으로써 그 경험을 상상해볼 수 있다. 우리가 서 있다고 생각했던 곳에 블랙홀이 생겨나는 것 말이다.

정신분석 이론 안에서 인간 신생아의 무력함이 지닌 함축들은 널리 인정되지만 상이하게 이해된다. 나는 이 블랙홀이 소용돌이처럼 그곳으로 사물들을 끌어당긴다고 생각한다. 이를 보여주는 것은 다음과 같은 것일 터이다. 즉 나중의 외상들이 발생할 경우, 시초 충격 이후에 어떤 사람이 같은 것을 계속해서 반복한다 — 사고는 삼세번으로 일어난다. 이 '반복 강박'은 프로이트가 '죽음 충동'이라 부른 것, 사람을 거꾸로 정지 상태로, 비유기체적 상태로 내모는 어떤 것의 특징이다. 내가 보기에 심적 상태로서의 '비유기체적인 것'은 내재화된 외상이며, 소멸의 경험이며, 도래할 주체(the yet-to-be subject)의 부재다. 외상은 '죽음'이 되며, 내부에 있는 죽음의 혹이나 핵이 된다.[8] 그렇지만 삶이 계속되기 위해서 외상의 구멍은 봉해지며, 삶의 모든 적극적 요소들과 생존 본능은 그것의 중요성 감소에 기여한다. 때로 일부 조산아의 경우처럼 이 삶 충동은 불충분하다. 관찰에 따르면 어머니나 어머니 대체자의 대단히 적극적인 개입만이 아기가 생존하기에 충분한 '삶 충동'을 아기에게서 끌어낼 수 있다.[9] 그렇지만 이 살려는 충동과 죽음 충동의 성공적인 내부 융합은 파괴성과 공격성으로 나타날 것이다 — 원-주체에게 가해진 폭력의 수동적 경험으로부터의

---

8 | 여기서 나는 멜라니 클라인이 아니라 D. W. 위니콧과 안나 프로이트의 몇몇 관찰들을 이용하고 있다.

9 | 나는 페루 리마의 빈민가에서 어머니와 조산아에게 행해진 일에 대해 생각하고 있다. E. 피아존이 나에게 그 일을 알려주었다. [미첼이 역자에게 알려준 설명에 따르면, 어머니들은 통상적으로 조산아의 생존을 부추기지 않았다. 개입이 있고 나서야 어머니들은 생존을 부추겼으며, 그때서야 아기들은 반응했다.]

선회. 파괴성과 공격성 양자 모두는 삶을 위해 필수불가결한 것이다. 증오는 죽음의 경험이 이처럼 외부로 선회하는 것의 최초 표현이다. 나중의 삶에서도, 모든 이와 모든 것에 대한 증오가 외상으로부터 회복되고 있다는 최초 징후가 되는 것은 아주 흔한 일이다.

이러한 기술은 프로이트가 세계대전이 끝난 후 1920년에 제출한 삶 충동과 죽음 충동의 가설에 대한 나의 (히스테리에 대한 사유를 통해 도달된) 해석일 뿐이다. 나는 이것을 오로지 배경으로서 제시하는 것인데, 왜냐하면 내 관심의 초점은 그 다음 단계이기 때문이다. 내가 제안하는바, 이 신생아에서 유아까지의 기초 도면 위에서 두 번째 외상이 발생한다: 자신이 유일무이하지 않다는 깨달음, 누군가가 자신과 정확히 같은 자리에 있다는 깨달음, 친구를 찾긴 했지만 그럼에도 이 유일무이함의 상실은 적어도 일시적으로 소멸과 등가적이라는 깨달음. 어린 동기가 태어날 때 이를 시각화하는 것이 더 쉽다. 하지만 나는 그것이 양쪽으로 다 적용된다고 생각한다. 둘째 또는 나중에 태어난 아이는, 자신이 물론 더 나이든 아이에게 미움을 받았기에, 죽도록 미움을 받았기에, 증오에 대해서 '안다'. 막내 아이의 감정적인 사랑은 전-심리적(pre-psychic)이고 나르시시즘적이다. 그리고 그것은 더 나이든 아이가 신생아의 (현실적이거나 예기적인) 도래에 위협을 느끼는 것과 대강 동일한 나이에 충격으로 인해 심리적(psychic) '증오'가 될 것이다. 그렇지만, 모든 아이들에게서 더 이전의 경험이 소멸(프로이트가 '죽음'이라고 부르는 것)의 경험이었고 삶에의 요구였다면, 이 나중의 층위에서는 소멸의 위험에 대한 반응으로서 살의적 욕망이 있다. 나는 이 동기 경험이 수직적인 오이디푸스 콤플렉스와 거세 콤플렉스의 시련과 고난을 대체한다거나 그로부터 따라나온다고 생각하지 않는다. 또한 그것은 이른바 원장면(자신이 수태되는 곳에 그 자신이 부재하는 부모 성교의 환상)에 담긴 소멸이라는 기저 의미로 환원될 수도 없다. 동기 경험은 이러한 경험이나 환상들과 상호 연계되지만, 그 자체만의 구조를 세운다. 그것은 그것 자체의 욕망과 그것 자체의 금지를 갖는다: 융의 어린 딸은, 모든 아이들이 그렇듯, 그녀의 오빠를 죽이는 것이 허락되지 않은 것일 뿐이다.

나는 동기 살의와 근친상간의 층위에 개입하기 위해 작용할 필요가 있는 '어머니의 법'에 주의를 환기하고자 한다. 이는 지그 라캉의 '아버지의 법' 개념에 대한 다소 도발적인 참조인데, 아버지의 법이란 거세의 법, 즉 어머니를 가진 아버지의 자리에 들어서려고 하는 것에 대한 상징적 처벌이다. 라캉에 따르면 '아버지의 법'은 그가 '상징계'라고 지칭하는 것이나 아이의 언어에로의 접근과 관계가 있다. '어머니의 법'이라는 나의 개념은 계열성을 도입한다. 하나, 둘, 셋, 넷의 동기들, 놀이친구들, 학교친구들… 땜장이, 재단사, 병사, 선원. 나만이 아니라 너를 위한 여지가 있다 — 우리 모두의 내부에 있는 히스테리증자가 결코 인식하지 못하는 어떤 것. 표상은, 따라서 언어는 부재와 관계한다 — 거기 없는 것은 의미화되어야 한다. 계열성은, 언어 안에서 발생하기는 하지만, 문자능력(literacy)이 아니라 숫자능력(numeracy)에 관한 것이다. 아마도 작은 범위의 숫자에 대한 어떤 내장배선(hard-wiring)이 있을 것이다 — 새들은 알을 '셀' 수 있다. 어머니의 명령은 이 '세기' 위로 떨어진다 — 동기들은 같으면서 다른 알들이다. 그러고 나서 나중에, 동기 집단 내에서 계약이 있다. 자신의 나르시시즘을 확장하여 자신이 동일자이기 때문에 그 안에서 사랑을 하는 사회적 집단을 형성하기, 그리고 그들은 다르기 때문에 증오할 또 다른 집단을 발견하기.

이제 나는 잠시 동기의 중요성에 대한 나의 가설을 — 이러한 논변을 위한 원천 자료인 — 히스테리라는 맥락 안에 놓고자 한다. 특히 나는 동기를 남성 히스테리의 문제와 1차 세계대전 동안과 직후에 발생한 그에 대한 논쟁들 안에 위치시킬 것이다. 유사한 쟁점들이 2차 세계대전 동안 부상했지만, 정신분석 모임들에서는 히스테리 범주를 정의하는 데 대한 관심이 덜했다. 오늘날 그와 등가적인 전쟁 반응들의 경우도 마찬가지다 (Showalter, 1997). 나는 히스테리 범주가 여전히 유용하다고 생각하기 때문에, 1차 세계대전은 나의 논변에 가장 잘 복무한다.

전쟁에서 양편 전투원을 모두 타격한 비-기질성 질병들은 거의 모든 증상에서 히스테리의 잘 알려진 현시들과 유사했다— 압도적인 불안, 물리적 감각상실, 신체 부위 마비, 함묵증, 그리고 행동적으로는 모방적 동일시와 조작하기, 유혹하기와 부정직. 하지만 평화시 히스테리에는 통상적인 것보다 더 많은 악몽이 있었던 것 같다. 이 상태는 팻 바커의 삼부작 『갱생』(1996)에 잘 묘사되어 있다. 처음에는 공식적으로 '포탄 쇼크(shell shock)'라고 불렀던 이 질병은 최종적으로 외상신경증으로 규정되었다. 영향력이 광범위한 정신분석적 패러다임 안에서, 성욕의 부재, 특히 해소되지 않은 오이디푸스적 성욕의 부재는 이 남자들이 히스테리증자가 아니라는 표지로 간주되었다.[10] 하지만 이것들이 외상신경증(또는 그것의 현대적 등가물인 '걸프전 증후군') 사례인지 아니면 히스테리 사례인지에 대한 논의 속에서 외상과 히스테리의 연계는 간과된다. 더 나아가 이 간과된 연계는 이중적이다. 통상적으로 지각되는 것보다 더 많은 성욕이 외상신경증에 있으며 더 많은 '죽음'이 히스테리에 있다. 첫 번째와 관련해서, 우리는 과도한 충격을 특징적으로 뒤따르는 성적 강박성(전시 강간, 확실히 증오에 찬 섹스, 또는 심지어 단지 '내일은 죽으니까'라는 말로 합리화되는 충동에 내몰린 강박적 난교)을 너무 의심 없이, 그리고

---

10 | 일레인 쇼월터 같은 비평가들이 이 질병과 걸프전 증후군 같은 그것의 현대적 등가물들을 재평가하면서 그것들이 모두 히스테리라고 주장할 때, 그들은 히스테리를 지지할 수 없는 상황에 대한 무력한 반응의 현시로서 재정의한다. 이는 히스테리의 성적이고 강박적인 성향들을 빼먹는다. 더 중요하게는, 그것은 왜 히스테리 증상들이 무의식적 과정들을 표현하는지 설명하지 않는다. 왜 항의는 의식적일 수 없는가?

분석 없이 받아들이는 것 같다.

다른 쪽 끝에서, 참호 속 히스테리의 자살적 성향은 주목되지만 그러한 성향의 동기(動機)는 그 상태의 병인학의 일부로 포함되지 않는다. 히스테리의 심각한 사례들에서 그 결과가 자살일 가능성이 매우 높다. 현저한 죽음 충동이 있다. 이 죽음 충동은 충격적이거나 외상적인 어떤 것의 내재화 위에 투영된다. 그렇다면 그동안의 설명보다 더 많은 성욕이 외상 신경증에 있고 더 많은 내재화된 '죽음'의 핵이 히스테리에 있는 것 같다. 하지만 그 상태들 사이에는 차이 또한 있다.

팻 바커의 삼부작에 있는 히스테리 연구는 정신과 의사 W. H. 리버스가 에딘버그의 크레이그 록하트 전쟁 병원에서 수행한 작업에 근거하고 있다. 리버스의 관찰은 외상신경증과 히스테리의 중요한 차이를 — 설명하는 건 아니더라도 — 기술하는 데 큰 도움이 되는 것 같다. 리버스는 병사들의 증상 다수가 시간이 지나면 소진된다는 사실에 주목했다. 나의 제안에 따르면, 외상신경증은 신생아와 유아의 반응이 나중의 삶에서 재-편집된 것이다 — 처음에는 주체를 소멸시키는 충격, 그 다음에는 내부에서 '죽음'으로서 내재화되는 이 충격과의 동일시. 그러고 나서 이것은 생존에 대한 주장과 본능, 성적이기도 한 삶에 대한 본능과 융합된다. 그것은 통합을 형성하려는, 계약을 이루려는, 그 무슨 종류건 관계를 맺으려는 충동이다. 뒤이어서 성욕은 죽음 요소의 파괴성으로 과부하가 걸릴 수도 있다. 전시 강간이 입증하듯이 말이다. 외상의 조건은 이 반응들이 처음에는 강박적이고 반복적이지만 시간이 지나면서 소진된다는 것이다.

우리는 일상 회화에서 너무나도 자주 '히스테리적'이라고 묘사되는 반응들에 대해서 같은 주장을 할 수도 있을 것이다. 그렇지만 만개한 혹은 확립된 히스테리의 경우 소멸시키는 외상이라는 제1단계가 아니라 주체의 동기 소멸과 살의와 질투라는 제2단계가 정신에 의해 이용된다는 점에서 분명 다르다. 다시 말해서 사람, 동물, 사물과의 관계들은 유아기

주체가 전적으로 균형을 잃은 상태로 내던져질 때 이미 존재하고 있다. 혼란 속에서 관계들은 주체와 함께 나란히 사라지며, 나르시시즘이 히스테리증자에 의해 위급하게 다시 자리를 잡게 되면, 관계들 또한 회복되는 것처럼 보인다 — 하지만 다만 그렇게 보일 뿐이다. 그것들은 좋아봤자 불규칙적이며, 하지만 대부분은 외상에 대한 반응인 실재적 증오를 덮는 데 이용되는 유사-사랑이다.

외상신경증은 일차적인 전-심리적이거나 원-심리적인 감정적 상태를 반복한다. 동기(그리고 또래)에 대한 인식의 도래는 이를 심리적이고 정신화된 상태로 바꾼다. 동기의 경험은 처음에 자기와 동일한 위치처럼 보이는 곳에 누군가가 있는 것의 경험이다. 이는 생존 투쟁을 유발하며, 생존 투쟁은 권력 투쟁으로 표현될 것이다. 권력욕은 (푸코에게는 실례지만) 생존의 필요에 비해 이차적이다. 동기 근친상간과 그것의 금지로 가기 전에 나는 동기 살의와 그것의 금지의 효과를 보여주는 아이콘으로서 어떤 상황을 기술할 것이다. 이것은 내가 아는 — 환자가 아니라 — 두 아이에 대한 일화적 설명이다. 나는 내 설명이 그들의 행동을 정확히 해석하는지 시험할 아무 수단도 없다. 그건 내 의도가 아니다. 나는 그것을 단지 어떤 가설의 예시로 사용하려는 것뿐이다.

에미는 2년 9개월이다. 한 살쯤 되었을 때 에미는 '아기들'과 쉼 없이 놀았다. 주로 인형들과 놀았지만 동물이나 천 조각과도 놀았다 — 거의 모든 것이 다 된다. 언제나 그녀는 말할 줄 아는 생각 깊은 아이인데, 그녀가 세상에서 가장 원하는 것은 거리에서 진짜 아기를 발견해서 그 아기를 집에 데려와 돌보는 것이라고 말한다. 그러므로 초점은 임신이 아니라 돌봄에 있다. 그녀는 어머니가 또 다른 아기를 낳는 것에 아무런 관심도 표현하지 않았다. 출산이 아니라 돌봄은 여동기들이 할 일이다. 그렇지만 최근에 그녀의 이모는 그녀의 사촌을 낳았고 에미는 이에 대해, 특히 실제 출생에 대해 극도로 관심이 있었다. 이 일하는 마을에서 거의 모든 아이들이 유치원에 다니지만, 그녀는 유치원에 가기를 거부한다. 그곳에 데리고 가면 그녀는 집요하게 비명을 지르며 필사적으로 벗어나려고 몸부림친다. 그녀는 성공적이다. 일단 집에 와서 진정이 되면 그녀는 들을 준비가 된 누구에게나 반복해서 설명한다. 그녀는 '정말 너무 어려. [그녀는] 아직 태어나지 않았어'라고 말이다. 내 호기심을 끈 것은 바로 이 정식화였다. 그녀는 그녀의 사촌이 자궁 안에서 더 안전하다는 생각이 들었던 것인가? 아직 태어나지 않으려는 소원의 고착과 반복은 단지 힘든 게 아니라 오히려 외상적인 어떤 것이 경험되고 있는 중임을 암시한다.

에미가 아주 힘든 임신과 출산으로 태어났을 때 에미의 언니 마리옹은 너무나도 끔찍해 했다. 마리옹의 나이는 3년 6개월이었다. 마리옹은 계속 공룡들과만 놀았고 아기들에 대해서는 오로지 혐오감과 증오만을 표현했다. 그녀는 이 혐오감을 아주 물리적으로 표현했다. 그녀의 헐뜯기, 거부, 역겨움은 에미 본인이 세 살이 된 지금까지도 여전히 계속되고 있다. 이따금씩 동생을 아기가 아니라 아이로 분류하고 같이 놀기도 하지만 말이다. 개별적으로는 사랑스러운 소녀지만 대개 그들은 날이면 날마다 싸우고 다투기를 계속한다. 그들의 성격과 그들의 신체적 외모는 양극의 대립물이다 — 이는 마치 그것이 그들 각자가 별도의 점유 장소를 발견할 수 있는 유일한 길인 것처럼 보이게 만든다.[11]

아기들에게 집착하는 에미는 그녀의 소멸을 바라는 언니의 아주 실재적인 소원으로부터 자신의 아기-자기를 보호하고 있는 것처럼 보인다.[12]

---

11 | 그들의 부모는 이 상황에 도움이 되려고 최선을 다했으며 여전히 다하고 있다. 아마도 언니의 초기 불리함과 동생의 아주 힘들었던 자궁 경험과 탄생 과정 때문에 그 두 소녀는 특히 서로가 제기하는 위협에 대해 취약해졌을 것이다.

12 | 이상의 내용을 집필하고 나서 나는 마이클 루터가 제8회 존 보울비 기념 강의(런던시립여학교, 2000년 3월)를 한다는 소식을 들었다. 그 강의에서

92

에미는 강한 삶 충동을 가지고 있지만, 어머니의 보호가 자신에게 여전히 필요하다고 여긴다. '그녀는 아직 태어나지 않았다', 그리고 그녀는 어머니 없는 놀이방에서 동기나 또래들에게 노출되는 것을 절대적으로 거부한다. 그녀가 진정으로 겁을 먹는 것은 어머니가 떠나는 것 때문이 아니라 혼자서 다른 아이들에게 노출된 상태로 남겨지는 것 때문이다.

에미의 언니 마리옹은 말하기에서 아주 심각한 어려움을 겪었다. 에미가 태어났을 때, 마리옹은 그녀가 그녀(who she was) — 그녀의 부모의 아기 — 이기를 멈추게 만든 이 새 아기의 도래와 더불어 발생한 심적 소멸의 감각을 물리적 폭력을 통해서만 표현할 수 있었던 것 같다. 아마 그녀는 자기가 크고 강력하지만 멸종된 공룡 같다고 느꼈을 것이다(집 근처에 공룡 공원이 있다). 영화 <쥬라기 공원> 이후로 공룡은 인기 있는 장난감이 되었다. 하지만, 다시금, 마리옹의 공룡에 대한 집착에는 집요하고도 조금은 필사적인 성질이 있다. 특히 그녀는 열 수 있는 플라스틱 공룡 알 내부의 젤리 같은 물질 속에 잠들어 있는 배아 공룡에게 열심히 키스를 하고 무아경의 사랑을 표현한다 — 멸종된 것은 또한 태어날 수 있다.[13] 에미와 마리옹이 입증하는 것은 동기에 의해 제기되는 소멸의

그는 루마니아 고아원에서 영국으로 입양된 아이들에 대한 연구 결과를 몇 가지 기술했다. 이 외상을 입은 아이들은 끔찍한 시설 상황을 겪은 아이들이다. 그 아이들은 아기들과 같이 있고 싶어 한다. 마치 그 아기들이 그들의 상실된 아기-자기를 그들에게 제공하는 양 말이다. 에미의 과도한 아기 돌봄도 이와 유사할 것이다. 고아들의 욕망은 초기 유년기 외상의 중요성과 그것이 어떻게 해소될 수 있는지의 중요성을 보여준다. 에미는 언니가 그래 주었더라면 하는 방식으로 '자기'를 돌보고 있다.

13 | 나는 헬레네 도이치의 모성을 다룬 저작(Deutsch, 1947)을 읽다가 그 책이 성적 호기심에서 알이 얼마나 빈번하게 등장하는지를 보여주고 있다는 걸 깨닫게 되었다. 알은 항문 출산과 단성생식 양자 모두의 손쉬운 이미지다. 도이치의 가장성 인성('as if' personality)이라는 개념은 분명 히스테리를 정련하고 특정한 것이다. 알은 또한 남자의 히스테리 임신에 대한 아이슬러

이중 위협이다. 더 나이 든 아이는 단지 전치된 것이 아니라 당분간 자리가 없다 — 다른 누군가가 그녀(what she is)이다. 보통의 반응은 그처럼 소멸되지 않기 위해서 죽이는 것이다. 새 아기는 자신의 실존에 대한 더 나이든 아이로부터의 이 위협을 등록하고는 보호를 위해 어머니에게 달라붙는다. 우리는 여기, 동기 위협 속에서 존 보울비(7상)가 '포식자'라고 부르는 것을 보고 있는 것일 수도 있다 — 공격당하는 것에 대한 보편적인 공포. 보울비는 야생의 포유동물을 생각하고 있다. 인간에게 '야생의 것들이 있는 곳'[14]은 여기, 가족 안이다.

동기 경험은 사회적 차원을 도입한다 — 그것은 사회적 외상이다. 더 나이든 아이에게서, 대체하고 전치시키는 자에 대한 큰 두려움은 아이의 보호 장벽을 뚫고 들어간다. 더 어린 아이는 세계 앞에서의 자신의 일반적 무력함에다가 더 나이든 동기에게 죽임을 당하는 두려움을 덧붙여야 한다. 대부분의 경우 이러한 경험들은 치유될 것이고 두려움과 충격은 증오와 사랑으로, 경쟁과 우정으로 바뀔 것이다.[15]

젠더나 인종이나 종족 등등의 '타자성'에 대한 논의들에서 타자에 대한 증오는 '타자'는 다르다는 명백한 사실에 의해 설명된다.[16] 동기 경험은

의 연구(Eisler, 1921)에서 중요하게 등장한다(6장을 볼 것).

14 | ['야생의 것들이 있는 곳(where the wild things are)'은 모리스 센닥(Maurice Sendak)의 유명한 그림 책 제목이다. 『괴물들이 사는 나라』라는 제목으로 한국어로 번역되어 출간되었다.]

15 | 2년이 지나고(2002년에) 에미는 이제 학교에 마지못해 간다. 그렇지만 학교에서 그녀는 말하기를 단호히 거부한다. 교사한테건 다른 아이들한테건. 그녀는 고개를 끄덕이거나 가로젓는다. 언니와는 달리 에미는 말하기를 아주 일찍 — 9개월 때 — 배웠다. 그녀는 극히 유창하다. 어휘폭도 넓고, 전적으로 모든 것에 대해 비상한 답변을 내놓는다. 마리옹은 이제 자주 에미에게 같이 놀자고 한다. 에미는 거의 언제나 거절하며, 대신 인형들과 노는데(결코 인형으로 지칭되는 법은 없다), 그것들은 더 이상 아기들이 아니며 그녀의 남동생과 여동생이다 — 각각을 정성 들여 이름짓는다.

그 반대를 보여준다. 동기가 점유하는 위치는 처음에 '같은 것'으로 경험된다 ─ 증오는 동일자에 대한 증오다. 전치시키는 같음에 대한 이러한 증오가 차후에 방어책으로서 '타자'라는 범주를 낳는 것이다. 이제는 전적으로 다른 것으로 상상될 수 있는 자가 이후로는 미움이나 사랑을 받을 수 있는 것이다. 전치된 자는 처음에는 갈 곳이 없다 ─ 그/녀는 자신이 여전히 그것인 것(who they still are), 즉 아기이기를 원한다. 새로운 아기는 제거되어야 한다. 그 아기가 사라지지 않을 때, 그 아기는 그렇다면 또 다른 장소로 ─ '타자'의 장소로 ─ 좌천되어야 한다. '나'는 성의 왕이어야 하고, 새로운 아기는 더러운 악당이어야 한다.

같음으로부터 '타자성'을 창조하는 초기 동기 경험은 인종, 계급, 종족의 즉각적 '타자성', 같음을 비가시적으로 만드는 타자성(그리고 나서 그 같음은 매우 세련된 층위에서 재발견되어야 한다)의 근저에 놓여 있지 않은가? 그렇다고 한다면 동기 상황이, 일차적인 것인바, 모델일 것이다. 위협적인 동일자로서 나타나는 자에 대한 증오는 그 다음에 선망으로 변하거나 선망을 가장할 수도 있다. 지진 같은 외상 이후에 삶 충동은 죽음 충동을 흘러넘친다. 격분하고 증오하지만 점차로 외상을 입지 않은 자를, 집이 아직 서 있고 배우자나 아이가 아직 살아 있는 자를 선망하게 된다…. 그저 공평치 않은 것이다. 아이들이 말하듯이, 맨날 그렇다.

사회적 범주는 종종 훨씬 더 광범위하지만, 생물학적 형제자매는 언제나 한 명의 같은 부모나 두 명의 같은 부모의 아이들이다. 축첩제도, 불륜 결합, 그리고 때로는 도시 상황의 일부다처제에서 생물학적 반동기들은

---

16 | 나는 이렇게 쓰고 나서 안톤 블록의 탁월한 책(Blok, 2001)을 읽었다. 블록은 차이가 유지될 수 없는 곳에서 폭력이 발생한다는 것을 강조한다. 이는 내 논점이기도 한데, 블록은 다른 방향으로 논점을 제시하기에 강조점은 다르다. 블록은 '형제살해(fratricide)'라는 꼬리표가 붙는 갈등들의 수에 주목한다.

서로를 알지 못할 수도 있는데, 이는 반동기의 환상 가능성을 더더욱 강력하게 만들 수도 있다. 그렇지만 같은 어머니의 자녀는 함께 머무는 경향이 있으며, 언제나 친밀한 동기로서 간주되는 경향이 있다. 동기관계는 모계사회에서는 언제나 특별히 중요하다.

20세기에 정신분석 이론 내에서 아버지의 중요성에서 어머니의 중요성으로 변동이 있었다는 것은 공통된 관찰이다. 상징계와 '아버지의 법'을 위한 라캉의 탐구는 이러한 변천을 의도적으로 거슬러 가려는 의도가 있었다. 아버지보다는 어머니를 강조하는 쪽으로의 변천은 종종 정의 — 불균형 바로잡기 — 의 산물인 양 취급된다. 종종 여성 분석가와 모성적 전이에 의해 고무되기도 한 어떤 다른 임상적 자각으로부터 어머니의 중요성에 대한 강조가 생겨났다는 것을 깨닫게는 되었지만, 이러한 임상적 요인의 온전한 중요성은 많은 관심을 받지 못했다.

무의식적인 심적 자료를 사회적 요인들과 상관짓는 것은 언제나 어렵다 — 사회적인 것은 무의식적이 되며, 그런 다음 오로지 전적인 변형을 통해서만 무의식으로부터 나와 접근 가능한 전의식 속에서 출현한다. 그렇지만 나는 천사들이 밟기 두려워하는 곳으로[17] 진입을 감행하겠다. 사회적 변화들이 무의식적 자아와 초자아의 심리에 영향을 미치기 위해서는 몇 세대가 걸린다. 하지만 그럼에도 그 변화들은 종국에는 그곳에 실로 자리를 잡는다. 제2차 산업혁명이 있었던 19세기 중후반 유럽의 '도덕적 모성'에서 시작해서 내가 2차 세계대전과 그 직후의 '심리학적 어머니'라고 부르는 것을 거치면서, 기술적으로 '진보된' 나라들에서의 관행, 입법, 이데올로기는 어머니를 특수한 방식으로 두드러지게 만들었다. 한때는 아이가 아버지에게 속했다면, 20세기 서양 세계에서 돌봄과

---

17 | ['where angels fear to tread.' 영어에는 알렉산더 포프에게서 유래하는 '천사들이 밟기 두려워하는 곳으로 바보들은 달려든다'라는 말이 있다.]

보호는 어머니에게로 돌아갔으며, 최근에서야 실천에서는 아니더라도 원칙에서는 부모 중 임의의 한쪽으로 이전되고 있다. 부성의 의미가 더이상 권위와 동일하지 않고 어머니와 아버지가 더 비슷해졌을 때 바로이러한 재조정이 발생했다. 사회적으로 어머니는 단지 아이출산을 위해서가 아니라 오히려 아이양육을 위해서 더 중요해진다. 재생산에서 두드러진 감소가 있다(Szreter, 1996). 어머니는 또한 일방적인 방식으로 점점 더이 역할에 고립된다 — 연속 단혼의 증가에도 불구하고 어머니는 '한부모' 범주의 거의 유일한 대표다.

이제 어머니에 대한 정신분석 이론들에 대해 말해보자면, 이 어머니는 어떻게 제시되는가? 정신분석가와 환자 양자 모두에게 어머니에 대한 최초의 관심은 이데올로기적인 동시에 의식적일 혹은 적어도 전의식적일 공산이 클 것이다. 카렌 호르나이, 헬레네 도이치, 멜라니 클라인, 어니스트 존스를 비롯해서 1920년대에 이 행로를 두드러지게 만들었던 인물들의 경우 분명 그러했듯이 말이다. 하지만 어머니의 중요성은, 베를린의 분석가 칼 아브라함이 일찍이 1913년에 주목했듯이(4장 참조), 어머니의 인정이전에 거기에, 무의식적 과정들의 현시들 속에 있었음에 틀림이 없다. 환자의(그리고 분석가의) 무의식적 환상들은 한편으로 사회적 실천들과그리고 다른 한편으로 그러한 실천들이 자료를 제공해주어야 하는 이론과 어떻게 관계하는가?

1920년대부터 계속해서 이론 속으로 입장하는 것은 전-오이디푸스적 어머니, 혹은 멜라니 클라인의 정식화에서는 아주 초기의 오이디푸스적 어머니다. 모든 경우에서 그것은 극히 원초적인 이마고로서, 아기는 그 이마고의 힘을 보복적이거나 탈리오(눈에는 눈)적인 것으로 환상하며, 하지만 조직적인(organizational) 것으로는 환상하지 않는다. 관찰에서나 이론에서 그 이후의 어머니 — 입법자로서의 어머니 — 에 대한 묘사는 전혀 없다. 이러한 일은 다시금 일반적 이데올로기 — 가령 소위 전능한 어머니에 대한 두려움—와 관련지어야 하며, 동시에 임상 상황의 양상들과 관련지어야 한다. 정신분석 이론에 입법자 어머니가 없는 것은, 임상 상황에서 분석가 자신이 입법자로서의 어머니 위치에서 말하기 때문이다. 그리하여 어머니의 법의 어떤 실연이 있다. 사회적 삶에서 어머니는 더 입법자가 되어가고 있었다. 여자 분석가는 그녀 자신의 삶에서(또는 사회적 이데올로기에서) 십중팔구 이 위치에 있었으며, 그녀의 실천은 동일한 가능성을 제공했다. 정신분석 실천에서 환자가 어떤 것을 상담시간 안에서 반성하는 대신에 상담시간 바깥에서 행할 때, 그것은 '행동화(acting out)'라고 기술된다. 히스테리적 실연의 극단적 사례에서 그러하듯이, 행위는 사고를 대체한다. 환자가 상담시간 안에서의 실연 속에서 치료사와 맞물릴 때, 그것은 '이입 행동화(acting in)'이다. 두 경우 모두 행위 자체는 사고를 대신한다. 치료사가 어머니처럼 **행동할** 때 사고를 가로막는 결과를 낳는 '이입 행동화'가 있다. 그리하여 그것은 이론의 발달을 억제한다. 이론 속에는, 실연되지 않은 일체의 어머니들이 있다—입법자로서의 어머니가 전혀 없는 것은 그녀가 치료사이기 때문이다.

내가 제안하고 있는바, 라캉과 제2물결 여성주의자들이 그토록 개탄하는 남성 자아심리학 치료사(특히 미국인)의 가부장적인 주인 같은 자세에 필적하게도 대상관계 '어머니' 분석가는 입법자로서의 어머니를 실연하고 있으며 그리하여 그 역할에 대해 사고할 수 없다. 임상 치료가 모성적 법을 실연하면, 환자의 전이 자료에서 지각되는 것은 이 어머니가 아닐 것이고 대신에 다른 어머니, 필연적으로 미친(위니콧), 융합되고 사랑해주는(발린트), 또는 보복적인(클라인) 전-오이디푸스적 어머니일 것이다. 초기 인류학 이론에서처럼 정신분석 이론에서는 언제나 모권제가 부권제 이전에 있는 것으로 간주된다. 어머니-애착이 먼저다. 그렇지만 강조되어야 할 것은 이 원초적 전-오이디푸스적 어머니 개념이 그 정의를 입법적인 오이디푸스적 어머니(모권)로부터가 아니라 오이디푸스적 아버지(부권)로부터 도출한다는 것이다. 이 때문에, 실천에서도 이론에서도, [한편으로] 원초적이거나 상상적으로 보복적이거나 사랑해주는 어머니와 [다른 한편으로] 입법적인 어머니 사이에 아무런 구분도 하지 않는 것이다. 구분은 언제나 원초적 어머니와 입법적인 아버지 사이의 구분이다.

어머니에 초점을 맞추기 위해 부성적 법에 대한 강조로부터의 변동이 있었던 모든 사례들에서 이러한 변동은 그것의 의도에도 불구하고 이 부성적 법의 한계 내에 있었다. 아버지들이 끼어들 기회를 얻지 못하는 것처럼 보이는 경우에도(또는 어쩌면 특히 바로 그런 경우에) 이는 참이다. 부권제는 모권제를 언제나 더 원초적이고도 더 이른 것으로서 정의한다 ─ 결코 같은 층위에 있는 다른 법으로 정의하지 않는다. 언어를 도입하는 상징계라는 라캉적 개념 역시 이와 유사하게 어머니에게 속하는 더 앞선 '상상계'를 배치한다. 뤼스 이리가라이 같은 철학자 정신치료사는 배타적으로 딸과 어머니의 관계나 여성과 여성의 관계를 탐구할 수 있을 것이다. 줄리아 크리스테바는 언어적인 것 이전에 기호론적인 것이 있다고 주장하면서 어머니에 대한 관계의 다양성과 힘과 풍부함을 지적할 수 있을 것이다. 하지만 여성적인 것과 모성적인 것은 첫째로 오며, 첫째는 더 일찍을 의미하고, 더 일찍은 이 담화에서 더 원초적임을 의미한다. 정신분석적으로 정향된 문학비평가 메리 제이커버스는 그녀의 책 『최초의 사물들』에서 이 원초적인 모성적 공간의 지도를 그린다.

나의 주제는(모성적 상상물처럼 그토록 다양하고 다형적이고 만연한 어떤 것이 '주제'이거나 '주제'를 가지고 있다고 할 수 있는 한에서) 환상적인 어머니다. 그녀는 재생산적 부위, 양육 기능, 역사적이거나 육체적인 특정한 현시들을 소유하고 있을 수도 없을 수도 있지만, 주로 이미지와 이마고 (지각된 것이든 상상된 것이든), 거울반사와 동일시, 아이콘과 형상의 영역에 존재한다. 그녀는 때로는 여성주의적 향수에 연결되어 있고 때로는 이데올로기적 신비화에 연결되어 있다. 그녀는 우울증, 모성공포증, 모친 살해와 연계되어 표면화되며, 크리스테바의 의미작용 이론에서 핵심 역할을 한다. 그녀는 멜라니 클라인의 저술에서 현저하게 등장하는데, 거기서 분열, 동일시, 투사 같은 용어들이 모성적 신체에 대한 환상된 공격, 모성적 신체에 대한 수선 등을 포함하는 일련의 활동들을 분석한다. 그녀는… 젖가슴에 문화적 권력을 부여[한다]. … '최초의 사물들'은 주체로서의 유아의 출현을 형태짓는 가장 이르고 덜 형성되었지만 필수적 정보를 담고 있는 환상들이다. 최초의 '사물'은 줄리아 크리스테바의 모성적 사물, 출현하고 있는 혼돈스러운 아직-아닌 주체의 아직-아닌 대상이다. (Jacobus, 1995: iii-iv)

내가 주장하고자 하는바, 이 환상적인 이마고와는 다른 '어머니'가 있다. 그림에서 배제된 어머니, 주체인 어머니, 자신의 법이 아이들의 주체성 확립에 기여하는 어머니. 그것은 아기를 가질 수 있는 건 누구이고 가질 수 없는 건 누구인지 세대적으로 구별해주는 법이다. 그것은 또한 그녀의 아이들 사이에 측면적으로 계열성을 도입하는 법이다: 누가 가장 늦게까지 자지 않고 있을 수 있는지, 누가 케이크의 어느 조각을 먹을 수 있는지, 누가 살의적 경쟁에서 살아남아 마침내 동기 사랑과 또래 사랑을 성취해낼 수 있는지. 그것은 같으면서도 다른 자를 위한 공간을 허용하는 법이다. 이 어머니는 앞서 제이커버스가 묘사한 '최초의 어머니'로 모성을 좌천시키는 가부장적 이데올로기에 의해 가려져 있었다. 그리하여 정신분석 이론과 실천에서, 분석가만이 일체의 아기/환자들을 가질 수 있으며 환자는 올바른 자리에서 다른 환자들과 교대하여 자기 차례를 맞아야 한다고 아기-환자에게 가르치는 입법자로서의 어머니를 분석가-어머니가 실연한다는 것은 어머니의 법에 대해 사고하는 게 불가능하다는 것을 의미한다.

어머니의 법은 어머니 자신과 그녀의 아이들 사이에서 수직적으로 작용하기도 하고 아이들을 서로 구별짓기 위해 수평적으로 작용하기도 한다. 수직적으로 어머니의 법은 아이들은 아이를 가질 수 없다는 것을 포고한다. 히스테리에서 조롱당하는 것은 정확히 이 법이다. 앞에서 논의 되었듯이, 상상 임신과 히스테리적 출산과 남성 의만은 어떤 사람이 단성 생식적으로 또는 (아이들 놀이의 엄마와 아빠가 역전가능하며 따라서 동일할 때, 생각이 여자아이와 남자아이의 구분이 없는 항문 출산 생각일 때) 자기 자신과 동일한 누군가와 아이를 낳을 수 있다고 상상한다는 사실을 보여준다. 히스테리적 환상에서는 아무것도 포기되지 않았으며 어떤 가능성도 상실되지 않았으며, 따라서 애도되어야 할 것이 없다. 자기-생성적 출산의 가망은 상실되어 애도되지 않았기 때문에, 출산 자체는 그리고 그로부터 결과하는 아기는 상징화될 수 없다. 히스테리 남성이나 여성이 아이들을 실제로 갖는다면, 그/녀는 그들이 그/녀 자신이 아니라는 것을 알지 못하며 따라서 비옥한 학대의 장이 펼쳐진다.

아이들을 구별지음으로써 어머니와 그녀의 법은 계열성 개념이 내재화 되는 것을 허용한다 — 철수는 영희일 수 있는 가능성을 상실했음을 알아 야 한다. 사람은 한 부모나 양 부모와의 관계에서 자신의 동기들과 동일한 위치에 있는 아이이고, 교사나 우두머리와의 관계에서 또래들과 동일한 위치에 있는 아이이지만, 사람은 또한 다르다. 둘, 셋, 넷 또는 그 이상을 위한 여지가 있다. 이에 대해서 우리 모두의 내부에 있는 히스테리증자는 알지 못한다. 동기에 대한 증오는 첫 움직임이 일어날 수 있게 한다: '나는 너를 증오한다, 너는 내가 아니다'는 계열성의 전제조건이다. 어머니 는 이 증오를 제한한다 — 그것의 비-실연을 명한다. 아이들의 놀이 — 의자 앉기 놀이, 동동 동대문 놀이, 공 뺏기 놀이[18] 등을 비롯해 모든

---

18 | ['musical chaires'는 '의자 앉기 놀이'로, 'oranges and lemons'는 '동동 동대문

자발적인 놀이 — 는 계열성에 관한 것이다. 어머니는 법을 집행했다. 하지만 측면 관계 그 자체는 차이를 구축하면서도 같음을 유지해내는 그 자신만의 과정을 실시한다.

그리하여 어머니의 법은 또한 동기들 사이에서 또는 동기와 또래들 사이에서 작용한다. 그것이 없으면 살인이나 근친상간이 있게 되는가? 이미 주목했듯이, 서양에서 동기 학대는 부모의 불충분한 관리나 관심이라는 맥락에서 발생한다. 동기 학대 사례들에서 부모의 부주의에 대한 이러한 관찰은 어머니의 법의 작용 부재로 특정되어야 한다. 이는 어머니 자신을 그에 책임이 있게 만드는 게 아니다. 오히려 일반적 구조 안에서의 이 법의 좌천을 지적하는 것이다. 아버지나 남편의 폭력, 여성의 사회적 고립과 가난 그리고/또는 여자들에 대한 일반적 폄하의 강화 같은 요인들은 어머니가 입법자 위치를 점유하는 것을 가로막는다. 그렇지만 한 가지 물음이 생겨난다. 규칙과 규정의 이러한 외적 작동은 우리의 문화적 상황이 그것들의 내재화를 허용하지 않기 때문에 필요한 것인가? 부모가 아니라 손위 동기가 어린 아이들의 주 돌봄이인 곳에서, 아이들이 또래집단 안에 홀로 남겨지는 곳에서, 금지들은 수용되고 내재화되는가? 동기들 자신들은 서로의 입법자[19]일 수 있는가? 쌍둥이 어머니들이 '그 아이는 쌍둥이 동기에게 어머니인 나보다 더 많은 걸 의미한다'라고 그토록 자주 말할 때, 그 어머니들은 우리에게 무엇을 말하는 것인가?

동기 근친상간 자식에 대한 공포는 어머니의 법이 개입하지 않을 때, 동기관계 내부에 어떤 규칙이 생성되지 않을 때 어떻게 어머니와 누이가

놀이'로, 'pig in the middle'은 '공 뺏기 놀이'로 번역한다. 공 뺏기 놀이는 두 명이나 그 이상의 놀이자가 서로 공을 주고받는 동안 가운데 있는 놀이자가 공을 가로채려고 하는 놀이를 말한다.]

19 | [지금까지 '입법자'로 번역한 'lawgiver'는 여기서는 문자 그대로 '법부여자'로 번역해야 더 잘 읽힌다.]

혼동되게 되는지를 보여준다. 또는 아마도 다른 종족적, 역사적 맥락들에서 그들은 여하간 더 혼동된다. 많은 문화들에서 더 나이든 반-여동기, 반-남동기와 젊은 부모의 나이차는 사소하거나 없다. 다시금 분석은 그 혼동의 동기 차원을 놓쳤다. 특히 클라인주의자들은 혼동 상태들에 대해 쓴다 — 하지만 혼동되는 대상들은 언제나 부모이거나 부모와 유아 자아이며, 아기는 '결합된 부모'[20]를 환상한다. 어머니와 여동기의 혼동은 신화에 널리 퍼져 있다. 그렇지만 혼동에 대해 언급하는 사람들은 혼동을 분석하기보다는 반복한다. 정신분석가이자 인류학자인 게자 로하임은 1934년 스핑크스의 수수께끼에 대해 논하면서 이렇게 말한다.

> 고전적 저자들은 이오카스테[오이디푸스의 어머니이자 아내]를 스핑크스와 동일시하지 않는다. 하지만 밀접한 관계를 기록한다. 스핑크스는 오이디푸스의 누이로 나타난다. 헤시오도스는 그녀를 그녀의 오라비와 그들의 공동 어머니 에키드나의 딸이라고 부른다. (Roheim, 1934: 17, 강조는 나의 것)

이 동기관계를 보았음에도 불구하고 로하임은 계속해서 이렇게 말한다. '유혹하고 위험스러운, 사랑하지만 집어삼키기 위해서인 이 애매한 피조물은 그러므로 영웅의 어머니다'(1934: 17, 강조는 나의 것). 저 동기관계는 그녀가, 언제나 오이디푸스의 딸로 간주되는, 안티고네라는 것을 함축했던 것일까?

하지만 적어도 이 독자는[21] 이미 상황만큼이나 혼동스럽다. 수많은

---

20 | [이 개념은 가령 클라인, 『아동 정신분석』, 이만우 옮김, 새물결, 2011, 236쪽에 등장한다. 이 국역본은 "합궁한 부모"라고 번역하고 있다.]
21 | [문맥상 로하임을 가리킨다.]

스핑크스 전설이 있다. 오이디푸스와의 조우는 어떤 다툼이다. 스핑크스는 어떤 수수께끼를 낸다. 오이디푸스가 답하는 수수께끼. 이 답을 받기 전에 스핑크스는 수수께끼를 알아맞히는 데 실패한 모든 이들을 집어삼켰다. 오이디푸스가 답을 찾는 데 성공한 이후에 그녀는 암벽에서 스스로 떨어진다. 수수께끼 이야기 기저에는 오이디푸스와 스핑크스의 물리적 경쟁이라는 더 앞선 판본이 놓여 있다는 제안이 있다. 로하임 안에 있는 정신분석가는 스핑크스가 경쟁자들을 잡아먹기 때문에 스핑크스를 어머니로 상상한다. 아기는 어머니의 가슴을 먹기 때문에, 아기는 어머니가 보복으로 아기를 먹을 것이라고 상상한다고 가정된다 — 잡아먹기-잡아먹히기 축을 따르는 보편적 유아 환상이라는 이 개념을 지지하는 많은 신화들이 있다. 하지만 헤시오도스에게 스핑크스는 오이디푸스의 누이(그녀의 오라비와 그들의 공동 어머니의 딸)이며, 따라서 안티고네의 더 원시적인 판본으로 있을 것이다 — 딸이 아니라 누이로서의 안티고네, 누이이기에 오이디푸스가 이겨야만 하는 안티고네.

(세대 간이건 세대 안이건, 부모와의건 동기간이건) 모든 근친상간에서 요점은 근친상간이 혼동을 야기한다는 것이다. 누이는 어머니와 혼동되게 된다. 구별을 주장하는 것은 오로지 어머니의 법 또는 동기의 법이다. 수직적 구별과 더불어 측면적 구별도 동반될 것이다. 분류를 할 때 누이와 오라비, 여자아이와 남자아이는 동기로서 유적으로 다르지 않다. 그렇지만 그들을 구별하는 요점 가운데 하나는 누이가 어머니가 될 수 있기 때문에 생겨난다.

아이들은 단지 세계 안에서 참가자에 불과하지 않다. 아이들은 또한 관찰자이며, 범주와 구획을 습득하려고 노력한다. 최근에 나의 네 살 된 의붓손자는 어른인 나의 딸에게 자신이 '인간'이라고 선언했다. 하지만 그녀는 무엇인지에 대한 압박을 받자 그는 확고하게 '아니, 그녀는 인간이 아니야'라고, 그녀는 '다 자란 여자아이'라고 답했다. 여기서 볼 수 있는 것은 성차별주의의 도래가 아니다. 오히려 세대만이 아니라(오이디푸스적 문제) 측면 범주들 내의 유형들을 — 적어도 그것들이 서양 세계의 아이-부모라는 이데올로기적으로 지배적인 축 안에서 확립되는 바로서 — 이해해야 할 필요가 아이에게 있음을 볼 수 있다.

임상의들과 이론가들은 어린 아이가 측면적인 것을 수직적인 것과 범주적으로 구별하기 전에 아이 뒤를 따랐다. 그리고 나서 측면 관계는 겉보기에 원초적인 모권제의 이데올로기 안에 포섭되었다. 그런데 그 모권제 자체는 입법자이기도 한 어머니라는 사실보다는 전능한 어머니라는 환상에 경의를 표하기를 선호하는 가부장적 이데올로기의 개념이다. 딸들과 아들들과 그들 간의 동기로서의 상호 관계의 중요성은 한층 더 광범위하게 가려진다.

인류학자들은 그 획일적 형태에서의 오이디푸스 콤플렉스의 보편성을 오랫동안 의심해왔다. 가령 말리노프스키(Malinowski, 1929)는 트로브리안드 군도에서 아버지와 그의 법은 때로 분열되어 있다고, 혹은 아버지는 어머니의 오라비에 의해 대체된다고 주장했다. 참여적 관찰자로서 정신분석가와는 다른 실천 관행을 갖기에 인류학자들은 측면 친애자들의 독립적인 구조가 갖는 중요성을 오랫동안 인지해왔다. 그렇지만 그들 또한 모든 것을 수직적 패러다임에 맞게 재조정하는 경향이 있다. 왜 어머니의 오라비는 다만 그것 — 오이디푸스적 아버지의 또 다른 판본이 아니라, 한 명의 중요한 오라비 — 이어서는 안 되는가? 출계(descent)가 문제이기에 누이는 어머니로서 특정된다. 하지만 이 어머니는 또한 그녀의 오라비에게 누이이며, 간과되는 것은 바로 이 관계다. 실로 말리노프스키의 관찰은 그로 하여금 누이-오라비 터부와 그들의 억압된 성적 환상을 크게 강조하도록 이끌었다. 그의 강조는 영국 정신분석가 어니스트 존스와의 유명한 논쟁을 야기했다. 존스는 오이디푸스 콤플렉스의 배타적 역할이 조금이라도 손상되도록 놓아두지 않으려 했다. 모계 사회에서 상속은 남자의 누이

〈오이디푸스와 스핑크스〉 귀스타브 모로 (1864), 메트로폴리탄 미술관. 뉴욕

를 통해 발생한다. 우리는 서구 사회에서 점점 더 모친 중심적인 상황에서 동기나 유사-동기 관계들이 현저해지는 것을 생각해볼 수 있는가? 우리가 지금 그것들을 주목하고 있는 것은 단지 그것들이 간과되어왔기 때문이 아니라 사회적 상황이 그것들의 현존에 관심을 갖도록 강제하고 있기 때문인가?

동기를 간과하는 것은 아주 역사적으로 특별하고도 종족중심적인 누락일 수도 있다. 이미 보았듯이 현재 많은 개발도상국들이 주간 탁아나 놀이방을 제공하는 데 신경을 쓰는 것은 (서양에서처럼) 어머니들이 자유롭게 일할 수 있게 하기 위해서가 아니라 여자아이들이 학교에 다닐 수 있게 하기 위해서다.[22] 여자아이와 아기에게 이 어머니-누이 역할의 상당한(혼동이 아닌) 융합이 있을 수도 있다.

로하임(Roheim [1934])은 그의 민족지적 증거의 모든 여동기적 요소들을 오이디푸스 콤플렉스에 전형적으로 복속시킨다. 우리는 로하임 자신의 관찰을 이용해서만이 아니라 스핑크스에 대한 더 넓은 이해를 통해서도 이에 의문을 제기할 수 있을 것이다. 왜 스핑크스는 대개 괴물 같은 어머니로 간주되는가? 사실 이집트에서 스핑크스는 때로는 남성(아마도 왕의 표상)이며, 때로는 여성이다. 이어지는 그리스의 반음양(hermaphroditism) 전통이 있다. 그/녀는 유혹자이며 파괴자이다— 그녀는 죽이기 위해 유혹한다. 어쩌면 로하임이 주장하듯 그녀는 때로 어머니 이오카스테와 등치된다. 하지만 어쩌면 그녀는 또한 어머니 역할을 하면서 자신의 책무에 대해 상당히 부정적인— 자신이 양육하는 아기를 사랑하면서도 자신을 전치시킨 동기를 싫어하는— 누이의 두려운 이미지일 수도 있다. 오이디푸스의 원초적 두려움은 그를 죽이고자 했지만 그가 허를 찌르는 전능한 누나 스핑크스에 대한 두려움일 것이다. 그렇다면 오이디푸스는 세 명의

---

22 | BBC 월드 서비스, 'It's a girl', 2002년 1월 29일 방송.

누이를 갖는다. 유혹해서 죽이려 하는 더 나이든 어머니-동기 스핑크스와 더 어린 딸-누이들인 다정한 이스메네와 올바른 안티고네. 돌보는 동시에 파괴하는 누이의 세 얼굴: 측면적인 살인소망자(would-be murderer), 양육자, 입법자.

3
누이-오라비/오라비-누이 근친상간

정신분석을 통하여 우리는 사내아이가 최초로 선택하는 성적인 대상이
근친상간적이고, 따라서 천륜이 금지하고 있는 어머니나 누이라는 것을
알게 되었다.

– 지그문트 프로이트, 「근친상간의 공포」, 『토템과 터부』[1]

일반적으로, 아이들 사이의 특히 형제자매 사이의 성적 관계들의 존재와
관련해서, 나는 나의 관찰에 근거하여 그러한 관계들이 아동기 초기에
규칙이며, 하지만 오로지 아이의 죄책감이 과도한 경우 (…) 잠재기와
사춘기까지 이어진다고 말할 수 있다. 여하간 나는 그러한 관계들이 심지어
잠재기와 사춘기 동안에도 통상적으로 생각하는 것보다 훨씬 더 빈번하다
고 생각한다.

– 멜라니 클라인, 「아동의 성적 활동」[2]

---

1 | [프로이트, 『종교의 기원』, 이윤기 옮김, 2003, 52쪽.]

2 | [멜라니 클라인, 『아동 정신분석』, 이만우 옮김, 새물결, 2011, 215쪽. 마지막

오이디푸스는 누이-어머니 스핑크스와 투쟁해야 했고 그녀를 극복해야 했다 ─ 그리고 그의 누이-딸 안티고네의 '따뜻한 보살핌(kind nursery)'에 '그의 노년을 의지(rest his age)'해야 했다.[3] 하지만 여자아이의 관점에서 동기 근친상간은,[4] 적어도 영국에서 아마도 가장 만연한 형태의 아동 학대는 어찌되는가? 인터넷에서 아동 포르노물을 사용한 여성이 체포된 최근의 드문 사례에서, 문제의 여성은 다운로드받은 어린 여자아이 이미지들과 동일시했다고 설명했다. 그 이미지들을 유년기에 오빠가 그녀와 성교했던 일의 의미를 탐구하는 수단으로 개조했다는 것이다. 이복오빠의 유년기 학대가 외상적이었음을 발견한 버지니아 울프는 유명한 참조점이다. A. S. 바이어트의 소설 『천사와 벌레』(1992)는(그리고 그것의 영화 판본은) 아내와 그녀 오빠의 은밀한 열정을 보호하기 위한 사회적 연막으로 남편이 이용당하는 매우 심기 불편한 '목가'다. 그렇지만 다시금 우리가 정신분석 문헌에서 발견하는 것은 그것이 그다지 심각하게 취해지지 않는다는 것이다.[5]

1963년에 영국 정신분석가 이니드 발린트는 「자기가 텅 비어 있음에

───

문장은 같은 쪽의 각주 20.]

3 | 셰익스피어, 『리어 왕』. 이것은 딸 코딜리아의 돌봄을 받는 노년에 대한 리어의 희망이다. [미첼의 인용은 정확치 않다. 결혼을 해도 아버지만 사랑하는 결혼은 하지 않겠다는 딸 코딜리아의 말에 리어 왕은 '난 쟤를 가장 사랑했었고 그 따뜻한 보살핌에 다 맡길까 생각했다(I loved her most, and thoght to set my rest on her kind nursery).'라고 말한다. 『리어 왕』, 최종철 옮김, 민음사, 2005, 19쪽.]

4 | 나는 남자아이의 관점에서 동기 근친상간에 대해 들려줄 또 다른 이야기가 있다고 생각한다(9장을 볼 것). 여자아이처럼 남자아이 또한 자신이 아이로서 생식력이 없음을 깨달아야만 한다.

5 | 동기 근친상간과 학대가 만연하다는 데 주목하고 있는 NSPCC의 최근 보고서 (Cawson et al., 2000) 또한 그것이 널리 간과되고 있음을 보여준다.

대하여(On being empty of oneself)」라는 논문을 발표했다. 이 논문은 1993년 내가 공동 편집한 『내가 나이기 전에: 정신분석과 상상력』에 다시 실렸다. '내가 나이기 전에(Before I was I)'는 시인 존 던에게서 온 것이다: '그리고 내가 나이기 전에 하느님은 내가 기쁘지 않으셨습니다.'[6] 이 논문은 한 젊은 여자 '사라'의 임상 사례사다. 발린트의 논제는 내가 일차적 인정(primary recognition)에 대한 필요라고 부르려는 어떤 것으로 요약될 수 있다. 즉 필수적이고도 본질적으로, 어머니가 아기를 있는 그대로 보고, 아기가 출현하고 있는 자기에게서 개시하는 것에 대해 피드백을 제공해주는 것에 대한 필요. 아기의 정체성이 제자리에 주어지려면, 그 전에 어머니는 아기의 되어가는 모습을 보고 기뻐할 필요가 있다. 이 모성적 인정이 없다면, 유아 내부에는 비어 있음의 감각이 있게 될 것이고 외부에는 공허감이 있게 될 것이다. 예닐곱일 때 사라는 오빠에게 유혹을 당했다. 동기 근친상간은 사라의 증후학에서 그리고 그녀의 병과 치료에 대한 분석적 설명에서 어떤 역할을 하는가?

사라는 정신적으로 심각하게 병이 든 상태며 당분간 정신병원에 입원을 해야 한다. 그녀는 두 오빠를 둔 셋째 아이다. 그녀를 유혹한 것은 나이로 가장 가까운 둘째 오빠다. 그는 그녀의 탄생으로 '아기'로서 전치된 오빠였을 것이다. 논문을 주의 깊게 다시 읽었을 때 — 그리고 1990년대 초에 모음집 『내가 나이기 전에』에 그 논문을 포함시키는 문제를 놓고 저자인 이니드 발린트와 논의했을 때 — 나는 사라의 병인론에서 아버지에게 아무런 역할도 부여되지 않았다는 데 놀랐는데, 왜냐하면 병에 걸린 사라는 상실되고 비어 있는 상태에서 발린트의 말을 빌자면 '세계 속의 이방인'으로서 나타났기 때문이다. 사라가 태어날 때, 난폭한 남자였던 아버지는 이미 두 아들이 있었지만 유일한 딸 사라가 셋째 아들이기를

---

6 | 존 던, 설교, 1625년 2월 24일.

원했다.

몇 년 후 20세기 서양 세계의 진단 문헌에서 히스테리의 운명에 대해 골몰하고 있을 때 이 사례는 다시 내 마음에 떠올랐다.[7] 이번에는 그녀의 아버지가 아니라 오빠들이 눈에 들어왔다. 이 사례사를 세 번째 들여다보면서 나의 목적은 근친상간 및 근친상간 금지의 특정한 사례 안에 동기들을 삽입하는 것이 어떻게 정신분석 이론의 독점적인 수직적 패러다임과 그것에 의존하거나 그것으로부터 유출되는 모든 것에 변동을 가하거나 측면적 차원을 덧붙일 수 있는가에 대해 어떤 시험적 제안들을 하는 것이다. 하지만 그것 이상으로 나의 목적은 우리의 사회학적, 심리학적 분과들 일반에서 거의 배타적인 부모-아이 축에 대해 물음을 제기하는 것이다. 이것은 내가 특수한 유형의 임상 작업(정신분석)에서의 경험적 관점에서 검토하고 있는, 그리고 그것의 종족중심성에 대해 비판적이면서 그것의 역사적 특이성에 유념하는 관점에서 검토하고 있는 어떤 물음이다. 이제 우리는 아이가 역사적 구성물임을 안다(Airès, 1962) ── 논리적으로, 만약 그렇다고 한다면 부모 또한 그래야 한다(Bainham et al., 1999). 사라의 사례사 및 동기 근친상간의 중요성에 대한 발린트의 기각은 내가 측면적/수평적 관계의 누락된 중요성이라고 느꼈던 것에 기여했다. 내가 이어서 『미친 남자와 메두사』(Mitchell, 2000a)에서 기술했듯이 말이다. 그렇지만 내가 이전에 사라를 이용한 것은 히스테리 진단을 위해 사라를 요구한 것이었다. 지금 나의 관심을 끄는 것은 동기 근친상간의 중요성이며, 그것이 사례사와 진단에서 하찮은 것으로 격하되었다는 사실이다. 과거에 아버지 폭력의 [병인론에서의] 부재와 딸에 대한 그의 젠더-부인이 놀라웠다면, 이제는 오빠의 역할이 내게는 한층 더 그러해 보인다. 실로, 사회학적

───
7 | 슬프게도 이니드 발린트는 1996년에 사망했다. 그래서 나는 그 사례사를 그녀와 더 이상 논의할 수 없었다.

으로 생각해서, 변덕스럽고 난폭한 아버지가 있을 때 어린 아들이 폭력에 대한 자신의 두려움을 자기로서는 더 어린 동기에게 폭력을 사용함으로써 실연할 것 같지 않은가? 이때 근친상간의 얼마만큼이 섹스이고 얼마만큼이 폭력인가? 우리는 그 둘을 쉽게 분리할 수 있는가?

가족 이미지 속에서 사라는 문제없는 아기였고, 성공적인 아이였고, 매력 넘치는 청소년이었다. 그녀는 가족 없이 영국으로 간 20대 초가 되어서야 무너졌다. 그렇지만 분석 치료는 그녀의 초기 삶에 대해 다른 그림을 드러낸다.

> 분석을 하는 동안 사라가 사실은 언제나 어려움에 처해 있었다는 것이 분명해졌다. 그녀는 어떻게 아주 어린 나이에 침대에서 무서워서 깨어났는 지를, 두려움에 소리를 질렀는지를, 심장 박동이 멈추었을 때 공포에 질려 심장 박동에 귀를 기울였는지를 묘사했다. 전이 재구성을 통해서 또한 훨씬 더 어린 시절부터 그녀가 어떤 대상이 위에서 그녀에게로 하강하여 머리에 부딪치는 것을 예견하여 경직되게 누워 있곤 했던 일이 드러났다. 이 대상은 때로 밀방망이로 묘사되었고, 때로 바위로 때로 구름으로 묘사되었다. (E. Balint, [1963]: 42)

분석에서 재구성된 바로 이 지점에서 발린트는 '그녀가 대략 예닐곱이었을 때, 사라의 두 오빠 가운데 둘째 오빠가 그녀와 성관계를 가졌으며 그녀가 대략 12살이 될 때까지 계속 그렇게 했다'라고 하는 가능성을 언급한다.

동기 근친상간이 사라의 어려움에서 역할을 하는 것으로 간주되는 것은 사실상 바로 여기까지다. 발린트는 그것을 다시 언급하지 않는다. 이 근친상간은 사라의 잠재기 동안 발생했다. 그녀는 분명 그것 이전에 어려움이 있는 아이였고, 그것은 임신의 가능성이 높아지기 전에 멈추었다. 하지만 사례사 자료 일부를 재검토함으로써 우리는 이렇게 질문할 수 있다: 그것은 그녀의 증상과 그 무슨 관계가 있었는가, 그리고 만일 그렇다면 이는 동기 근친상간 또는 오히려 그것의 금지가 무의식적 과정들의 구성과 정신적 삶의 형성에서 중요하다는 것을 암시할 것인가? 프로이트의 이론에 따르면, 신경증 증상들은 두 살 반과 다섯 살 사이의 오이디푸스적 갈등에서 기원한다. 대상관계 이론에 따르면 정신증적, 신경증적, 경계선적 상태들은 모두 전-오이디푸스적 유아기의 더 이른 심리내적이거나 상호심리적 어려움 속의 상이한 국면들로부터 생겨날 수 있다. 예닐곱 살이었을 때 근친상간을 범함으로써 사라와 그녀의 오빠는 오이디푸스 콤플렉스 해소(또는 비-해소) 이후의 나이에, 유아기가 지난 지 오랜 후에 터부를 깼다. 그렇지만 현실적 근친상간은 그들의 더 이른 관계의 최종 결과일 것이며, 이 관계는 사라의 경우 전-오이디푸스, 오이디푸스 시기들과 일치했을 것이다. 우리는 그것이 어떻게 이 시기들과 상호작용했는지 알 수 없다. 발린트는 우리에게 '풍부한 오이디푸스적 자료'가 있었다고 고지할 뿐이니까 말이다. 그렇지만 발린트의 이해는 치료의 전이 상황으로부터 재구성된 바로서 — 발린트가 어머니를 대신하고 있는 — 전-오이디푸스적 모성 관계에 의존하고 있다. 우리는 사라와 사라 오빠의 나이차를 알지 못한다. 하지만 그들은 같이 놀 만큼 가까웠다. 이 가장 이른 시기는 나의 궁극적 참조점이 될 것이다: 나중의 동기간 관계는 '내가 나이기 전에'의 시기와 관계가 있을 수 있는가? 만일 없다면, 잠재기에만 발생하는 어떤 것이 무의식적인 정신 구조에 영향을 가할 수 있는가?

클라인은, 그리고 다른 많은 치료사들은, 아이들의 성적 관계를 사실상 표준으로 간주한다. 클라인의 설명은 간결하지만 풍부하다. 그녀는 성적인 '놀이'가 아주 어릴 때 시작한다고 본다. 그렇지만 그것의 중요성은 아이가 느끼는 죄책감과 불안의 정도에 달려 있다. 클라인의 설명에서 아이가 이 죄책감과 불안을 다른 아이를 향해서가 아니라 부모를 향해서 느낀다는 데 주목해야 한다. 정신분석 이론 안에는 측면적 동기관계를 위한 구조적인 자리가 전혀 없기 때문에, 클라인의 것처럼 그토록 탁월한 관찰적 현상학조차도 분명한 논점과 연결되지 못한다. 이런 이유 때문에 이 단계에서 우리는, 프로이트가 여성성의 심리학에 대한 우리의 무지라는 맥락에서 말했듯이, '시인들에게 조언을 구'해야 한다(Freud, [1933]: 135).[8] 문학은 나의 업무가 아니므로, 나는 동기 근친상간 효과들의 범위를 지시하기 위해 다만 아주 악성인 것에서 시작해서 교란당한 상태의 무아경적인 것을 거쳐서 양성인 것에 이르는 세 가지 사례를 사용할 것이다. 이러한 다양한 가능성들의 연결고리들을 보여주기 위해서 말이다.

『전쟁과 평화』에서 톨스토이는 아내 엘렌의 비행에 대한 '영웅' 피에르의 각성을 묘사한다. 상트 페테르부르크의 모든 상류 사회는 엘렌을 그곳의 가장 지적으로 눈부시고 아름다운 여주인으로 본다. 피에르는 아내의 가식이 성공을 거둔 것에 당혹스러워 하는데, 그러한 가식은 (심적으로 적합하게도) 그녀의 자살로 끝을 맺는다. 오빠 아나톨과 있었던 아동기 성적 관계에 대한 참조는 이를 엘렌의 겉치장 밑에 있는 비행의 훈장으로 만든다. 아나톨은 이후에 이야기의 여주인공 나타샤를 — 문학에 등장하는 유혹에 대한 가장 비범한 묘사 가운데 하나에서 — 유혹하는 난봉꾼이다. 여기서 내 목적을 위해 중요한 것은 유혹하기 위해 그가 그 어린 여자를 그의 두 눈으로 계속해서 고정시킨다는 것, 그리고 되돌아보는 나타샤가 그들 사이에 아무런 경계도 없기 때문에 아무런 예의도 없음을 발견한다는 것이다.[9]

---

8 | [프로이트, 『새로운 정신분석 강의』, 임홍빈 · 홍혜경 옮김, 2003, 182쪽.]
9 | ['그는 이렇게 말하면서도 나타샤의 얼굴이며 목이며 드러난 팔에서 미소를 머금은 눈을 떼지 않았다. 나타샤는, 그가 자기에게 틀림없이 마음을 빼앗기고 있다는 것을 알고 있었다. 그것은 나쁜 기분은 아니었으나, 왜 그런지 그와 같이 있는 것이 거북스럽고 괴로운 마음이 드는 것이었다. 이쪽에서

아나톨은 그의 또 한 명의 희생양에게 그의 강요된 결혼을 숨겼다. 나타샤는 안드레이 왕자와 이미 약혼을 한 상태다. 거짓말쟁이고 사기꾼이고 돈 주안인 유혹자 아나톨은 경계 파괴자다. 근친상간은 경계의 횡단이며, 또는 그것의 동기적 기반을 생각해볼 때 경계의 부재다. 그것이 비행을 가리키는 것은 단순히 그것이 금지되어 있기 때문이 아니라 타자가 '다르지' 않기 때문이다. 다른 사람의 필요, 감정, 자리에 대한 그 어떤 인정도 없다. 아무런 책임도 없으며, 오로지 삼투적인 유혹의 빨아들임만 있다. 사촌 소냐의 개입 덕분에 유혹에서 벗어나게 되는 나타샤는 결국은 죽은 엘렌의 남편이었던 피에르와 결혼하게 된다. 그리하여 유혹자 아나톨과 남편 피에르와의 관계를 통해서 그녀는 엘렌의 대비물(foil)이 된다. 엘렌은 오빠 아나톨과 같이 자고, 사랑하는 사람과 결혼하려고 노력하기 위해서 피에르와 결혼했다 이혼한다 ─ 그녀는 둘 중 어느 쪽인지를 결정할 수 없다: 엘렌과 나타샤 둘 다 한 남자(아나톨)와는 강한 불법적 관계(근친상간, 중혼 청혼, 부정)를 맺고 있으며(혹은 맺을 뻔하며), 다른 남자(피에르)와 결혼한다. 가느다란 구분선이 좋은 것(나타샤)과 나쁜 것(엘렌)을 구별한다. 하지만 그것은 중대한 구분선이다. 그리고 어딘가에서 그것은 동기 근친상간 ─ 그 선의 횡단 ─ 을 함축한다(Mitchell, 2003을 볼 것).

에밀리 브론테의 『폭풍의 언덕』(1847)에서 캐서린 언쇼와 히스클리프는 입양으로 맺어진 동기간이다. 그들은 혈족이 아니므로 브론테는 둘이 하나가 되는 동기간 결합의 거의 신비한 무아경을 묘사할 수 있다. 캐서린

그를 보고 있지 않을 때에는, 그가 자기 어깨를 바라보고 있는 것을 느꼈으므로, 오히려 상대방이 자기 눈을 봐 주는 것이 낫다고 생각하고 그녀는 어느덧 그의 시선을 포착하는 것이었다. 그러나 그렇게 하여 그의 눈을 쳐다보고 있는 동안, 언제나 다른 남자에 대해서 느끼는 수치의 벽이 그와의 사이에서는 이제 사라진 것을 느끼고 그녀는 자신도 모르게 놀랐다.' 톨스토이, 『전쟁과 평화』(中), 박형규 옮김, 범우사, 1998, 232쪽.]

의 아버지는 그의 두 아이 캐서린과 힌들리에게 리버풀에 갔다 돌아올 때 선물을 사다주기로 약속했다. 그는 그 대신 버려진 집시 아이를 데려온다. 그 아이에게는 죽은 아이의 이름이 주어진다. 그 두 아이의 죽은 남동기 히스클리프. 캐서린과 입양된 히스클리프는 떨어질 수 없게 된다. 그들의 격정과 간절함의 정도는 히스클리프라는 '대체' 아이(Sabbadini, 1988)가 돌아온 망령임을 암시한다. 죽은 자에 대한 갈망은 그들 관계의 심장부에 있다. 부모가 일찍 죽은 뒤 나이가 가장 많은 힌들리는 질투 때문에 히스클리프를 천대하며, 하인으로 만든다. 표면상으로는 바로 이러한 이유 때문에 캐서린은 그와 결혼할 수 없다. 하지만 그들은 서로에 대해 계속 갈망한다. 이웃 지주와 사회적으로 허용되는 결혼을 한 뒤에 캐서린은 아이를 낳다가 죽는다. 그녀가 열망했던 히스클리프와의 결합은 히스클리프가 죽을 때까지 기다려야만 한다. 그때가 되면 그들의 영혼이 함께 황무지를 걷고 있는 모습이 보인다. 그들의 관계에 대한 캐서린의 유명한 묘사는 동기적 통합의 무아경에 대한 설명으로 취해질 수 있을 것이다: '그는 나보다도 더 나 자신이야. 우리의 영혼이 무엇으로 되어 있든 그의 영혼과 내 영혼은 같은 거야'(Brontë, [1847]: 92).[10]

나르시시즘적 아이가 새로운 아기를 생각할 때, 그 아이는 아기가 자신보다 더 자신일 것이라고 상상한다. 예기된 아기는 아이가 갈망하던 웅대함에 대한 일종의 보충물일 것이다. 우리는 이를 쌍둥이에게서 볼 수 있다. 쌍둥이의 경우 둘 사이에 생존을 위한 한층 더 강렬한 투쟁이 있을 수 있지만, 상대방은 또한 덧셈적으로 이용될 수 있다: '나는 우리다', '우리는 둘이 있다. 그리고 너는 단지 하나만 있다.' 한쪽이 죽을 때, 살아남은 쪽의 나르시시즘에는 분명한 감소가 있다(Engel, 1975). 하지만 캐서린과 히스클리프의 '쌍둥이' 사랑에 대한 브론테의 지각('그는 나보다도

---

10 | [에밀리 브론테, 『폭풍의 언덕』, 김종길 옮김, 민음사, 2005, 133쪽.]

브랜웰 브론테(히스클리프의 모델)가 그린 그의 세 누이 앤, 에밀리, 샬롯의 초상화
〈브론테 자매〉 패트릭 브랜웰 브론테 (c. 1834), 런던 국립초상화미술관의 양해를 얻음.

더 나 자신이야)은 동기 근친상간에서 죽음이 수행하는 다양한 역할들을
제시한다: '둘이 하나로'의 희열은 둘 다 죽을 때만 실현될 수 있는 것도
같지만, 죽은 남자동기 또한 그 사랑을 재촉했다. 근친상간은 또한 그들이
하나가 되어도 둘 다 살아남을 수 있게 해주는 협약이다. 그것은 이를테면

하나가 죽어야만 하는 생존 투쟁에 대한 대체물이다. 소설의 한계 바깥으로 잠시 외출해보자면, 캐서린은 입양된 히스클리프를 그가 되는 정도로까지 사랑함으로써 죽은 오빠 뒤에 살아남은 그리고/또는 죽은 오빠를 대체한 아이로서 무의식적으로 느꼈던 죄책감을 '푼다'. 그리고 히스클리프는, 그녀에 대한 열정을 통해서, 부모의 애정 속에서의 죽은 아이 자리를 차지한 생존자이자 대체 아들인 것에 대한 자신의 '동일한' 죄책감을 경감한다. 캐서린과 히스클리프는 심적으로 동일자이다 — 둘 모두 살아남은 자들이며, 캐서린이 친오빠 사후에 태어났다고 한다면 둘 모두는 대체 아이들이다. 바로 이것이 각자를 타자로 만들기보다는 오히려 자기로 만든다 — 각자는 그들의 무의식적 죄책감 속에서 타자가 그것인 것(what the other is)이다. 우리는 이 소설을 통해서 클라인이 동기들의 근친상간에서 임상적으로 만연하는 것으로서 주목하는 죄책감이 그녀의 주장대로 한 부모에 대한 상상된 폭력에서 오는 죄책감이 아니라 살아남았기에 다른 아이를 죽인 게 틀림없다는 생각에서 오는 죄책감일 수도 있음을 볼 수 있다. 그렇다면 죽음은 모든 동기 근친상간에서 등장하는가? 나는 그렇다고 믿는다.

아룬다티 로이의 소설 『작은 것들의 신』에서 쌍둥이 남매는 자신들에게 자족적인 친애의 단위를 형성한다. 하지만 그들의 강하고 외로운 어머니와 서로 사랑하는 공유된 관계를 맺고 있는 가운데 말이다. 그들의 사촌인 셋째 아이가 그들의 세계 안으로 들어온다. 그녀는 물에 빠져 죽는다. 쌍둥이의 자족성 속에는 그녀를 위한 자리가 없었는가? 그 사촌은 분명 그렇게 느꼈다. 쌍둥이 여자아이는 그 사고에 대해 특정치 않은 — 그녀가 그녀의 사촌 언니를 질투했었기에, 특정치 않은 — 죄책감을 느낀다. 익사 사고는 케랄라의 확대가족을 덮친 비극의 시작이며, 어머니는 그녀의 아들을 캘커타에 있는 아버지에게 보내야 한다. 역에서 작별인사를 하다가 그의 쌍둥이 누이는 갑자기 고통스러워 허리를 꺾은 채

길고도 절망적인 비명을 내지른다.[11] 캘커타에서 거의 말도 없고 정신적으로 자기가(또는 그의 누이가) 텅 비어 있게 된 그 남자아이는 아버지의 새 가족을 위해 신중하게 장을 보고 요리를 함으로써 살아남는다. 로이는 너무나 훌륭한 작가라서 자신의 함의를 지적해주지는 않는다. 하지만 남자아이가 쌍둥이 누이처럼 됨으로써(그리하여 그녀는 그보다 더 그 자신이다) 그리고 여자아이가 해야만 했을 일들을 함으로써 살아남는다는 것은 분명하다. 그는 그의 쌍둥이 동기를 잃지 않으며, 그녀가 된다. 그들의 어머니는 처음에 망가지고 나서 너무 일찍 노쇠해져 죽는다. 가족이 붕괴된 쌍둥이는 젊은이가 되어 쓸쓸하게 서로를 재발견한다. 서로에 대한 알아봄은 천천히 온다. 그리고 그들은 어렸을 때 그랬듯이[12] '두 스푼'처럼 나란히 눕는다.[13] 이번에는 근친상간이 있다는 것을 제외하면. 적어도 내게는, 그들이 — 그들 세계의 그 모든 황폐함과 잔인함 가운데서 — 서로를 발견했다는 안도감이 충격을 상쇄시켰다. 동기 근친상간은 너무나도 외상적인 세계 안에서 피난처가 될 수 있는가? 반복된 외상은 너무나도 적은 자기를 남겨놓을 뿐이다 — 동기는 그것을 채울 수 있는가?

근친상간의 경계 없음을 위한 모델 안 어딘가에는 어머니와 태아의 '하나로서의 둘'이 틀림없이 있어야 한다. 외상은 자기로서의 타자가 주는 이 전-자아적 위안으로의 복귀를 촉구한다. 하지만 그러한 퇴행의 수단은 어머니와의 근친상간에 대한 궁극적 터부의 거역이 아니라(로이의 소설에서 어머니는 여하간 정서적으로 파탄이 난다) 동기와의 근친상간이다. 새 아기에 대한 어린 아이의 기대는 자기와 같은 것일 어떤 것에 대한, 복제물에 대한 기대다. 자기에 대한 부가물 — 더 많은 내가 있게 될 것이다.

11 | ['기차역 플랫폼에서 라헬은 허리를 꺾은 채 비명을 지르고 또 질렀다.' 아룬다티 로이, 『작은 것들의 신』, 황보석 옮김, 문이당, 1997, 399쪽.]

12 | [같은 책, 35쪽.]

13 | [같은 책, 400쪽.]

사라에게로 돌아가보자. 발린트는 사라와 오빠의 근친상간에 대해 이렇게 이야기한다. '그 당시에, 그리고 더 어렸을 때 딸이 처해 있던 어려움을 어머니가 알아차리지 못한 것은 그 경험들 자체보다도 환자에게 더 나쁜 것이었다'(E. Balint, [1963]: 42). 이전에 언급했듯이, 서양의 정신과 의사들과 정신치료사들은 동기 근친상간이 수직적인 — 즉 대개는 부모의 — 돌봄이 부재하는 맥락에서 가장 빈번하게 발생한다는 것을 확인해준다. 비록 맥락이 함의들을 상당히 바꾸어놓겠지만, 아이는 이러한 태만을 아주 예리하게 느낀다. 근친상간 자체는 더 나이 든 아이가 더 어린 아이에게 하는 것일 때 폭력적이고 위협적이고 잔인한 것일 수 있으며, 상대적 평등이 있는 곳에서 위안이 될 수도 있다. 그렇지만 어른의 보호 부재는 모든 경우에 있다.[14] 이것은 사라의 어려움이 어머니의 무관심이었다는 발린트의 관찰을 확인해줄 것이리라. 그리고 이 무관심은 유아 사라가 자기의 존재에 있어 하나의 인물로서 잠재적으로 누구인지와 관련한 예전의 인정 결핍을 반복하는 것이리라. 그러고 나서 발린트는 사라의 주된 문제는 자신이 누구인지에 대한 일차적인 모성적 인정의 이러한 결핍이었다는 주장을 동기 근친상간이 확인해준다고 본다. 하지만 사라는 이 모성 돌봄 부재를 생식기화하는 환상을 갖는다. 사라는 그녀의 전체 자아를 그녀의 자궁과 등치시키며, 바로 그 자궁을 빼앗겼다고 주장한다. 반복된 꿈에서 개 한 마리가 바다에서 나와서는 그녀가 서 있는 해변으로 온다. 그 개는 그녀를 물고는 그녀의 자궁을 훔친다. 그녀는 그 꿈과 마주하고 있는 현실의 일을 상기한다. 치료가 끝나갈 무렵 그녀는 꿈에서 나온 해변임을 알게 된 현실의 해변에서 가져온 조약돌을 분석가에게 건넨다.

---

14 | 이 정신분석적 관찰과 예상에 대해 정신의학적으로 확인해준 데 대해서 나는 에스텔라 웰던 박사에게 감사한다. 그녀는 『어머니, 마돈나, 창녀』(Weldon, 1988)의 저자이며 런던의 포트만 클리닉 정신의학 선임 고문으로 있다 지금은 은퇴했다.

그녀는 그 조약돌이 그녀의 자궁/자기를 나타낸다고 주장한다. 이제 그녀는 그녀를 알아볼 수 있는 '어머니로서의 분석가'와의 피드백 상황을 통해서 그것을 대부분 돌려받았다고 말한다.

동기 근친상간의 이론적 자리의 문제는 분명 이 생식기화 문제에 달려 있다. 특히, 사라가 분명 강한 음경-선망을 보여주고 있으며 그녀의 활동직인 성인 동성애와 이성애가 발그레 피어났지만, 그녀가 될 수 있는 원-자기나 자기는 그녀에 의해 음경으로서 생각되지(이는 어느 쪽 성이건 양성애적 남근적 프로이트적 아이에게는 통례적이다) 않으며 자궁으로서 생각된다. '남근으로서의 여자아이'가 오토 페니켈(O. Fenichel, 1945) 같은 저자에 의해 탐구되기도 했지만, 그것은 라캉의 거울 단계 또는 '상상계' 개념을 통해 하나의 관념으로 포착하는 게 아마도 가장 쉬울 것이다. 여기서 조율되지 않은(uncoordinated) 유아는 자신의 자아(또는 '나')를 어머니가 '저기 조니 있네(that's Johnny)'라고 말하면서 가리키는 거울반영 속의 일관되고 통합된 자기 이마고로서 발견한다. 이 환영적인 '나'는 거울 속에서 오고간다. 그것은 사라지거나 아니면 곧추 서고 전능하다 ― 다시 말해서, 남근적이다. 하지만 사라는 상실되었다 발견된 자궁으로서 자기-표상한다.

발린트는 사라의 질병에 대한 범주화나 진단을 제공하려 하지 않는다. 하지만 '경계선'에 가장 가깝다고 말한다. 그렇다고 한다면, 오이디푸스적 측면들은 그녀가 그녀의 어머니가 원하는 것 ― 전-오이디푸스적으로는 어머니가 갖지 않은 것(남근), 그리고 또한 오이디푸스적으로는 아버지가 그녀에게 제공할 수 있는(하지만, 자라고 있는 아이는 그렇게 하지 못하는) 것(다시금, 남근) ― 으로서 머물기를 원하고 있었다는 것일 터이다. 심적 여성성의 함의들 ― 그것은 아버지를 위한 사랑-대상이 되는 것이다 ― 을 거부하는 여자아이는 대신에 그녀의 전체 신체-자아가 어머니를 위한 남근 이미지를 취하도록 만들 수 있다(여성 히스테리증자의 고전적 자세).

남자아이들처럼 여자아이들도 자신의 생물학과 일치하는 심리학을 갖는 다는(남자아이는 남근, 여자아이는 내부 공간), 다른 사람들이 그들을 젠더 화된 바로서 인정하는 방식과 일치하는 심리학을 갖는다는 생각에 찬동하 는 정신분석가들은 논리적으로 여성적 자아가 자궁에 의해 표상된다고 믿어야만 한다.[15] 어쩌면 그것은 당연시되는 것도 같다. 발린트가 이 사례 사에서 그렇게 하듯 말이다. 분명 여기엔 의문을 제기할 필요가 있다. 자궁-선망과 유아의 일차적 여성성이 정신분석 담화에서 등장한다 할지 라도, 구조적 자기-표상으로서 아직은 자궁에 그 어떤 자리도 주어진 적이 없었다. 내가 제안하는바, 동기 근친상간 금지에 구조적인 자리를 주는 데 실패한 것은 자궁 자기-표상에 대한 이론들의 이와 같은 부재에서 한 역할을 한다. 내부에 채워질 수 있는(또는 비어 있을 수 있는) 공간이나 공동을 가진, 배고픈 자궁을 가진 바로서의 자기. 배/자궁, 항문 자궁, 나르시시즘적인 단성생식적 출산이 분출되어 나올 내부 공간.

이 심적인 자궁 자기-표상에 생물학적 토대를 너무 손쉽게 할당하기 전에 강조하고 싶은 게 있다. 즉 나는 이 심적 자기-표상이 성적으로 구별되는지 확신하지 못한다. 사실 더 분명하게 말하자면, 나는 남자아이 와 여자아이 모두에게 내면의 표현으로서의 배/자궁이 그 소유자의 젠더 와 무관하게 '내적 자기'의 표상으로서 이용될 수 있는 단계가 있다고 믿는다. 도널드 위니콧은 이를 '존재being'의 상태라고 불렀으며 여성적인 것으로 보았다. 그는 그것을 '남성적'인 '하기doing'에 비교했다. 양 젠더

---

15 | 카렌 호르나이와 멜라니 클라인은 여자아이에게 일차적 자궁 자각을 부여한 다. 또한 예컨대 로버트 스톨러는 양성 모두에 대해 일차적 여성성을 주장한 다. 내가 지적하고 있는 것은 이러한 설명들이 다루지 않고 있는 어떤 것이다. 즉 신체-자아의 자기-표상, '나'로서의 자궁. '내부 공간'에 대한 에릭 에릭 슨의 논문(Erikson, 1964)은, 아이들의 놀이를 연구하여 내향 활동과 외향 활동이라는 용어로 젠더 차이를 제시했는데, 젠더화된 신체-자아의 표상에 대한 훌륭한 설명이다.

모두에게서 '존재'는 '하기'에 앞서 온다. 그렇지만 나는 상태에 대해서 말하고 있는 게 아니라 신체-자아, '나(I)', 또는 더 정확히 '나' 표상('me' representation)에 대해 말하고 있다. 내가 주장하는바, 그러한 표상은 기억을 위한 능력과 '마음속에 간직하기(holding in mind)'를 위한 능력에 필요하며, 이번에는 그러한 능력은 타자들이 '타자'라는 것을 알기 위해 필수불가결하다. 사실 이와 같은 내면의 표상은 표상 자체를 위한 능력이 있기 위한 필수물이다. 그렇지만 언제 그리고 어떤 심리-사회적 상황에서 이것이 발생하는가? 어떤 방식으로 우리는 그것을 동기관계와 그 관계의 터부에 연계시킬 수 있는가?

정신분석 이론의 기본 요소들의 역사는 친숙하다. 우선, 1890년대에 현실적 아버지-아이 근친상간의 병인적 역할에 대한 믿음이 있었다. 그것은 프로이트가 히스테리 환자에게 들었던 이야기였고, 그가 그 자신의 사례에서 그리고 그의 가족 구성원들의 사례에서 확인한 이야기였다. 최종적으로는, 신경증의 현존이 보편적인 가능성이라고 할 때, 아버지 근친상간의 광범위하지만 보편적이지는 않은 발생으로 그것을 설명할 수는 없다는 것을 깨닫게 되었다. (기억 회복 운동[16]은 이러한 반-인도주의적 가정을 복귀시키는데, 이는 어떤 희생양 부류를 겨냥하여 그들이 불운한 상황으로 인해 — 실제로 그렇듯, 어떤 다른 개인사(history)를 갖는게 아니라 — 어떤 다른 심리를 갖는다고 주장한다.) 하지만 마찬가지로 근친상간이 다만 어떤 특정한 학대받는 인구에게만 적용된다면, 그것에 연계된 신경증은 다만 이 집단에게만 적용될 것이다. 그리하여 무성적이고 '순진무구한' 아이에 대한 학대가 성적인 청소년이나 성인에게서 히스테리로 분출한다는 프로이트의 최초 생각은 어린 아이가 그러한 근친상간을 욕망하고 환상한다는 유아 성욕 개념으로 대체된다 — 오이디푸스 콤플

---

16 | [Recovered Memory Movement.]

렉스 히스테리는 불충분하게 억압된 오이디푸스적 욕망들이 나중에 뚫고 나온다는 것을 입증했다.

그런데 이번에는 유아 성욕의 가설은 몇 가지 결과를 낳았다. 그것은 어떤 보편적 상황에 대한 가설이었다. 이는 도래 그 자체가 아니라 어떻게 그것이 해결되는가가 신경증이나 겉보기의 심적인 정상성을 설명한다는 것을 의미했다. 그것은 또한 어느 누구든지 인간임으로 해서 신경증에 취약하다는 것을 의미했다. 근친상간에 대한 욕망이 무의식적이 되었다는 점에서, 탐구될 필요가 있는 것은 바로 이 무의식이었으며, 그것을 표현하는 증상들 속에서 나타나는 그것의 궤적이었다.

히스테리증자 이야기의 세부사항으로부터 오이디푸스 콤플렉스의 보편성으로 나아감으로써 중심 학설이 변동되었다: 아버지의 학대는 어머니에 대한 아이의 보편적 욕망에 대한 아버지의 금지가 되었다. 현실적 학대의 특수한 경험은 보편적 규칙 안의 변칙적 경험이 되었다. 그렇지만 오이디푸스 콤플렉스를 애당초 작동시키는 것은 무엇인가? 대답들은 으레 발달적이다 — 젖을 빼는 유아는 항문적 걸음마 아기가 되고, 남근적 아이가 된다. 오이디푸스 콤플렉스는 남근기와 더불어서 존재하게 된다 — 여자아이의 욕망과 남자아이의 욕망이 모두 클리토리스나 음경에 초점 맞추어지게 될 때. 그렇지만 나는 주체의 개인사적(historical) 판본이, 발달적 판본과는 달리, 물음에 대한 또 다른 답을 열어놓을 수 있을 것이라고 믿는다. 아이의 욕망이 근친상간적인(즉 남근적인) 것으로서 초점이 맞추어지기 위해서는 아이에게, 생물학에 대립되는 바로서 아이의 일반적 개인사라는 관점에서, 어떤 일이 일어난 것인가?

프로이트가 강조했듯이, 아이가 또 다른 아이를 임신한 어머니를 볼 때(또는 문화의 보편성, 문화 자신의 불안과 희망의 보편성 때문에, 가령 친구의 어머니가 그러하듯 또 다른 아이를 임신한 어머니를 보게 되리라 예상할 때), 그 상황의 위급은 사고의 긴급을 촉구한다. 아이에게 이것은 신체적 계기가 아니라 개인사적 계기다. 개인사적 상황에 의해 부추겨지는 감정은 마음으로 하여금 작업하도록 강요한다. 철학적인 마음은 전치의 위협에 대한 반응으로부터, 그리고 출현하는 자아의 비-실존 가능성에 대한 (저 전치에 따른) 필사적인 반응으로부터 태어난다. 존재는 무가 될 수도 있는 것이나. 프로이트는 두 살 된 아이가 사고하도록 강요하는 문제가 '아기들은[즉 이 훼방꾼 아기는] 어디에서 오지?'라는 아이의 물음으로서 정식화된다고 명시한다 — 생식에 관한 물음.[17] 하지만 우리는 '나, 아기는 이제 어디로 가지?'라는 물음을 추가해야 한다 — 유아나 아이가 죽음에 대해 정식화하기 시작하는 물음. 이 상황의 기저에 놓인 필사적인 곤경은 생각이 필요하게 하며, 육체의 일부인 마음이 육체로부터 분리되어 나오는 방식을 촉진한다. 다음과 같은 물음들을 사고하기 위해서 말이다. '다른 누군가가 나인 지금, 나는 어디에 있지?', '나와 같은 누군가 [내 어머니의 아이]가 거기 있었고 나는 없었을 때, 나는 어디에 있었지?'

프로이트와는 대조적으로 윌프레드 비온 같은 분석가들은 사고의 출현을 어머니와 유아의 결합(nexus)으로부터 설정한다. 어머니는 아이의 감정의 원재료를 사고될 수 있는 것으로 번역한다. 가령 아이의 고통 감각은 어머니에 의해 고통으로 느껴지고 이해되며, 그래서 그 느낌은 궁극적으로 고통의 관념이 된다. 어머니의 이 능력은 '수용하는(containing)' 능력이라고 지칭된다. 피터 홉슨은 『사고의 요람』(Hobson, 2002)에서 마음의 요람을 함께 산출하는 어머니와 아기의 상호작용을 설명한다. 요람의 수용자 (container)나 직조자(weaver)로서의 어머니는 자궁으로서의 모성적 마음이라는 연상을 암시한다. 다시금 이것은 내가 관심을 두는 개념과는 다르다. 사라가 자신의 'I' 또는 'me'에 대해 갖는 표상은 생식기적 자궁이었다

---

17 | [프로이트, 「어린아이의 성 이론에 관하여」, 『성욕에 관한 세 편의 에세이』, 김정일 옮김, 2033, 170쪽 이하.]

는 것 말이다. 우리는 아이의 사회적 개인사를 아이의 발달 경로 위로 투사해 읽어낼 때 (히스테리적 상상 임신의 자궁이기도 한) 생식기적 자궁을 이해할 수 있을 것이다.

발달적 관점은 어떤 일이 시간 속에서 발생하는 개인사적 개입을 도입하는 데 계속해서 동조하는 척한다. 나는 이 개입을 발달 속으로 침입하는 위기로서 부각시키고자 한다. 자신이 유일무이하지도 심지어 대체불가능하지도 않다는 것을 의미하는바 동기에 의해 도입되는 위협은 개인사적 외상이 발달을 멈추게 하는 것이다. 그렇지만 고전적 이론에서는, 이것이 측면 관계에 대한 물음으로 이어지는 대신에, 강조점 이동이 발생했다: 주체와 '같은' 다른 아이들의 발견은 아버지가 어머니의 연인이라는 아이의 발견에 대한 강조로 굴절되었다. 프로이트와 그의 추종자들의 저작에서 이것은 유일한 위기다: 오이디푸스 콤플렉스가 성장한 아이에게는 맞지 않게 되어 발달적으로 극복되는 대신에, 어머니에 대한 아버지의 권리는 오이디푸스 콤플렉스를 부수는 상징적 '개인사적' 사건으로서 거세 콤플렉스를 정립한다. 이 이론에서는 아기의 탄생이 아니라 거세 위협이 아이의 생물-사회적 발달에 개입하는 외상적 사건이다. 이 거세 위협은 누가 남근을 가지고 있거나 있지 않은지, 또는 누가 남근을 가지고 있는 것처럼 보이는 입장에 있으려고 하거나 하지 않는지의 노선에 따라서 성적 차이를 상징화하기 위한 조건을 제공한다. 마치 아버지의 유혹이라는 원래 개념이 아버지의 새로운 위협 속에 부분적으로 존속되는 것 같다. 개인사적 사건은—실재적이건 환상된 것이건—언제나 아버지에 위치한다. 이것은 시인되지 않은 가부장제 이데올로기로부터의 오염인가? 왜 동기를 중요한 계기의 운반자로 보지 않는가?

이러한 거세 콤플렉스 개념은 '아기들은 어디에서 오지?'라는 저 첫 물음의 잠재적 함축의 변동을 수반한다. 그것은 더 이상 측면적/수평적 층위에서 주체의 유일무이함과 실존의 위기가 아니다. 이제 그것은 아버지의 금지에 따라 모형화되고 어머니의 부재하는 남근으로 인해 외상으로서 실현되는 성적 차이의 위기가 된다. 어머니의 사라진 남근은 '거세되는' 것이 가능하다는 것을 아이에게 가리킨다. 프로이트 저작 표준판 편집자는 「어린아이의 성교육」의 한 구절에 다음과 같은 각주를 단다. '초기 저작들 에서 일반적으로 프로이트는 아기의 기원의 문제가 아이의 관심을 끄는 최초의 문제라고 주장한다. (…) 그렇지만 위의 텍스트에서 그는 그것을 성 구분 문제에 비해 이차적인 것으로 놓는다. 그리고 그는… 바로 이 견해로 되돌아온다'(Freud, [1907]: 135).[18] 여자들의 음경 부재는 다음과 같은 물음을 격발한다: '양성의 차이는 무엇인가?'(오이디푸스-거세 물 음). 동기의 현존은 다음과 같은 물음을 강요한다: '내가 아닌 이 아기는 어디에서 오는가?' 그렇다면 이제 아이의 물음들은 공평하게 균형이 잡힌 다. 그렇지만 프로이트-라캉주의적 논변은 양성의 차이가 이론에서 지배 적인 물음이라고 단언해왔다.

성적 차이를 표지하며 그와 더불어 인간 아이에게서 온전한 사회성의 도래를 표지하는 사건으로서 프로이트가 거세 콤플렉스의 중요성을 점점 더 단언하게 된 것은 다른 분석가들이 전-오이디푸스적 어머니의 중요성 과 그 자체로 성적 차이로 이어지는 생물학적 젠더의 중요성을 단언하던 맥락에서 이루어졌다. 이 두 입장 사이에서 동기들은 잊혔다. 동기들에 대한 궁금증이 수평적 물음이라면, 성적 차이에 대한 궁금증은 수직적 관점을 받아들인다. 그것은 거세 콤플렉스 이후에 적합한 한 부모와 동일시 하는 문제다. 그렇지만 처음에 프로이트는 (아이들처럼) 어떤 물음이 우선 권을 갖는지 확신하지 못한다. 나는 나중에(5장에서) '아기들은 어디에서 오지?'라는 물음이 성적 차이보다는 젠더의 물음으로 이관될 수 있음을

―――――
18 | [마지막 문장을 생략 없이 번역하면 이렇다. '그리고 그는, 여하튼 여자아이 와 관련해서, 이 후자의 주제를 다룬 훨씬 나중에 쓴 논문의 각주에서 바로 이 견해로 되돌아온다.']

제시할 것이다. 즉 그 물음을 통해서 남자아이는, 더 강하고 더 가치가 있음으로써, '어딘지 모를 곳'에서[19] 나타난 동기에 의해 그토록 위협당한 자신의 전능을 되찾기를 희망하게 된다. 또한 그 물음을 통해 여자아이는 동일한 경험을 통해 자신의 연약함과 사회적 가치의 결핍이 확인된다는 느낌을 두려워한다. 이집트의 작가이자 의사인 나왈 엘 사다위는, 어떻게 그녀의 아버지가 그녀가 성공을 이루는 데 도움을 주었으며 그녀의 오빠가 언제나 그녀를 억압하는 데 최선을 다했는지를 이야기할 때, 많은 이들을 위해서 말한다(Saadawi, 2002). 남성 지배는 오로지 가부장적이지도 않으며, 심지어 주로 가부장적이지도 않다. 내가 그렇게 하듯 우리가 가부장적이라는 것을 아버지를 가리키는 것으로 간주한다면 말이다.

아이의 두 가지 커다란 물음과 관련된 불확실성을 정신분석 이론에서 동기들과 관련된 더 커다란 불확실성의 아이콘으로 간주할 수도 있을 것이다─ 동기들이 자료의 모든 곳에 드러나 있음에도 불구하고 구조화하는 역할에서 그들을 제거함으로써 해소되는 불확실성. 프로이트의 이론에서, 황새와 하느님이 있음에도 불구하고 그와 상관없이 아이들이 발견하는 불충분한 해답은 새로운 아기가(또는 이미 거기 있는 오래된 아기가) 구강성이나 항문성과 소화를 모델로 하여 어머니의 (자궁이 아니라) 배에서 나온다는 것이다. 여자아이가 아버지의 남근에 관한 실용주의적 대답에 멈칫거릴 수 있는 것과 마찬가지로, 남자아이는 어머니의 역할의 경험주의에 저항하면서 아기를 위한 상상된 숙소로서 내부 공간을 보유하기를 고집할 수도 있을 것이다.[20] 다시 말해서, 유아기의 여자아이와 남자아이 둘 다 아기들이 출현할 수 있는 내부 공간을 원할 것이다. 내가 제안하는바,

---

19 | [from 'nowhere'. '난데없이'라고 옮길 수도 있다.]

20 | 프로이트의 '늑대인간'과 아이슬러의 남자 히스테리증자는 모두 자신들의 창자를 자궁으로서 상상적으로 보유한다.

(구강기와 항문기부터는) 입과 소화관과 항문이라는 근저에 놓인 모델들이 있겠지만, 이러한 것들에도 불구하고 위협하는 동기에 관한 사고의 위급은 필연적으로 생식기화될 것이고, 또한 아기가 어머니의 남근의 등가물이라는 노선을 따라서만 생식기화되지는 않을 것이다. 아이들은 아기가 어디에 있고 이렇게 나오는지를 느끼거나 보기 위해 스웨터 안에 구선을 넣기도 하고, 인형 다리를 빼내기도 한다. 라캉적인 상상계 국면의 남근적인 '나(I)'는 등가물인 자궁=나(me)를 갖는다 — 아기는 '나(me)'로부터 나올 수 있다. 남근이 곧추 선 '나(I)'라면, 자궁은 둥글린 '나(me)'다. 프로이트-라캉적인 설명은 이론에서 이를 틀어막았다. 대상관계 이론은 훼방꾼 아기가 어디에서 오는지를 이해하는 지적인 과제로 보지 않고 오로지 어머니와의 동일시로 봄으로써 그것을 자연화했다. 일단 자연화되면, 사고의 위급을 통해 정신적 삶을 산출하고 그렇기에 모든 정신분석 이론의 토대여야만 하는 갈등(conflict) 개념은 — 그 이론의 정향이 무엇이건 — 실종되고 만다.

　동기들의 현존에 의해 유발되는 갈등과 이 갈등의 해소나 해소 실패는 측면 관계들이 이론 안으로 포함되기 위한 길을 열고 있는 것이라고 볼 필요가 있다. 나는 출산을 하려는 아이의 소원을, 따라서 내부 공동(cavity)에 대한 소원을 '어머니의 법'이 뒤따른다고 제안했다. 이 법은 이를테면 '출산을 하는 것은 너 아이가 아니라 나 어머니다'라고 말함으로써 아이의 환상을 금지하는 작용을 한다. 금지가 수용되고 아이일 때 출산할 가능성의 상실이 인정되면, 내부 공간은 상징화될 수 있다. 그로부터 사고들이 나오고 그 안에서 표상들이 '마음속에' 간직될 수 있는 장소로서 말이다. 유아의 소원에서처럼 상상 임신과 상상 항문 출산에서도 이 자궁은 문자 그대로의 자궁이며 '상실되지' 않았으며 따라서 그것은 재-현될 수도 상징화될 수도 없다. 상징화되지 않기에, 아이가 원하는 것은 마법의 아기들 — 괴물이나 천사들— 을 생산하는 상상적 자궁이 된다. 상징화되지 않기에, 창조적 사고(위니콧)는 유산될 것이다.

발린트는 사라에 대한 논문을 다음과 같은 반성과 더불어 시작한다: '그는 자기로 충만하다'라는 국면이 있으므로, '그는 자기가 텅 비어 있다'라는 등가물이 필요하다. 하지만 충만과 공허는 같은 동전의 두 측면이다 ─ 전자는 아기 폐하의 팽창된 전능을 시사하고, 후자는 또 다른 아이에 의해 왕좌에서 쫓겨날 때 폐하의 갑작스러운 수축을 시사한다. 궁극적으로 필요한 것은 나중에 히스테리증자가 되는 사람의 악몽인 이러한 동요가 아니라 두 입장 모두를 초월하는 해결책이다. 이를 위해서는 '어머니의 법'이 필요하다. 나는 사고들과 그것들을 생각할 공간이 어머니의 법의 금지와 더불어 기원한다고 제안하고 있는 게 아니다. 오히려 바로 이 순간 그 과정이 상징화될 수 있다는 말이다. 아기는 ─ 윌프레드 비온의 이론이라면 그렇게 제안할 수 있을 터인데 ─ 수용하는 자궁-어머니와 동일시했을 수도 있을 것이다. 하지만 이 동일시는 충만하거나 텅 빈 자궁과의 동일시, 그리고 나중에는 텅 비어 있거나 사고들로 충만한 머리와의 동일시일 수 있다. 이것은 발린트가 가리키는 가능성이다. 그렇지만, 금지가 하는 일은 이 동일시를 상징화(또는 문화화)하는 것이다. '너무-충만한/너무-공허한'의 동요 대신에 우리는 대안들(alternatives)을 갖는다 ─ 지금 텅 비어 있지만 나중에 충만할 수 있다(생식에 관한 한, 여성적 입장), 지금 텅 비어 있다/나중에 채울 수 없다(남성적 입장). 창조에 있어서, 성적으로 구별되는 이러한 입장들은 젠더화될 수 없다(이데올로기적으로 그것들은 우월한 남성적 마음의 가정 속에서는 얼마든지 그렇게 될 수 있겠지만). 남자아이와 여자아이는 둘 다 때로는 텅 비어 있을 수 있고, 때로는 사고들로 충만할 수 있다. 하지만 텅 비어 있음은 창조성의 충만에 선행한다. 아기에게서 그것이 생식성의 법에서 그랬던 것처럼 말이다. 이 '지금 텅 비어 있는'은 '지금 충만한'의 이면이 아니다. 그것은 새로운 공간, 승화된 공간이다. 그것은 흥분스럽게 생식기화되는 자궁으로서의-마음이 아니라 새로운 승화된 공간이다. 순전히 마음일 수 있고 따라서 창조적 사고들로 채워질 수 있는 공간. 그리고 나서 한 발 더 나아가 마음은 몸 안에서의 맥락/기원으로부터 구별되기에 이른다.

우리는 이것을 임상적으로 볼 수 있다. 양성 모두에게서 히스테리의 핵심적 환상이 임신이며 전환 증상이 상상 임신일 수 있다고 한다면, 정신의 과잉충전 또한 만연하다. 히스테리증자는 사고할 수 없으며, 다만 초유동적인 미분류된 '전-사고들'을 언어적 활동이나 현실적 활동을 통해 방출할 수 있을 뿐이다── 그의 머리는 그의 자궁만큼이나 충만하다(또는 텅 비어 있다). 동기들의 후계자인 또래집단에서 그토록 만연하는 식이장애, 과식증, 거식증은 내부 공간의 상징화에 앞선 '공허/충만'의 동요를 입증한다. 내부 공간의 형성은 오이디푸스적 용어로 이해되어왔다. 하지만 동기들이 누락되었기 때문에, 그리고 그들과 더불어서, 세계에는 다른 아기들이 있다는 깨달음이 누락되었기 때문에, 이 상징화 가능한 내부 공간의 창조를 막중한 '아니(No)'와, 막중한 상실과 연결할 아무런 방도도 없었다. 아니, 부정, 금지── 이 경우 어머니의 '아니'── 는 판단의 조건이다(Freud, [1925]). 표상의 조건은 '존재하지 않기(not to be)'와 '소유하지 않기(not to have)'이다.

판단을 위한 능력은 '아니'에 의해 표지된다── '나는 그것을 원하지 아니한다.' 외부 세계에 당면한 신생아는 처음에 이 바깥 세계와 자기 내부에 있는 것을 구분하지 않는다. (이 점을 세공하면서 위니콧은 어떻게 어머니의 젖가슴이 아기의 '자기'인지를 탐구한다.) 최초의 구별은 좋은 것을 받아들여 간직하고 나쁜 것을 내뱉는 노선을 따라 이루어질 것이다 (클라인). 사고 과정이 이로부터 출현하기 위해서는, 받아들여진 것이 외부 세계에서 재-현되어야 한다. 내부에서 쾌감을 주는 음식은 한 번 더 원래 외부에 있었던 음식이 된다── 하지만 이제, 외적이고 실재적인 것의 정신적 개념으로서. 어린 아이(또는 식이장애가 있는 나이 먹은 히스테리증자)

는 아직 아무런 음식 관념의 표상도 갖지 않기 때문에 언제 배가 고플지를 예측할 수 없다. 그렇게 되려면 쾌감을 주었던 것이 우선 상실되고 그런 다음 외부 세계에서 '재발견'되어야 한다. 그래야 유아는 그것이 자신 외부에 있는 어떤 것으로서 자신에게 이용 가능하다는 것을 알게 된다. 사고한다는 것은 만족이 지연될 수 있음을 의미한다 — 아기는 즉각적 만족에 대한 필요를 만족에 대한 욕망으로 변경할 수 있다. (히스테리증자 와 정신병자는 여전히 즉각적 만족을 필요로 한다.) 그렇지만 어린 아이는 또한 언제 지연을 멈추고 자신이 필요로 하거나 원하는 것을 얻기 위해 행동을 취해야 하는지에 대한 판단을 내릴 수 있어야 한다. 판단의 '아니' 는 기다림이 발생하는 동안 욕망이 억압되었음을 지시한다. 그 '아니'는 아이를 의식적이 될 수 있게 해주며, 그리하여 때가 되었을 때 식사를 요청할 결심을 할 수 있게 한다.

신체가 발달하듯 그렇게 또한 생각하는 능력도 발달한다. 우리는 첫 단계를 사고들의 창조만이 아니라 사고들을 담을 공간의 창조로서 상상해 볼 수 있다 — 처음에, 삼켜지거나 내뱉어지는 음식은 그 둘 사이의 또는 충만/공허 사이의 동요만을 안다. 일단 음식이 외부 세계에 존재하는 것으 로서 재-현될 수 있다면, 그것을 재수용할 구강 개념 또한 생겨난다. 만성 적인 식이장애가 있는 나의 환자 가운데 한 명이 말했다. 그녀의 입이 어디에 있고 무엇인지를 내가 그녀에게 말해줄 필요가 있다고. 우리는 (다른 추론도 있겠지만) 그녀가 음식을 간직하거나 간직하길 기다리는 입 공간이라는 개념이 아직 전혀 없는 충만/공허의 지점으로까지 퇴행했 다고 추론할 수 있을 것이다. 상징화되지 않은 입과 소화관은 식이장애에 서 전형적이다. 상징화되지 않은 자궁이 상상 임신의 표지인 것처럼.

자기 내부에 아기를 가졌다고 믿는 어린 아이는 처음에 충만/공허의 노선을 따라서 그것을 갖는다 — 이 지점까지 퇴행하는 '임신한' 히스테 리증자 역시 그렇다. 어머니의 '아니'가 받아들여지지 않는다면, 아기를 가지려는 이 욕망은 알려질 수 없으며 따라서 억압될 수 없다. '아니'의 수용에 의해 소원이 알려져 억압될 때, 판단이 내려질 수 있으며(나는 나중에 커서 아기를 가질 것이다), 그 아기는 외부 세계에서 사유될 수 있는 아기일 수 있다. 내가 여기서 제안하는바, 먹이기와 배변 등등을 통제하는 어머니의 최초의 '아니'는 아기에 의해 최초의 현실-시험 판난으로 받아들여진다. 그리고 어머니의 '두 번째' 아니(내가 어머니의 법이라고 부르고 있는 것)는 젠더와 세대에 대한— 누가 아기를 가질 수 있고 없는지에 대한— 성적 규제들을 가리킴으로써 이를 한층 더 핵심적인 단계로 가져간다. 금지가 받아들여지지 않는다면, 환상들은 계속 실연된다. 히스테리와 소위 '보바리즘'에서처럼(환상자는 '임신한' 아이처럼 자신의 환상이 실재적이라고 계속 믿는다), 또는 도착에서처럼(승화와 상징화도 히스테리적 환상도 아니고, 그 대신 오로지 실연만 있다) 말이다. 도착은 그토록 능동적이고 남근적으로 보이는데— 따라서 오랫동안 거의 배타적으로 남자와 연관되어 있었는데[21] — 이는 다만 내부 공간이 전혀 없기 때문이다. 히스테리적 환상에서는 내부 공간이 강박적 환상들로 전적으로 채워져 있으며, 그래서 발그레한 식이장애가 있는 또 다른 환자가 내게 표현했듯이 '생각을 가질 여지가 그냥 전혀 없다.' 이러한 것들은 어머니가 될 수 있다는 아이의 믿음을 포기하지 않은 결과 중 몇 가지다. 그것들은 세대 사이에 차이가 있다는 수직적 명령을 받아들이지 못하는 것에서 결과하며, 하지만 또한 그것들은— 내가 주장하고자 하는바— 동기 맥락 안에서 작용하게 된다: 아기들이 바로 '나(me)' 걸음마 아기로부터 출현하는 것이라면, 새로운 아기나 기존의 더 나이 든 동기는 위협이

---

[21] 에스텔라 웰던의 『어머니, 마돈나, 창녀』(Weldon, 1988)와 그 뒤를 이은 루이즈 캐플런의 『여성 도착증』(Kaplan, 1991)은 여성 도착의 존재를 완전히 확립했다. 프로이트의 1919년 논문 「'한 아이가 매 맞고 있어요'」(이 책의 4장)가 여성 도착의 이해에 관한 것임을 유의해야 한다.

되지 않을 것이다. 한스의 여동생 한나의 탄생의 의미는, 꼬마 한스 또한 출산할 수 있다면, 그렇게 심각하지는 않다(Freud, [1909]). 결과들은 더 있다.

만약 팽창하는 어머니 자궁 속의 새로운 태아가 어린 아이에게 태아에 대해 생각하도록 강제하지만 환상 속에서 태아가 아이 또한 생산할 수 있는 것의 한 판본(그 아이 자신의 곧 생겨날 아기)으로만 남아 있다면, 태아는 아이와는 다른 누군가로 인정되지 않을 것이다. 태아는 복제물일 것이다. 즉 그 자체로서, '다른' 것으로서 보이지 않는 닮은꼴일 것이다. 도착적 부모와 히스테리적 부모는 자신의 현실적 아이를 그처럼 자신의 복제물로 본다. 다른 한편으로 만약 '어머니의 법'이 받아들여진다면, 간절히 기다렸고 두려웠던 동기는 더 나이 많은 아이와 유사할 테지만(같은 어머니의 아기), 또한 그 아이와 다를 것이다. (한나가 꼬마 한스에게 그러했듯) 남자아이에게 여자아이일 수 있을 것이다. 성별이 같더라도, 물론 더 어릴 것이고, 적어도 이름이 다르고 눈이 푸르고 머리가 검고 피부색이 더 옅을 것이다. 이 경우 아이는 계열성을 파악할 가능성을 갖는다. 그는 동기가 복제물, 똑같은 클론이 아니라는 것을, 같은 동시에 다르다는 것을 내적으로 인정하게 될 수 있다(1장). 동기적 사랑과 증오의 바로 그 신속한 동요들은 이 계열성의 인정이라는 타협을 가리킨다. 또한 이러한 극단적 감정들을 처리하고 아동기의 생식력 부재를 표상하는 것은 동기 근친상간의 비-실현을 위한 기초 도면을 수립한다.

동기나 또래집단의 성적 놀이('의사' 놀이, '엄마 아빠' 놀이)는 통상적이다. 그리고 그것은 돌봄과 사랑에서 시작해서 근친상간을 향하거나 벗어나는 연속선을 따라 뻗어 있다. 이 문제를 염두에 두고서 잘 알려진 텍스트들을 읽어보니, 프로이트의 유명한 '도라'(이다 바우어)와 그녀의 오빠 오토는 같이 자위를 했을 것 같고, 늑대인간의 누나는 거의 확실히 그녀의 어린 남동생 늑대인간을 성적으로 유혹함에 있어 더 멀리까지 훨씬 더 침입적으로 나아갔을 것 같다. 우리는 발린트의 사라 사례를 이러한 관점에서 재구성할 수 있다. 사라의 어머니는 셋째 아이에게서 다만 자신이 원했던 착하고 유순한 아기만을 보았다. 그녀의 아버지는 셋째 아들을 원했다. '아주 일찍부터 사라는 단지 그녀보다 몇 살 위였던 오빠들과 놀기 시작했다. 나무를 오르기도 했고 모든 방면에서 그들과 성공적으로 경쟁하기도 했다'(E. Balint, [1963]: 41-2). 그러고 나서 6살 무렵에 가장 가까운 오빠와 성관계가 발생했다. 내가 보기에 발린트가 기술하고 있는 환자 유형의 특징들은 아이를 자신의 복제물로 원했던 그와 같은 아버지와 아이가 오빠들과 같으면서도 — 오빠들이 서로 다르듯 — 다르다는 것을 느낄 수 있게 도와줄 수 없었던 그와 같은 어머니의 개인사와 아주 잘 일치하는 것 같다. 자기가 텅 비어 있는 상태에 있는 환자들을 기술하면서 발린트는 이렇게 쓴다.

> 이 사람들은 홀로 남는 걸 좋아하지 않는다. 그들은 홀로 자신을 위해 무언가를 하는 게 어렵다는 걸 발견한다. 그럼에도 불구하고 그들은 종종 인간적 접촉을 두려워하며 다른 사람이 돕는 것을 불쾌해 한다…
>
> 다른 한쪽 끝에서, 이 사람들은 일상생활로부터 완전히 물러나야 하지만 이 물러남은 도움이 되는 대신에 그들의 상태를 악화시키며, 모종의 혼동으로 이어질 수도 있다. 만일 이 시점에 입원을 한다면, 그 환자의 혼동은 정지되거나 더 나아가 감소될 수도 있을 것인데, 왜냐하면 그는 그를 돌보는 사람들에 대한 아무런 의무감 없이 돌봄을 받기 때문이다. 그리하여 환자는 혼자 있지는 않지만, 능동적으로 누군가와 함께 있는 것도 아니다. (Balint, [1963]: 40)

발린트는 묻는다. 어떻게 이 자기가 텅 비어 있는 상태가 또 다른 사람에 대한 필요와 — 그 다른 사람이 주체가 자기로 충만하다고 느끼게 만들지 않는 방식으로 — 공존할 수 있는가? 우리는 이러한 특징들이 어떻게 어머니와 아기라는 관계를 통한 발린트식 이해로 이어질 수 있는지를 볼 수 있다. 아기는 어머니 없이는 생존할 수 없는데, 그래서 어머니는 있어야 하지만 아기는 그녀를 주어진 것으로 여길 수 있어야 하고 의무감을 느끼지 않아야 한다. 그렇지만 방금 기술된 특징들은 또한 동기 근친상간에 대한 반응일 수도 있다. (로이의 허구적 쌍둥이 같은) 양성 판본에서[22] 동기 근친상간은 쌍둥이 관계 같은 상황을 창출할 것이다 — 타자는 필요하지만 또 한 명의 별개의 인물로 필요한 건 아닌데, 왜냐하면 그는 그러한 것으로 표상되지 않았기 때문이다. 또한 그의 현존이 만족을 가져오지도 않을 것인데, 왜냐하면 '타자'가 아니기에 제공할 새로운 것이 아무것도 없기 때문이다. 내가 알았던 한 쌍둥이는 정치적인 이유에서 투옥되었는데 독방 감금을 견딜 수 없었다. 이에 대한 평균 이상의 절망을 이해하려는 노력에서 그는 '나는 홀로 태어나지 않았다'라고 썼다. 심지어 우리는 쌍둥이는 삶이 시작될 때 발린트의 표현으로 '혼자 있지는 않지만, 능동적으로 누군가와 함께 있는 것은 아니'라고 주장할 수도 있을 것이다. 나중의 삶에서 단 둘만 있을 수는 없겠지만, 다른 사람의 현존은 타자성의 가능성이라는 위험을 가하며 그렇기에 짜증을 유발한다. 쌍둥이 반쪽이 필요로 하는 것은 다음과 같은 제도다. 즉 전혀 자기 자신으로서 보일 필요가 없으며 오로지 그가 자신을 완성해야 할 필요를 충족시키는 수단으로 보이면 되는 다른 사람들이 그를 동반하는 제도. 타자가 자기와 같지 않다는 최초 감각은 짜증을 유발한다. 임상 작업에서 우리는 지속적이고도 삐걱거리는 몰소통의 형태로 그러한 짜증과 만난다. 마이클 발린트

---

22 | [앞서 미첼은 톨스토이의 『전쟁과 평화』에 나오는 아나톨과 엘렌 남매의 근친상간을 악성(malign) 사례로, 로이의 『작은 것들의 신』에 나오는 쌍둥이 근친상간을 양성(benign) 사례로 소개했다.]

'근친상간은… 상대적으로 평등주의적일 수 있다'

〈지그문트와 지글린데〉 아서 래컴, 『아서 래컴: 바그너의 「반지」를 위한 래컴의 채색 삽화집』 (Dover
Publications, 1979)

(Michael Balint, [1968])는 그것을 어머니-아기 관계에서의 '기본적 결함 (basic fault)'이라고 제안했다. 내가 보기에 분명 사람들은 같은 것으로 가정된 자가 다르게 될 때 이 짜증을 느낀다.

내가 제안하려는 모델에 따르면, 동기 근친상간은 이전의 어떤 어머니-유아 조건을 이용하지만 이 초기의 전-심리적(pre-psychic) 상태에 나중의 생식기적 형태를 부여하는 심리적 사건이다. 현실적 근친상간이 아주 이른 아동기보다 더 나중에 환자의 삶에서 발생할 수 있다는 것은 그것이 다만 어떤 해결되지 않고 발생 상태에(in statu nascendi) 머물러 있던 상황에 형체를 부여할 뿐이라는 것을 의미한다. 근친상간은『작은 것들의 신』에 나오는 쌍둥이 경우처럼, 또는 어쩌면 프로이트의「히스테리 분석 단편」 (1905)에서 — 도라가 의사에 의해 오빠(남자아이)보다 더 열등한 지위로 격하되는 것으로 끝나기 전까지 — '도라'와 오토 바우어의 경우처럼 상대적으로 평등주의적일 수 있다. 그것이 늑대인간과 그의 누나의 경우처럼, 그리고 겉보기에 사라의 경우처럼 불평등하다면, 남자아이든 여자아이든 그 희생양은 그것을 보호 한계선의 파괴로, 몸-마음의 외상적 침입으로 경험한다. 양성 판본이건 악성 판본이건 그것은 문제적이다. 적어도 그것은 세계 안에 자기와 다른 누군가를 위한 공간이 있다는 것을 알지 못한다는 것을 가리키며, 한계선을 파괴하거나 한계선 확립을 거부한다는 것을 가리킨다. 발린트는, 다름 아닌 사라의 두려움과 침입 환상의 지점에서, 앞서 논의된 바 있는 동기 근친상간을 언급한다.

> [그녀는] 어떤 대상이 위에서 그녀에게로 하강하여 머리에 부딪치는 것을 예견하여 경직되게 누워 있곤 했[다]. 이 대상은 때로 밀방망이로 묘사되었고, 때로 바위로 때로 구름으로 묘사되었다. (E. Balint, [1963]: 42)

이 지점에서 오빠에 대한 발린트의 언급은 발린트의 무의식적 연상인가?

분석가 발린트는 사라의 전이에서 어머니보다는 오빠를 대신하고 있었던 것일까? 여섯 살 아이 때 느꼈던 것을 회상하면서 사라는 오빠의 음경을 밀방망이로, 그녀 위에 있는 그의 무게를 바위로, 몽롱한 성적 감정을 하강하는 구름으로 상상했을까?

> 꿈속에서 개 한 마리가 바다에서 나와 그녀를 물고는 사라졌다. 이는 그녀에게 이전의 꿈을 생각나게 했는데, 그 꿈에서 새 한 마리가 급강하해서 그녀의 머리를 찌르고는 사라졌다. 이 이전 꿈에서, 그녀는 그녀를 가장 아프게 한 것은 그 새가 다시는 돌아오지 않은 것이었다고 말했다. 그 새는 아주 무관심하고 냉담했다. 그러고 나서 그녀는 개 꿈으로 돌아가서 말했다. 개가 그녀를 물었을 때 그 개는 그녀의 자궁을 빼앗아 갔지만 이제 다시 돌려받았고 그녀 안에서 그것을 느낄 수 있다고 말이다. (E. Balint, [1963]: 46)

개는 바다에서 출현해서 그녀를 물고는 자궁을 훔치며, 새는 급강하해서 그녀의 머리를 찌른다: 사고를 위한 마음속 공간과 생식을 위한 몸속 공간이 등치된다. 일주일 뒤 사라는 꿈을 꾼다. 꿈속에서 그녀는 깨어나 천장등이 불타는 것을 발견한다. 부모 방으로 달려가지만 그들은 도우러 오지 않는다. 대신에 그녀의 키 큰 오빠가 와서 불을 끄고는 '다시는 전구를 만지거나 불을 켜지 말라'고 경고한다(E. Balint, [1963]: 47). 그러고 나서 사라는 다른 꿈들에 대해 말한다. 그녀와 그녀의 '대상들'은 그녀가 텅 비어 있다면 안전하며, 그녀가 '감정, 재촉, 욕망'으로 가득 차 있다면 그녀는 불타오른다는 것을 치료사에게 암시하는 꿈들. 하지만 그 꿈들을 재고해보자. 한 남자가 불을 끌 수는 있겠지만, 그런 다음 그는 그녀 내부에 있는 것을 가져가버릴 것이고, 그녀를 떠나버릴 것이고, 그녀를 다시금 텅 빈 상태로 남겨둘 것이다. 화재의 원인이 그녀의 위험한 욕망이었던 것인 양, 결국 그녀에게 전구를 만지지 말라고 말하면서 말이다. 그녀는 또한 불을 켜서도 안 되고, 무슨 일이 일어나고 있는지를 누구든 보게 해서도 안 된다. 이 남자는 그녀에게 냉담해지는 그녀의 근친상간적 오빠 아닌가? 사라는 (꿈에서 그녀가 오빠의 암시를 내비치고 있듯이) 자신이 오빠를 욕망했을 수도 있다는 데 겁을 먹고 있지 않은가? 그녀는 근친상간을 개시한 것에 대해 오빠가 비난하는 것에 겁을 먹는데, 성인이 된 그녀의 성적 행동이 암시하듯 그녀는 그것을 계속 원하고 있을지도 모른다. 겁을 먹었기에, 그녀는 마음과 몸을 파괴한 근친상간을 원했던 것으로 추정된다. 그녀는 텅 빈 아픈 상태에서 더 안전하다. 그녀는 별개의 타자로서 침범하지 않고 그녀 자신의 잃어버린 부분을 제공하는 사람들에게 돌봄을 받는다.

내가 사라의 개인사와 꿈들을 알기 쉽게 말 바꾸어 설명할 때, 동기 근친상간의 결정적 역할의 누락은 거의 보기 드문 일처럼 보인다. 그렇지만 그렇지 않다: 임상적 방법에서나 이론에서 지금껏 그것을 위한 아무런 자리도 없었다. 내가 제안하는바, 사라의 경우를 전범적인 것으로서 취한다면(물론 개별적으로 다른 이야기들이 있을 것이다), 새로운 정신분석적 정식화는 다음과 같을 것이다: 초기 부모-유아 관계는 기초 도면을 수립하며, 다른 아이의 도래 — 혹은 사라의 경우에서처럼, 더 나이 든 아이에 대한 인지— 는 같음과 다름을 구분할, 사랑과 증오를 균형 잡을, 계열 안에서 한 자리를 발견할 필요를 유발한다. 이 주제들은 최초의 지적인 물음 '다른 아기는 어디에서 오지?'의 국면들이다. 이 물음에 나는 저것은 나를 어디에 남겨놓는 거지?를 단연코 덧붙인다 — 또는 심지어, 첫째로 놓는다. 이러한 시나리오가 다소간 성공적으로 풀리지 않는다면, 아벨의 살인이나 사라와 그녀 오빠의 금지되어야 할 성욕이 있게 될 것이다.

치료의 예측이 그렇듯, 앞을 내다보는 정식화는 언제나 미심쩍다. 우리가 필요로 하는 것은 개인사의 재구성이다. 어머니를 중심으로 하는 오늘날의 고립된 핵가족이 주어졌을 때, 사라 어머니의 실패는 근친상간이 발생하는 무대를 제공했을 수도 있으며, 그러고 나서 이 실패는 분명 환자의 삶에 등장하게 될 것이다. 재구성된 개인사는 심리적 발달 과정에 대한 가설을 세우기 위해 현재의 증상과 꿈을 그것들의 연상과 더불어 이용할 것이다. 내가 보기에 그와 같은 개인사는 근친상간에서 출발히는 것을 정당화하는 것 같다. 이때의 근친상간이란 분석가가 분석적 전이 관계에서 어머니가 아니라 오빠일 수도 있는 근친상간을 말한다. 그 오빠가 없을 때 사라는 텅 비어 있다. 또한 그는 그녀의 욕망과 감정을 일깨우며, 뒤이어 그녀를 저버리고 필중팔구 그녀를 비난할 것이다. 이것들은 사라가 말한 자료에서 막중한 주제들이다. 그녀의 증상 표출은 그녀의 비존재감이다── 그녀는 '세계 속의 이방인'이다. 동기 문제.

사라의 사례는 심리 속으로의 동기의 도래가 신생아의 전-심리적 무력함을 조직화하는 외상이라는 나의 주장을 예증한다. 동기 외상이 동기 근친상간의 도래에 의해 극복될 수 없으며 그 대신 강화되는 것이라면, 그 희생양은 미확립된 자기에게 가해지는 죽음이나 소멸의 위협과 함께 계속 살아간다. 우리는 사라의 오빠가 (아버지의 폭력에 대한 그의 두려움으로 인해 아마 해결 불가능한── 그의 형에 대해 우리는 아무것도 알지 못한다──) 그의 동기 문제를 그녀에게 전했다고 가정할 수 있다. 사라는, 2장의 에미처럼, 죽음에 대해 죽도록 두려워했다. 그녀는 죽음이 두려워 밤마다 깨어 있었다. 근친상간은 생존을 위한 필요한 폭력을 포함할 것이리라. 실제로 폭력적이지 않다 하더라도, 이 근친상간은 이 자기의 죽음 둘레를 선회한다. 『전쟁과 평화』의 엘렌은 자살하며, 캐서린(『폭풍의 언덕』)은 분만 중에 사망하며, 쌍둥이 여자아이 라헬(『작은 것들의 신』)은 그녀의 개인적 죽음을 그녀의 눈으로만 기록한다── 그것은 주변의 외상적인 세계에 직면하여 작은 인정을 얻는다. 동기 근친상간은 죽음을 포함한다.

동기의 도래나 예기(에미나 꼬마 한스의 경우, 그들의 그 모든 '가공의' 동기들)는 어머니가 자신을 돌보지 않거나 자신의 존재를 인정하지 않을 경우 위협을 가하는 소멸에 대한 최초의 두려움(원초적 두려움)에 심적 의미를 부여한다. 이것이 전-오이디푸스적 어머니와 오이디푸스적 어머니 양자 모두에 대한 관계에서 동기의 자리다. 우리는 사라의 오빠가 사라의 탄생으로 큰 위협을 받았다고 상상할 수 있다 — 그래서 그는, 그녀의 실존의 첫 순간부터, 그녀가 두려워했던 무엇을 체현했을 것이다. 그녀가 예닐곱쯤 되었을 때 그들은 놀이친구다 — 그녀는 오빠 같으며, 나무를 타고 말괄량이다. 성욕(삶 충동)은 지속적인 공포와 합류하며, 근친상간이 결과한다. 사라의 사례가 그렇듯, 전이를 오로지 (정규적 관행에서 그러하듯) 모성적 전이로만 읽고 남동기의 위협을 보지 않는 것은 사라의 문제를 반복하는 것이다. 그녀의 부모와 마찬가지로 우리 분석가들은 오라비-누이, 누이-오라비 근친상간에 대해 그 자체로 아무런 관심도 기울이지 않았다. 그것은 심각한 문제다.

멜라니 클라인은 유아 동기(혹은 또래)의 성적 놀이가 흔하며 종종 잠재기와 사춘기까지 지속된다는 것을 관찰했다. 사라와 그녀의 오빠는 사라가 두 살 무렵일 때 그와 같은 놀이에서 근친상간을 시작했을 가능성이 높다(이는 인지 가능한 패턴처럼 보인다). 클라인은 그와 같은 측면적 성욕을 부모와의 관계에서의 죄책감과 불안에 관한 것이라고 생각하기 때문에 그러한 행동은 해로운 것에서 도움이 되는 것까지 그 범위가 걸쳐 있다고 — 그것이 죄책감/불안을 강화할 수도 완화할 수도 있다고 — 믿는다. 다시 말해서 (다른 사람들처럼) 클라인에게도 죄책감과 불안은 동기관계 자체에 관한 것이 아니다.

이와 같은 초기의 경험들이 어떤 경우 큰 해악을 끼칠 수도 있지만, 다른 경우에는 아이의 발달에 좋은 영향을 줄 수도 있다. 이러한 종류의 관계는,

아이의 리비도와 성적 지식에 대한 욕망을 충족시키는 것 외에도, 아이의 과도한 죄책감을 줄이는 중요한 기능을 하니까 말이다. (…) 부모에 대항하는 아이의 금지된 환상들을 상대방이 공유한다는 사실은 아이에게 동맹자가 있다는 느낌을 주며, 따라서 불안의 짐을 크게 덜어준다. (Klein, [1932]: 119[23])

이는 상당히 충격적인 해설로 보일 수 있다. 하지만 그것은 쌍둥이 남매에 대한 로이의 묘사에 나오는 근친상간과 — 부모를 '세계'와 그들의 죽은 사촌으로 대체한다면 — 얼마나 다르겠는가? 문제를 야기하는 것은 바로 관점이다. 동기관계의 자율성에 대한 지각이 전혀 없기 때문에, 그 관계 내부에서 주체의 죽음, 폭력, 죄책감의 성욕화 등이 차지하는 자리는 고질적으로 누락된다. 클라인이 부모에 대한 죄책감/불안을 강조한 것은 발린트가 모성적 인정을 강조한 것의 변이다 — 그 어느 것도 동기에게 별도의 공간을 부여하지 않는다.

─────
23 | [멜라니 클라인, 『아동 정신분석』, 이만우 옮김, 새물결, 2011, 216쪽.]

> 열두 살 일제와 열세 살 반 게르트는 가끔 성교 비슷한 행위에 탐닉하곤
> 했다. 그러한 행위는 아주 갑작스럽게 (…) 일어났다. (…) 두 아이의
> 분석을 통해 아주 어렸을 때부터 둘이 성관계를 가져 왔다는 것을 (…)
> 알 수 있었다. 극심한 죄책감이 둘 모두에게 강박적 충동을 발생시켰고,
> 그로 인해 그들은 그들의 행위를 반복했다.
>
> – 멜라니 클라인, 「아이들의 성적 활동」[1]

앞 장에서 언급했듯이 클라인의 이론에서 아이가 부모를 향한 파괴적 소원으로 인해 느끼는 죄책감은 동기간의 성적 활동으로 완화될 수 있다. 부모를 향한 죄책감은 무의식적이며, 따라서 행위들의 강박적 성격을 야기한다. 그렇지만 위에서 인용한 사례사에서 (일제와 달리) 게르트는 여동생과의 섹스에 대해 의식적으로 죄책감을 느꼈다. 매 경우가 있고 나서는 그것이 일어났다는 것을 '망각'했지만 말이다. 강박적 증상을

---

1 | [멜라니 클라인, 『아동 정신분석』, 212-213쪽.]

낳는 부모를 향한 무의식적 죄책감이 의식화되고 경감될 수 있다면, 놀
수 있는 능력과 자위 환상을 가질 수 있는 능력은 발산될 것이다. 아동기
놀이와 성적 환상 양자 모두는 창조적 생을 위해 필수불가결하다. 게르트
는 여동생과 강박적인 성교 행위를 하는 오랜 기간 동안 시종일관 그
어떤 의식직인 자위 환상도 갖지 않았다. 환상은 사고의 한 양태다. 우리는
근친상간 행위가 사고를 대체했다고 말할 수도 있을 것이다. 치료 과정에
서 시간이 지나면서 심리적 죄책감은 완화되었고, 강박적 행위는 더 이상
필요하지 않게 되었고, 게르트는 자위 환상을 가질 수 있었다. 그것은
몸은 보이지만 머리는 보이지 않는 벌거벗은 소녀에 대한 것이었다. 점차
머리가 드러나기 시작하고, 이윽고 여동생의 머리라는 것을 알아볼 수
있게 된다. 클라인이 설명하기를, '그렇지만 그 무렵 이미 게르트의 강박은
해소되었고, 여동생과의 성관계는 완전히 멈추어 있었다. 이는 여동생과
관련된 욕망과 환상의 과도한 억압과 여동생과 성관계를 갖고자 하는 강박적
충동 사이에 있었던 연관을 보여준다'(Klein, [1932]: 118,[2] 강조는 나의 것).
여기서 클라인은 극단적인 개별 사례를 언급하고 있다. 그렇지만 그것은
또한, 부모를 향한 환상화된 폭력의 정도가 어떻든지 간에, 동기에 대한
자율적인 성적 욕망 또한 있다는 것을 분명하게 시사한다.

이른바 '중핵' 자위 환상은 종종 접근하기가 어렵다. 하지만 그것은
결정적이다. 그것은 주체가 자신이 세계 안에 놓여 있는 것을 어떻게
보는지 알려주는 시나리오다. 그것은 고정적이지 않다. 게르트의 환상은
치료에 의해 도입된 자유와 더불어 바뀌었다. 그것은 단순히 삶의 변화
때문에 바뀔 수 있다. 우리에게는 게르트의 환상이나 그것의 변동에 관한
내용이 —— 실종된 머리는 분명 비-인정을 도우면서도 또한 전형적인 거세
상징이며 더욱 분명하게는 폭력에 대한 폭력이라는 것에 주목하는 것

---

2 | [클라인, 『아동 정신분석』, 214쪽.]

이상으로 거기서 무언가를 끄집어내기에는 — 충분히 주어져 있지 않다. 셰익스피어의 『안토니우스와 클레오파트라』에서 위협을 당하는 클레오파트라는 '저 헤롯의 머리를 내가 갖겠어'라고 반응한다. 근친상간을 처음에 적극적으로 시작한 것은 게르트가 아니라 일제였다. 근친상간적 아동기 내내 남매는 사이가 아주 나빴다. 게르트는 일제를 무서워했을까? 우리는 알지 못한다. 하지만 가려진 동기관계를 그 사례사 안에 집어넣어 읽어본다면, 그랬을 것 같다.

자위 환상은 매우 개별적이지만, 종종 알아볼 수 있는 일반적 특징이 있기도 하다. 공통 환상의 한 고전적 문구(locus classicus)가 그 환상의 지배적인 내용에 의해 알려져 있다: 「'한 아이가 매 맞고 있어요.'」(Freud, [1919]). 이것은 동기들에 관한 것이다. 사회적 관습의 변화가 이러한 환상을 근절시켰는지는 아직 판결이 나지 않았다. 반대로 그것은 너무나도 만연하는 환상이어서 주목을 피해갈 수 없었을 것이다. 프로이트가 1919년에 그것을 관찰하고 분석했을 때 그리고 안나 프로이트가 아버지의 이론을 1923년에 보충했을 때(A. Freud, 1923) 그렇게 생각했듯이 말이다. 나의 임상 경험으로 인해, 그리고 무의식적 과정에 대한 이론들의 논리가 요구하는 것으로 인해, 나는 그 환상의 어떤 판본이나 그 환상의 실연에 모든 사람이 삶의 어떤 단계에서 몰입할지도 모른다고 생각하게 된다. 이제 이러한 주장에 대한 지지는 동기관계의 보편적인 심적(그리고 물론 사회적) 중요성에 달려 있다.

나는 환상에 대한 프로이트의 분석과 안나 프로이트의 분석에 대해 몇 가지 예비적 언급을 할 것이다. 그러고 나서 20세기 말 나 자신의 실천에서 가져온 임상 사례를 제시할 것이다. 결론을 지으면서는 프로이트의 사례사들과 나의 임상 작업을 연결하는 몇 가지 일반적 언급을 하는 것으로 돌아갈 것이다. 희망컨대 이것은 형제자매 그리고 측면 관계 일반을 고려하는 정신분석 패러다임을 제공하는 일에 기여하게 될 것이다.

환상은 육체적 자위에 수반할 수도 있고 않을 수도 있는 어떤 이야기다. 그것은 대개 오르가슴에서 정점에 이른다. 그것은 나르시시즘적이고 측면적인 대상관계들이 에로스적 자기에 봉사하기 위해 이용되고 있는 것의 첨단을 보여준다. 프로이트는 그의 논문이 도착증에 대한 이해를 심화하는 데 도움이 된다고 보았다. 그 자체로 이 사실은 흥미롭다. 왜냐하면 '한 아이가 매 맞고 있어요'는 여자들의 흔한 환상이며, 또한 여자들은 빈번히 신경증적이라고 파악되는 반면에 도착적인 것은 바로 남자들이기 때문이다. 여성 신경증과 남성 도착증은 같은 동전의 양면으로 가정된다. 하지만 이 논문은 여성 도착증을 탐구한다. 동기들을 끌고 들어올 경우— 그런데 나는 이 자위 환상이 이를 요구한다고 주장한다— 우리는 신경증도 도착증도 본래부터 젠더화되어 있는 게 아님을 볼 수 있다.

「'한 아이가 매 맞고 있어요'」에서 프로이트는 여섯 개의 사례를 사용하는데, 넷은 여자고 둘은 남자다. 그는 더 많은 사례들이 있지만 이 여섯은 철저하게 연구되었다고 말한다. 여섯 환자 가운데 첫 둘은 분명하게 강박증으로 지칭된다. 세 번째 환자는 몇 가지 강박적 특질이 있다. 다섯 번째 환자는 극단적인 우유부단을 겪고 있지만 정신의학적 진단이 주어지지 않을 것이었다. 여섯 번째는 프로이트에 의해 언급되지만 그러고 나서 무시된다. 그가 말하는 것을 보건대 틀림없이 이 환자를 상당히 염두에 두었지만, 십중팔구 이 환자는 막내 딸 안나 프로이트일 것이다. 그는 그녀를, 오늘날 추문이겠지만, 그 논문을 구상하기 얼마 전에 치료하고 있었다. 내가 주목했으면 하는 것은 네 번째 환자에 대한 진단이다. 이 진단과 관련해 프로이트는 이렇게 말한다. '네 번째 사례는 정말이지, 고통과 억제가 수반된 명백한 히스테리였다'([1919]: 183).[3]

---

3 | [프로이트, 「매 맞는 아이」, 『정신병리학의 문제들』, 황보석 옮김, 열린책들, 2003, 142쪽.]

그렇다면 우리의 범위는 '극심하고도 삶을 파괴하는'[4] 강박성에서 시작해서 히스테리를 거쳐서 거의 '정상'에 가까운 우유부단까지, 그리고 아마도 저 '이상적 허구'인 정상 그 자체 — 안나 프로이트! — 까지 걸쳐 있다. 프로이트가 논문 첫 문단에서 말하고 있듯이,

히스테리나 강박 신경증으로 정신분석 치료를 받으러 오는 사람들이 '한 아이가 매 맞고 있어요' 환상에 빠졌다고 그처럼 자주 고백한다는 것은 실로 놀라운 일이다. 정신분석을 받으러 와야 할 정도로 명백한 질환을 보이지 않는 훨씬 더 많은 사람들 가운데는 아마도 틀림없이 그런 예가 더 많이 있을 것이다. ([1919]: 179[5])

내가 제안하는바, 격심한 강박성에서 정상 또는 거의 정상에 이르는 이 모든 사례들에서 사실상 히스테리가 기저에 놓여 있다. 이 히스테리는 가령 남성 강박성의 기저에 놓여 있으며, 또한 사정만 맞으면 발그레한 히스테리로 화할 수 있는 일상생활의 정신병리학으로 현존한다. 프로이트는 늑대인간 사례에서 강박성의 기저에 놓인 히스테리를 설명했다. 늑대인간의 공포증은 불안 히스테리다. 하지만 그의 강박성 저변에 놓여 있는 전환 히스테리의 무게를 짊어지고 있는 것은 바로 그의 장 증상이다. '마침내 나는 내 목적에서 내장의 병이 갖는 중요성을 깨달았다. 그것은 강박 신경증의 뿌리에서 규칙적으로 발견될 수 있는 약간의 히스테리 특질이었다'([1918]: 75).[6] 이러한 소견을 제시하면서 나의 요점은 단순히 다음과 같다. 즉 우리는 모두 잠재적인 히스테리증자이므로, 기저에 놓인

---

4 | [같은 곳. 국역본에는 '증세가 몹시 심해서 손을 쓸 수 없었고'라고 되어 있다.]

5 | [같은 책, 137쪽.]

6 | [프로이트, 『늑대인간』, 김명희 옮김, 열린책들, 2003, 284-85쪽.]

히스테리로 인해 누구든 중핵 자위 환상을 갖기가 쉽다.

프로이트의 병리학적 범주들에서 다른 한쪽 끝에는 정상적인 이야기 화자들이 있는데, 이를 예시하는 것은 안나 프로이트의 첫 출간된 정신분석 논문이다. 거기서 그녀는 청소년기 백일몽자(거의 분명히 그녀 자신)의 사례를 기술한다(Young-Bruehl, 1988). 이 사례사에서 '환자'의 백일몽의 예술적 상부구조는 '결코 현실과 충돌하지 않았다'.[7] 따라서 그것은 전문적으로는 비-신경증적이어야 한다. 내 생각에 이 사례들에서 우리는 또한 내가 '히스테리적 잠재성'이라고 부르는 어떤 것을 본다. 안나 프로이트가 자신의 설명에서 기술하고 있는 바로 그 '멋진 이야기들'은 예술이 될 수도 있고(승화) 아니면 다른 불법적인 어떤 것이 의식으로 뚫고 들어오는 것에 대한 방어로 이용될 수 있다. 그렇지만 내가 제안하는바, 안나 프로이트의 이해와는 반대로 이야기하기의 강박성은 신경증 증상의 현존을 가리킨다. 게르트와 일제가 성교를 멈출 수 없었던 것처럼 어쩌면 안나 O(Freud, [1895])와 안나 프로이트는 이야기하기를 멈출 수 없었을 것이다. 내가 보기에, 진정한 창조성으로의 승화라기보다는(여기서 클라인이라면 안나 프로이트에게 그러한 것이 발생하고 있다는 데 동의했을 것이다), 두 갈래로 분기되는 분열 과정이 있다: 매질 환상들은 완전히 억압되고 무의식적이 되며, 하지만 동시에 그 환상들 기저에 놓인 불법적 욕망들은 예술로 승화되기보다는 '멋진 이야기들'로, 겉보기에 하지만 오로지 겉보기에 염려와 애정을 포함하는 환상들로 전환된다.

이러한 이야기하기(story-telling)는 플로베르의 여주인공 엠마 보바리의 이름을 따라서 '보바리즘'이라고 명명되었다. 이러한 차원에 머물 경우,

---

7 | [인용부호는 원문에는 없고 옮긴이가 넣은 것이다. 인용부호 안에 있는 표현은 안나 프로이트 자신의 표현이다. Anna Freud, 'Beating fantasies and daydreams', The Writings of Anna Freud, vol. 1, New York: International Universities Press, 1967, p. 138.]

화자가 자신의 상상 속에서 사건들을 실연하는 이 이야기하기는 신체적 질병이 정신적 욕망을 실연하는 신체적 전환 증상의 언어적 등가물이다. 겉보기에 역설적이지만, 그것은 포기될 때에만 승화될 수 있다. 이야기가 포기된다는 뜻이 아니다. 그 이야기의 소원성취 요소가 인정되고 나서 단념되고, 그리하여 이야기는 만족의 실연(저자가 영웅이나 공주가 된다)인 대신에 실현되지 않을 욕망의 표현이 된다는 뜻이다: 저자가 아니라 창조된 인물은 영웅적이거나 부유하거나 아름다울 수 있을 것이다. 강박적인 운 맞춤(rhyming), 한때 '말 설사(verbal diarrhoea)'라고 불렸고 지금은 '헛소리(bullshit)'라고 알려진 것, 어떤 로맨스 소설, 포르노그라피, '멋진' 이야기 등은 모두 단어들을 그 자체로 성적으로 만족스러운 것으로 사용한다. 그것들은 또한 저자를 유일한 '영웅'으로 삼는다— 수많은 가장 속의 아기 폐하. 저자는 세계 안에 다른 사람이 있다는 것을 알지 못한다. 정신분석의 최초 환자 안나 O가 그랬듯이 환자가 어떤 것의 포기를 통해 그녀의 질병에 관한 백일몽을 그녀의 치료에 관해 쓰인 이야기로 바꿀 때, 그녀는 승화로 가는 길 위에 있을지도 모른다— [승화에] 도착함은 유일무이한 자기의 상실에 대한 애도를 함축할 것이다.

글쓰기는 언제나 필연적으로 생성의 조건으로 상실을 함축하는가? 상실은 재-현의 전제조건이다. 그렇지만 이를 피해가는 글쓰기 유형이 있는 것 같기도 하다. '현시로서의 글쓰기'라 부를 수 있을 것에서 단어는 재-현되는 것을 나타내지 않으며 사물 그 자체다. 그것은 분명 안나 프로이트가 지칭하고 있는 (글이건 말이건) 이야기하기 유형이다. 내가 보기에 그것은 승화가 아닌데, 왜냐하면 승화는 상실을 내포하기 때문이다. 정신분열증의 구체적인 사고는 말(spoken words)을 이런 식으로 사용한다. 내가 제안하는바, 히스테리의 '축자적' 글쓰기는 글(written words)을 마치 은유적 등치의 한쪽이 사물 자체의 제시인 양 사용한다. 언어에 대한 앤 섹스턴의 시에서: '단어들은⋯ 동전 같아요. 혹은 떼 지은 벌들 같다고 하는 게 더 좋겠어요'(Sexton, [1962]). 우리는 (과일머신[8]처럼) 단어들의 요동침을, 단어 배출의 쾌감을 지각하는데, 이는 정확히 웅변적인 '헛소리(bullshit)', 말을 위한 말이 지닌 성질이다. 우리는 단어들을 구조화된 언어의 일부로 보지 않으며 오히려 이미지로, 돈과 벌로 본다. 한편으로 이러한 소원성취 혹은 백일몽 글쓰기가 있으며, 다른 한편으로 '상징화된' 글쓰기가 있다 — 그리고 물론, 이 둘의 혼합물이 있다.

플로베르가 확실히 여기서 도움이 된다. 플로베르는 그의 등장인물 엠마 보바리에 대해서 '엠마 보바리, 그건 나다!'라는 유명한 말을 했다. 비밀의 히스테리증자 플로베르는 또한 히스테리 임상 사례를 연구했다. 나는 그가 자신의 히스테리적 측면을 그의 여주인공 안에 넣었다고, 하지만 그렇게 하면서 그것들을 '잃었다'고 — 즉 그것들로부터 오는 이득(가령 자신의 위기를 극화함으로써 언제나 관심의 중심이 되는 것)을 잃었다고 — 생각한다. 일단 그것들을 잃게 되자, 그는 그것들을 표상할 수 있었다. 웅대함에 대한 소원의 실현이 아니라 승화였던 한 소설 안에서 말이다.

모든 자위 환상은 무엇보다도 그 자체가 소원들의 성취인 어떤 이야기다 — 그래서 프로이트는 그것을 도착으로 보고 있는 것이다. 그것은 도착인데, 왜냐하면 그 자체 히스테리적 환상인 그 이야기에 보통 실제 행위 — 육체적 자위 행위 — 가 동반되기 때문이다. 그렇지만 그것에 대한 설명에는 젠더 혼동이 있다. 아동기 초기 이후에 여자아이는 남자아이보다 자위를 덜 한다고 종종 주장되곤 한다. 내가 보기에, 사회적 습속 때문에 여자아이는 성기를 손으로 자극하는 일이 덜할 것이다(Laufer, 1989) — 여자아이는 흔히 '액션' 이야기인 꿈이나 환상을 통해 자위한다. 남자아이가 아니라 여자아이를 모델로 사용한다면 '보바리즘', 즉 꿈같은 이야기들의 주된 특징은 — 영웅의 대담한 행동들이건 여주인공의 정복들이건

---

8 | [fruit machine. (과일 그림이 나오는) 슬롯머신.]

── 액션으로 충만하다는 것임을 보게 될 것이다. 이와는 반대로, 내가 '승화된' 혹은 '상징적인' 글쓰기라고 부르고 있는 것에서는 매우 다른 특징에 주목하는 게 흥미롭다. 글쓴이의 막힘 상태, 압도하는 불안, 엄청난 쾌감이 있으며, 가장 흥미롭게는, 글을 쓰면서 자신이 가지고 있는지 알지 못했던 생각과 지식을 발견한다는 사실이 있다. 그에 대해서 그는 '아무 생각'도, '아무 지식'도 가지고 있지 않았다. 내가 제안하는바, 이는 '소원 성취' 국면을 상실하는 행위가 억압을 수반하고, 소원의 억압과 더불어서 허용되지 않는 것으로 보이는 호기심이 또한 사라지기 때문이다. 승화된 소원은 이 무의식적 호기심의 복귀를, 그리고 이와 더불어서 그것의 알려지지 않은 발견들의 복귀를 허용한다.

히스테리적 환상으로 읽을 때 「'한 아이가 매 맞고 있어요'」는 환상자의 지배적인 심적 조건이 무엇이건 간에 이전의 내 주장을, 즉 사람들이 히스테리는 '사라졌다'고 말하는 것은 다만 우리의 이론과 임상적 실천이 동기들과 동기 대체자들, 또래와 친애자의 측면 관계를 무시하기 때문이라는 주장(Mitchell, 2000a)을 한층 더 예증한다. 이 측면 관계가 없다면 우리는 히스테리를 이해할 수도 없고 심지어 볼 수도 없다. 다시 한 번, 동기를 기술적(descriptive) 범주 이상의 것으로 읽는 것은 이론과 실천의 덧붙임과 전환을 요구하며, 인간의 히스테리 잠재성을 확고하게 시야에 들게 한다.

내가 주장하듯이 이 만연하는 매질 환상이 보편적인 히스테리 성향과 동기의 심적 중요성에 대한 지표라고 한다면, 그것의 내용은 무엇인가? 프로이트에 따르면, 여자아이의 환상에서는 한 아이가, 보통은 남동기가 매 맞고 있는 첫 단계 장면이 있다. 그 다음에는 여자아이 자신이 매 맞고 있는 장면이 있다. 이 장면은 필요한 가설이다── 그것은 사실 너무나 깊게 무의식적이어서 회복 불가능하며 분석 안에서 환자의 연상들로부터 만들어진 구성물로 머문다. 오르가슴에서 절정에 이르는 셋째 단계는 어렴풋하고 특정치 않은 여자아이가 역시 어렴풋하고 특정치 않은 아이들이 아버지에게 또는 그보다는 선생님에게 매 맞고 있는 것을 지켜보는 환상이다. 프로이트는 선생님을 아버지 대체자로 본다. 내 생각에 어렴풋함은 다가오는 신체적 오르가슴을 표지하는 동시에 근친상간적이고 나르시시즘적인 사랑-대상에 관한 관념의 억압을 표지한다.

남자아이 매질 환상자는 이 주제에서의 변이를 표현한다. 즉 남자아이의 매질 환상은 아버지 인물을 어머니 인물로 대체한다. 하지만 내 관점에서 더 흥미로운 것은 둘째 단계다. 여자아이의 경우 매 맞고 있는 것은 여자아이 자신이다. 하지만 이 단계는 너무나 깊게 무의식적이어서 나머지 자료에 의해 필요해진 하나의 가설로서가 아니라면 도달할 수가 없다. 반면에 남자아이들은 매 맞고 있다고 그들이 상상하는 인물이 바로 자기 자신임을 잘 알고 있다. 나는 나중에 이러한 젠더 불일치로 되돌아올 것이다.

프로이트와 그를 뒤이은 분석가들은 매질 환상을 반대 성 부모의 사랑을 독차지하기 위한 동기간 경쟁으로 설명한다. 환상자가 경험하는 수치심과 죄책감은 환상이 오이디푸스적 욕망의 실현을 허용한다는 것을 근거로 설명된다 — 주체는 처벌받는 것이 다른 동기이며 따라서 자기만 사랑받는 것임을 확실히 한다. 나는 이러한 해석이 다시금 부모에 대한 오이디푸스적 욕망의 배타적 중요성을 위해 동기를 가린다고 생각한다. 모든 것을 부모 축에 의존하게 만드는 것은 걱정스러운 함축들을 지닐 수 있다. 가령 나는 사람들이 자위 환상의 판본들처럼 보이기도 하는 폭력적이고 성적인 경험을 위해 인터넷을 이용할 때 그들의 주된 목적이 아버지나 어머니 인물의 관심을 얻기 위해 싸우는 것이라고 생각하지 않는다.

내 환자 가운데 한 명인 X 부인은 상상력이 너무나도 발그레해서 종종 포르노 사진을 같이 보자고 청하는 것만 같았다. 그렇지만 처음에 X 부인은 상당한 저항과 주저함을 지닌 채 분석을 하러 왔다. 그녀는 도움을 받는 것의 화급성을 깨닫고 있었다. 하지만 그녀는 분명 그녀의 삶의 방식에 단단히 파묻혀 있었다. 그녀는 수년 동안 임신에 실패했던가 아니면 임신을 했어도 달이 찰 때까지 아기를 배고 있는 데 실패하고 나서 이제 임신 일삼분기였다. 그녀가 매질 환상을 언급했을 때, 처음에는 그녀가 내게 이를 말하는 것이 정신분석적 방식에 순종하는 행위라고 생각했다. 그녀는 정신분석 문헌을 알고 있었고, 잘 알려진 주제인 이 환상은 적격의 분석적 '고백'처럼 보였다. 환상의 중요성을 내가 부적절하게 인식하고 있었던 결과 분석이 끝난 이후에야 내 마음속에 어떤 연결고리가 형성되었고, 내가 환상과 그 안에 포함된 동기관계의 중요성을 간과했다고 믿게 되었다. 그리하여 내가 나의 논제를 예증하기 위해 X 부인을 사용하는 것은 임상 자료에 대한 사후(post hoc) 독서다.

X 부인의 환상 판본에서, 유쾌한 자위 환상의 제3 단계 혹은 표층 단계는 X 부인이 특정치 않은 남자에게 매 맞고 있는 특정치 않은 양성적(androgynous) 아이를 지켜보고 있는 것으로 이루어졌다. 따라서 그것은 이 단계에서 상상된 인물들은 어렴풋하다는 프로이트의 기록과 완전히 일치했다. X 부인은 아주 작고 몹시 매력적이었지만, 그녀 자신의 신체적 외양은 눈에 띄게 양성적이며, 피터 팬 같았다. 매질 환상의 남성 인물에 대한 그녀의 연상 속에서 그는 현재의 남편이 상상으로 죽은 뒤에 그녀가 결혼할 연인 혹은 남편감이었다. 프로이트의 사례들과 마찬가지로 X 부인 자신이 매 맞는 아이였을 중간 단계에 대한 의식은 전혀 없었다. 하지만 우리는 기억을 더듬어 아이가 명시적으로 그녀의 남동생이었던 첫 단계에 실로 도달했다.

사실 X 부인은 십대 후반과 성인기를 그토록 지배했던 이 매질 환상을 전혀 아동기 환상으로 회상하지 않았다. 나와 치료하는 동안 의식에 찾아온 것은 분명 그녀가 이 지속적이고도 강박적인 매질 환상과 연상을 갖기 시작하기 전까지 사라져 있었던 정확한 관련 기억들이었다. 회복 불가능한 환상 대신에 또는 어쩌면 그 환상에 더하여 그녀가 기억한 것은 아동기의 실제 장면들과 실연들이었다. 그것들은 너무나도 중요해 보였기에 어떻게 그녀가 그것들을 완전히 망각했는지가 우리 두 명 모두에게 거의 믿기지 않을 정도였다. 하지만 분명 그녀는 바로 그렇게 했던 것이며, 그로써 히스테리의 결정적 기억상실을 예증했던 것이다.

남동생이 태어난 직후 이미 여섯 살이었을 때, X 부인은 소아마비에 걸려 병원에 입원했다. 그녀는 눈에 띄는 손상 없이 병에서 회복했다. 이는 잊어버린 사건들 중 일부였다. 그녀는 그녀가 있었던 소아과 병동에서 간호사들이 아기를 자주 찰싹 때리는 모습에 이끌리면서도 괴로웠던 것을 회상했다. 그녀는 남동생이 태어나고 그녀가 병에 걸리기 직전에 ─ 아마도 어머니의 임신에 사로잡힌 나머지 ─ 아주 의도적이고도 철저하게 자신의 질을 조사했으며 계속 손을 삽입해서 질 놀이를 했던 일을 회상했다. 그리고 나서 그녀는 남동생이 약 두 살이고 자신은 여덟아홉이었을 때 남동생을 유혹했던 일을 기억했다. 그녀는 부모 침대에서 남동생을 데리고 놀았으며, 남동생에게 음경을 그녀 성기에 비비게 했을 때의 성기 흥분을 생생하게 기억했다. 거의 같은 시기에 그녀는 그가 그녀 자신의 못된 아이인 양 그를 때리고 싶다는 흥분된 욕망을 그에게 얘기하곤 했다. 남동생을 향한 그녀의 공격성은 아주 극단적이었으며 어머니에게 눈에 띄는 불안을 야기했다고 그녀는 생각했다. 한 분석 시간에 그녀는 남동생에 대한 폭력을 묘사하다가 한 사건을 언급했다. 그녀는 그를 '뒷구멍으로' 쫓아가서 테니스 라켓을 던져 그의 입술이 찢어지게 했다. 분석의 시간이 오기 전까지 그리고 입원을 한 뒤로, 아이가 어른에게 매 맞는 것에 대한 아주 조금의 생각조차도 그녀를 사로잡았으며, 전율케 했고, 오싹하게 했다.

X 부인이 열한 살 때 부모는 이혼을 하고 각자 재혼을 했다. X 부인과 남동생은 어머니와 살았고 어린 의붓남동생이 생겼다. X 부인은 어떤 관계로든 새 아버지를 받아들이지 않았다. 하지만 이제는 여하튼 부재하게

된 생부에 대한 관계는 매우 교태적이 되었으며, 그녀는 아버지 자신을 애가 타도록 노골적으로 성적이면서도 동시에 매우 거부적인 존재로 경험했다. 그녀의 남동생은 생물학적 아버지와의 접촉을 사실상 잃었다. 여기서, 표준적인 이해가 그러하듯, 부모는 두드러진 역할을 한다. X 부인은 분명 아버지를 차지하려는 경쟁에서 이겼다고 느꼈다. 여기서 관계의 성욕화는 ― 남동생은 삼갔지만 ― 그녀가 이용했던 수단 중 하나였다. X 부인에게 이것은 오이디푸스 콤플렉스의 히스테리적 판본이었다.

청소년기 초기에 X 부인은 다시 한 번 심한 병에 걸렸다. 다시 입원을 했지만 일체의 징후들이 현저히 소아마비 같았기에 진단 미확정 상태로 있었다. 그렇지만 이미 그녀가 소아마비에 걸린 적이 있었기 때문에 의사들은 소아마비일 수는 없다고 결정했다. 소아마비는 두 번 걸릴 수 없는 것이다. X 부인은 두 번째 큰 병에서 회복했을 때 그녀가 할 일 중 하나는 중학교에 가는 도중에 의붓남동생을 보육원에 데려다주는 것이었다고 기억했다. 그녀는 학교로 가는 내내 무시무시한 이야기로 그를 공포에 떨게 한 일을 기억했다. 그는 자라서 신경과민의 우울한 젊은이가 되었다 ― X 부인이 언제나 얼마간 책임을 느끼고 있었다고 이제 회상을 하는 상황. 그렇지만 그녀에게는 오로지 분석을 통해서만 그녀가 친 남동생의 교란당한 삶에서 주된 요인이었겠다는 생각이 떠올랐다. 그는 늘 수동적이 되었으며, 밤의 공포에 시달렸고, 성인기가 되도록 수차례 그를 불능상태로 빠뜨리는 공포증을 겪었다. 그가 결혼을 했을 때 그녀는 그들의 관계가 끝났다고 느꼈다. 의식적으로는, 이 순간이 될 때까지 다만 그녀가 그를 아주 좋아했고 그도 그녀를 아주 좋아한 것이라고 생각했다.

X 부인의 아동기에 대한 설명을 듣고 나는 늑대인간의 누나가 떠올랐다. 늑대인간은 매질 환상이 있었다: 그의 누나도 자살 전에 그랬던가, 혹은 그녀의 폭력적인 성적 소원들이 행동을 통해 이어진 것인가? 이 장들에서 내가 몇 번 언급한 늑대인간 누나에 대한 나의 연상은 실제로

X 부인을 분석하면서 끈질기고도 현저하게 일어났다. 그것은 내가 품고 있었던 어떤 두려움을 환기시켰다. X 부인에게는 — 그녀가 자각하고 있던 여하한 분명한 방식으로는 아니더라도 — 자살적인 무언가가 있다는 두려움. 그것은 오히려 죽음 충동의 발산을 더 닮았다. 이 원기 왕성한 젊은 여사 안에 있는 죽음 같은 정지, 궁극적 수동성을 향한 강박. 그것은 또한 히스테리의 특징이기도 하다. X 부인의 자살적 성향이 그녀의 죽은 아기들에게로 전치되었던 것인가? 혹은 오히려, 내가 믿고 있는바, 무의식적 자살과 아이 없음 양자 모두는 그녀의 동기 딜레마의 측면들 아니었는가?

우리는 X 부인의 임신 불능이나 임신 유지 불능이 결혼 첫해 많이 원하는 것 같았던 아이를 낙태시킨 때부터 시작되었음을 발견했다. 그녀는 아이가 끔찍한 기형임을 완전히 확신하고 있었던 나머지 의사들은 그녀를 안심시킬 수 없었고 결국 임신 중절 수술에 동의했다. 그녀는 태아에게 잘못된 것이 있었는지는 결코 알아내지 못했다 — 그녀는 이 환상된 괴물을 제거해야 하는 자신의 필요를 충족시켰다. X 부인은 그녀의 어떤 아이라도 마음속에서 그녀의 남동생일 거라는 두려움을 물리칠 수 없었기 때문에 낙태를 했으며, 임신에 실패했고, 조산했다는 것이 분명해졌다. 그들이 어른이 되었을 때도 X 부인은 남동생 자신이 괴물 같은 성 범죄자일까 봐, 그녀의 표현으로 '마음이 뒤틀린' 누군가일까 봐 불안해하곤 했다.

사실은 아이로서 그녀 자신의 그를 향한 성적인 살의가 이러한 투사된 격분의 섬광 속에서 그녀를 사로잡았던 것인데, 그러한 격분 속에서 그녀는 살의적 자기를 남동생 안에 들여놓았다. 그녀의 환상된 폭력은 그를 '기형'으로 만들었다. 격분은 박해적으로 느껴질 필요가 없다. 그녀는 격분의 대상이 아니었으니까 말이다. 오히려 그것은 혼동과 투사의 문제였는데, 이는 나중에 연인들과의 관계에서 반복된다. 그녀의 경쟁심, 분노,

그리고 남동생을 향한 예전의 실연된 폭력 등은 그녀 자신의 아기가 기형이 될 거라는 것을, 그녀가 아기에게 파괴적이 될 거라는 것을 그녀에게 확신시켰다. 그녀는 출산할 수 없다는 사실을 — 그리고 낙태를 — 파괴적인 행위라기보다는 오히려 방어적인 행위로 보았다. 그녀는 그녀 자신으로부터 아기를 구하고 있었다. 해칠 아기가 아무도 없을 것이다. 또한 X 부인은 아이들이 아기를 가질 수 없다는 사실을 상징적 차원에서가 아니라 오로지 현실적인 차원에서만 파악하고 있었다. 그녀는 아이 같아 보였으며 그녀 자신에게(그리고 타인들에게) 아이 같다고 느껴졌는데, 왜냐하면 어른과 아이를 구별짓는 게 무엇인지를 — 가장 중요하게는, 재생산 능력을 — 내적으로 의미 있는 방식으로 인식하지 못했기 때문이다.

마침내 그녀가 살아 있는 남자아이를 낳았을 때, 아기에 대한 X 부인의 기쁨은 너무나도 커서 그녀가 여하한 부정성을 혹은 심지어 양가성의 가능성을 깨닫기 힘들게 만들었다. 그 아이는 — 적어도 처음에는 — 그녀 자신의 경이로운 나르시시즘적 확장이었다. 그렇지만 이것은 부정적인 나르시시즘이 아니라 긍정적인 나르시시즘이었고, 많은 첫째 아기가 그렇듯 그녀의 아들은 처음에 흠모의 혜택을 입었다. 나중에 그 아이가 더 분리될 뿐만 아니라 모든 이상화의 부정적 차원이 작동했을 때 문제가 시작될 것이었다. 이와 같은 나르시시즘은 정신분석 이론에서 언제나 '수직적인' 거세 콤플렉스와의 관계에서 이해되어 왔다. 이에 따르면 어머니는 아기에게서 그녀가 언제나 원했던 남근의 대표를 수여받는다. 나는 여기에 또한 '측면적인' 무언가가 걸려 있다고 주장할 것이다. X 부인에게 그녀의 아들은 예전에 그녀가 증오를 사랑으로 역전시키는 데 성공했던 아기 남동생이었다. 따라서 그녀의 사랑은 그녀가 언제나 원해왔던(그리고 남근처럼, 그녀를 완성하기 위해 가질 필요가 있었던) 대상이 그였기 때문만은 아니었다. 그는 또한 그녀의 복제물이었고, 꼭 같은 놀이친구였다. 증오를 사랑으로 역전시키는 것은 아주 안전한 실천은 아닌데, 왜냐하면 언제나 신속히 다시 역전될 수 있기 때문이다.

아들의 탄생과 함께 자위 매질 환상들은 멈추었다. 그녀는 그것들을 회상할 수 있었으나, 아무런 성적인 흥분도 없었기에 쓸모가 없었다. 어느 깃이 먼저였을까? 환상의 포기가 정상 출산을 가능하게 해준 것인가, 아니면 출산이 환상을 종결시킨 것인가? 고대 그리스부터 20세기 초까지 출산은 히스테리 치유책으로 권장되었다. 여기서 우리가 삽입하고 싶을 수도 있는 걱정스러운 물음은 환상은 어떻게 되는가에 대한 것이다. 승화되지 않는다면 환상은 실연될 수도 있는가? 이것은 아이에 대한 신체 처벌의 만연, 그리고 최악의 시나리오로는, 무작위적인 신체 학대의 근저에 놓여 있는 것일까?

이제 나는 X 부인을 이론 안으로 들여 읽고자 한다. 프로이트의 환자들처럼 X 부인에게서도 매질 환상의 첫 국면에서 '맞고 있는 아이는 절대로 환상을 생산하는 당사자가 아니라 항상 다른 아이이고 가장 빈번하게는, 있을 경우, 남동기거나 여동기다'(Freud, [1919]: 184-5).[9] 이 아이는 어느쪽 젠더일 수도 있다 — 그건 문제가 되지 않는다. 프로이트도 지적했듯이, 첫 단계가 자율적 환상을 구성하는지 아니면 오히려 어떤 특정한 사건이나 어떤 특정한 욕망에 대한 반응이 아닌지조차 알기 힘들다.[10]

---

9 | [프로이트, 『매 맞는 아이』, 144쪽]

10 | [미첼이 간접 인용하는 내용의 원문은 다음과 같다. 'Moreover, one may hesitate to say whether the characteristics of a "phantasy" can yet be ascribed to this first step towards the later beating-phantasy. It is perhaps rather a question of recollections of events which have been witnessed, or of desires which have arisen on various occasions.' 이를 옮겨 보면 이렇다. '더군다나 우리는 나중의 매질 환상을 향하는 이 첫 단계에 "환상"이라는 특성이 부여될 수 있는지 말하기가 망설여질 수도 있다. 그것은 오히려 목격된 사건들이나 다양한 계기로 발생한 욕망들에 대한 회상의 문제일 수도 있

X 부인이 어렸을 때 병원에서 있었던 경험이 바로 그러한 경우였다. 거기서 아이들을 찰싹 때리는 광경은, 그녀가 격리 병동에 있어서 방문객을 받을 수 없기에 자기위안이 많이 필요했을 그 당시에, 그녀를 흥분시켰고 오싹하게 했다. 위안으로서의 자위는 그녀의 개인사의 이 시점에 거의 중독이 되어 있었을 것이다. 다른 아이들이 매 맞는 것을 지켜보는 경험은 소소한 세부까지도 프로이트의 관찰에 들어맞는다. 가령 그의 환자들의 경우처럼, 아이에 대한 실제 매질은 그녀에게 참을 수 없는 것이었고 그녀의 가정환경에는 체벌이 전혀 없었다. 환상의 개시는 그녀의 예닐곱에 있었던 사건들로 거슬러 올라갈 수 있었다. 그것은 비네가 정신분석이 생겨나기 전인데도 환상이 개시하는 통상적 나이로 기록했던 연령이었다.

그렇지만 X 부인에 대한 나의 이해와 프로이트의 이론화 사이에는 몇 가지 차이가 있다. 프로이트는 환상이 고립된 영토이며 더 넓은 신경증의 통합된 부분이 아니라고 설명한다. 첫 눈에 이는 X 부인의 환상에 대해 참인 것처럼 보였다. 그렇지만 내 생각에 사실상 정반대로 그것은 그녀의 히스테리의 한 부분 — 동기간 생존의 '죽이느냐 죽임을 당하느냐'로부터 생겨난 부분 — 을 형성했다.[11] 프로이트는 그의 이론에 동기관계를 위한 아무런 변별적 자리도 없기 때문에 신경증으로의 이러한 통합을 놓쳤을 것이다. 그가 여섯 아이 중 '가장 작고 마지막'인 안나 — 그가 그녀를 부르기를, 그의 안나 안티고네! — 를 분석하고 있을 때인 1919년

다.']

[11] 나는 생의 말년에 안나 프로이트가 했던 관찰 배후에는 동기들이 설명에서 누락되었다는 깨달음과 더불어 잠재적 히스테리 신경증으로의 이러한 통합에 대한 자각이 있었던 게 아닐까 한다. 그때 그녀는 정신분석이 아직 히스테리를 이해하지 못했다고 주장했다(Mitchell, 2000a를 볼 것). 안나 프로이트는 더 나이 든 다섯 동기들과 매우 경쟁적이었던 것으로 유명하다. 그들 가운데 프로이트가 총애했던 딸 소피는 「'한 아이가 매 맞고 있어요'」가 쓰여지기 직전에 죽었다.

에 두드러졌던 누락.

프로이트가 재구성하는 환상의 두 번째 단계, 깊게 무의식적이지만 결정적인 그 단계에서, 매 맞는 아이는 환상자인 그녀 자신이다. 여기서 X 부인은 프로이트가 주목하지 않은 무언가를 생산했다. 분명 어렵게 그녀는 내게 결혼 생활에서의 수많은 부정에 대해 이야기했다. 그녀는 일련의 남자들과 만남을 가진 적이 있었는데, 그들은 성교의 필수 전주곡으로 그녀를 실제로 때렸다. 나는 이러한 실연이 환상에 대한 필요를 제거했으며, 그리하여 그것은 '무의식'에 대한 대체물이었다고 제안한다. 나는 또한 남자들에게서 환상의 모든 단계들이 의식적일 수 있는 것이 바로 이러한 이유 때문이라고 제안한다. 도착 — 실제 매질 — 은 히스테리의 이면이다. 우리는 여자들에게서 도착을, 그리고 남자들에게서 히스테리를 여전히 너무 드물게만 주목한다. X 부인은 히스테리적 환상을 유지하는 대신에 또는 그것을 유지할 뿐만 아니라 도착적 행동을 실연하고 있었다. 프로이트가 말하기를:

> [여자아이들에게서의] 이 두 번째 단계는 모든 단계 중에서 가장 중요하고 가장 예사롭지 않은 것이다. 그러나 우리는 어떤 의미에서 그 단계가 실제로는 전혀 존재하지 않았다고 말할 수도 있다. 그 단계는 절대로 기억되지 않았고 또 결코 의식적으로 될 수도 없었다. 그 단계는 분석의 구성물이다. 하지만 그렇다고 해서 조금이라도 덜 필요한 것은 아니다. ([1919]: 185[12])

그렇지만:

---
12 | [프로이트, 「매 맞는 아이」, 145-146쪽.]

이 두 번째 단계 — 아버지에게 매를 맞는 환상 — 는 대개 무의식 상태로 남는다. 아마도 강한 억압을 받은 결과일 것이다. 그렇지만 나의 여섯 사례 중 한 남자의 사례에서는 그 단계가 의식적으로 기억되었는데, 나로서는 그 이유를 설명할 수 없다. ([1919]: 189[13])

그리하여:

매를 맞는 사람이 계속 남자아이 자신이었던 이 환상은 두 번째 단계가 의식적이 될 수 있었다는 점에서 여자아이의 두 번째 단계와 달랐다. ([1919]: 196[14])

X 부인에게서 두 번째 단계는, 적어도 그녀가 매를 맞았던 성인의 삶에서는, 행동이었다: 그것은 그녀에 의해 도착으로 실연되었다 — 따라서 의식이나 무의식은 무관할 것이다. 이제 나는 X 부인의 경우 잠재기나 청소년기에 또래들과의 어떤 선행하는 실연이 있었는지가 궁금하다.

환상의 두 번째 국면을 의식하면서 남자들은 자신이 거기서 언제나 한 여자에 의해 매 맞고 있다는 것을 드러낸다. 덧붙여, '그들은 규칙적으로 여자의 역할로 옮아간다'(Freud, [1919]: 197).[15] 프로이트는 남자가 자신을 여자로 상상한다고 말하지 않는다. 다만 여자 역할을 한다고 말할 뿐이다. 우리는 이를 수동적이라는 뜻으로 받아들여야 한다. 내가 제안하는바, 환상 속에서 매 맞는 사람은 어렴풋하고 양성적이다. X 부인은 이를 실연한다. 남자 환자는 이를 의식한다. 여성 도착을 몰랐기 때문에 그 실연은

---

13 | [같은 글, 151쪽.]
14 | [같은 글, 160쪽.]
15 | [같은 글, 161쪽.]

환상과 연관된 것으로 간주되지 않았다. X 부인이 환상을 실제 삶에서 벌인 것은 십중팔구 여자들은 강간당하기를 '청한다'는 통속적인 가정과 관련지어질 것이다 — 세상의 더욱 끔찍한 여성혐오적 진술 중 하나. 여자나 남자가 어떤 환상을 갖는다는 사실은 그들이 인간으로서 어떻게 취급받아야 하는지와는 전적으로 무관하다.

남자아이가 무의식적으로건 전의식적으로건 여성적이 되었기에 그의 둘째 단계가 의식적이 된다고 한다면, 여자아이의 셋째 국면이 의식적이 되는 것은 그녀가 거기서 자신을 매 맞고 있는 남자아이(또는 남자아이들)라고 상상하기 때문이다. X 부인은 남자아이가 아니기에 (X 부인이 연인들에게 자신을 매질시킬 때 두 번째 단계를 실연하듯) 이를 온전히 실연할 수는 없다. 그녀는 그것에 대한 꿈을 꿀 수 있을 뿐이다. 젠더 핍진성 (verisimilitude)이 있는 실연은 무의식적 과정을 대체하며 따라서 의식적으로 만들 게 아무것도 없다. 성적 차이에 대한 인식이 거부되거나 억압되는 실연은 그 자료를 첫째 사례에서 무의식적이지만 접근 불가능한 것으로 남겨놓거나 아니면 둘째 사례에서 무의식적 환상으로 남겨놓는다. 의식적인 둘째 단계에서 매 맞는 남자아이는 자신을 여성적이라고 상상한다. 의식적인 셋째 단계에서 매 맞는 여자아이는 자신이 남자아이라고 상상한다. 여자아이의 셋째 단계는 남자아이의 둘째 단계에 상응한다.

프로이트의 네 가지 여성 사례 중 둘은 매질 환상을 처음에 은폐하는 백일몽의 정교한 구조를 가지고 있었다. 보바리 부인(따라서 십중팔구, 플로베르: '엠마 보바리, 그건 나다!'), 브론테가 아이들, 안나 O, 안나 프로이트, 클라인의 에르나 — 이들 모두는 이러한 종류의 백일몽을 세공하려는 이 널리 퍼진 히스테리적 경향의 유명한 대표자들이다. X 부인의 사례에서는 높은 정도의 실연 때문에 이런 방식으로 자신의 환상을 정교한 이야기로 옮겨놓지 않았다. 요약하자면: X 부인과 프로이트의 여자 환자들에게서 우리는 아버지 대체자가 일련의 남자아이들을 때리고 있는 의식적인 흥분시키는 환상을 볼 수 있다. 이 환상은 다섯 살 이전에 결코 생겨나지 않는다. 이 남자아이들은 환상자를 나타낸다. 이것 배후에는 환상자 그녀 자신이 아버지에게 매 맞고 있는 환상이 있다. 이 단계는 회복 불가능한 환상의 재구성이다. 이것 배후에는 한 (십중팔구 현실의) 동기가 아버지 인물에게 매 맞고 있고 환상자는 구경꾼으로 있는 최초 단계가 있다. 이 첫 단계는 거의 확실히 어떤 실제 사건에서 유래한다. 여기서 주체나 대상 어느 한 쪽의 젠더는 무의미해 보인다. 이 첫 단계는 의식에 도달할 수 있지만 무의미한 것으로서 제시된다. 그렇지만 그것이 실제라면, 그것이 현실에서 발생한 일을 가리킨다면, 그것은 심적으로 처리되지 않은 것이며, 쌓인 리비도는 잠재적으로 병인저이다.

　나는 이제 잠깐 매질 환상을 갖는 남자아이에게로 방향을 돌리겠다. 나 자신의 임상 실천에서 그것과 조우하긴 했어도, 내가 지금은 마땅히 받아야 한다고 믿고 있는 관심을 그것에 기울이지 못했다. 그래서 나는 주로 프로이트의 늑대인간을 가지고서 논변을 예증하려고 한다. 그렇지만 나는 잠깐 나의 한 환자 Y 씨를 언급할 것이다. 환상이 충분히 분석되지는 않았지만 그의 사례는 핵심적인 물음을 제기하고 있으니까 말이다. 프로이트에 따르면, 남자아이에게서 성공적인 자위를 할 수 있게 해주는 첫 번째 의식적 국면은 '나는 어머니에게 매 맞고 있다'이다. 그렇지만 그것은 주체가 알지 못하는 일련의 남자아이들로 대체되는 시나리오 형식을 취한다. 그것은 의식적일 수 있는 둘째 단계로 이어지는데, 거기서는 일련의 남자아이들이 아니라 환상자 자신이 어머니에게 매 맞고 있다. 재구성될 수 있는 깊게 무의식적인 국면은 이렇다: '나는 아버지에게 매 맞고 있다'. 프로이트는 그의 환자들에게서 동기를 향한 여자아이의 첫 단계 사디즘과 등가적인 단계를 남자아이에게서 발견하지 못했다. 근본적인 결과라기보다는 선택의 우연에 의해 그렇게 된 것이라고 말하고는 있지만 말이다.

　프로이트의 이론적 결론들의 기저에 놓여 있는 시나리오는 여자아이의 복구 불가능한 두 번째 단계와 남자아이의 무의식적 환상이다— 두 경우 모두, 아버지에게 매 맞는 마조히즘적 환상. 나는 Y 씨와 늑대인간의 사례사를 고찰함으로써 동기나 동기-등가물의 매 맞기를 보면서 느끼는 여자아이의 흥분과 남자아이에게서의 이 단계의 겉보기의 부재를 '읽어 들어갈(read in)' 것이다.

Y 씨는 프로이트의 원래 논문에서 제기된 물음들에 중요한 표지물을 제공한다. 프로이트는 어머니가 자신을 때리고 있다는 남자 환상자의 주장 밑으로 뚫고 들어가 때리는 자로서의 아버지라는 더 중요한 특징으로까지 나아가는 것이 어렵기는 하지만 반드시 필요하다고 보았다. Y 씨로 인해서 나는 프로이트가 그의 전-정신분석적 히스테리 여자 환자들에게서 직면했던 문제와 유사한 어떤 문제에 직면하게 되었다: 즉 Y 씨의 환상은 일체의 현실의 표지들을 가지고 있었다. 많은 사회적 집단, 역사적 시기 또는 교차문화적 상황에서 아들을 때리는 아버지가 훈육의 통상적 특징이라는 사실을 기억하는 것은 분명 중요하다. 바로 이러한 것으로서 Y 씨는 그의 환상을 제시했다. 즉 자신이 양육된 방식에 대한 참되고도 아주 그럴듯한 설명으로서. 그가 어느 정도로 더욱 폭넓게 허언(pseudologia)을 이용했는가 하면, 종종 거짓말하는 자를 거짓말과 구별하는 것이 거의 불가능할 정도였다.[16] 그가 들려준 처벌의 모든 세부사항들은 실제로 발생한 일에 대한 제시로서 전적으로 말이 되었다. 그렇지만 이러한 세부사항이 반복되는 것을 보고서 마침내 나는 프로이트의 환자의 경우처럼 Y 씨가 체벌이 행해지지 않았던 가족 출신이라는 사실에 주목하게 되었다.

한 번은 실제로 발생했을 수도 있다. 차폐 기억의 생생함을 갖는 한 가지에 대한 기억이 분명 있었다. 사실이건 허구건, 문제가 되는 것을 응축하고 있는 기억. 강박은 Y 씨 자신의 매 맞기에 대한 것이었지만

---

16 | 이러한 어려움에 대한 훌륭한 설명으로는 Deutsch (1947)을 볼 것.

초점은 그의 아버지가 그의 어머니를 기쁘게 하기 위해 그에게 이것을 하고 있다는 것이었다. 그렇다면 이 층위에서 환상은 오이디푸스적이었다. 하지만 제2의 초점이 있었다. 그것은 그가 의붓누이와 싸운 일로 매를 맞고 있었다는 것이다. 그래서 아버지는 아내의 딸을 편애하면서 그 자신의 아들을 싸웠다고 때림으로써 아내와 희롱을 하고 있었다. 이것 배후에는 Y 씨가 의붓누이에게 강하게 끌렸다는 사실이 있었다. 그녀는 그와 나이가 같았고, 그는 그녀에 대해 매우 경쟁심을 느끼는 동시에 성애적 애정을 느꼈다. 심적으로 처리될 수 없는 현실적 상황 속의 욕망들은 억압된다. 그래서 여기에 정교하고도 아주 그럴듯하지만 반복되는 환상 혹은 실제 장면이 있었는데, 더구나 Y 씨는 그것이 현실이었다면 포기할 수 있었을 것인데도 그것을 포기할 수가 없었다. 다시 말해서, Y 씨는 허언적일 뿐만 아니라, 프로이트의 '도라'처럼 '사고의 초가성'[17]을 겪었다. 이 현실은 성적인 이득이 투여되어 있었기에 과거에 발생한 어떤 것으로서 포기될 수 없었다. 과거 사건들을 이용하는 매질 환상의 현존은 이 과거 사건들이 현재적 의미를 갖는다는 것을 암시한다 ─ 그것들은 여전히 흥분을 불러일으킨다.

Y 씨는 자신의 배설 생산물의 영광과 타인의 배설 생산물에 대한 헐뜯기에 고집스럽게 사로잡혀 있었다. 그는 또한 살갗 속에 배아를 낳고 기르는 개구리 종에 강한 호기심이 있었다. 그것에 매혹되는 동시에 반발심을 느끼면서 말이다. 또한 그 자신에게도 이것이 발생하기를 바라는 ─ 그가 단성생식적으로 아기를 생산할 수 있으면 하는─ 욕망은 '그의 살 속에 파고들' 수 있는 일체의 것에 대한 공포증적 반응을 지시했다.

---

17 | ['supervalency of thought'. 프로이트, 『꼬마 한스와 도라』, 241쪽. 'supervalent' 는 프로이트가 베르니크에게서 가져온 'überwertig'라는 개념의 영어 번역이다. 'supervalent thought'는 한국어본에서 '초강경 사고'라고 번역되어 있다. 과도하게 강렬한 사고, 강화된 사고를 뜻한다.]

상응해서, 그는 나의 자리에 서 있을 필요가 있었던 동시에 나의 살 속에 파고들 필요가 있었기에, 나에 대한 그의 전이 관계에는 아무런 공간도 없었다. 모델은 분명 어머니 모델이었다. 하지만 그것은 단성생식적 어머니였으며, 이때 Y 씨 자신이 단성생식적으로 생산된 아기로 있거나 아니면 그 자신이 자신의 몸에서 상상적 항문적 아기들을 만들거나 — 아니면 둘 다이거나 — 였다.

하지만 동기들 또는 동기들의 위협 또한 분명하게 나타났다. 두 부모 모두 이전에 가족이 있었다. Y 씨는 그들이 함께 낳은 유일한 아이였다. 그가 여섯 살이었을 때 한 동기가 사산된 적이 있었고 아마 그 사이에 유산도 있었을 것이다. 친구들이나 아내와의 측면 관계에서 그는 그들을 다른 사람으로 인정하지 않는 것처럼 보였다. 그들은 잃어버린 동기들의 후계자였다. 그러한 것으로서, 그리고 태어나지 않은 바로서, 그들은 그 자신을 복제했다. 그 작은 아이는 새 아기를 그 자신이 재생산된 것으로 상상한다. 매질 환상의 명백한 마조히즘은 이 분신들에 대한 사디즘적 공격으로 볼 수도 있다. 이러한 관찰을 더 진척시킬 수도 있겠지만, 나는 Y 씨에게서 이를 추적하는 데 실패했기 때문에 그것은 사변의 영역으로 들어가는 것일 수밖에 없다. 제시될 수 있는 사변적 논점은 사회적 관행으로 인해 남자아이와 여자아이에게 '현실의 근거'가 다를 것이라는 것이다 — 여자아이는 남자아이가 매 맞는 것을 보기가 더 쉬우며, 남자아이는 매 맞기를 경험하기가 더 쉽다. 하지만 환상은 Y 씨의 경우처럼 저 현실의 부재에 의존할 수 있다. 그의 경우 그것은 이중적 부재였다: 죽은 동기들, 그리고 실제 가족 체벌이 실질적으로 없었던 것 — 아버지가 한 번 때렸던 일에 대한 차폐 기억은 사실이었을 수도 있고 아닐 수도 있다. 그렇지만 그가 다닌 학교에서는 체벌이 많았으며, 따라서 이는 X 부인의 병원 입원처럼 우연적인 실제 체벌을 제공했다.

프로이트는 1914년 한 젊은 러시아 귀족을 치료했다. 하지만 그 '유아기

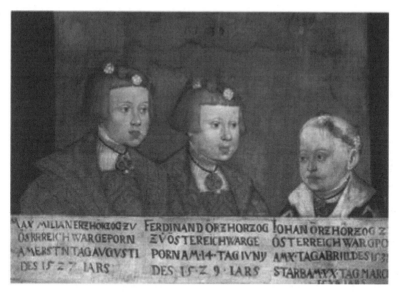

'그 작은 아이는 새 아기를 그 자신이 재생산된 것으로 상상한다'
〈대공 막시밀리안 2세, 페르디난트 2세, 그리고 요한〉 야콥 자이제네거 (1539), 빈 미술사 박물관

신경증' 사례사를 「'한 아이가 매 맞고 있어요'」를 쓰기 직전인 1918년까지는 완성하지 않았다. 늑대 꿈 때문에 이 환자는 늑대인간으로 알려지게 되었다. 프로이트는 늑대인간이 그의 자위 매질 환상 사례 중 하나라고 진술하지 않는다. 실로 늑대인간은 그러한 사례가 아니었을 수도 있다. 아버지 역할에 대한 늑대인간의 의식적인 자각 같은 몇몇 핵심적인 세부 사항들은 나중 논문의 도식에 맞지 않으니까 말이다. 늑대인간은 큰 말을 때리는 사디즘적인 매질 환상이 있었으며, 또한 처음에는 남자아이들이 그 다음에는 한 왕위 계승자가 매 맞고 있는 마조히즘적 매질 환상이 있었다.[18] 그리고 때리는 사람은 이따금씩 어머니-인물(그의 유모)이었다.

---

18 | [프로이트, 『늑대인간』, 김명희 옮김, 열린책들, 2003, 222쪽. '그 내용은 소년들이 벌을 받고 매를 맞는데, 특히 성기에 매를 맞는다는 것이었다. 또 다른 환상에서는 왕위 계승자가 좁은 방에 갇혀서 매를 맞는다는 것을

이는 전적으로 맞아떨어진다. 하지만 이따금씩 그는 그의 아버지나 아버지 대체자를 처벌하는 사람으로 상상했다. 분석의 초점은 이 자위 환상들이 아니었고 아동기 초기에 꾼 꿈이었다. 그것은 예닐곱 마리의 흰 늑대들이 환자의 창문 밖 나무 위에 앉아 있는 꿈이었다. 성인 늑대인간은 어떻게 아이였을 때 그의 반복되는 꿈 때문에 큰 불안 속에서 깨어났는지와 그 후로 끔찍한 두려움과 불안을 겪었는지를 상기한다. 아주 세심하게 설명된 그 꿈은 지연된 행동(deferred action)으로 알려진 것의 한 사례다 — 어떤 장면은 나중이 되어서야 유관해진다. 그 꿈을 꾸기 2년 반 전에, 18개월 된 유아로서 그는 부모의 성교를 목격한 것처럼 보인다. 이 논쟁적인 재구성이 그 꿈의 뿌리에 있다.

내가 고려하고자 하는 것은, 늘 그렇듯 18개월짜리의 목격이 입증될 수 있는지 혹은 유의미한지가 아니라, 다른 어떤 것이다: 왜 이것을 지연시 키는가? 내가 여기서 묻고 싶은 것은 이렇다. 왜 그의 아동기 초기의 어떤 특정한 시점에 그것을 꿈꾸는가? 그의 누나는 동화책에 있는 그림을, 특히 늑대 그림을 그에게 보여주어 그를 겁먹게 만들었고 그는 격렬하게 소리를 질렀다.[19] 그 꿈을 꾸기 단지 몇 달 전에 그의 누나는 그를 유혹했다. 그는 유모를 향한 공격적인 자위 행위로 그 유혹에 반응했다. 유모는 그를 심하게 꾸짖었다. 다시 말해서 능동적 매질 환상과 수동적 매질 환상은 외상적 꿈에 앞섰으며 그 꿈 너머로도 계속되었다. 그것들의 의미 는 무엇인가?

늑대 꿈을 이전에 이해하지 못한 사건(부모의 성교를 이전에 목격한 것)에 대한 나중의 번역으로 해석하는 것은 분명 중요하다. 그렇지만 나는

보여 주었는데, 이로부터 그 이름 없는 인물들이 누구를 대신해서 매 맞는 아이(whipping-boys) 역을 하는 것인지 추측하기는 쉬웠다. 왕위 계승자는 분명 그 자신이었다.' 번역 수정.]

19 | [같은 책, 227-228쪽.]

그 꿈을 동기 맥락 안에 놓고 싶다. 정신분석의 역사에서 부모의 성교에 대한 늑대인간의 목격은 유명 사건(cause célèbre)으로 작용해왔다. 프로이트는 그의 해석이 얼마나 논쟁적이 될지를 알고 있었으며 동료들에게 이처럼 나중에 심각한 심리적 결과를 낳는 이른바 '원장면'을 비슷하게 이전에 목격했다는 증거가 있어 보이는 사례를 수집해달라고 청했다. 칼 아브라함은 한 가지를 제공했다. 아브라함의 환자 멜라니 클라인은 원장면 목격을 에르나 같은 그녀의 아이 환자들의 경험의 상투어로 만들었다. 클라인에게, 그리고 다른 이들에게, 부모를 향한 난폭함을 유발하는 것은 바로 그 장면이며, 그런 다음 그것은 동기 근친상간의 심장부에 있는 부모를 향한 죄책감으로서 표현된다.

그렇지만 프로이트가 확증을 요구하기 전에, 아브라함은 부모의 성교를 틀림없이 목격한 어린 여자아이에 대한 설명을 이미 발표했다. 그 아이는 몽롱 상태였다. 그리고 수많은 히스테리 증상이 있었고 불안과 끔찍한 악몽에 시달리고 있었다. 아버지가 확인해주기를, 그 딸은 무언가를 본 것일 수도 있으며, 또한 이 살의적인 성인 성욕의 악몽들이 암시했던 침대 다툼 소리를 분명히 들었다. 내 관심사는 이것에 의문을 제기하는 것이 아니라 또 다른 요인을 가리키는 것이다.

> 아버지와의 대화를 통해 더 많은 자료가 드러났다. 아이는 한 이웃의
> 딸과 어울렸는데, 그 아이는 다른 여자아이들과 서로 자위를 한다는 말이
> 있었다. 따라서 십중팔구 이 친구와의 성행위와 대화에 흥분되어 아이는
> 그런 일이 없었을 경우에 그랬을 것보다 부모 방에서 일어난 일에 훨씬
> 더 난폭하게 반응했던 것이다. (Abraham, [1913]: 167)

다시 말해서, 아이의 성욕은 측면적 또래집단에 의해 일깨워진다.

아브라함은 다만 한 번 상담을 한 것뿐이다. 우리는 매질 환상에 대해

아무것도 알지 못한다. 많은 어린 아이가 그렇듯 그리고 성인 공포증자, 히스테리 환자, 늑대인간이 그렇듯 그 여자아이가 무시무시한 동물들에 대한 꿈을 꾼다는 것을 알고는 있지만 말이다. 아브라함처럼 프로이트는 늑대인간의 늑대 악몽을 부모 성교 목격으로까지 추적한다. 다시금 나는 이것에 의문을 제기하는 데 관심이 있는 게 아니라 그의 '거의 제정신이 아닌 행동'으로 묘사되고 있는 것이 누나의 유혹과 누나가 늑대와 다른 동물 그림으로 그를 겁먹게 한 것과 관련되어 있다는 사실을 강조하는 데 관심이 있다.[20] 아브라함의 것은 아이와의 단 한번 상담이며, 프로이트의 것은 한 젊은 성인이 자신의 유아기 신경증을 재구성한 것에 대한 상세한 분석이다 — 하지만 그것들은 흥미로운 방식으로 조응한다. 늑대인간의 누나가 남동생을 괴롭히는 아주 지적이고 성적으로 적극적인 아이였다는 외적인 확인이 있었다. 그런데 이번에는 그는 그녀에 대해 그리고 그녀의 — 특히, 아버지와의 관계에서 — 높은 신분에 대해 몹시 질투했다. 그녀는 매질 환상의 '왕위 계승자'가 아니었을까? 아주 적대적이고도 성적인 아동기가 지나고 사춘기에 그 둘은 가장 친한 친구가 되었다. 그리고 이번에는 늑대인간이, 사실상 헛수고였지만, 누나를 유혹하려고 했다. 프로이트는 이렇게 언급한다.

> 이렇게 함으로써 그는, 그가 이성의 성적 대상을 선택하는 데 결정적인 영향을 미친 한 걸음을 내디딘 것이다. 왜냐하면 그 후에 그가 사랑에 빠진 여자들은 — 종종 강박적으로 사랑에 빠졌다는 단서가 분명히 있었는데 — 역시 하녀들이었다. 그들은 당연히 교육도 지적인 능력도 그보다 훨씬 못한 사람들이었다. 만약 그의 사랑의 대상 모두가 그가 포기해야

—————
20 | 프로이트의 『히스테리 연구』에서 체칠리 부인은 그녀의 아동기에 겪은 이 후자와 유사한 외상을 자세히 이야기한다. 틀림없이 그것은 아주 흔한 것이다.

했던 누나를 대신한 것이라면, 누나의 가치를 떨어뜨리고 또 그녀의 지적 능력이 우세한 것을 없애려는 의도가 그의 대상-선택에 결정적인 영향을 끼쳤음에 틀림없다. (Freud, [1918]: 22; 『늑대인간』, 217)

누나의 신경증, 정신증, 인성, 개인사에 대한 풍부한 여담을 뒤따르는 이와 같은 언급 직후에 프로이트는 알프레트 아들러의 이론에 대한 짧은 논평을 삽입한다. 아들러는 동기를 진지하고 광범위하게 고찰한 유일한 분석가였다. 그는 특히 출생순위에 관심이 있었는데, 이는 이후에 매우 인기 있는 연구 영역이 되었다(Sulloway, 1996). 아들러를 염두에 두면서 프로이트는 만일 자신이 늑대인간 누나의 중요성에 주목하는 데서 갑자기 멈추고는 부모 성교 원장면 목격의 지연된 외상을 결정적인 것으로서 밝히는 일을 지속하지 않았다면, 그의 분석이 아들러의 이론을 확증해주었을 것이라고 말한다. 아들러의 이론은 권력 의지와 자기주장 충동을 성격과 신경증 양자 모두의 기반으로 만들었다. 나는 프로이트가 이러한 제안을 거부한 것이 정확했다고 생각한다. 그렇지만 아들러의 주장은 융의 변절이나 대안적 심리학조차도 거의 상대가 되지 않는 방식으로 프로이트를 괴롭힌다. 내 생각에, 아들러를 계속해서 거부하면서 프로이트는 다른 무언가를 놓쳤다. 권력욕과 자기주장은 그것들 자체로 고려될 필요가 없다 ─ 그것들은 성욕의 그리고 죽음 충동의 한 측면일 수도 있다. 동기들은 성과 폭력을 환기시킨다. 권력욕과 지고함은, 아들러가 생각했듯이 그것들의 존재 이유(raison-d'être)가 아니라, 다만 그것들의 현시들이다.

나는 프로이트가 그의 삶 충동과 죽음 충동의 틀 안에서 동기들에게 자율적인 자리를 부여했다면 아들러의 이론 때문에 걱정할 필요가 없었을 것이라고 생각한다. 왜 그것은 오이디푸스 콤플렉스를(그리고 이것 배후에서, 원장면을) 해소하는 수직적인 세대 간 문제인 동시에 동기 콤플렉스를 해소하는 수평적이거나 측면적인 문제여서는 안 된다는 말인가? 상대방과의 관계에서 위치(position)는 비슷하지만 정체성(identity)은 다른 동기 말이다. 더 나이든 아이로서 X 부인과 늑대인간 누나는 자신의 자리를 차지하는 어린 남동생에 의해 자신의 바로 그 존재가 위협당한다고 느꼈던 것 같다. 전치된 그들은 동기들과 뒤따르는 자들을 괴롭히고 고문하고 유혹한다. X 부인은 이것을 그녀의 연인들과 실연했으며 그녀의 매질 환상 속에서 그것을 되살았다(relived). 자위 만족의 층위에서 그녀는 그녀가 관음증적으로 구경하는 동안 (아버지나 선생님이 아니라) 연인이나 남편이 한 아이를 때리는 것을 상상했다. 프로이트에 따르면, 늑대인간을 이성애적 대상 선택들로 이끈 것은 어머니와의 관계가 아니라 누나였다. 그 선택들은 능동적인 사디즘적 매질 환상들과 상관이 있었다. 그리고 그의 수동적 매질 환상들은 그의 아버지가 그를 관통(강간/유혹?)하기를 바라는 그의 성적 욕망과 상관이 있었다 — 하지만 분명 그것들은 그의 강력한 누나의 성적 공격으로부터 기원하는 것이었다. X 부인의 행위연쇄(sequence)는 두 위치 모두를 내포했다. 그녀는 남동생을 공격했으며, 그러고 나서 그녀의 아버지의 공격적 사랑을 실연했다.

그렇지만 만연하는 '한 아이가 매 맞고 있어요' 환상의 동기적 내용을 어떻게 이론화할 것인가? 1차 세계대전에 따른 전쟁 신경증에 대한 한 논의에 여러 분석가들이 기고를 한 적이 있다. 그때 아브라함이 제안하기를, 전쟁의 집합적 요인 — 집단 — 은 '문명화된 도덕성'이 한 개인에게 서라면 억제했을 방식들로 남자들의 폭력성을 풀어놓는다. 그는 그 상황을 토템 식사의 먹기에 비교했다. 프로이트는 어떻게 자신이 이러한 관찰을 놓쳤을까 의아해 했다: 병사들은 아이들과 또래들처럼 패를 짓는다. 늑대인간과 그의 누나는 부모에 맞서 뭉쳤을 때인 그들의 십대에 가장 친한 친구가 되었다. 멜라니 클라인은 이것이 동기 성욕의 긍정적 측면이라고 믿는다. 좋게는, 사랑과 우정과 지지가 있다. 나쁘게는, 우선 서로에 대한 폭력이 있으며, 그 다음에는 또 다른 측면 집단에 맞선 '패짓기'가 있다.

친애자들, 성적 파트너들은 분명 수직성보다는 측면성에 포함될 것이다 — 늑대인간은 자신의 파트너들을 누나라는 이성애적 측면 모델을 따라 선택했다. X 부인은 때리는 사람을 남편이나 연인으로 환상한다 — 그녀가 남편을 선택한 것은 그가 그녀의 환상 속 때리는 사람 형상에 들어맞기 때문이라는 것을 암시하는 내용은 실로 많았다. 사실 그토록 많은 결혼이 아이들 또래 관계의 사랑/증오를 반복하기에, 결혼은 폭력적이지만 파트너들은 '사랑하는' 것일 수 있지 않겠는가?

히스테리증자들처럼 동기들은 증오하는 곳에서 사랑한다. 1922년에, 다시금 아들러에 대해 걱정하면서, 프로이트는 그럼에도 사회적 삶의 한 심급은 초기의 형제애적 동성애적 경쟁의 승화에 기초한다고 제안했다 (Freud, [1922]).[21] 사회적 삶이 동성애적-형제애적 질투의 승화라면, 그것의 탈-승화는 전쟁이다. 그렇지만 우리는 정말로 사회적 삶을 산출하기 위해서 형제애적 동성애적 사회적 삶이 승화된다고 말할 수 있는가? 혹은 오히려, 이 맥락에서 동성애는 무엇인가? 분명 그것은 동성의 대상 선택은 아니며, 오히려 누군가가 자기 자신과 같아 보일 때마다 위협을 가하는 소멸감을 극복할 수 있는 능력 아닌가? 동성애는 대상 선택이기도 하고 동일시이기도 하다. 그리고 그것은 둘 중 더 어느 한 쪽일 수도 있다. 돈 후안의 이성애처럼 말이다(8장). 그것은 같음이다. 같음은 '동성애'라는 단어가 가리키는 것이다. 정신분석은 '레즈비언'이라는 말을 사용하지 않고 '여성 동성애'라는 말을 선호한다. 문제가 되는 것은 같음이라는 사실을 인정하지 않으면서도 자각하고 있는 듯이 말이다. 1922년 질투, 편집증, 동성애에 대한 프로이트 논문의 결론에서 히스테리증자는 '동성애자'처럼 겉보기의 대상 선택에서나 동일시에서나 사실상 양성애적인데,

21 | [프로이트, 「질투, 편집증, 그리고 동성애의 몇 가지 신경증적 메커니즘」, 『정신병리학의 문제들』, 열린책들, 2003, 186쪽.]

왜냐하면 우리가 다루고 있는 층위에서 남녀 동기들은 같기 때문이다. 동기들은 그들의 친족망 안에서 같은 위치에 있다. 히스테리증자들은 자신과 같은 자리에 있는 어떤 사람이 — 그들이 이 타자를 먼저 근절할 수 없다면 — 그들을 근절한다고 항의한다. 전쟁에서처럼 전자 — 타자 죽이기 — 의 성공은 끔찍한 불안을 불러일으킬 수 있다. 소멸시키려는 소원이나 소멸됨의 두려움은 방어되어 무의식적이 될 수 있으며, 그리하여 오로지 전환 증상의 한 국면으로서만 회귀한다.

매질 환상을 동기관계를 통해 재독서한다면 다음과 같다. 첫 단계는 타자의 근절을 내포한다. 중간 단계는 자가성애적 오르가슴의 전조로서 자아의 근절이다. 남자아이의 남성적 자아는 그의 여성적 위치 속으로 사라진다. 여자아이의 경우 소멸된 자아는 심적으로 부재하며 따라서 회복불가능하다.[22] 셋째 단계에서는 한 명의 '타자'가 있는 첫 단계가 여러 명의 타자들로 산포된다. 그렇지만 이 '타자들' 또한 그들만의 특수한 성격을 전혀 갖지 않는다. 그들 모두는 자가성애적 주체를 나타낸다. 총체적인 오르가슴적 쾌락의 이익을 위하여 셋째 단계는 첫 단계의 사디즘과 둘째 단계의 마조히즘을 통합한다.

환상의 뒤얽힌(complicated) 과정은 한 가지 예시를 사용하면 더 쉽게 파악될 수 있을지도 모른다. 그렇지만 우선, 가정된 핵심 육체 감각은 흥분된 클리토리스나 음경의 박동-침(pulse-beat)이라는 사실을 언급할 필요가 있다. 이 감각으로부터 혹은 이 감각을 산출하기 위해, 자위하는 사람은 매질 환상을 세공하는데, 이때 분명 경쟁 상대인 동기나 또래들이 아이로서 등장하는 (실재나 상상의) 매질 장면을 이용한다. 여러 언어에서

---

22 | 어쩌면 이것은 여자아이/여자들이 완전한 오르가슴을 달성하는 게 더 어렵다는 빈번한 관찰과 연관이 있을 수 있다. 나는 이에 대해 아주 회의적이다. 그렇지만 만약 그렇다고 하더라도, 오르가슴에 어려움이 있는 것은 여자가 아니라 (남녀) 히스테리증자일 것이다.

음경이나 클리토리스에 대한 흔한 별칭은 '꼬마(the little one)'다. 그렇지만 가장 중요한 점은 환상자가 성장을 해도 매 맞는 아이는 여전히 아이로 남는다는 것이다. X 부인의 경우처럼 사도마조히즘적 매질이 현실적인 성생활의 일부임에도 불구하고, 어른이 매 맞고 있는 것을 상상하는 것에서 얻게 될 이득은 전혀 없어 보인다. 보통은 동기인 매 맞는 아이가 자라지 않는다는 사실은 이 환상이 십중팔구 환상자의 아동기에서 기원한다는 것을 지시한다. 환상은 정지된 고립영토다.

이를 예시하기 위해 우리는 아동 포르노의 이용을 고찰할 수 있다. 내가 보기에 그러한 포르노는 환상으로 보존되어야 하는 것을 위해 현행성(actuality)을 이용하기 때문에 위험하다. 포르노물 제작자는 충분히 널리 퍼져 있을 수 있는 자위 환상을 먹여 살리기 위해 아이들에 대한 실재적인 성적, 폭력적 고문과 학대의 이미지를 만들어왔다. 우리의 아동기 동기/또래 개인사의 ─ 생리적 자극과 연동되어 있는 ─ 성/폭력 흥분으로부터 발산되는 '한 아이가 매 맞고 있어요' 환상의 어떤 판본을 우리 모두가 어딘가에 가지고 있다면, 아동 포르노는 바로 이러한 만연하는 환상에 호소하는 것이다. 포르노물 제작자는 현행성을 이용하기에, 보는 사람 역시 환상과 현실 사이에서 미끄러질 위험이 있다. 환상자가 아동기에 실제 폭력이나 근친상간을 경험했다면, 미끄러짐이 발생할 가능성이 더 높으며, 따라서 우리는 충동된 자위 환상 강박에서 심적으로 명백한 반복 강박(학대의 남용)을 사회적 삶 속에서 본다. 더 나아가, 환상으로 인해서 모든 사람에게는 학대받는 자와 학대자가 자리를 바꿀 위험이 있다. 모든 사람은 잠재적으로 양쪽 다니까 말이다.

'한 아이가 매 맞고 있어요' 환상의 복잡성 ─ 혹은 더 적절하게는, '뒤얽힘(complicatedness)' ─ 은 분명 환상자가 하나의 위치만 차지하는 게 아니라는 사실을 증언한다. 꿈에서처럼 환상자는 모든 등장인물 속에 거주하며, 때리는 자이면서 맞는 자이며, 한 명의 아이이거나 여러 아이이며, 관찰자이자 피관찰자다. 사라(3장)[23]는 어떤 꿈과 관련해 오빠가 그들의 성교에 대해 비난할 것이 겁이 났던 일을 연상하는데, 이는 다만 그녀가 그 성교의 희생양이면서도 그녀 스스로 어쩌면 그것을 욕망했기 때문만이 아니라, 또한 동기간이기에 그녀가 오빠의 욕망을 그녀 자신의 것으로도 경험하기 때문 아닌가? 이것은— 즉 타자의 흥분이 흥분을 불러일으키는 것은 자신이 또한 그 타자이기 때문이다, 라는 것은— 성교 일반을 위한 모델 아닌가? 그 타자는 어머니나 아버지라기보다는 측면 관계다.

성교 후 합일에서 둘이 하나가 될 때의 '사랑에 빠짐'이라는 무아경의 상태, 혹은 살인의 무아경, 죽이려는 소원, 타인의 속살을 파고들려는[24] 소원— 이 모두는 유아-부모 상태보다는 동기간 측면 상태의 반향에 더 가까운 것처럼 보인다. 그렇지만 이것은 아들러 식으로 권력 충동을 결정 요인으로 만들어야 할 필요를 지시하지는 않는다. 성욕과 그것의 억압은 무의식적 과정의 형성에 결정적인 것으로 남아 있다. 하지만 자기나 타자를 향한 살의로서의 죽음 또한 금지되며, 따라서 죽이거나 죽임을 당하려는 소원 또한 무의식적 과정들 속에 등장한다. 동기 근친상간은 세대 간 근친상간보다 금지가 덜하지만, 소수의 문화적 예외들을 젖혀둔다면 동기 근친상간 역시 금지된다. 욕망이 동기 근친상간 터부를 무시한다면, 임상적으로 우리는 동기로서의 분석가에 대한 환자의 사랑, 무아경, 증오, 질투, 경쟁을 비롯해 모든 것이 터져 나오는 것을 목격할 수 있다. 내 생각에 그것들은 또한 치료사의 역전이에서도 방출된다. X 부인은 '내 속살을 파고들었고', 내 위치에 있었고, 내 마음을 안다고 생각했다. 하지만 이는 나에게서 상응하는 반응을 풀어놓았다. 같은 자리에 있고

---

23 | [이 책의 140-141쪽.]

24 | [to get under the skin of the other. 대강 직역에 가깝게 번역했으나, 'get under the skin'은 '화나게 하다', '짜증나게 하다'라는 뜻을 갖는 관용적 표현이다.]

같은 것을 갖는다고 해서 반드시 같은 사람이어야 하는 게 아니라는 것을 (같음 속에 차이를 위한 공간이 있다는 것을) 그녀가 알 필요가 있다(그리고 어딘가에서, 나 역시 부모적 역전이와는 다른 방식으로 그럴 필요가 있다)는 것을 내가 깨닫고 나서야, 분석의 결정적 단계가 전진할 수 있었다. 이 시점에 X 부인은, 그녀의 말처럼, 다음과 같은 것을 발견했다: 닮은 사람들 사이에 공간이 있다는 감각은 그녀의 마음속에 공간이 있다는 것을 의미한다. 이것은 위치들, 사고들, 말들 사이에 있는 '위상학적' 공간 이다. 그것은 텅 빈 공간이 아니다.

그러고 나서 X 부인은 살아 있는 아기를 생산할 수 없었던 이전의 무능력이 남동생을 향한 동기 죽음 소원의 힘에 관한 불안과 연결되어 있다는 것을 볼 수 있었다. 앞서 말했듯이, 실제로 출산을 했을 때 그녀가 지나치게 기뻐한 나머지, 이제 위험은 과도한 이상화였다. 자녀에 대한 부모의 이상화는 으레 부모 자신의 회복된 유아 나르시시즘의 확장이다 — 아기는 한때 아버지와 어머니 자신이기도 했던 '폐하'이다. 그렇지만, 비록 X 부인이(그리고 물론 다른 환자들이) 이런 방식으로 나르시시즘적으로 실로 이득을 얻기는 했어도, 다른 무언가가 또한 진행되고 있었다. 분명 이상화는 그녀의 어머니의 아기들을 헐뜯는 것 속에 들어있는 파괴성으로부터의 분리였으며 따라서 어머니에 대한 공격이었지만, 더 특별히 그것은 동기로서의 이 아기들에 대한 그녀의 공격에 대한 부인이었다. 하지만 환상 속에는 이것 이상이 있었다: 어머니가 아니라 동기들이 죽임을 당했다.

동기 사랑과 성욕이 꽃피는 시, 영화, 소설에는 자식이 드물다. 아기를 낳게 된다고 해도 그 아기는 괴물로 상상되거나 죽을 운명이다. 아기가 괴물일 거라는 X 부인의 두려움은 출산을 앞둔 모든 어머니의 전적으로 공통적인 환상을 넘어선 정도의 것이었다. 하지만 공통적인 환상은 강력한 동기적 기원을 갖지 않을까? 근친상간 터부의 이를테면 '요점'은 같음의 범주에 속하는 누군가와의 섹스를 방지하는 것이다. 아이가 동기나 또래와 의사 놀이를 할 때, 그는 다른 아이와 함께 환상 아기를 생산할 수도 있을 것이다. 하지만 그것은 다른 것으로서가 아닌 같은 것으로서의 아이와 함께 한 것이다. 따라서 동기적 재생산은 자가성애적 단성생식 환상의 변이거나 복제다. 한 아이에 대한 금지는 다른 아이에 대한 금지를 함의한다. 상징적으로 금지는 어머니의 위치로부터 나온다— 너는 지금 나처럼 아기를 만들 수 없다. 남자아이한테 이는 결코 출산하지 못함을 가리킨다 (거세 콤플렉스의 여자아이의 경우, 결코 아버지가 되지 못한다는 것이 있듯이). 여자아이한테 그것은 당분간이다. 측면적으로 그 금지는 유관하지 않을 수도 있다. 동기 성욕은 그 욕망에 있어 재생산적이지 않을 수도 있으니 말이다(5장). 여기서 금지는 타자를 동일자로 취급하지 않는 것, 사회적인 것의 장에서 나르시시즘과 웅대함을 계속 유지하지 않는 것과 관련된다.

X 부인의 살아 있는 아들은 어느 정도는 여전히 단성생식적 아기였으며 그녀 자신의 유일무이한 성취로서 이상화되었다. 하지만 살았기 때문에 그는 또한 그녀가 이윽고 남동생을 향한 살의를 떼어내고 포기할 수 있는 장소로서 이바지했다. 자위 매질 환상이 멈춘 것은 남동생 죽이기를 상상하는 것의 포기에 대한 서곡이었을 수도 있다. X 부인이 그 다음으로 가진 여자아이는 더 큰 자기-복제 문제를 야기했다. 그녀는 딸아이의 젠더에 대해 혼동했다. 단지 아들을 갖는 데 익숙해졌기 때문만은 아니다. 그녀는 자신을 남동생의 어머니라고 생각했었고, 또한 그녀 자신이 아이로서 남동생 안에 반영되어 있다고 보았었다(그녀 자신을 남동생으로 보았었다). 그래서 그녀는 빈번히 그녀의 딸을 자신의 남동생으로 보았다. 멜라니 클라인은 어머니들이 그들의 더 나이 든 아이들에게서 자신의 동기를 본다고 제안한다. 나는 그와 같은 봄이 거기 수반되는 일체의 양가성과 더불어서 임신의 순간부터 — X 부인의 경우처럼, 실로 그 전에, 임신의

가능성이나 여타의 것 속에 — 거기 있다고 제안한다.

1922년 칼 아브라함은 여성 거세 콤플렉스에 관한 논문을 썼는데, 끝에서 둘째 단락이 유명해졌다. 그것은 중대한 관찰을 포함하고 있었다: '어머니의 항문 성애는 아이들의 성심리적 발달에서 최초의 가장 위험한 적이다. 어머니가 생후 몇 년간 아버지보다 더 큰 영향력을 갖기에 더더욱 그러하다'(Abraham, 1922: 28). 여자가 여전히 항문 쾌락에서 기뻐한다는 것은 오이디푸스 콤플렉스를 해소하지 못했음을 가리키며, 따라서 그녀가 자기 아기를 그녀의 환상 속에서 성적 대상으로 이용할 수 있음을 가리킨다. 그와 같은 심적인 시나리오라면 아이에게 충분히 위험할 수 있을 것이다. 하지만 그 논변 속에는 미끄러짐이 잠재되어 있다. 어떤 사람의 무의식적 환상을 가지고서 그들의 실제 행동을 예견할 수는 없다. 그 미끄러짐은 '성격'이라는 개념과 관련이 있다. 아브라함은 그러한 어머니들에게서 거세 콤플렉스의 짐을 덜어줄 수 있다면 다음 세대들을 신경증에서 해방시키는 데 도움이 될 것이라고 결론 내린다.[25] 같은 해에, 『국제정신분석저널』에 실린 짧은 통신문에서 영국정신분석학회 회장 어니스트 존스는 아브라함의 논제를 확인하는 세 가지 사항을 제시했다(Jones, 1922). 나는 그중 첫 번째 것만을 언급할 것이다. 그것은 한 여자아이 사례인데, 그녀에게는 그녀가 질투하고 선망하는 오빠가 있다. 그 남자아이의 다리는

---

25 | 크리스토퍼 볼라스는 최근에 나온 책 『히스테리』(Bollas, 2000)에서 아이의 성욕을 받아들이고 안전하게 조성해주지 못하는 어머니의 (그녀 자신의 성심리적 병리에 기인하는) 실패를 장차 아이의 히스테리의 인과적 결정요인으로 본다. 여기서 우리는 아브라함에서 시작해서 (아마도 클라인을 경유하여) 오늘날에 이르는 한 노선을 본다. 그 노선은 다시 한 번 히스테리 기인성 어머니를 부각시킨다. 단순히 이렇게 질문할 수 있겠다. 분석가들은 그걸 어떻게 아는가? 그들은 자기 자신을 거세 콤플렉스를 해소하지 못하고 환자의 성욕을 인정할 수 없는 등등의 항문 성애적 어머니로서 경험해본 것인가?

선천적으로 기형이었다. 아버지는 아들을 치료하는 일에 몰두했다. 그 결과 딸은 소홀하게 취급되었다. 그녀는 세 살까지 인형과 놀았다. 세 살 때 그녀의 가장 친한 친구의 집에서 아기가 태어났다. 그 이후로 그녀는 인형을 단념했으며, 아기들에 대한 일체의 관심을 버렸다. 그녀는 행복하게 결혼했을 때도 여전히 아이 낳기를 거부했다. 불운한 그 작은 소녀의 사례에서 우리는 오빠, 아버지, 가장 친한 친구가 있는 시나리오를 갖는다. 어머니는 전혀 언급이 없다.

「'한 아이가 매 맞고 있어요'」에서 프로이트는, 다시 한 번 '남성적 항의'[26]와 '열등 콤플렉스'의 우선성이라는 알프레드 아들러의 개념을 거부하면서, 무의식적 과정이 작용하고 있다는 증거로서 증상의 중요성에 의거한다.[27] 통상적 사고의 관점에서 여자아이라는 것에 대한 항의와 열등감은 손쉽게 설명될 수 있다. 히스테리적 시력 상실 같은 증상은 그렇지 않다. 전자와는 달리 후자의 경우 우리는 무언가 무의식적인 것이 작용하고 있다는 관념이 필요하다. 프로이트는 (증상이 있는) 신경증의 형성과 성격의 구성을 혼동하지 말아야 한다고 지적했다. 하지만 아브라함의 1922년 논문이 발표되고 일 년 후에 프란츠 알렉산더는 「성격 형성에서의 거세 콤플렉스」(Alexander, 1923)라는 논문을 발표했다. 거세 콤플렉스는 오로지 무의식적일 수 있을 뿐이다. 알렉산더의 『국제정신분석저널』 기고는 프로이트의 「질투, 편집증, 동성애에서의 몇 가지 신경증적 메커니즘」(1922) 직후에 이루어진다. 프로이트는 이 짧은 논문을 동성애에 관한

---

26 | ['masculine protest'. 아들러는 '남성'과 '여성'을 강함과 약함에 대한 은유로 사용하면서 남성적 항의라는 개념을 정식화했다. 그것은 양성 모두에게 있는 열등감을 과잉보상하려는 일단의 특성을 가리킨다. 나중에 아들러는 이 용어를 좀 더 제한된 방식으로 사용하여 여성적 역할에 대한 여자들의 항의를 지칭한다.]

27 | [「매 맞는 아이」, 166쪽 이하.]

새로운 발견을 가지고서 결론짓는다: 대개는 나이가 더 많은 남자 형제들에 대한 강렬한 경쟁심과 질투심이 역전되어 한때 증오했던 대상은 동성애적 사랑대상이 되었다. 더 나아가 그는 사회적 감정이 이러한 역전의 길 위에 있는 중간역(way-station)으로서 생겨난다고 주장한다 — 그러한 감정은 형제간의 동성애적 감정의 승화. 사회적 예절과 배려는 동성 동기 경쟁과 동기 사랑 사이의 저 길 위에 있다. 나는 전쟁에서 사회적 배려는 무너진다는 것을 덧붙이겠다. 전쟁이나 전쟁과 유사한 상황에서 발생하는 것은 탈승화와 동기간 경쟁과 증오로의 역전 아닌가?

거세 콤플렉스는 근친상간적인 오이디푸스적 욕망을 지속한다면 거세 처벌의 위험이 있다는 두려움을 둘러싼 무의식적 관념들(과 그 관념들에 동반하는 느낌들)의 총합이다. 여자아이도 남자아이 못지않게 거세 콤플렉스에 종속되어 있지만, 여자아이의 불안은 다르다. 왜냐하면 여자아이의 여성성에 대한 정의는 여자아이는 '이미 거세되어 있다'는 것이기 때문이다. 여자아이는 그 대신 음경을 선망한다 — 거세를 두려워한다는 저 남성적 조건은 남근적으로 자신이 결핍되어 있다는 것을 믿는다는 이 여성적 조건과 마찬가지로 정상규범적이다. 거세 콤플렉스에 대한 종속은 인간의 조건이다. 이것은 아브라함, 존스, 알렉산더가 제출한 여성 거세 콤플렉스 개념과 동일하지 않다. 후자의 개념은 거세자(castrator)로서의 여자라고 하는 대중적 관념과 너무나도 흡사하다. 거세 콤플렉스는, 정확하게 말해서, 여자가 아직 남자아이처럼 음경의 상실을 두려워하는 심적으로 양성적인 소녀임을 함축할 것이리라. 전문적으로, 이것은 망상 가능성을 함축할 것이다 — 이는 결코 성격의 한 측면이 아니다.[28]

---

28 | 여성 거세 콤플렉스에 대한 글을 쓰는 정신분석가들이 대중적 해석과 일치하는, 여자는 거세자임을 뜻하는 설명을 내놓는 일은 꽤 빈번하다. 이것이 아브라함의 의도였을지도 모르겠다. 온당히 말해서 이것은 — 여러 갈등하는 무의식적 욕망들을 내포하는 — '콤플렉스'일 수 없다. 그것은 단지 선망

내가 언급하고 있는 논문들은 '대전' 직후에 작성되었다. 외상 입은 양쪽 병사들은 정신분석 이론의 재사고와 재정식화에 너무나도 크게 기여했다. 히스테리 여자 환자가 정신분석 그 자체를 낳았다고 종종 주장된다. 더 논쟁적이겠지만 나는 이렇게 덧붙이겠다: 남성 전쟁 히스테리증자와 그의 외상 입은 형제는 정신분석의 주요한 수정들을 이끌어냈다. 여기서 내 흥미를 끄는 물음들은 — 가장 우세한 물음도 가장 자주 논의된 물음도 아니지만 — 이러한 수정의 필수불가결한 요소다. 이론에서의 주요한 변화로는, 가장 분명하게는, 이른바 제2차 메타심리학, 즉 이드(es), 초자아(überich), 자아(ich)의 메타심리학을 구성한 것이 있고, 불안의 자리에 관한 생각을 수정한 것이 있다. 그렇지만 내가 관심을 기울이고 있는 묻힌 주제는 (오이디푸스 콤플렉스와 음경 선망의 어떤 특수한 왜곡된 표현으로까지 거슬러 올라갈 수 있는) 신경증적 증상으로부터 여성 거세 콤플렉스에 의해 성격이 규정되는 여자로의 눈에 띄지 않은 변동이 갖는 함축들이다. 다시 말해서, 신경증적으로 히스테리적인 여자아이로부터 성격학적으로 거세자인 어머니로의 변동 말이다. 이것은 그 자체로 중요한 주제다. 여기서 그것은 다만 어머니의 항문 성애와 그것이 아이의 성심리에 미치는 황폐화 효과에 대한 아브라함의 관찰을 위한 맥락을 형성할 뿐이다. 항문 성애에 대한 아브라함의 통찰은 거세 콤플렉스 이론 속으로 억지로 삽입된다. 하지만 항문 성애는 또한 단성생식적 환상이 갖는 지배적 특징이며, 동기 근친상간적 놀이와 경쟁에서 그 환상의 계기가 갖는 지배적인 특징이다. 거세하는 여자들을 알렉산더는 성격으로 보았다. 나는 금지에서 기인하는 억압의 무의식적 효과로부터 위험스럽게 도덕주의적인 성격학으로 분석의 변동을 조장했던 이러한 움직임을 역전시키고 싶다. 프로이트가 「'한 아이가 매 맞고 있어요'」에서 말하듯이, 신경증과 성격은 동일한

───────

된 대상의 파괴로 나타나는 음경 선망의 단일한 행동화일 뿐이다.

184

것이 아니다. '성격'으로의 이와 같은 변동은 거세하는 여자라는 개념을
굳혔다.

분석적 통찰을 이데올로기적 명령으로 환원하는 대신에, 동기들과 유
사-동기들을 자율적 구조로서 도입하는 것은 무의식적 과정으로 복귀할
수 있게 해준다. 이 무의식적 과정으로부터 사회적 물음들이 — 성격 분석
에 대한 필요도 없고 권력놀이와 열등 콤플렉스에 대한 아들러적 가정에
대한 필요도 없이 — 열린다. 자기 아기들을 사랑받는/증오받는 천사나
괴물로 놓는 어머니의 환상과 실연, 아버지의 성적 폭력, 전 세계적인
아내 구타, 히스테리의 여성화, 전쟁과 평화: 이것들은 세대 간 상호작용에
만 뿌리를 두고 있는 것이 아니라 우리가 옆으로 볼 때 금방 우리 눈에
띄는 딜레마들에 뿌리를 두고 있는 것이다.

5

젠더와 성적 차이의 차이

모니카 트로이트의 영화 <아버지가 온다>(1990)에서 주인공은 운전을 하면서 차 거울에 비친 자기 얼굴을 반복해서 골몰히 들여다본다. 그는 젊은 여자에게 사진 한 장을 보여준다. 그녀는 '네 여동생이니?'라고 묻는 다. '그보다 더 가까워'라고 그는 대답한다. 남매간은 근친상간을 피하고자 할 때 유지되어야 하는 사람들 사이의 최소 거리를 나타낸다. 사진은 주인공의 누이 사진이 아니라 '성전환' 수술을 받기 전 그 자신의 사진이다. 나는 이렇게 말하고 싶다. 즉 '젠더'라는 용어가 (적어도 앵글로색슨 세계 에서) 정신분석적 담화에서조차 현저하게 된 것은 기술되고 있는 것이 어머니와 아버지 사이의 최대 차이가 아니라 동기간 성적 관계의 최소 차이이기 때문이다. 그런데 이 관계 자체는 타자가 자기이고 '그보다 더 가까운' 나르시시즘적 경제에서 아주 조금 떨어져 있을 뿐이다. 트로이트 의 젠더전환 주인공은 심적으로나 육체적으로나 동기들이 얼마나 가까울 수 있는지를 보여주는 아이콘이 될 수 있다.

정신분석 이론의 현 상태로는 '젠더' 개념을 그 이론에 들어맞게 할 수 없다. 주체가 차지할 수 있는 위치 가운데 성욕(sexuality)을 내포하지

'젠더는 이원적 구분의 한쪽 편을 따라서 관계를 지칭할 수 있다… 소녀 동기들'
〈매튜 데커 준남작의 딸들〉 얀 반 마이어 (1718), 사진 ⓒ 케임브리지 대학교 피츠윌리엄 박물관

않은 곳은 없다. 하지만 '젠더'는 성욕이 결정적이지 않을 수 있는 더 넓은 관계의 장을 가리킨다. 더 나아가 정신분석적 이해에 있어 인간의 심적 삶에서의 성욕의 편재성은 인간이 성적 차이를 인정하게 되거나(정상성의 '이상적 허구') 인정을 거부하거나(정신증) 인정에 실패하거나(신

경중) 인정하지 않기로 결심한다(성격)는 생각을 내포한다. 여성성과 남성성은 서로에 대한 차이에 의해 정의된다는 인식. 선을 가로지를 수는 있지만(성전환), 그래도 선은 있다. 반면에 '젠더'는 이원적 구분의 한쪽 편을 따라서 관계를 지칭할 수 있다: 소년 동기들, 소녀 동기들— 남자와 소년들, 여자와 소녀들.

나는 젠더 개념과 관련해서, 두 가지 다른 명제로 시작해서 한 가지 주장을 하고자 한다. 첫째 명제는 어떤 정신분석 외적(즉 정치적, 사회학적, 심리학적) 젠더 개념에 동의하지 않는다. 둘째 명제는 최근에 — 마치 정신분석 내에서 둘이 같은 것인 양— '성적 차이'를 더 유행하는 '젠더 차이'로 번역하는 것(가령 Breen, 1993)에 동의하지 않는다. 첫째, 젠더 관계를 들여다보면 언제나 어떤 — 적어도 잔여적인 — 성욕이 작용하고 있다. 둘째, 이 성욕이 젠더 개념을 특징짓지 않는(가령 Scott, 1996a) 정도는 젠더가 '성적 차이'에 대한 말끔한 번역일 수 없는 이유다. 그러므로 우리에게 무엇보다 필요한 것은 '젠더' 안에서의 성욕의 본성을 한층 더 이해하는 것이며, 또한 그것이 '성적 차이' 개념 안에서의 성욕과 차이가 나는 지점을 알아보는 것이다. 이러한 쟁점들의 모든 측면은 누락된 동기와 연루되어 있다.

나는 정신분석 내부의 문제로 시작하겠다. 그런 다음 그것의 더 넓은 함축들을 살펴보겠다. 최초의 충동 이론에서 성 충동은 개인의 '자기보존' 충동과 갈등 관계에 있다. 성적인 촉구는 내부의 강박을 표현하며 터부들과 대립하는데, 이 터부들이 조롱당할 경우 개인의 생존이 위태로워질 것이다. 뒤이어 이 힘들은 갈등 관계에 있는 게 아니라 어떤 총체성의 일부로 파악되었다. 이제 그 둘은 함께 통합과 변화의 경향성을 갖는 '삶 충동'을 형성하며, 분해와 정지로 개인을 몰고 가는 가설상의 '죽음 충동'과 대립한다. 이러한 이론적 변동을 위한 기초를 형성했던 임상적 자료는 여기서 나의 관심사가 아니다. 나는 성욕이 자리를 옮겨 '삶 충동'

에서의 지배적 파트너가 될 때 성욕에 대한 이해에서의 어떤 은폐된 재-강조를 지적하고자 하며, 또한 동시에 자기보존 충동이 새로운 위치를 차지하게 되었을 때 자기보존 충동의 상대적 약화가 갖는 함축들을 지적하고자 한다. 내가 이 쟁점을 살피는 이유는 다만 학술적이지만은 않다. 확실히 그것은 정신분석 이론이 상식적 이데올로기로 미끄러지는 데 기여했다. 이 이데올로기는, 몇 가지 이득을 낳기는 했지만, 있는 그대로를 보는 게 더 좋다.

요컨대 성욕이 삶 충동으로 포섭됨으로써 성욕은 생식을 향한 충동, 재생산적 충동이라는 점이 강조되었다. 이전에 성 충동은 심원하게 파열적인 힘으로 파악되었다. 이 측면이 보유된다고 보더라도, 사실상 그것은 크게 쪼개졌다. 비재생산적 성욕은, 도치(동성애)나 도착에서처럼, 파열적이다. 재생산적 성욕은 달성하기 어려운 것으로 간주되지만, 문명 속의 '불만'이나 파열의 원천을 구성하지 않으며, 오히려 반대다. 여기엔 놀랄 것이 전혀 없다!

나르시시즘에 대한 임상적 관찰은 성욕과 자기보존이 '삶 충동' 속에서 결합되는 쪽으로의 이론적 변동을 개시했다. 자기사랑 없이는 그 어떤 생존도 있을 수 없다. 그렇지만 삶 충동의 정식화에서 나르시시즘은 도치, 도착과 결합되었다. 도치와 도착은 발달적으로 필연적이지만, 궁극적으로는 바람직하고 재생산적인 생명력으로서의 성욕에 대해 파열적이다. 그리하여 우리는 '나르시시즘적 장애'를 얻게 된다. 문제는 이러한 이해의 변동들이 기술적으로 정확하지 않을 수도 있다는 게 아니다. 문제는 우리가 더 이상 그 한 줌의 이데올로기에 반대하는 이론을 가지고 있지 않다는 것이다. 한 번 이런 일이 발생하면, 이론의 발전은 창조적이기보다는 덧셈적(additive)이 되는 경향이 있으며, 그것의 처방들은 근본적이기보다는 교정적이 되는 경향이 있다. 적어도 이 영역에서는.

동기간의 누락이나 포섭은 파열적 힘으로서의 성욕이 재생산에 복무하는 삶 충동으로서의 성욕 달성으로 좌천되는 데 조력했다. 그것은 또한 영속적인 충동으로서의 '자기보존'을 위한 위중한 자리의 발달을 억제했다. 대부분은, 충동보다는 환상의 역할을 고양시킴으로써, 그리고 나서는 심적인 삶을 결정하는 저 환상들을 전적으로 부모적인(parental) 것으로서 강조함으로써 말이다. 우리는 프로이트가 만일 늑대인간의 분석에서 누나의 유혹에서 멈추었다면 성욕의 결정적 역할을 잃어버렸을 것이고 권력 충동이라는 아들러의 개념에 결정적 역할을 부여했을 것이리라고 주장하는 것을 보았다. 프로이트와 그의 환자가 18개월 된 아이의 부모 성교 — '원장면' — 에 대한 위중한 외상적 목격으로까지 더 거슬러 올라갈 수 있었기 때문에, 성욕의 핵심적 자리는 유지될 수 있다— 오이디푸스 콤플렉스의 전조. 성욕은 부모적인, 따라서 이성애적 재생산적인 경로 속으로 들어가도록 강제된다: 아기 늑대인간은 부모의 섹스에 대한 어떤 보편적인 겁에 질린 해석의 주창자였는데, 그 해석은 부모의 섹스를 어머니에 대한 아버지의 폭력과 사라지는 아버지 음경에 대한 어머니의 전유로 본다. 아기의 원장면 환상들을 탐색하는 작업이 시작되었다. 멜라니 클라인은 그것을 자기 이론의 토대로 만들게 될 것이었다.

나는 멜라니 클라인의 작업이 관찰과 이론으로부터 동기를 억압하는 매혹적인 사례라고 생각한다.[1] 그녀의 작업에는 동기와 관련해서 의미심장한 변동이 있다. 나는 그것을 후기 작업에서 초기 작업으로의 역방향 운동을 추적함으로써 보여주려고 할 것이다. 클라인의 첫 저술들은 1차

---

1 | 나는 클라인의 출간된 저술 일체와 미출간 저술 일부를 여러 번 읽었다. 그리고 클라인 선집을 출간했다(Klein, 2000). 나의 정신분석 수련 과정에서 나는 클라인의 작업을 다루는 과정을 밟았으며 클라인학파 분석가들의 지휘를 받았다. 내가 이를 언급하는 이유는 이렇다. 즉 동기들을 찾던 도중에 나는 클라인의 첫 저술의 자료 속에 들어 있는 동기들을 나 자신이 이전에 어느 정도로, 얼마나 심하게 간과했는지를 발견하고 나서 깜짝 놀랐기 때문이다.

세계대전이 기연이 된 이론적 혁신들에 의해 — 특히 불안의 역할에 대한 새로운 강조에 의해 — 고무된다. 주제들은 아동 분석의 재료에서 세공되었다. 그녀가 점진적으로 제안했던 새로운 이론들은 그녀의 성인 정신증자들과의 점증하는 작업에서 나왔다. 그렇지만 사망할 무렵에 그녀는 2차 세계대전에 수행했던 한 아이의 분석에 관한 첫 출간물을 수정하고 있었다.

2차 세계대전 때 클라인은 열 살 난 소개자(evacuee) '리처드'를 네 달 동안 매일 분석했다. 그녀는 모든 상담시간을 상세하게 기록했다. 그리고 1950년대 말엽 그녀의 작업을 출판을 위해 재검토하고 해설을 달고 '재해석'했다. 그것은 그녀가 마지막으로 작업한 책이 된 『아동 분석의 내러티브』(Klein, [1961])였다. 내 생각에 『내러티브』에서 분명 우리는 막중한 어머니를 위해 동기가 억눌리는 것을 볼 수 있다. 부모와 함께 피난을 온 리처드는 두 번째 상담시간에 군인 형 폴에 대해 언급한다. 폴이 휴가차 집에 올 때 폴이 어머니가 총애하는 아들이라는 것은 리처드에게 분명하다. 리처드는 클라인에게 어머니가 폴에게 초콜릿을 보낸 것이 — 어머니의 행위에 동의하면서도 — 얼마나 분했는지 말한다. 리처드의 양가성에 대한 클라인의 해석은 폴에 대해 언급하지 않는다. 대신에 리처드에게 '만약 그가 질투와 분개를 경험했다면, 그리고 또한 그의 부모 사이에 분란을 일으키기를 원했다면, 그는 공격자가 될 것이다'라는 생각을 하고 있는 것이라고 설명한다(강조는 나의 것). 잠시 후에 리처드는 동의하지만 다시금 '폴과의 관계에 대해 말했다'(Klein, [1961]: 25). 이번에 그의 이야기는 과거의 회상들에 관한 것이다. 하지만 그 회상들은 그로 하여금 최근에 있었던 사촌 피터와의 싸움을 언급하도록 이끌었다. 이에 대해 클라인은 '피터가 싸움에서 거칠게 나왔을 때, 리처드는 그를 멋진 아버지와 나쁜… 아버지의 혼합물처럼 느꼈다'고 응답한다. 리처드는 폴이 휴가차 집에 올 때 어머니가 폴을 환대한 것에 대해 느끼는 분개를 클라인에게 상기시킨다. 그는 다른 누구를 사랑하는 것보다도 그, 리처드를 사랑하는 개를 연상한다. 이제 클라인은 폴을 인정한다. 하지만 연상을 강조한다— 리처드는, 그 자신이 엄마가 되고 사랑할 아이(개)를 갖는다면, 폴에 대한 질투를 극복할 수 있다.

리처드에게는 비밀이 있다. 이 개 바비는 또 하나의 비밀이 된다. 그가 잠자리에서 바비와 성적으로 유희하는 것이 드러난다. 클라인은 처음에 바비를 아빠의 성기로 해석하지만(Klein, [1961]: 88), 그리고 나서는 리처드가 죽이고 싶은 마음을 드러내는 형 폴로 해석한다. 분석이 진행되면서 리처드는 폴에 대한 언급을 덜 하게 된다. 그리고 언급을 할 때 우리는 클라인이 더욱 빈번히 '아빠와 폴'을 함께 해석하는 것을 발견한다. 마치 이런 식으로 환자와 치료사는 무의식적으로 타협에 이르게 된 것만 같다! 클라인이 폴을 무시하는 것과 바비를 리처드의 아기로 해석하는 것을 함께 읽을 때 우리는 파열적인 성 충동을 재생산적 환상으로 좌천시킴에 있어 동기의 누락이 수행하는 역할을 볼 수 있다.

여기서 형이 했던 역할을 세공하기보다는 다만 한 가지 세부 사항에 주목하려고 한다. 그것은 형의 누락이 측면 관계에 대한 더 넓은 누락을 나타내며 그 역도 마찬가지라는 사실을 부각시킨다. 환자의 첫 소통을 특별히 중요하게 여기는 것은 일반적이다. 리처드의 경우, 그를 치료받으러 오게 한 걱정들에 대한 그의 즉각적인 첫 설명은 이렇다. '그는 길거리에서 만난 소년들을 두려워했고 혼자 나가는 것을 두려워했다. 그리고 이 두려움은 점점 더 악화되고 있었다. 그 두려움 때문에 그는 학교를 증오하게 되었다. 그는 또한 전쟁에 대해 많은 생각을 했다'(Klein, [1961]: 19). 또래들— 동기들, 후계자나 대체자들— 에 대한 그의 두려움과 공격성이 자주 나타남에도 불구하고 그들에게는 아무런 자율적인 특별한 자리도 주어지지 않는다. 우리는 이를 형을 경유해서 치료의 방식— 여하한 측면적 위치로부터의 분석가 자신의 부재— 과 연결시킬 수 있다. 한 번은 리처드가 물고기 그림을 그리고 '폴'이라고 부르고는 곧 정정을 하면서 '아니, 그건 클라인 부인이에요'라고 말하지만, 클라인은 그녀가 전이 관계에서 폴이 되는 해석을 결코 하지 않는다. 하지만 클라인 부인이야말로 대공습 중에 런던에 감으로써 폴처럼 전쟁의 위험에 노출된다. 리처드의 부모는 위험 지대 바깥에 머문다.

허버트 로젠펠드가 분석한 첫 정신증 사례가 떠오른다(Mitchell, 2000a 참조). 그의 정신분열증 환자 밀리의 정신증적 붕괴는 그녀의 남동생 잭이 전쟁에서 사망했을 때 발생했다. 폴처럼 잭은 그 사례사에서 아무런 중요한 자리도 없다. 죽음과 내재화된 죽은 대상들은 (클라인이 『내러티브』에서 주목하듯이) 정신증의 지시자들이다. 하지만 군대에 있는 것은 아버지가 아니라 폴임에도 폴의 죽음에 대한 두려움은 전혀 분석되지 않는다. 형 폴은 원장면과 오이디푸스 콤플렉스의 부모에 대한 이해에 전적으로 종속되어 있다. 리처드가 자신의 개 바비와 성적인 유희를 할 때, 정말로 그는 아기 만들기를 상상하고 바비를 아기로 상상하고 있는 것일까? 성 충동은 언제나 재생산적인가? 클라인에게는 그렇다. 하지만 언제나 그랬을까?

단행본을 구성하는 『아동 분석의 내러티브』를 별도로 하면, 1945년부터 1963년 사망할 때까지의 나머지 저술은 323쪽 분량의 『멜라니 클라인의 저술들』 제3권(1975)으로 묶여 나왔다. 색인 목록에는 형제와 자매에 대한 네 번의 참조가 있다('동기'는 목록에 없다). 이 넷 가운데 둘은 내 관점에서 극히 흥미롭다. 어머니에 대한 원초적 선망과 감사 속에서의 그것의 해소에 관한 주요 이론적 공헌인 「선망과 감사」라는 논문에는 어머니와 언니 양자 모두에 대한 선망을 경험하는 한 환자가 있다. 그 환자는 '아주 정상적'이라고 묘사된다(Klein, [1957]: 209). 그녀의 언니는 아니다. 한 꿈은 언니에 대한 강렬한 선망과 경쟁심을 드러낸다. 이어서 그녀는 언니의 결함들에 더욱 동정하게 되며, 아이였을 때 그녀가 언니를 또한 얼마나 사랑했는지를 회상하게 된다. 그 꿈은 한 여자가 기차에서 추락하는 것을 그 환자가 막는 꿈이다. 그 환자는 그 여자가 자기 자신이라고 진술한다. 하지만 그녀는 언니의 머리카락을 연상한다. 클라인의 결론적인 이해는 다음과 같다.

> 그 인물을 꽉 붙들고 있어야만 한다는 그 환자의 느낌은 그녀가 언니를 더 도왔어야 했다는 것을, 이를테면 언니가 추락하는 것을 막았어야 한다는 것을 함축했다. 그리고 이 느낌은 이제 언니와 연관해서 어떤 내재화된 대상으로서 재경험된다. (…) 그녀의 언니가 또한 그녀 자신의 미친 부분을 나타냈다는 사실은 부분적으로는 그녀 자신의 분열증적이고 편집증적인 감정을 언니에게로 투사한 것으로 판명이 났다. (Klein, [1957]: 210)

'아주 정상적'인 환자는 그녀 자신의 '광기'를 발견하고는 충격을 받는다. 그리고 클라인은 인성의 나머지 부분으로부터 분리되어 나온 분열증적이고 편집증적인 감정이 많은 '정상적'인 사람들에게 흔하게 발견될 수 있다고 말한다. 분리되고 투사된 그 느낌은 어딘가로 가야 한다 — 내가 제안하는바, 동기들은 좋은 장소다. 이 짧은 사례사는 동기들이 또한 분열증적이고 편집증적인 감정 자체의 기원에 있다는 것을 정립할 수 있게 해준다.

클라인의 작업 인생의 후반부 저술들에 나오는 동기들에 대한 네 가지 참조 가운데 다른 한 사례는 더 단순하다. 그것은 어린 아기에 대한 관찰이다.

> 약 4개월 이후부터, 몇 년 연상인 오빠와의 관계는 그녀의 인생에서 현저하고 두드러진 역할을 했다. 그것은 쉽게 알 수 있는 것이지만 어머니에 대한 관계와는 다양한 방식으로 달랐다. 그녀는 오빠가 말하고 행하는 모든 것을 흠모했으며, 계속해서 오빠에게 구애를 했다. 그녀는 환심을

사기 위해, 그의 관심을 얻기 위해 그녀의 모든 작은 수법들을 이용했으며, 그를 향해 눈에 띄게 여성적인 태도를 드러냈다. (Klein, [1952]: 100. 강조는 나의 것)

이것은 아버지에 대한 사랑이 된다. 클라인은 아버지가 이전에 상대적으로 부재했다는 것에 주목한다. 아버지가 더 많이 있었다면 오빠가 아니라 아버지에게로 호의가 갔을 것이라고 암시하려는 듯 말이다. 나는 오히려 반대로 아버지에 대한 감정은 어머니에 대한 감정처럼 오빠에 대한 감정과 달랐을 것이라고 제안한다. 나는 반-남동기에 대한 동일한 흠모를 본 적이 있다. 그는 이 경우 상대적 부재자였으며 반면에 늘 있었던 아버지도 사랑을 받았으되 다르게 사랑받았다. 우리는 또한 저 어린 여자아이가 4개월이라는 것을 기억해야 한다. 내가 유아 관찰 수련을 할 때 나는 남자 아기에게서 형에 대한 동일한 집착을 목격한 적이 있다. 젠더는 행동적으로 표현될 수도 있겠지만, 분명 이것이 요점은 아니다. 나는 이것으로 되돌아올 것이다.

그렇지만 이것은 흥미롭기는 해도 클라인의 평생의 작업의 후반부에서 동기들에 대해 얻을 수 있는 전부다. 『내러티브』에는 한 명의 남동기가 나온다. 그는 분명 환자에게 중요하다. 하지만 독자는 그의 중요성을 보지 못하더라도 잘못이 없을 것이다. 나머지 더 이론적인 작업들은 부모적 배치 바깥에서 동기를 위한 자리를 전혀 발견하지 못한다. 미친 언니에 대한 정상적인 소녀의 꿈을 제외하면 말이다. 클라인의 초기 작업에서는 전혀 그렇지가 않다.

초기 저작은 동기들로 가득하다. 동기들은 전이 이해들 속에도 등장한다. 나는 형제자매에 사로잡혀 있는 외동 아이 에르나의 사례를 논할 것이다. 하지만 우선, 클라인이 동기를 필수적인 오이디푸스성에 끼워 맞추려고 분투하는 두드러진 순간을 확실히 지적하고자 한다. 1926년 클라인은 두 형제에 대해 썼다. 어린 나이부터(아마 2살 이전에) 귄터와 프란츠는 성적으로 유희했다 — '유희했다'는 말이 펠라치오와 손가락을 사용한 항문 삽입에 동반된 난폭한 환상들에 대한 아주 올바른 단어라는 말은 아니다.

> 숟가락은 프란츠 자신의 입에 강제로 밀어 넣은 형의 음경을 상징했다. 프란츠는 자신을 형과 동일시했다. 그래서 형에 대한 이 증오를 자신의 자기를 향해 돌려놓았다. 프란츠는 작고 약한 자기에 대한 분노를 자기보다 도 약한 다른 아이들에게로 돌렸으며, 전이상황에서 우발적으로 나에게 돌렸다. (Klein, [1932]: 115, 강조는 나의 것.[2])

그렇지만 이 강력한 관찰의 측면적 함의들은 수직적 관계 속으로 억지로 끼워 맞추어진다. 우리는 다음과 같은 것을 읽는다. '그의 형은 부모 대리자 였다',[3] 그의 '형의 음경은 아버지의 음경을 표상했다'[4], '동생은 성교에서 결합된 귄터의 아버지와 어머니를 표상했다'[5] 등등. 어쩌면 그랬을 수도 있다. 하지만 클라인은 그것들이 또한 실로 확실히 무엇보다도 형제에 대한 파괴적인 맹공격이라는 것을 놓치고 말았다.

우리는 심각하게 병이 든 여섯 살 강박증 아이 에르나 사례에서 모든 것을 부모적인 것으로 읽어내기 위해서 왜곡이 필요하다는 것을 볼 수 있다. 각주에서 클라인은 이렇게 설명한다.

> 에르나는 실제 삶에서 형제자매가 아무도 없었기 때문에, 그녀의 정신적

---

2 | [멜라니 클라인, 『아동 정신분석』, 209-210쪽.]
3 | [같은 책, 210쪽.]
4 | [같은 책, 209쪽.]
5 | [같은 책, 207쪽.]

삶에서 그토록 중요한 역할을 했던 그들에 대한 무의식적 두려움과 질투는 분석에서만 드러나고 체험되었다. 이는 다시 한 번 아동 분석에서 전이의 중요성을 보여주는 예다. ([1932]: 42n1[6])

하지만 본문에서 우리는 다음 구절을 읽는다. '이내 이러한 에르나의 환상에는 자신의 상상적 형제자매들에 대한 증오심이 — 그들은 궁극적으로 아버지와 어머니의 대체물이었을 뿐이기 때문에 — 뒤따랐다'([1932]: 42-3[7]).

클라인이 동기를 부모로 읽은 것은 표준적인 관행이다. 그것을 특별하게 만드는 것은 그녀의 동기 묘사의 범위와 생생함이다. 아동 분석에 대한 그녀의 혁명적인 이해만이 아니라 특히 그녀가 오이디푸스 콤플렉스를 생후 첫 몇 개월로 범위를 확장한 사실을 내세우기 위해서 그녀는 이 동기 생각들을 저지해야만 하는 것도 같다. 나의 육감은 이렇다. 아이 환자들은 처음에 클라인으로 하여금 동기들에 관심을 갖지 않을 수 없게 했으며, 그녀는 프로이트의 오이디푸스 이론에 순응하면서도 동기를 훌륭하게 이해했다. 이러한 관계들은 그녀가 생후 최초의 몇 달에 대한 혁명적 이해를 향해 나아가도록 했다. 하지만 그녀는 그것을 원장면과 합병함으로써 오이디푸스적 틀을 유지했다. 그런 다음 그녀는 성인 환자들의 정신증적 부분에 대해 한층 더 빈번하게 다루기 시작했다. 내 생각에 그녀가 4개월 아기의 분열증적-편집증적 국면이라고 불렀던 것의 과정들을 보았고 그토록 비범하게 기술한 것은 그녀의 이전 연구가 정신증적 성인 안에서 현시되는 동기들을 관찰했기 때문이다. 그녀는 자신이 본 것을 그녀의 혁명적이지만 여전히 수직적인 모델 속으로 강제로 밀어 넣었다.

───── 6 | [같은 책, 93쪽 주10.]
7 | [같은 책, 94쪽.]

1차 세계대전 후, 프로이트가 동료들에게 부모 성교를 일찍이 목격한 사례를 요청하고 누나가 늑대인간을 유혹한 사례를 강등시켰을 때, 우리는 배타적인 수직적 차원의 확고한 재확립을 보았다. 2차 세계대전 무렵이면 이 차원은 단단히 정착되었다. 멜라니 클라인이 그녀의 분석자 윌프레드 비온에게 정신분석에서 멀어질 수 있으므로 집단 분석에 대한 관심을 포기하라고 말했다는 떠도는 출처 미상의 이야기를 이해할 수 있는 맥락이 어쩌면 이것일지도 모른다. 양차 대전 모두 집단 작업은 치료사들로 하여금 측면적 차원에 관심을 갖지 않을 수 없게 했다. 오이디푸스에 대한 강조와 그 다음으로 전-오이디푸스적 어머니에 대한 강조는 성욕과 그것의 수많은 다양한 관계들에 대한 더 폭넓은 이해를 희생하면서 거둔 재생산의 승리였다.

이제 나는 오이디푸스 및 전-오이디푸스적인 것의 지배, 동기들을 부모에게 종속시키기 등을 '성적 차이'와 '젠더'라는 용어와 관련짓고자 한다. 나는 남성성과 여성성에 대한 정신분석적 이해를 가리키는 정확한 용어인 '성적 차이'는 재생산을 함축한다고 주장하겠다. 오늘날 무분별하게 사용되고 있는 '젠더'는 일차적으로나 우선적으로 생식적이지 않은 성욕을 표현하기 위해 부지불식간에 사용되어 왔다. 이를 의식하고 있다면, 구분은 유용함이 입증될 수 있다. 동기관계는 재생산적일 수도 있다 — 실로 프톨레마이오스 왕조의 이집트 같은 몇몇 매우 드문 상황에서는 재생산적이어야만 한다. 하지만 나는 '젠더'라는 단어를 비재생산적 성욕에, 즉 생존과 밀접한 관련이 있으며 따라서 폭력과도 관련이 있는 성욕에 한정해야 한다고 주장한다. 개념으로서의 젠더가 만연하게 된 것은, 나의 주장에 따르면, 1960년대 이후로 서양에서 지배적인 성적 양태들이 비재생산적이었기 때문이다. 논점을 잡아 늘리는 것처럼 보일 수도 있겠지만, 나는 새로운 재생산 기술들을 이러한 관찰 속에 포함시키고자 한다. 그것들은 내가 보기에 어떤 면에서 성적 차이보다는 오히려 젠더 관계와 관련이 있다.

물론 재생산적 충동과 성적 충동의 경제가 실제 삶에서 구분된다는 건 아니다. 오직 하나의 충동만 있으며, 그것이 상이한 대상을 발견하는 것뿐이다. 그렇지만 성적 충동이 들어가는 환상들을 분석적으로 분리한다면, 여러 현상들을 이해하는 데 도움이 될 것이다. 프로이트가 다른 맥락에서 말했듯이, 임상적 상황에서 색깔들은 흐릿해진다. 분석적 이해를 목적으로 원초적 그림들처럼 그 색깔들을 분리한 후에(우리는 해부하기 위해 죽인다), 다시 합쳐 놓아야 한다.[8] 프로이트에게서 '재생산'은 성욕으로 충만하다. 왜냐하면 재생산은 성욕의 폭발성을 오이디푸스적 욕망들 속으로 흘러들어가게 하고 그런 다음 그 욕망들을 억압하는 것의 결과이기 때문이다. 하지만 정신분석 이론 안에서(그리고 더 일반적으로) 재생산은 계속해서 무성적 역학의 이데올로기 속으로 슬그머니 되돌아간다. 이 무성성은 필중팔구 (다시금 근대 서양 세계에서) 재생산이 여자들과 연결되기 때문에 생겨난다. 어머니들(심지어 아내들과 일반적으로 여자들)은 심리학적으로 욕망의 주체로 간주되지 않는다. 그 이데올로기 속에서 여자들은 너무 많은 성욕을 갖거나 전혀 갖지 않는다. 무성적 어머니로서의 여자라는 빅토리아 시대의 목가는 재생산의 아이콘으로 취해질 수 있다.

'성적 차이'를 재생산적 관계의 구성에 한정하고 '젠더'를 더 넓은 성욕 범주에 적용하는 것은 절대적 의미에서 취해지지 말아야 한다. 하지만 이러한 주의에도 불구하고 나는 그 구분이 여러 방식으로 유용하다고 믿는다. 특히 앙드레 그린(Green, 1995)이 정신분석에 던진 물음 '성욕에 무슨 일이 일어났는가?'를 설명하고 우리를 성욕의 — 등한시되기는 했어도 — 끈질긴 역사로 되돌려 보내는 데 도움이 되기에 그렇다. 내가

---

8 | [『새로운 정신분석 강의』의 서른한 번째 강의("심리적 인격의 해부") 마지막 단락의 내용을 말하는 것 같다.]

주장하려는바, 임상적으로나 이론적으로 성욕이 재생산으로 종속된 것은 성욕 그 자체에 대한 거부의 숨겨진 판본이다. 그와 같은 종속은 — 프로이트가 주장하기를, 융에서 시작해서 계속되는 정신분석으로부터의 모든 이탈들에서 핵심적이었던바 — 물론 인간 역사에서 (적어도 지금까지) 발생하기로 되어 있는 어떤 것이다: 다형도착적인 유아는 후-오이디푸스적 아이로 변형되어야만 한다. (이 역사는 빌헬름 라이히 같은 이탈자를 간과한다. 다시 말해서 우리는 정신분석에 대한 반대가 성욕에 대한 반대라고 주장하거나 아니면 정신분석적인 성 급진론자들의 반대를 무시한다.)

더 나아가, 우리의 이론과 실천이 재생산과 성적 차이에 초점을 맞추었던 것에서 벗어나 젠더에 대한 관심으로 향하고 있기는 하지만, 젠더 개념 자체가 성욕에 관한 한 퇴색된 시점에 그렇게 하고 있는 것일지도 모른다. 나는 역사가 조운 스콧이 역사적 분석의 범주로서 '젠더'에 대해 어떻게 서술하고 있는지 언급한 바 있다. 그녀는 '젠더의 사용은 성을 포함할 수도 있지만 성에 의해 직접 규정되지 않고 성욕을 직접 규정하고 있지도 않은 관계들의 전 체계를 강조한다'는 데 밑줄을 긋는다(Scott, 1996a).[9] 정신분석가가 처음에 성적 차이를 젠더로 대체하고 그런 다음 성이나 성욕을 그 중심에 두고 있지 않은 젠더 개념을 생각하는 것은 분명 문제적이다. 하지만 내가 믿기로 바로 그러한 일이 발생했다. '젠더'와 '성적 차이'를 재고하자고 제안할 때 내 목적 가운데 하나는 우리가 정신의 구성에서 아무런 핵심적 역할도 성욕에서 발견하지 못하는 심리치료들, 혹은 성욕은 다만 학대가 일어나는 저 바깥 현실 세계에만 있다고 믿는 심리치료들로 미끄러지는 것을 막는 것이다. 동기들은 성욕이 정신-사회적 역학에서 바로 얼마나 핵심적인 힘인지를 우리에게 보여준다.

---

9 | [이 책의 65쪽.]

캘리포니아 정신분석가 로버트 스톨러는 생물학적 요인으로서의 '성'과 어떤 사람의 존재에 대한 사회적 기여로서의 '젠더'라는 악명 높은 구분을 도입했다(Stoller, 1968). 영국의 앤 오클리(Oakley, 1972) 같은 여성주의 사회학자들과 미국의 게일 루빈(Rubin, [1975]) 같은 인류학자들은 그 구분을 채택했다. 그 구분이 사회학에 진입했을 때, 성욕(sexuality)은 사라졌다. 그렇지만 최근 몇 십 년에 걸쳐 '젠더'는 의미가 변했다. 그래서 그것은 또한 그 어떤 주어진 맥락에서건 여자와 남자(여성적인 것과 남성적인 것, 암과 수)의 관계를 나타내게 되었다. 그리하여 그것은 생물학적 차원과 사회학적 차원 모두를 지닐 수 있다. 이는 성욕을 위한 가능한 자리를 복구시킨다. 나는 이를 유용한 움직임으로 보면서도, 우리가 '젠더'를 더욱 특정하려고 노력할 필요가 있다고 생각한다. 우리는 또한 그것을 성욕에게 이익이 되도록 — 성욕이 다시 그림에서 슬그머니 누락되지 않게 하는 방향으로 — 탐문할 필요가 있다. 그렇게 하려면, 그것이 대부분 대체했으나 그것과 구별되는 상태로 보존되어야 하는 개념에서 시작하는 게 더 간단하다. 그 개념은 '성적 차이'라는 개념이다.

자크 라캉이 프로이트로 '복귀'했을 때, 이는 이러한 연관 속에서 거세 콤플렉스 — 성적 차이가 상징화되는 중심축으로서의 외상적 금지의 심적 작용 — 를 강조하기 위해서였다. 여성과 남성 모두가 똑같이 남근의 가능한 상실에 종속되지만 방식은 달랐다. 이 구별되는 종속은 미래에 있을 어머니와 아버지의 차이에 의지한다. 모든 사례들에서, 심적인 성적 차이를 필연화하는 것은 유성 재생산이다. 그러한 차이가 어떤 이론가들처럼 신에 의해 도입되건(어니스트 존스) 생물학적 신체에 의해 도입되건, 아니면 어떤 다른 이론가들처럼 인간 사회성의 조건들에 의해 요구되건 말이다. 모든 아이들은 아기를 만들고 낳는 것을 환상한다. 그렇게 하기 위해서는 두 개의 상이한 존재 — 혹은 오히려, 그 차이가 개념화되는 두 존재가 — 필요하다는 것을 후-오이디푸스적 아이는 알게 되는데, 이러한 알게 됨을 우리의 심리가 어떻게 구축하는가 하는 것이 성적 차이의 조건이다.

지배적인 담화들에서 재생산은 여성 편에서 문제가 되며, 우리가 환자에게서 듣거나 아이에게서 목격하는 환상들은 어머니에 대한 집착을 지지해준다. 아이가 오이디푸스라면, 관심의 초점은 어머니일 것이다. 프로이트적 정신분석은 남근중심적이고 가부장적이라는 반복된 주장들은 가부장제에 대항하기 위한 희망으로 여겨지는 어머니에 대한 집착이 오히려 같은 동전의 이면이라는 사실을 망각한다. 어머니를 아기의 필요와 아이의 탐구의 대상으로 만들지 않고 독자적인 주체로 만들려는, 정신의 과제를 주체/주체 상호작용의 한 과제로 보려는 최근의 시도는 오이디푸스성과 전-오이디푸스성의 주체/대상을 교정한다. 하지만 그 대가로 성적 차이를 어렵게 구성된 것으로 간주하지 않고 당연한 것으로 간주하고 만다. 성적 차이가 관련된 곳에서, 하나의 성은 다른 성을 언제나 자신의 대상으로 간주하지 않는가? 그것이 요점 아닌가? 주체/주체 상호작용은, 내가 주장하는바, 동기간의 지대에서 발생하는데, '젠더 차이'도 그곳에 속한다.

주체/주체 상호작용은 오랫동안 여성주의 분석의 초점이었다. 가령 시몬느 드 보부아르의 현상학적인 헤겔 해석. 이 주체/주체 상호작용은 이제 얼마간 정신치료적이고 정신분석적인 관심을 끌고 있다. 그렇지만 성적 재생산은 오르가슴과 생식 양쪽 모두에서 처음에는 타자의 타자성의 매력을, 그 다음에는 그것의 극복을 요구하며, 그리하여 타자의 타자성은 '우리는 하나로서 있다'로 화한다 — 하지만 이원성의 일시적인 변형으로서. 거세 콤플렉스의 조건으로서의 남근의 부재에서 따라 나오는 동일시의 결과 여성성 그 자체가 대상으로서 구성된다는 것은 그 사실을 여성주의에게 핵심적인 문제로 만든다. 내가 보기에는 각 성이 다른 성을 더 평등주의적인 방식에서 대상으로 취할 수 없는 아무런 내재적인 이유도 없다. 하지만 그것은 여기서 내 관심사가 아니다. 나의 요점은 단지 이렇다.

유성 재생산은 성적 차이에 대한 어떤 개념화를 요구하는데, 이번에는 이것은 주체/대상 역학과 이성애성 양자 모두를 함축한다. 아이를 갖는 다른 길들은 있다. 하지만 아이를 낳는 다른 길은 아직 없다.

프로이트가 오이디푸스 콤플렉스를 발견하고 정식화하는 순간 정신분석 이론은 '대상관계'의 영역에 들어섰다. 그리고 관점은 전-오이디푸스적 아이나 오이디푸스적 아이로부터 왔기에, 초점은 불가피하게 대상으로서의 어머니가 될 것이었다. 남근중심성이라는 바로 그 조건으로부터 그것의 반대가 될 것이라고 희망되어온 여성적 성욕에 대한 초점맞춤이 생겨났다. 임상적으로 우리는 우리의 어머니에 대해 말한다. 아버지에 대해 쓰고자 하는 시도는 균형을 바로잡으려는— 재생산적인 남자를 우리의 관심의 대상으로서 데려오려는— 시도다. 이러한 이유로 인해, 앞서 말했듯이 내 관심을 끈 것은 여성 히스테리증자보다는 남성 히스테리— 출산을 하려는 남자아이의 소원에 무슨 일이 일어나는가— 였다.

형태학적으로, 호르몬적으로, 내분비적으로, 기능적으로 자아는 신체 자아이며, 여성 신체와 남성 신체는 다르다. 물론 그 두 신체는 기린과 비교하면 아주 많이 동일하지만. 대부분의 동물을 처음 볼 때 언제나 성적 차이가 마음속에 즉각 떠오르는 건 아니다. 그렇지만 성적 차이와 관련해 인간한테서 신체적 차이는 표상적으로 재생산적 차이로 지각된다. 난자, 정자, 월경, 폐경, 질, 클리토리스, 음경, 자궁, 체모, 목소리 특성, 골반 형태, 키, 몸무게, 크기 등은— 서로 다른 재생산적 역할에 직접 영향을 주건 주지 않건— 재생산적 차이와 관련해서 의미가 주어진다. 그것들은 성적 차이의 환상들에, 서로에 대한 차이에 있어서의 남자와 여자의 표상들에 기여한다. 옷, 헤어컷, 관용구 역시 그러하며, 교차문화적으로나 사회적으로 다양한 광범위한 다른 표지들도 있다. 따라서 우리의 자아는 언제나 유성 자아다. 그것은 재생산을 중심으로 유성화된다. 성적 차이를 혹은 재생산을 위해서는 두 개의 상이한 성이 필요하다는 앎을 받아들이지 않은 히스테리증자는 그만큼 또한 상대적으로 자아가 없다. 그의 '나'는 방황하는 도깨비불이며, '자기가 텅 비어' 있거나 웅대하다. 이 히스테리적 '거울 단계'는 성적 차이의 상징화에 선행한다.

성적 차이, 재생산적 차이는 생물학에서 안식처를 찾을 수도 있겠지만, 거울단계의 자아가 그렇듯 결코 '자연적'이지 않다. 그것은 표상으로서 구성된다. 그것은 타자의 욕망의 거울 속에서 구성된다. 프로이트가 묻기를, 남성과 여성이 중요한 모든 측면에서 닮았는데 왜 우리는 그 둘을 구별하려고 그토록 노력하는가? 유성 재생산의 성적 차이를 심적으로 표지하기 위해서라는 게 분명 그 답이다.

그렇지만 나는 재생산적 충동은 없다고 주장할 것이다. 오로지 재생산적 환상만 있다. 재생산이 여자 편을 따라 측량된다면, 성욕은 (서양에서) 남자의 영역이다. 오로지 하나의 리비도만 있으며 그것은 남성적 리비도라고 말함으로써 프로이트는 이것이 남자들뿐 아니라 여자들에게도 그렇다는 것을 의미한 게 아니라면 무엇을 의미했다는 말인가? 정신분석(프로이트)의 이론은 분명 남근중심적이다. 서양의 이데올로기들이 남성을 성욕과 등치시키고 여성을 무성적 모성과 등치시킨다는 점에서 말이다. 리비도가 양쪽 성 모두에게 남성적이라는 것은 내가 나중에(9장) 살펴보게 될 어떤 문제와 연관된다. 일을 할 때건 성적 활동에서건, 젠더중립성이라고 하는 것의 '남성성'의 문제: '그녀는 남자처럼 문란하다.'

정신분석은 문화를 따라서 성욕을 재생산에 종속시켰기 때문에, 성욕의 중요성에 대한 그 자신의 혁명적 통찰을 더 이상 보지 못하게 되었다. 정신분석은 증상을 성적 현시로 파악함으로써 획득된 이해로부터 환상들의 상호작용을 따르는 것으로 필연적으로 이동했다. 환상들에 의해 산출된 곤궁들을 표상해야 하는 임상적 전이(Lacan, 1982a)는 치료적 해소와 이론적 연구의 모든 것이자 궁극적인 것이 될 수 있다. 결혼을 하느냐 마느냐, 아이를 낳느냐 마느냐── '치료'의 표지. 성욕을 자신의 중심 자리로 복귀시키는 것은 증상을 다시금 증상을 구성하는 성적 충동의 무의식적 표상들로 분해하는 것을 함축할 것이다. 성적 충동의 큰 부분은, 심지어 콘플레이크 상자 가족[10]의 결혼한 커플에게서도, '도착적'이다.

프로이트의 『세 편의 성이론 논문』(1905)을 읽는 것은 어떤 역설적인 센세이션과 직면하는 것이다. 논문들의 논제들은, 특히 유아 성욕의 현존은 완전히 수용된 지 오래다—하지만 우리는 오늘날 여전히 짧지만 혁명적인 어떤 책과 대면하고 있다. 이는 다만 그 책이 1905년에 주장한 것이 선구적이었기 때문만이 아니며 지금도 여전히 선구적이기 때문이다. 그 주장은 지금도 상식이나 수용 가능한 이데올로기로 무너져 내리지 않고 있으며, 과거에도 결코 그런 적이 없다. 겉보기에는 수용되고 있음에도 불구하고 그것은 지금까지 그랬던 만큼이나 근본적(radical)이다.

옥타브 마노니는 『세 편의 성이론 논문』을 '충동의 책'이라고 불렀다 (Mannoni, 1968). 바로 이 책에서 우리는 정신분석의 잃어버린 성욕을 발견할 수 있다. 필연적으로 도착적인 바로서의 인간 존재에서 시작하는 책, '성적 차이'와 재생산의 자연적이고 정상적인 성적 욕망이라는 일체의 관념을 의문시하는 책. 정신분석 내에서 '젠더' 개념이 갖는 근본적 함축들은 『세 편의 성이론 논문』의 계승자여야 하는데, 왜냐하면 '젠더'는 생식기성(genitality)이나 고정된 성적 대상이나 재생산의 필연성을 함축하지 않기 때문이다. 젠더가 차이의 구축 속에서 배치되고는 있지만, 차이를 중심으로 구조화되지는 않는다. 젠더가 필연적으로 참조하는 성들 사이의 차이는 젠더의 틀 바깥에 놓여 있다. 그렇기에 위계에 대한 그 어떤 설명도 요청되지 않는다—젠더라는 용어는 여자와 남자에게 무차별적으로 적용된다. 인종(race)과 유사하게 젠더는 그 자신의 차이들을 생산한다. 차이는 '성적 차이'에 내재적인 만큼 젠더 개념에 내재적이지 않다. '젠더'는

───── 10 | [시리얼 광고에 등장하는 가족.]

다형도착적인 아이가 성장한 것이다. 그것의 도덕성은 성욕을 재생산에 종속시키는 것과는 다른 어떤 곳에서 온다. 그것은 심적인 생존을 위한 투쟁에서의 성욕과 폭력의 관계성으로부터 오는데, 그 관계성은 어떤 단계에서는 지배로 해석된다.

그렇다면 내가 제안하는바, 젠더의 도덕성은 성적 차이의 수용이 아니라 폭력의 해소와, 자신과 그토록 닮은 타자를 살해하는 대신 수용할 수 있음과 관련이 있다. 이 똑같은 타자는 인간적 욕구에서 자기와 같으며, 동시에 자기 자신과 다르다 — 같지 않음 속에서의 같음, 같음 속에서의 같지 않음. 재생산적인 '성적 차이' 관계에서 다른 대상은 주체가 갖지 않은 것을 환영적으로 제공한다. 젠더의 경우 그렇지 않다. '젠더'는 '잃어버린' 것으로서 구성되는 무엇 — 가령 부재하는 남근 — 주변을 선회하지 않으며, 또한 그것의 대체 — 가령 아기를 통한 그것의 보상('아기=남근'이라는 등치) — 를 함축하지도 않는다. 『세 편의 논문』은 도착, 유아 성욕, 사춘기에 관한 것이다. 비-재생산적인 성욕에 대한 강조를 완성하기 위해서는 넷째 항이 있을 필요가 있다. 그 시기에 유아 성욕이라는 개념만큼이나 충격적이었을 수도 있는 넷째, 즉 폐경 후 여자의 성욕. (이는 일찍이 주목되었다. 헬레네 도이치(Deutsch, 1947)는 메테르니히 공주에게 섹스에 대한 질문을 했을 때 그 초로의 여인이 들려준 응답을 기쁘게 기록했다: '다른 사람에게 질문해야 할 거예요. 난 겨우 60이잖아요.' 유아 성욕의 '발견'처럼, 전문가를 제외한 모든 사람이 이에 대해 내내 알고 있었다.)

1960년대 이후로 재생산과 성욕을 묶는 자물쇠가 풀렸다 — 프로이트는 이를 달성할 수단을 발견하는 사람은 누구든 인류에게 말할 수 없이 유익한 어떤 일을 이룩한 것이라고 말한 적이 있다. 서양 세계에서 이제 출산을 통해 인구를 대체하고 있는 나라는 극소수다. 여자의 경제적 성공이 높을수록 '아이로부터 자유로움'의 기회가 더 커진다. 아이를 원할 경우 이는 사회적으로 이성애성으로부터, 재생산적 나이로부터 — 심지어 부분적으로는, 생명으로부터 — 분리될 수 있다. 생물학적으로는 그다지 그렇지 않다. 하지만 오늘날 현실은 환상 섹스와 거의 일치하고 있으며, 항문은 앞으로 배아의 집이 될 수 있을 것이다. 물론 이러한 사회적이거나 기술적인 변화들이 곧바로 심적 삶 속으로 펼쳐진다는 게 아니다. 오히려 심적 삶에는 그것들에 응하는 무언가가, 실로 그것들의 전제조건의 일부였음에 틀림없는 무언가가 잠재되어 있다는 것이다. 무성 재생산은 수많은 판본을 갖는 만연하는 환상이기에, 때가 되면 기술적으로 실현될 수 있다. '젠더 트러블'의 조장자 주디스 버틀러는 보편적으로 근본적인 어떤 것을 지시한다기보다는 매우 제한된 지리학적 장소에서의 한 특수한 역사적 시기의 잠재력을 지시하는 물음들을 던진다.

> 젠더 이원성의 붕괴는… 그토록 기괴하고 무시무시한 것이어서 정의상 불가능한 것으로 여겨져야 하며 젠더를 사고하려는 일체의 노력에서 발견법적으로 배제되어야 하는 것인가? (1999: viii[11])

> 이 책은 묻고 있다. 어떻게 비규범적인 성적 실천들이 분석 범주로서의 젠더의 안정성에 의문을 제기하는가? 어떻게 어떤 성적 실천들은 여자란 무엇인가, 남자란 무엇인가라는 물음을 강제하는가? (1999: xii[12])

나는 '비규범적인'을 '비재생산적인'으로 대체해야 한다고 믿는다. 더 근본적으로, 우리가 버틀러가 제안하듯이 '젠더 이원성'에 도전할 수 있는 것은 정확히 젠더가 성적 차이와는 달리 이원적 차이로 구성되지 않기

---

11 | [주디스 버틀러, 『젠더 트러블』, 조현준 옮김, 문학동네, 2008, 46쪽.]

12 | [같은 책, 49쪽.]

때문이라고 나는 주장할 것이다(6장).

1960년대에 제2물결 여성주의의 바로 그 개시 이래로 복수적인 성적 관계가 의제로 놓였다. 그것이 이 영역에서의 나 자신의 첫 저작의 결론이었다(Mitchell, 1966). 이제 내가 확신하기를, 젠더라는 바로 그 개념은 이 제안된 복수적 프로그램의 표현으로서 생겨났다. 그렇지만, 지금까지 우리가 사회적 변화와 정신 사이의 관계를 자아의 내용에서의 아주 느린 변경의 선들을 따라서 찾고자 했다면, 이제 나는 그 두 영역 사이에 한층 더 큰 상호작용이 있다고 주장할 것이다.[13]

19세기 말 가부장제는 가장 가시적인 사회적 힘이었다— 프로이트의 정신 이론들은 아버지를 연루시켰다. 그렇지만 지하에서 그 시기는 아이의 압도적인 중요성이, 그리고 그와 더불어 어머니의 중요성이 부각되는 것을 보았다. 이 사회적 변화가 결국은 약 20년 뒤에 소위 '정신분석의 어머니화'(Sayers, 1991)로써 정신분석 이론에 충격을 주었다는 것만이 아니다. 아이와 아이 어머니가, 변화하는 사회적 관행과 더불어 점점 더 지배적이 된 심적 환상에서, 언제나 핵심적 측면이었다는 것이다. 이 잠재적인 심적 요인들은 사회적 변화를 거들었다. 요점은 분명하다. 그렇지만, 우리 중 누구든 아직 출현하지 않은 것을 지각하기는 어렵다.

나의 주장은 세 가지이며, 그중 세 번째 논점이 내 최대 관심사다. (1) '성적 차이' 개념의 배치로부터 '젠더' 개념으로의 변동은 재생산적인 대상관계, 오이디푸스적이고 전-오이디푸스적인 모성으로부터 '다형도

---

13 | 마우스너는 곧 출간될 연구서(Mauthner, 2003)에서 여동기노릇하기(sistering)가 어머니노릇하기(mothering)와 딸노릇하기(daughtering)만큼이나 여성 심리에 기여한다고 주장한다. 이 주장은 동기관계에 대한 무시가 이러한 사회 변동에 대한 우리의 몰지각의 기저에 놓여 있다는 나의 주장을 확증한다. 사회적인 것과 심적인 것의 더 큰 상호작용에 대해서는 나의 책(Mitchell, 1984: 3장)을 볼 것. 처음부터 신생아는 자기 자신의 신체적 경험들만이 아니라 사회적인 것을 받아들인다.

착적인' 성적 배합들 전반(全般)으로의 이동을 가리킨다. (2) 이전에 재생산이 지배했던 것은 정신분석 안에서 성욕의 결정적 역할이 소멸된 것에 부분적으로 책임이 있었다. (3) 언제나 상호작용이 있기는 하지만, 다형도착적이고 비재생산적인 성욕의 영속화는 수직 관계가 아니라 — 언제나 또래들의 맥락 속에 있고 나중에는 친애자들의 맥락 속에 있는, 동기들과 더불어 시작되는 — 측면 관계를 통해서 발생한다. 다시 말해서, 유아-어머니적인 것이 가부장적 정신분석의 전성기 때 잠재적이었듯이, 동기/측면적인 것은 재생산적인(불가피하게도 가부장적이기보다는 모권적인) 시기 내내 잠재적이었다. 내 생각에, 이에 대한 증거와 [이에 대한] 억누름/억압은 양차 세계대전에서 나온 작업을 통해 확인할 수 있다.

이 측면적 젠더 성욕이란 어떤 모습일까? 그것은 우리 이론에 어떤 영향을 미칠까? 이어지는 내용은 이 물음에 대한 임상적 연구를 위한 몇 가지 제안들이다. 나는 이후의 장들에서 이 제안들의 여러 측면에 대해 더 상세히 말할 것이다. 동기의 도래(또는 출현하는 유아 주체와 꼭 닮은 더 나이든 타자에 대한 자각)는 나르시시즘적 노선을 따라 무아경을 산출하며, 전치/대체되었다는 소멸감 혹은 단지 '거기 없음'이라는 소멸감에 의해 초래된 절망을 산출한다. 부모에 못지않게 아기도 아이의 자기 충족적인 유희성(playfulness)에 도취된다. 하지만 대개는 동기인 그 다른 아이는 또한 자기 자신만의 이유에서 기뻐한다. 여기 내포된 심적 메커니즘은 무엇인가?

『오이디푸스 왕』 대신에 우리는 『안티고네』를 갖게 될 것이다: 살의에 찬 오라비들, 죽음의 의미를 아는 누이 안티고네와 알지 못하는 누이 이스메네. '안티고네 콤플렉스'에 대한 나의 제안은 '자기와 타자'의 삶과 죽음의 충돌을 타협시킨다. 그것은 권력, 폭력, 사랑, 증오를 연루시킨다. 그렇다면, 거세 콤플렉스에서 어머니를 위한 남근이기를 금하는 아버지의 '아니'(그리고 내가 앞서 주장했듯, 너는 임신할 수 없다고 하는 어머니의

'아니') 대신에, 우리는 누이 안티고네를 갖는다. 안티고네는 한 명만이 아닌 두 명의 오라비를 인정해야만 한다고— 그들이 서로 다르고 싸우고 있지만, 그들은 죽음에서 동등하다고— 주장한다. 오이디푸스와 사춘기 사이에 있는 '잠재기'라는 단절(실어증적 '성욕') 대신에, 측면적 성욕은 안티고네의 법— 다르지만 동등하다— 의 사회적/교육적 시행을 따른다. 측면적 욕망은 남근(혹은 자궁)의 부재를 통해 발생하는 상징화를 내포하지 않는다. 그것은 계열성을 내포한다. 계열의 일부로서 여자아이들과 남자아이들은 '등변적(equilateral)'이다. 즉 그들은 누락된 것에 의해 정의되지 않는다. 여자아이들과 남자아이들은 있지 않은 것을 탐구하는 게 아니라 거기 있는 것을 탐구한다.

여기서는 재생산을 위한 성적 차이의 사회적 구성을 표지하는 방식에서 내재적 차이는 전혀 소용이 없어 보인다. 젠더 성욕은 젠더전환, 동성애, 이성애 속에서 실현될 수 있다. '잠재기'는 이전의 역사적 시기들에서 그랬던 것보다 덜 두드러진다는 것이 주목되었다. 가족과의 관계에서 학교의 역할 증대는 수직적인 아이-부모 관계보다는 측면, 또래 관계를 특권화한다. 측면 또래집단의 우세는 모든 종류의 비-재생산적인 성적 탐사를 촉진한다. 하지만 '죽음'이나 주체 소멸의 위험에 대한 응답인 폭력이 성욕을 표지하며, 남성 우월의 강요를 확립하는 무엇일 수도 있다. 형제자매는 같음과 차이의 핵점(nuclear point)을 표지한다— 네 여동생이니?[14] 성전환자나 젠더전환자의 경우는 '그보다 더 가까워'이고, 결혼할 수도 있는 친애자인 경우는 그보다 더 멀다. 측면성의 한쪽 끝에 최소 차이화가 있다. 다른 쪽 끝에는 형제자매가 사랑하거나 소중히 하면서 보호하거나 죽이거나 강간할 때, 혹은 단순히 접촉이 끊길 때, 훨씬 더 큰 분리가 있다. '안티고네 콤플렉스'는 측면성의 한 가지 모습일 뿐이다.

---

14 | [이 장의 도입부를 볼 것.]

셰익스피어의 희극들은 우리가 동기적인 같음과 차이의 쾌락을 탐색할
수 있는 놀이터를 제공할 수 있다. 아이 가운데 있는 아이의 기쁨 말이다.

6

누가 내 의자에 앉아 있었던 거지?

『구조적 분석의 신화: 레비-스트로스와 곰 세 마리』에서 E. A. 햄멜은 만일 이원적 논리가 (레비-스트로스가 제안한 것처럼) 보편적이라면 우리는 그것에 대해서 생각할 필요가 없을 것이라고 지적했다. 이원적 항으로 사고하는 것은 환원적이지만 보편적이지는 않은 마음의 경향성이라고 햄멜은 주장한다.

> 분석은 언제나 획일성에 대한 조사가 아니라 다양성에 대한 조사다. 그리하
> 여 이원적 논리가 정말로 보편적이라면, 그것을 조사하는 일에는 그다지
> 요점이 없다. 그렇지 않고 그것이 관찰자의 철학적이고 분석적인 기법들에
> 서만 근본적이라면, 그것이 또 다른 문화에 존재한다는 것은 입증될 수
> 없다. (Hammel, 1972: 7)

이것은 보편성을 제안하는 그 어떤 이론에서건 중대한 도전이다. 그것은 레비-스트로스 못지않게 정신분석에도 적용되어야 한다. 정신분석의 경우에는 햄멜의 비판이 종종 유효하다고 해도, 어느 정도까지 잘못은

임상 자료를 관찰하는 것과 그것을 이론으로 변형하는 것 사이의 빈틈에 놓여 있는 것 같다. 이원적 논리에 대한 유비로, 오이디푸스 콤플렉스가 보편자로서 주장된다는 것은 전적으로 참이고 핵심적이다. 그렇지만 연구 대상이 되는 다양한 병리 현상들은 오이디푸스 콤플렉스의 다양한 변이들만을 우리에게 선사한다. 내가 아는 한 대부분의 임상가는 그들의 실천에서 보편자(오이디푸스 콤플렉스, 선망, 히스테리 등등)를 다루지 않으며 다만 다양한 특이성만을 다룬다. 초기 작업에서 여성주의자로서 나는 지금은 여성에 대한 '횡단적'[1] 압제라고 불리는 것을 설명할 수 있을지 알아보기 위해 오이디푸스와 거세 콤플렉스를 보편자로 사용했다(Mitchell, 2000b). 나중에 교육분석자로서의 나 자신의 경험은 이러한 사용법에 들어맞지 않았다. 비록 그 경험이 그것을 무효화하지는 않았지만 말이다. 하루는 나의 교육분석가(이니드 발린트, 3장을 볼 것)가 이렇게 말하는 걸 듣고는 충격을 받은 일이 기억난다. '아, 지긋지긋해! 예전의 소중한 음경선망에 대해 이야기하는 게 더 좋을 것 같아.' 우리는 그렇게 했으며, 그리하여 흥미롭지 않은 보편자의 잔해를 깨끗이 치웠다. 햄멜이 말하듯이 보편자를 조사하는 일에는 그다지 요점이 없다. 그렇지만 변이들 저마다가 별개의 존재자인지 아니면 지하에서 서로 연관되어 있는지를 확립하는 일에는 어떤 요점이 있다. 나는 오이디푸스 콤플렉스나 히스테리나 선망이나 동기들의 중요성이 관찰자들의 마음속에 있다고 생각하지 않는다. 이원적 논리에 의문을 제기하는 것은 또 다른 문제다.

정신분석 이론에서는 오이디푸스의 삼각화가 포르트/다(여기/저기),[2]

---

1 | [transversal. 35쪽에도 나오는 이 표현은 '언제나 현존하지만 다양한 방식으로 현존하는'이라는 뜻으로 사용된 것이다.]

2 | '포르트/다'는 실패를 멀리 던졌다가 회수하는 놀이를 가리킨다. 프로이트는 18개월 된 손자가 이 놀이를 하는 것을 목격했고 '반복강박' 관념을 예증하기 위해 그것을 이용했다([1920]: 14-17). 라캉은 그것을 부재와 현존의 결정적

부재/현존, 편집증/분열증, 어머니/아기 등의 이원적 성향들을 좀 더 세련되게 해줄 것이라고 기대된다. 인류학자 햄멜 또한 둘을 가로지르는 바로서의 셋의 만연에 주목한다. 정신분석에서 우리가 이원적 체계로부터 삼각화로의 이동을 지시하기 위해 오이디푸스 콤플렉스를 이용하듯이 말이다—— 아이가 두 부모와 맺는 관계는 전부 합쳐 셋을 이룬다. 그렇지만 햄멜은 더 나아가 골디락스와 곰 세 마리 이야기가 이 삼각 구조를 중요하게 초과한다는 것을 보여준다. 곰 세 마리 이야기는 사실 우리의 생각과 실천에서 셋을 넘어가는 것의 어려움을 가리킨다기보다는 둘이나 셋을 넘어 계열성으로 들어가는 것의 어려움을 가리킨다. 그것은 골디락스와 아기 곰의 '둘 중 하나(either/or)'를 어떻게 탁자 주변에 또 하나의 의자를 위한 자리를 마련하는 '둘 모두(both/and)'로 만들 것인가의 문제다. 아기 곰이 두 부모를 관조할 수 있고 부모가 아기 곰을 관조할 수 있다면, 아기 곰은 행복한 곰이다. 하지만 누군가가 그의 자리에 앉는다면 어찌할 것인가? 침입자는 아버지의 큰 의자를 좋아하지 않으며(너무 딱딱하다), 어머니의 중간 크기 의자를 좋아하지도 않는다(너무 푹신하다). 아기 곰 의자가 딱 좋다. 그녀는 그의 자리를 원한다. 아기 곰 의자에 앉다가 골디락스—— 더 나이 많은 여동기 —— 는 의자를 망가뜨린다. 그녀가 오이디푸스 콤플렉스 삼각화에 마주 대하는 이원적 논리를 망가뜨린다고 말할 수도 있을 것이다.

그렇지만 이원적인 것은 도대체 동기적인 사고방식이었던가? 이원적인 것은 재생산적인 부모와 관련된다. 동기들은 연쇄적인 숫자들로 온다. '클라인 부인은 둘째 물고기가 누구냐고 물었다. 리처드는 폴[그의 형제]이라고 답했다. … 그리고 나서 그는 재빨리 1에서 시작해서 많은 숫자를 쓰기 시작한다. … 리처드는 주저 없이 그것들이 모두 아기들이라고 말했

인 음소론적 발화('포르트/다')의 도래로 바꾸어 놓는다.

다'(Klein, [1961]: 293-4).

　다른 사람의 주체임을 인정하는 것의 중요성을 강조한 가장 훌륭한 정신분석 이론가들조차도 — 가령 도널드 위니콧이나 이니드 발린트가 분명 그러한데(3장을 볼 것) — 그것을 너와 나(어머니와 아기) 그리고 다시 거꾸로라는 이원적 축을 따라 고찰한다. 그들의 저작에서 인정은 아기가 누구이며(누가 되어가고 있으며) 무엇을 느끼는지에 대한 어머니로부터의 인식이다. 이 분석가들은 오이디푸스적 제3자의 중요성에 경의를 표한다. 하지만 아버지의 주변적인 구조적 위치는 그들의 이론에서 오이디푸스 콤플렉스가 해소되지 않는다는 것을 가리킨다. 거세 콤플렉스를 사실상 빠뜨렸다는 이유로 모든 대상관계 분석가를 비판하는 라캉은 둘을 지각하기 위해서 셋이 있어야만 하듯이 셋을 지각하기 위해서는 넷이 있어야만 한다는 것을 인정한다. 그는 제4항인 죽은 아버지(법의 자리)를 도입하는데, 정신증을 피하기 위해서는 모두가 그 아버지와 관련해서 자신의 자리를 발견해야만 한다. 이는 왜 죽음이 (프로이트-라캉에 따르면) 무의식 속에서 거세에 의해서만 표상될 수 있는지와 관련이 있다. 내가 주장하고 싶은 것은 이렇다. 우리는 이 제4항을 뒷받침하는 연쇄를, 희생양이 될 그녀나 주변화되는 자들이나 전쟁에서 살해되는 자들을 간과했다.

　사람은 어떤 다른 종류의 인정을 필요로 한다. 동기와 전적으로 유사하지만 동시에 또한 다르다는 것이 인정되는 누군가로서 말이다. 이 문제는 집단심리학의 기저에 놓여 있는데, 집단심리학은 정의상 셋 너머로 나아간다. 그것은 측면적 동일시의 문제이며, 그런 다음 전치나 차이화의 문제다. 몇몇 문화에서 측면적인 같음과 다름에 대한 인정은 처음에 다른 곳에서 주체에게 와야 하는 것일 수도 있다. 즉 부모가 아이들의 차이를 인정해야만 하는 것일 수도 있다. 하지만 아이들 또한 서로를 인정해야 한다. 이러한 인정은 궁극적으로 반영적일 수 없다. 그것은 쌍둥이에게 위험이 되는 거울 관계로서 머물 수 없다. 각 아이나 사회적 집단은 타자의 자율성에 대한 인정을 타자에게 부여해야 한다. 이러한 주장을 위해서 시몬느 드 보부아르를 배치할 수 있다. 왜냐하면 그녀는 인정의 이 상호성이 남자와 여자의 관계에 언제나 누락되어 있음을 발견했기 때문이다. 드 보부아르가 주장하기를, 남자들은 여자들에게 주체임을 부여하지 않으며 여자들도 주체임을 주장하지 않는다. 그 두 집단은 타자의 의식에 대한 상호 인정에 토대하여 서로에게 관계하지 않는다. 이러한 인정이 누락되어 있을 때, 이상화하는 사랑이나 파괴하는 증오나 경계 없는 사랑(근친상간)이나 경계 없는 증오(살인)가 날뛰며, 평등에 입각한 사회적 관계는 확립될 수 없다. 『제2의 성』(1947)에 나오는 드 보부아르의 남녀에 대한 논제는 이제 내게는 현저하게도, 해소되지 않은 동기관계에 대한 이야기처럼 들린다 (de Beauvoir, 1972).

1장과 2장에서 개괄되었듯이, 나는 히스테리 문제를 연구하다가 제4항과 그 너머를 병합하는 선형적 모델에 이르게 되었다. 이 장에서 나는 동기 반응의 정상성을 강조할 것이다. 즉 비유일무이성의 외상도 필요하며 그것의 해소(그 해소 속에서 우리는 사회적 계열 안에서 자기 자리를 취하게 된다)도 필요하다는 것을 강조할 것이다. 사회성은 결합(nexuses)만이 아니라 계열(series)도 내포한다.[3] 모든 사람은 제4항이 자신을 대체하는 것처럼 보일 때, 어느 곳으로부터도 자신에 대한 인정이 있을 수 없을 때, 비실존성을 느낀 적이 있다. 그 경험은 삶을 통해 되풀이된다. 그렇지만 그것의 최초 전형적 사례는 새로운 동기의 도래이며, 또는 아기 곰의 경우처럼 그의 의식에 이를테면 극적이고도 외상적으로 침입하는 더 나이든 동기의 의미에 대한 갑작스러운 깨달음이다. 전치되었다고 느끼는

---

3 | 이 표현은 R. D. 랭의 「가족에서의 계열과 결합」(Laing, 1962)에서 온 것이다. 랭은 사르트르의 계열 개념을 수정하고 있다. 그리고 나는 그것을 이 두 저자와 약간 다른 의미로 사용하고 있다.

그는 새로운 동기나 새로 발견한 동기를— 타자를— 인정하기를 거부한다. 다시 말해서, 히스테리증자의 유일무이함을 요구하는 히스테리적 반응의 기저에는 정상적인 동기적 곤궁이 놓여 있다. 히스테리증자는 생식력 있는 남자나 재생산적인 여자 사이에서 움직이고 있다거나 라캉의 용어로 '나는 남자인가 여자인가?'라고 질문하고 있다는 게 아니다— 이 상징화되지 않은 이원성은 실명이 그런 것만큼이나 히스테리적 증상의 표현이다. 라캉은 히스테리적 메시지를 의미로 간주하고 있다. 의미는 나는 존재하는가 존재하지 않는가이다. '히스테리증자' 햄릿이 깨달았듯이, 존재하느냐 존재하지 않느냐, 그것이 문제다.

히스테리증자는 정서적으로 침입자를 인정할 여유가 없다. 그렇기에 침입자는 같음의 유혹에 의해 동화되거나 다름의 축출에 의해 배제되어야 한다. 이 상황에서 폭력적인 죽음이나 근친상간이 현장에서 내파하며, 같음과 다름을 인정할 사회적 가능성을 파괴한다. 골디락스, 저 다른 아이, 가족 안의 넷째, 다섯째, 여섯째 등등을 우리의 오이디푸스적이고 전-오이디푸스적인 도식 안에 집어넣어 읽어볼 필요가 있다. 골디락스는 외아들(fils unique) 아기 곰이 가족 안에서 원하지 않는 동기다. 골디락스는 동기 곤궁에 대한 탁월한 은유다. 왜냐하면 그녀의 인물 안에 더 나이 든 누이와 침입적인 신입자 둘 모두를 응축함으로써 그녀는 그 둘이 심적으로 동일하다는 것을, 현상적 형태는 다르지만 동일한 문제틀을 나타낸다는 것을 우리에게 보여주기 때문이다.

골디락스와 곰 세 마리 이야기의 몇몇 초기 판본은 침입자 골디락스를 부랑자로, 집이 없고 따로 가족도 없는 어떤 사람으로 그린다. 어떤 아이라도 침입적 동기가 그런 사람이어서 추방될 수 있기를 바라듯이. 하지만 또한 집에서 내보낸 더 나이 든 아이 역시 자신이 그런 사람이라고 느낄 수 있듯이. 그리하여 곰들이 숲속 산책에서 돌아올 때, 골디락스는 창문 밖으로 뛰어넘어가 발각을 면하며, '그녀가 넘어져 목이 부러졌는지, 아니면 숲속으로 달려가 거기서 길을 잃었는지, 아니면 숲을 나가는 길을 찾았고 경관에게 붙잡혀 그녀 같은 부랑자를 위한 교정 시설에 보내졌는지 나는 말할 수 없다. 하지만 곰 세 마리는 그녀를 더 이상 보지 못했다'(Jacobs, [1890]: 98). 이것은 부모의 유일한 아이로서의 자기 자리를 방해하거나 훔치는 누군가에게 일어나야 하는 일에 대한 모든 아이의 견해다. 하지만 그것은 감옥 — 교정 시설 — 에 결국 들어갈 것 같은 반사회적인 아이와 더 나이 든 정신병자의 현실적 운명이기도 하다.

프로이트는, 그리고 그를 따라서 안나 프로이트는 동기관계를 오이디푸스 상황의 연장으로 간주했다. 반대로 라캉은 동기관계를 전-상징적인 상상적 영역 안에, 어머니의 전-오이디푸스적 영역의 한 측면으로서 확고하게 위치시켰다. (클라인파건 독립파건) 대상관계 분석가들의 임상적 설명에서 남녀 동기들은 증식하지만 기술적(descriptive) 층위에 머문다. 그들이 관찰에서 주목되지 않았다는 게 아니다. 그 일체의 판본들에서 정신분석 이론이 동기를 무의식적 과정의 생산에서의 구조화하는 역할로부터 제외시킨다는 것이다. 다시금 무의식적 과정에서 동기들의 만연은 주목되었다. 가령 『꿈의 해석』(1900-1)에서 프로이트는 동기를 죽이는 꿈을 꾼 적이 없는 여자 환자를 만난 적이 결코 없다고 지나가면서 언급했다 — 하지만 그는 이를 대수롭지 않게 여긴다. 볼칸과 아스트(Volkan and Ast, 1997)는 한 연구를 무의식에서 동기를 일일이 확인하는 데 바친다. 정신분석을 벗어나서, 최근에 일화와 설명을 모아놓은 『자매들』(Farmer, 1999)이라는 책에서 한 여자는 이렇게 말한다. 여덟아홉 살일 때 그녀는 매일 밤 언니가 그녀를 죽이고 있는 악몽을 꾸었다. 하지만 어른이 되어, 바로 그 당시에 이 언니가 여동생을 죽이고 있는 꿈을 꾸었다는 것을 발견했다.

그렇지만 이러한 사례들 대부분에서 관찰되고 있는 것은 현시적 내용이다. 이른바 잠재적 내용은, 꿈의 표면그림 밑에 놓여 있는 이야기는 꿈을 꾼 사람의 '자유연상'을 통해서만 도달할 수 있다. 꿈에서 나타나는 인물은 보통은 이 맥락에서 사고되지 말아야 하는 어떤 사람의 대역이다. 따라서 자매나 동기는 다른 누군가에 대한 대역일 수도 있다. 하지만 똑같이, 다른 누군가가 동기를 나타낼 수도 있을 것이다. 중요한 것은 동기들이 무의식적인 정신적 구조들을 촉발하거나 초래하기 위해서 동기들 자체가 욕망과 금지의, 토템과 터부의 대상이어야만 한다는 것이다. 사회적 현존들로서, 그들이 금지된 욕망의 대상이라는 것만이 그들을 의식적 층위에서 무의식적 층위로 이동시킨다.

그러한 무의식적 과정들을 유발하는 것은 무엇인가? 고전적으로 그것은 오이디푸스적 욕망에 대한 억압, 부인, 폐제인데, 이는 이러한 소원과 그에 대한 금지를 무의식적으로 만든다. 이 금지된 욕망이 무의식 안으로 제시되면 이 욕망의 대상은 이를 뒤따르며 그 자체로서 '잊히게' 된다. 기억상실을 설치하기 위한 메커니즘은 기원적인 '이드'를 만나는데, 그것은 정신적 상해에 대한 어떤 알려지지 않은 기질적이면서 심적으로 유전적인 보충물이다. 이 상해는 인간 조건의 잠재적으로 외상적인 무력함에 의해 미래의 주체 안에 새겨 넣어졌다. 나의 주장은 이렇다. 동기는 이원적 관점과 함께 작용하는 수직적 오이디푸스적 욕망과는 다른 욕망 집합을 제공하며, 또한 이러한 욕망들도 마찬가지로 다양한 방어들에 종속되어야 하며 따라서 무의식적 과정에 대해 생산적이다. 우리 문화에서 근친상간적인 동기적 욕망들의 억압은 어머니에 대한 욕망의 억압보다 훨씬 더 약할 것이다. 하지만 트로브리안드인들에게서는 극도로 강력하다(9장). 억압되어야 하고, 따라서 그러한 정도로 무의식적이 되어야 하는 것은 무엇보다도 바로 동기를 죽이려는 소원이다. 그렇지만 또한 측면적 근친상간에 대한 금지가 있기도 하고 아니면 프톨레마이오스 왕조 같은 드문 경우 측면적 근친상간의 형태에 대한 확고한 통제가 있기도 하다.

정신분석적 정향이 무엇이건, 모든 치료의 지배적 실천은 대부분 부모와 아이라는 수직적 패러다임 안에서 해석하고 재구성하는 것이다. 이 다른 구조를 보기 위해서 우리는 동기의 중요성에 대한 수많은 관찰들 배후에 있는 숨겨진 쟁점들에 유의할 필요가 있다. 이러한 관찰들의 초점은 거의 언제나 동기간 경쟁과 폭력에 있다. 이러한 경쟁들은 중요하다. 하지만 동기간이나 아동기 또래간 성적 욕망은 동기 근친상간에 대한 널리 퍼진 금지들이 그러하듯 분명하게 현존한다. 이 금지들이나 통제들이 존재한다면 ── 그리고 그것들은 실제로 존재한다 ── 그것들은 여하간 무의식적 과정들 속에서 ── 단지 현시적 내용으로서가 아니라 잠재적 구조로서 ── 표상되는가?

패러다임이나 이론으로서의 동기의 부재에서, 정신분석이라는 새로운 과학을 개시하는 바로서의 히스테리의(특히, 남성 히스테리의) 사라짐에서, 그리고 거의 논의되지 않은 정신병의 심리학에서 분명 우리는 누락된 것의 교점을 발견한다. 누락된 것은, 의식적이거나 무의식적인, 비-이원적 사고 과정이다.

외부인이나 칼 융 같은 탈퇴한 치료사들은 정신분석을 개인 심리학으로 간주한다. 대상관계 이론은 일부분 이러한 비난에 대한 응답이었다: 일인 심리학에 관심이 있었던 것은 프로이트였고 대상관계 이론은 둘을, 어머니와 아이를 본다. 오늘날의 '상호주관적' 심리학들은 하나와 둘을 넘어 셋이나 넷이나 그 이상으로 나아가려 한다. 그리하여 그러한 심리학들은 골디락스와 곰 세 마리에 대한 햄멜의 관심과 이용을 이러한 기획을 위한 모델이라고 본다. 하지만 이러한 기획은 역사를 오독한다. 오독된 역사 안에서 그것은 그것이 해결하려고 노력하는 오독된 문제틀을 갖는다. 오독된 문제틀은 덧셈적(additive)이다 ── 처음에 하나, 둘을 더하며, 그런 다음 다른 것들을 더한다. 그 대신 우리가 필요로 하는 것은 또 다른 구조를 설치하는 것이다. 세기 놀이의 변형으로서의 계열성의 구조를.

내가 줄곧 강조했듯이, 나를 누락된 동기들로 이끈 것은 히스테리증자들과의 임상 작업이었다. 그렇지만 오이디푸스적 문제틀의 유일무이한 해석에 의문을 제기하도록 이끈 것은 상담실에서 히스테리의 현존이 아니라 바깥에서, 길거리나 전쟁터나 침실의 드라마들에서 히스테리의 현존이었다. 쟁점을 생각하면 할수록, 상담실 바깥으로 쥐어짜낸 것이 더더욱 우리의 관심을 빌아야 하는 것처럼 보인다. 상담실 바깥으로 밀려나온 것은 정신 질환의 사회적 표현이며 기원이다. 그리고 이번에는 이 누락 때문에 정신분석은 개인 심리학이라는 오해가 가능해진다. 정신분석은 개인 심리학이 아니며 결코 그런 적도 없다. 그렇지만, 측면적인 것의 누락은 이런 오해가 지속되는 것을 가능케 했다. 정신분석은 사회적 관계들이 개인 안에 내재화되는 것을 다룬다. 그렇지만 아이를 소중히 하고 보호해주거나 혹은 소홀히 하고 파멸시킬 수도 있는 부모와 그들에 대한 반응들의 내재화가 주체의 심적 세계의 일부가 된다. 여기서 대부분 무시되고 있는 것은 저기 바깥 거인들의 마당에 아이들 또한, 심지어 다른 아기들과 유아들 또한 있다는 사실이다. 동기들과 또래들은 돌봐주거나 파멸시킬 수 있다. 하지만 그들은 또한 반영할 수도 있다— 아기는 자기 같은 다른 아기들을 통해 자기의 어떤 이미지를 형성하기 시작할 수 있다. 사회적 세계는 부분적으로 위계이며, 부분적으로 또한 아기를 반영하고 아기와 같은 세계이다. 사회적 감각은 이 더 넓은 세계의 내재화에 달려 있다. 그리고 동시에 사회적 존재로서의 자기 감각은 이 사회적 세계의 관점으로부터 보인 자기의 이미지에 달려 있다. 여기서 나는 히스테리와 외상과 정신병의 연관들에 주목하고자 하며, 그러고 나서 동기적 독서를 요구하는 남성 히스테리증자 사례를 고찰하고자 한다.

사회적 세계의 내재화를 더 고찰하기 위해서 나는 그것의 실패를 바라보는 한 방법론을 따를 것이다. 가장 분명한 실패 사례는 정신병인데, 나는 정신병을 9장에서 더 상세히 고찰할 것이다. 내가 제안하는바, 정신병자는 자기나 타자에 대한 내재화된 개념을 획득하지 못했다. 그래서 그는 자존감이나 타자들에 대한 존중이 전혀 없다. 무언가가 발생하는 데 실패했으며, 사회적 세계는 섭취되지만 의미가 없다. 하지만 정신병자는 분리된 범주가 아니다 — 신경증 사례들처럼 우리는 여기서 어떤 연속체를 찾고 있다: 우리는 모두 때때로 정신병적으로 행동하거나 정신병에 빠져든다. 훔치고 거짓말하고 속이고 죽이는 것은 골디락스처럼 '교정 시설'에 감금되는 사람들만이 아니다. 어떤 상황에서는 우리 모두가 그렇게 한다. 감옥 같은 제도가 정신병자를 구속한다면, 큰 사업들(big businesses) 같은 제도는 또한 정신병자를 생산한다. 합법적인 정신병적 행동과 불법적인 정신병적 행동의 구분선은 가느다랗다. 민간인을 약탈하고 강간하고 몰살하는 병사는 또한 조국의 민주주의를 위해 싸우고 있는 병사다. 우리는 우리 모두 안에서 악을 보고 있다.

히스테리와 정신병은 구분되는 상태들이다. 하지만 중첩의 영역들이 있다. 이 중첩들은 분명 외상과 관련이 있을 것이다. 앞서 나는 히스테리와 외상신경증의 핵심적 구분은 외상의 위치설정에 있다고 말했다.[4] 외상신경증에서 외상은 현재에 있으며, 히스테리에서 외상은 과거에 있다. 히스테리증자는 원하는 것의 획득을 방해하는 모든 장애물을 이 과거 외상의 새로운 판본으로 사용한다. 외상은 정신병에서도 두드러진다. 실로 그것이 거의 확실히 모든 정신적 상태들에서 그러하듯 말이다. 히스테리증자는 도대체 자신이 존재한다는 것을 느끼고자 할 때 필요한 관심을 확보하기 위해 자신의 유일무이함을 멜로드라마화하면서 과거의 외상으로 퇴행한다. 외상신경증 환자는 자기 짝처럼 폭발로 죽을 것이라는 엄청난 두려움을 낳은 현재의 사건에 의해 자신의 존재가 폭파됨을 겪었다. 그리고 정신병자는 영원한 현재로 경험되는 어떤 과거를 극복하지 못했다. 그는 퇴행하지 않는데, 왜냐하면 어디로부터 퇴행한다고 할 때의 그 어디가

---

4 | [이 책의 38쪽.]

전혀 없기 때문이다. 시간은 이전도 이후도 없는 평평한 운동장이다. 아무런 구별도 없고, 아무런 위반도 없는데, 왜냐하면 아무런 규칙도 없기 때문이다. 정신병자는 아동기 초기의 곤궁 속에서 계속 살아간다. 히스테리증자는 그곳으로 되돌아가며, 외상신경증 환자는 거의 절멸적인 현재의 사건 속에서 그것을 제 경험한다.

정신병, 히스테리, 외상신경증 셋 모두는 어떤 중요하고도 유사한 행동적 특성들을 내보인다. 혼자 있는 것 역시 어려운 일임에도 불구하고, 다른 사람들이 있을 때 강렬한 성마름을 보이는 경향성. 습관적인 거짓말하기와 속이기. 섬광 같은 사랑을 제외하면, 사랑할 수 없음. 있기만 하다면 폭력과 성욕을 제한하고 억제해줄 경계선의 결핍. 외상신경증을 겪는 사람은, 그를 아는 모든 사람에 따르면, '딴사람'이다. 히스테리증자는 사로잡는 매력과 제어할 수 없는 고약함 사이에서 왔다 갔다 한다. 정신병자는 특징적으로 음침하며, 빈정거리며, 축구공을 차듯 자신의 비참을 차면서 돌아다닌다.

이 세 상태가 — 그것들이 내보이는 일체의 차이에도 불구하고 — 공유하는 모든 특징들 가운데 성마름(irritability)은 측면적 해석을 가장 큰 소리로 요청하는 특징으로 보인다. 나는 우선 공표된 히스테리 사례를 살펴보고 그 뒤에 정신병 사례를 살펴볼 계획이다. 그 두 상태의 병인론에서 동기와 또래의 중요성을 예증하기 위해서 말이다. 히스테리 사례는 처음에 외상신경증으로 진단되었던 사례다. 히스테리를 외상의 심적 결과들과 다르게 진단하는 것은 1차 세계대전에서 중요한 쟁점이었다. 다음 사례는 — 나는 이전에 그것을 다른 관점에서 보았지만 — 원래는 어떻게 외상신경증과는 달리 히스테리 배후에는 오이디푸스적 욕망과 금지에 대한 몰타협이 있는지를 보여주는 논쟁의 일부였다. 이 논변은 측면적 증거 앞에서 수직적 관점을 견고히 하는 데 일조했다. (사라의 경우처럼 나는 이 사례사를 『미친 남자와 메두사』(Mitchell, 2000a)에서, 이때는 남성 히스테리에 대한 드문 설명을 위해 언급했다. 이제 내게 동기의 중요성은 이 사례에서조차도 히스테리 너머로 하지만 히스테리를 포함하면서 확장되는 것처럼 보인다.) 이번에는 그것을 외상신경증과 비교하는 것(아이슬러의 목적 — Eisler, 1921)이 아니라 정신병과 비교하면서 나는 어떻게 그것들이 다른지가 아니라 어떻게 그것들이 중첩되는지를, 그리고 어떻게 그 둘 모두의 바탕에 동기관계에서의 사회병(sociopathy)이 있는지를 보여주려고 한다.

그 히스테리증자는 동기에 의해 전능함과 유일무이함의 자리에서 폐위되었다. 그리고 그는 어떤 대가를 치르더라도 그곳으로 돌아가려고 노력한다. 정신병자와 관련하여 위니콧은 적실하게도, 정신병 이전에 반사회적 아이였고 그 이전에는 박탈당한 유아였던 여러 경우들에 대해 썼다. 정신병자는, 폐위되었기는커녕, 성의 왕인 적이 결코 없었다고 할 수 있을 것이다. 박탈(deprivation), 즉 돌봄이나 보호의 결핍은 그가 '아기 폐하'가 되는 것을 결코 허용하지 않았다. 되찾아야 할 그 어떤 전능함도, 그 어떤 충분한 존재감도 없다. 하지만 두 경우 — 히스테리와 정신병 — 모두 타자들의 현존은 쉽사리 극단적 성마름을 야기한다. 다른 사람이 언제나 주체의 비위를 건드리는 양 말이다. 분명 부모가 딱 들어맞을 수 있겠지만, 내게는 동기들이 최초의 범인으로 보인다.

이러한 쟁점들을 살펴보기 위해 나는 나 자신의 임상적 실천에서 온 물음들을 염두에 두고 있다. 하지만 히스테리의 경우 나는 「외상 히스테리를 가장한 한 남자의 무의식적 임신 환상」[5]을 이용하기로 했다. 헝가리 분석가 미하일 아이슬러가 1921년에 행한 분석에서 온 이 사례사는 1956년 자크 라캉에 의해 재검토되고 재해석되었다(Lacan, 1993). 그 자료는 동기관계가 풍부하다 — 환자에게는 열세 명의 동기가 있었다. 그렇지만 라캉

---

5 | [Eisler 1921.]

의 이론은, 동기들을 어머니의 '상상적' 전-상징적 영역에 종속시키면서, 동기들에 대해 아무런 언급도 하지 않는다. 라캉과 달리 아이슬러는 실로 우리에게 동기 자료를 준다. 하지만 그는 이 자료에 대한 일체의 이해를 오이디푸스와 거세 콤플렉스 용어를 사용하는 그의 설명에 종속시키는 것으로 만족해야 한다. 그는 임신이라는 쟁점을 오로지 항문 성애로 국지화시킨다. 아이슬러의 환자는 외상적 사고로 고통을 겪는 것처럼 보이지만 사실은 '외상신경증자'가 아니라 '히스테리증자'다. 그의 문제는 운전하는 전차에서 떨어졌다는 사실이 아니라 출산을 소원한다는 사실이다.

1차 세계대전 기간 동안 많은 수의 무력화된 병사들은 히스테리 증상을 보였다. 다양한 마비들, 신체 뒤틀림, 함묵증, 발작 등의 배후에 아무런 기질적 문제도 없었다. 그것은 정신과 의사들과 정신분석가들에게서 오이디푸스적 병인론이 있는지(그럴 경우 그것은 히스테리가 될 것이다), 아니면 단지 그것은 외상에 불과한지(그럴 경우 그 증상들은 오늘날의 관용구로 외상 후 스트레스 장애(PTSD)가 될 것이고, 어제의 용어로는 '외상신경증'이 될 것이다)에 관한 논쟁이 되었다. 아이슬러는 그의 환자가 오늘날의 PTSD를 겪고 있는 것처럼 보일지라도 실은 아버지에게서 아이를 받는 '수동적'/여성적인 오이디푸스적 성적 환상을 갖는 오이디푸스적 히스테리증자라는 것을 증명하기 위해 그의 사례사를 집필한다. 다른 많은 설명에서도 그렇듯이 남성 히스테리에 대한 이 설명에서도 유사-외상(pseudo-trauma)은 현시적 히스테리로서 나타나는데, 이는 잠재적 동성애로 이해된다. 그렇지만 임신 환상의 의미에 대한 오인으로 인해 히스테리증자는 결국 부분적으로 여성적이라는 딱지가 붙게 된다. 해석가들은 남자아이의 임신과 출산에 관한 꿈들을 인정할 수 없는 것만 같다. 그리하여 그들은, 심적으로도 오로지 여자들만 출산을 한다는 관념에서 자유로워질 수 없는 것만 같다.

그렇다면 그 사례사는 무의식적 임신 환상을 지닌 한 남성 전차 차장의 증상들과 관련 개인사에 대한 설명이다. 나는 다음 꿈을 참조점으로 이용할 것이기에 전부 제시한다.

한 미지의 친구가 자기 농장으로 오라고 그를 초대했다. 거기서 그는 우선 그에게 마구간을 보여주었다. 거기서는 번식용 동물들이 눈부신 순서로 정렬되어 이름과 혈통에 따라 꼬리표가 붙어 있는 것을 볼 수 있었다. 따로 떨어져 마련된 작은 장소에서 그는 암탉의 수많은 알들이 짚으로 덮여 있는 걸 보았다. 그는 놀랍도록 큰 콩 모양의 샘플을 집어 들고는 가장 크게 놀라면서 들여다보았다. 그 위에 고립된(isolated) 글자들이 있었기 때문인데, 그 글자들은 점점 더 선명해졌다. 친구가 돌아오자 그는 서둘러 그 알을 다시 놓았다. 그 다음으로 그들은 뜰로 나갔다. 거기서는 쥐를 연상시키는 동물들이 놀이울처럼 생긴 울타리 안에서 사육되고 있었다. 그 동물들은 참을 수 없는 냄새가 났다. 농장 전체는 산등성이에 있었다. 아래에는 버려진 교회 묘지가 있었는데 그 중앙에는 목초지가 있었다. 그는 한 나무 아래에서 무너진 무덤을 보았고 그 근처에 있는 예배당을 보았다. 그는 친구와 그 안으로 들어갔다. 통로 좌우로 아이들의 관이 놓여 있었다. 관 뚜껑에서는 사자(死者)를 재현하는 모상들이 본떠 있거나 그려져 있는 것을 볼 수 있었다. 그는 유리문을 통해서 내실로 들어갔다. 거기에는 어른들의 관이 서있었다. 어쩌다 돌아서서 다시 유리문을 통해 바라보니, 죽은 아이들이 춤추고 있는 것이 보였다. 그렇지만 아이들은 그를 보자마자 다시 자기들 자리에 누웠다. 그는 깜짝 놀랐고, 눈을 믿을 수가 없었다. 그래서 다시 시도했다. 시도할 때마다 그는 아이들이 춤추고 있는 것과 그가 아이들을 보자마자 아이들이 다시 눕는 것을 발견했다. 그러는 동안 그 친구는 사라졌고 그는 강렬한 두려움에 사로잡혔는데, 왜냐하면 그는 저 통로를 통해서만 트인 곳으로 나갈 수 있었기 때문이다. (Eisler, 1921: 285)

전차 인간의 이야기는 다음과 같다. 전차 차장이 전차에서 떨어져 의식을 잃고는 머리와 팔뚝과 다리에 가벼운 상처를 입었다. 모두 왼쪽에. X선 검사를 반복해서 완벽하게 받은 후에, 그는 완쾌해 퇴원했다. 하지만 몇 주 뒤 그는 왼쪽 늑골 안쪽에서 걱심한 통증을 느꼈다. 통증은 격주로 발생했고, 14에서 16시간 동안 지속되었다. 때로는 그가 흥분할 때마다 역시 왼쪽이 쑤셨다. 2년 후에 고통으로 일을 할 수 없는 지경에 이르렀다. 환자는 의식을 세 번 잃기도 했다. 전차 인간은 또한 치료가 안 되는 변비를 앓았다. 통증이 시작되기 24시간 전에 그는 큰 불안과 흥분과 강렬한 성마름을 겪곤 했다. (도스토예프스키의 히스테리에 대한 프로이트의 만년의 기술(1928)은 히스테리성 간질 발작이 시작되기 전에 그 소설가에게 유사한 증상이 있었음을 보여준다.)[6] 신경학적 검사로 아무것도 밝혀내지 못한 이후에 전차 인간은 마침내 히스테리 진단을 받았다.

사실 명백한 외상, 즉 그가 전차에서 떨어진 사고는 그가 추락 후에 부러진 곳이 있는지를 확인하기 위해 받은 X선 검사에 의해 활성화된 히스테리적 임신 환상에 대한 대체물이나 가장물에 불과했다. 그는 더 많은 X선 검사를 완강하게 요구했다. X선은 전철기[7]인 것으로 판명되었다. 그것으로 인해 그는 자신의 문제를 행동화하는 것에서 자신의 히스테리를 현시하는 것으로 이동했다. 아무런 기질적 원인도 없었고, 그래서 전차 인간은 의학적이거나 외과적인 개입 대신에 정신분석을 위해 아이슬러에게 맡겨졌다. X선은 과거의 기억을 떠오르게 했다. 열 살 소년이었을 때 창문을 통해서 그는 임신한 여자를 목격한 적이 있었다. 그녀의 진통은

---

6 | [프로이트, 「도스또예프스끼와 아버지 살해」, 『예술, 문학, 정신분석』, 정장진 옮김, 열린책들, 2003, 533쪽.]

7 | [switch point. '선로전환기'라고도 한다. 영어 단어 그대로를 번역한다면 '전환점'이라고 할 수도 있을 것이다.]

해체된 사산아의 겸자 분만으로 종결되었다. 전차 인간의 증상, 환상, 꿈은 그가 임신했다고 상상한다는 것을 가리킨다.

여기서 나는 아이슬러와 라캉 모두가 무시하는 것을 강조하고자 한다. 그가, 연상에 의해, 죽은 아기를 임신했다는 것. 이는 또 다른 유명한 '정신분석적' 히스테리증자 도라가 십자가에 매달려 죽게 될 아이의 어머니 — 성모 마리아 — 에게 매혹된 것과 마찬가지다. 어머니를 모방하는 것이라면, 어머니는 아이의 동기를 임신하고 있는 것이다. 그것은 단지 아기들이 아니며, 동기 환상에서도 동기간 경쟁이 작동하게 되는 히스테리에서도 중요한 죽은 아기들이다 — 어른 속에 여전히 현존하는 심리학적 아이는 저 두려운 소원들을 반복한다. 꿈속에서 전차 인간의 모든 동기들은 죽어 있다 — 아이의 놀이에서처럼, 다시 일어나 춤출 수 있지만 말이다. 죽음은 아직 놀이다. 전차 인간은 아직 죽음의 의미를 이해하지 못한다. 진정으로 창조적인 예술가가 되고자 분투했던 스타이너의 환자(1장)는, 위대한 전통과 동일시할 수 있기 위해서는, 그가 이전의 위대한 대가들이라는 모습에서 소원했던 죽은 동기들이 온전하게 죽는 것을 허용해야 했으며 그들의 과거 자리를 차지해야 했다. 아이슬러의 전차 인간의 남녀 동기들은 죽은 척 '놀이한다'. 따라서 그들의 죽음은 이해되지 못한 것이다. 그들은 환상될 수는 있지만 표상될 수는 없다. 그들은 죽은 것으로 표상될 수 없기에 창조적 작가가 되고자 하는 전차 인간의 분명한 소원에 기여할 수 없다.

전차 인간은 열네 명의 아이 중 맏이인데, 그들 중 여덟이 살아남는다. 세 살 때 어머니는 식탁 위에 아버지가 남긴 빵을 가져가지 못하게 하려고 그에게 칼을 던진다. (환자의 엄지손가락이 밟힌 일과 더불어 이것은 라캉에게 미래의 거세 공포를 결정하는 막중한 순간이다.) 칼을 던질 때 — 그 칼은 그 남자아이의 모자를 베게 된다 — 어머니는 9개월 된 막내 남동생에게 젖을 먹이고 있다. 전차 인간은 세 살이고 그 아기는 우리가 듣기로 더 어린 남동생이 아니라 가장 어린 남동생이므로, 그 둘 사이에는 두 살 정도 된 또 다른 남동생이 있음에 틀림없다. 꿈에는 한 형제를 향한 전차 인간의 무의식적 감정이 있을 수도 있다 — 그 형제는 전차 인간이 한 살 무렵일 때 태어나 젖을 먹었고, 실제로 죽었지만 그 한 살배기가 애도하지 않았으며, 그래서 그의 죽음은 전차 인간을 유령처럼 뒤따라 다닌다.[8] 아버지 자리에 있고자 하는 오이디푸스적 경쟁은 그 남자 아이가 아버지 빵을 낚아채려 하는 것으로 잘 예시된다. 그에게 칼을 던지는 어머니의 거세적 반응은 분명 중요하다. 아이슬러와 라캉은 이 일들을 중시한다. 그렇지만 내가 주장하는바, 그것들은 자신의 젖먹이 동기를 향한, 그리고 십중팔구 또 다른 — 죽은 — 형제를 향한 전차 인간의 강렬한 양가성이나 부정성과 뒤섞여야 한다.

사실 전차 인간에게 문제의 표면적인 시작은 여섯 살 때 그의 첫 여동생의 탄생이다. 우리는 근친상간 나이의 사라처럼 전차 인간이 여섯 살이라는 점에 다시금 주목해야 한다. 그가 여자들을 향해 유지하는 바로 그 우월한 태도를 촉발하는 것은 바로 이 여동생과 그의 가장 어린 여동생(그가 서른셋에 전차 사고를 당하기 직전에 태어난 — 그리고 그의 신경증 발병에 핵심적이라고 아이슬러가 인정하는 — 열세 번째 동기)이다. 그는 어머니에 대해 거부적이지 않다. 그는 여동기들을 모델로 해서 아내에게 성마르며 모욕적이다. 이 동기적 우월성은 동기적 경쟁과 선망의 게임에 대한 이름이다 — 내가 우월하고 선망받을 수 있다면, 나 자신은 타인에 대한 선망의 아픔을 겪지 않을 것이다. 이것이 종종 전차 인간의 경우처럼 남성 우월성으로 표현된다는 것은 내가 나중에 고찰하게 될 중요한 측면이다.

---

8 | 이 아이가 여섯 동기가 그랬듯이 죽었다면, 전차 인간의 살인적 환상의 명백한 실현은 상황 전체의 병리화에 일조했을 것이다. 죽은 형제에 대한 프로이트 자신의 사례사에 대한 참조로는 Mitchell, 2001a를 볼 것.

전차 인간은 아이를 갈망하지만 갖지 못한다. 그는 사생아 딸을 결혼식에 데리고 온 여자와 결혼한다. 그는 결혼 전에 오랫동안 아내를 알았지만 아내의 혼전 일이나 아이의 존재에 대해 아무것도 몰랐다고 주장한다. 그는 암탉들과 암탉의 알에 매혹되며, 농장 뜰에 남겨진 인간 배설물에서 싹트는 씨앗이나 과일 씨에 매혹된다. 그는 또한 빵 반죽에 매혹된다. 그는 그것을 주무르는 것을 아무 좋아하며, 따라서 그것은 전차 인간 자신의 활동을 통해 임신한 배처럼 불룩 솟아올라야만 하는 것이라고 상상해 볼 수 있겠다.

아이슬러와 라캉은 다양한 행동을 전차 인간의 잠재된 동성애의 표시로 본다. 나는 그것이 틀리다고 생각한다. 그것은 전차 인간의 관계들과 관련해 사례사가 입증하는 바를 부정확하게 분석한다. 우리는 그 관계가 지배적으로 동일시(같음)의 관계인지 아니면 대상 선택(차이)의 관계인지를 다만 이성애의 경우로서만 말할 수 있다. 동성애는 대상 선택을 함축한다. 그 기초가 생물학적 동성성(same-sexness)이라고 하더라도 말이다. 동성애와 히스테리는 실천에서 분명히 구분된다 — 하지만 종종 분석은 둘을 혼동한다. 동성애와는 달리 히스테리에는 복제가 있으며, 대상 선택의 실재적 가능성은 전혀 없다. 아이슬러는 대상 선택의 이러한 부재를 전차 인간의 임신의 나르시시즘의 한 측면으로 이해한다: 전차 인간은 자기와 닮은 남자아이를 갖기를 원한다. 사실 우리가 여기서 다루고 있는 것은 분명 단지 환상된 임신이 아니라 다시금 단성생식적 자기복제 환상이다.[9] 남성 히스테리 사례에서 그토록 자주 언급되는 겉보기의 동성애는

---

9 | 아이슬러는 자기창조 환상이 정신증의 특징이며 신경증에서는 드물다고 하고 있지만, 그 환상이 이 신경증 환자의 내면세계의 강한 특징이라는 것을 인정한다. 정신분열증에서 이 환상의 만연에 대해서는 Conran (1975)를 볼 것. MItchell, 2000a에서 나는 그러한 환상이 히스테리에서 아주 만연해 있다고 주장한다.

오히려 반대로 대상 선택이 없는 성욕이다. 그것은 아기와의 동일시, 어머니와의 동일시, 또는 (가령 아이의 임신 모방과 심지어 출산 모방에서) 동시에 둘 모두와의 동일시로부터 온다. 발그레한 성욕이나 겉보기의 여성성은 이 닮아-보이기 동일시(look-alike identification)의 현시다. 그것은 분리 불인과 연계되어 있으며, 더 강력하게는 주체의 유일무이한 실존에 대한 위협으로 경험된 무엇과 연계되어 있다.[10] 동기가 초래하는 주체의 자기의 소멸은 어머니를 잃는 것을 방지하는 것을 목적으로 삼는 유형의 동일시를 유발한다 — 아이는 그녀의 반복임으로 해서 혹은 그녀와 그녀의 아기(아이의 또 다른 판본)의 반복임으로 해서 어머니와 '하나'일 것이다. 히스테리증자는 어머니를 잃지 않기 위해서 어머니같이(그리고/또는 그녀의 아기같이) 된다.

이것은 그녀의 표상을 모델로 하는 동일시가 아닌데, 이 표상은 상실의 인정을 통해 생겨나며 그 상실 속에서 이미지나 기억이 없어진 대상을 대신한다. 오히려 그것은 표상 없는 동일시이며, 종종 '융합'이라고 지칭되기도 하는 팔림프세스트[11]다. 이 히스테리적 동일시에서의 아기와 어머니의 융합은 나중의 부모-아이 관계에서 재생될 수 있다. 아이가 자라서 자신의 아기를 가질 때 말이다. 그렇지만 어머니와 같음 혹은 어머니와-아기와 같음에 대한 주장, 즉 하나임(또는 심지어, 갈등이 아니라 평화 속에서 '하나로서' 그리고 '하나가 되어' 있음)에 대한 주장은 세기 싸움에 진입하는 것에 대한 심적인 거부다: '내가 세지를 않는다면, 왜 내가 타인들을 세야 하지?' — 동기의 딜레마.

---

10 | 이것은 또한 의만(couvade)의 한 요소이지 않을까? 아내가 어머니가 될 때 남자가 아내를 잃을까 두려워하고 그래서 그녀와의 동일시를 통해 애착된 상태로 머무는 것 말이다.

11 | [palimpsest. 글자가 거듭 쓰인 고대 양피지 원고. 지우고 다시 쓰더라도 이전 것의 흔적이 소멸되지 않고 남아 있다.]

전차 인간은 부모가 그의 첫 여동생의 탄생을 기대하고 맞이했을 때 보여준 흥분을 기억한다. 이미 언급되었듯이 그가 세 살이 되었을 무렵 세 명의 남자아이가 있었을 것이다. 그리고 그때와 그가 여섯 살이 되었을 때 사이에 또 한 명의 남자아이나 유산이나 임신 지연이 있었던 것 같다. 이 모든 조건들을 볼 때 네 남자아이가 있었거나 세 남자아이와 삼 년의 공백이 있었던 부모는 여자아이를 희망했을 것 같다. 여섯 살 때 전차 인간은 여동생의 도래를 기대했을 수도 있다. 하지만 그러고 나서 그는 그녀에 의해 전치된다는 것을 느꼈을 것이다. 그의 자리를 반복하는 그녀의 자리(그의 부모의 아이)라는 면에서나 그녀의 젠더라는 측면에서나(이는 사람들이 그녀가 그녀 어머니 같다고— 그가 잃는 것을 견딜 수 없는 그 어머니, 따라서 그가 동일시된 어머니, 그 자신의 유일무이함과 막중함에 대한 인정을 그가 요구하는 어머니 같다고— 말한다는 것을 의미했을 것이다).

이제 전차 인간의 꿈으로 돌아가겠다. 내가 궁극적으로 강조하고자 하는 것은 꿈의 후반부다. 전반부는 암탉의 알과 항문 출산을 통해 단성생식에 대한 지칭이 풍부하다— 젠더에 무관심하고 히스테리에 핵심적인 환상된 분만 양태. 악취가 나는 쥐들은 분명 동기들이다. 우리에게는 그 꿈에 대한 전차 인간의 연상들이 없다. 따라서 나는 그 꿈을 이용하면서 소홀하게 취급된 시나리오를 가리킬 수 있을 뿐이다. 꿈에서 한 미지의 친구가 자기 농장으로 오라고 전차 인간을 초대했다.[12] '거기서 그는 우선 그에게 마구간을 보여주었다. 거기서는 번식용 동물들이 눈부신 순서로 정렬되어 이름과 혈통에 따라 꼬리표가 붙어 있는 것을 볼 수 있었다'(Eisler, 1921: 285). 이 동기들은 쥐, 말, 모상, 죽은 아이들, 아름다운 알에 새겨진

---

12 | [미첼은 여기서 '꿈에서 전차 인간은 자기 농장으로 오라고 한 미지의 친구를 초대했다'라고 꿈 내용을 잘못 서술하고 있다. 저자의 동의하에 번역에서 바로잡았다.]

문자들로서 상상된다— 이 대상들은 동기들의 축자적 표상들이 아니라 동기들의 전치물들(displacements)이며, 따라서 그것들은 무의식적 과정의 특징을 지닌다. 하지만 우리는 또한 전차 인간이 장남이라는 점에 주목해야 한다. 그가 태어났을 때 동기들은 없었다. 하지만 그의 꿈은 유아를 둘러싸고 있있을 농장 세계에 있는 복세물을 이용한다. 새들이 다섯까지 셀 수 있다면, 말하기 이전의 유아들은 어떤 수들을 등록할 수 있을까? 나의 대녀 중 한 명의 자랑스러운 부모가 기억난다. 그들은 팔구 개월 된 아이를 끌고서는 링컨셔 들판을 가로지르고 있었다. 두 대의 비행기가 머리 위로 지나갈 때, 그 아기는 하늘을 가리키면서 '둘'이라고 말했다!

전차 인간의 딜레마는 꿈의 이미지들에서 잘 포착되어 있는 것 같다. 불안은 승산이 없는 상황에서 생겨난다. 그가 불안한 것은 꿈의 후반부에서 모든 아이들/동기들이 죽었기를 소원했기 때문이다. 그의 사악한 눈(그의 선망)은 이 소원을 실현하는 것처럼 보이며, 그래서 그가 그들을 바라볼 때 그들은 서둘러 자신들의 관 속으로(혹은 자궁 속으로) 다시 들어간다. 죽음은 동기들에게 이중의 지배를 행사한다 — 그들은 비-실존으로부터 도래하며, 또한 그들은 비-실존의 위협을 가한다. 자궁과 무덤은 등가물이다 — 탄생 이전과 죽음 이후는 히스테리에서, 따라서 부분적으로 우리 모두에 의해서, 동일하게 취급된다. 하지만 전차 인간은 정반대 이유로도 불안하다: 그들의 죽음에 대한 그의 소원은 실패했을 수도 있으며 그들은 사실 살아서 춤추고 있다 — 그는 스타이너의 예술가 환자가 자신의 살의에 대해 수용하고 슬퍼한 것과는 전혀 거리가 멀다. 그의 양가성이 의미하는 바는 이렇다: 그는 자신의 소원이 작동하지 않기를 소원했을 것이며, 그런 다음에는 이 소원이 취소되기를 소원했을 것이다.

꿈속에서 전차 인간은 유리문을 통해 건널판을 지나 부모의 관들을 혹은 그들의 내부를 들여다볼 수 있는 곳에 이른다. 우리는 또한 그가 유리창을 통해 이웃 여자의 끔찍한 출산을 보았다는 것을 기억할 수 있다.

그가 비록 인정사정 봐주지 않는 자연에 익숙해 있었다고 해도, 이를 목격하는 것은 당연히 외상적이었을 것이다. 나는 오늘날의 북아프리카에서 산모를 마쳐하지 않은 채 죽은 태아를 해체하는 것에 대한 설명을 읽었던 때를 기억한다. 단지 읽는 것만으로도 소름이 끼쳤다. 여기서 우리는 꿈을 압박해서, 전차 인간이 뒤돌아서 그의 동기들이 이미 다시 나다니는 것을 일별하는 장면으로 공포가 이전되고 있을 때 무엇이 '망각되고' 있는지 확인하고 싶기도 할 것이다. 오로지 그의 일별만이 그들의 죽음 혹은 비-탄생을 확실히 한다.

전차를 운전할 때 전차 인간은 수많은 사고에 연루되어 있었다. 그는 아마도 이 사고들이 전적으로 사고만은 아니라는 것을 어딘가에서 깨달았기 때문에 차장이 되었다. 전차 인간의 히스테리적 임신에 대한 라캉의 해석은 이 도로 사고들이 그가 열 살 때 목격한 이웃의 해체된 태아를 반향한다는 점을 강조한다. 나는 강조점을 달리 놓고자 한다. (잠재기 후기나 사춘기 초기에 목격된) 해체된 태아는 동기들에 대한 그의 죽음 소원 때문에 그토록 중요성을 지니는 것인데, 그 소원은 또한 그의 위험한 운전에서도 실연된다. 실로 아이슬러는 지나가면서 이 사고들과 익사한 남동생 사이의 연계에 주목한다. 주체 자신과 같은 다른 아이의 죽음을 소원할 때 주체 자신의 신체 게슈탈트는 산산이 부서져 파편들이 된다 —— 그것은 자기 자신의 죽음이기도 하다. 죽은 태아는 꺼내기 위해 해체되었다 —— 그것은 분명 전차 인간이 자아가 통합되지 않았던 상태로 붕괴됨을 가리켰다. 하지만 그 꿈은 아주 일관된 자아가 꾸는 꿈이다. 마치 어딘가에서 이 전차 인간은 자신이 무엇을 하고 있고 생각하고 있는지를 알고 있으며 신경증 증상에 압도당하지 않는 것만 같다 —— 오히려 그는 이러한 생각 방식을 포기하는 것보다는 분만의 고통을 선호하고 있다. 그의 자아의 확실성은 그것의 전능함과 밀접한 관계가 있을 것이다. 그는 농장의 높은 곳에서 버려진 묘지를 볼 수 있다. 그는 세계를 텅 비우는 데 있어 잘 하고 있다. 심지어 묘지 중앙에는 목초지가 있다. 그는 이 텅 빈 세계에 친구가 한 명 있는데, 이따금 그 친구에게 사물들을 보여주기도 하고 이따금 보여주지 않기도 한다. 이 친구-분석가는 실제로 한 명의 부모인가 아니면 그 자신의 복제물과 또래 사이에 있는 누군가인가?

아이슬러와 라캉 양자 모두는 전차 인간이 전차에서 추락한 후에 받은 X선 검사에 매혹된 것을 이웃의 태아를 자르는 데 사용된 겸자와 연결짓는다.[13] 사실상 나는 다음과 같이 주장하고자 한다. 즉 꿈에 나온 유리문과 이웃의 실제 창문을 함께 생각해보면 X선과 겸자의 공통점은 몸 안을 보거나 느끼면서 안에 아기가 있는지를 알아내는 데 있다는 사실을 알 수 있다— 그리고 이 아기들은 죽었는가 살았는가, 죽었다면 누가 죽였는가? 하지만 춤추는 아이들은 헝가리식 '할머니 발자국' 놀이처럼 보인다— 아이들은 '할머니'가 돌아볼 때 그들의 관 위에서 조각상처럼, 즉 동작을 멈춘 놀이자처럼 된다.[14] 적어도 내가 언제나 경험한 바로서 그 놀이는 정말로 스스로를 깜짝 놀라게 만드는 놀이다. 꿈의 소원성취는 분석가를 희생양으로 삼은 농담인가— 이 모두가 놀이라는?

이제 꿈의 이 후반부를 가지고서 거꾸로 전반부로 읽어 들어가면 우리는 동기 복제에 대한 한 아이의 견해에 대한 분명한 설명을 얻는다. 전차 인간의 위태로운 인생 경로를 나타내는 통로에서 양 편에 있는 아이들은 일렬로 된 관 속에 차례로 있다. 꿈의 시작 부분에서 전차 인간은 미지의 친구(아이슬러가 말하기를, 그는 의사-분석가다)에게서 어떤 동물들을

---

13 | 이렇게 되기 위해서는 거세 콤플렉스가 개시되는 한계점보다 훨씬 이전에 정신분석적인 결정적 계기가 설치되어 있을 필요가 있음을 깨닫고는 라캉 (Lacan, 1993)은 이것 배후에는 이전 단계가 있어야만 한다는 것을 지적한다. 하지만 그는 여전히 동기들을 전혀 이용하지 않는다.

14 | ['할머니 발자국' 놀이는 술래가 뒤를 돌아볼 때 나머지 아이들이 움직이지 말아야 한다는 점에서 '무궁화 꽃이 피었습니다'와 유사한 놀이다.]

소개받는다. 그 동물들은 '이름과 혈통에 따라 꼬리표가 붙어' 있다. 의사-분석가는 그것들을 명명하고 그것들의 계보를 가리키기 위해 거기 있다. 아이슬러는 그 자신을 아버지 역할의 분석가로 보았다. 그렇지만 꿈은 그를 측면적 '친구'로 만든다. 꿈꾸는 자는 사실상 다음과 같이 말하면서 의사를 놀리는 것일 수 있다. '당신은 내게 내 동기들 각각이 상이한 이름과 혈통을 갖는다고 설명했지만 농담은 당신에 대한 것이야. 혈통 있는 동물들은 동일한 정자 기증을 받은 것일 수 있겠지만 대부분 (일부다처제에서처럼) 어머니가 달라 — 그러니 내가 걱정할 건 아무것도 없어.'

가능한 농담은 이렇다. 동기간의 계열성을 설명해주려는 친구 같은 의사의 노력은 헛수고가 된다. 분석가는, 어떻게 동기간이 작동하는지에 대한 그리고 혈통을 제공함에 있어서 아버지의 중요성에 대한 그의 헛된 조언과 더불어서, 장면을 떠난다. 그렇지만 이 순혈종 말들의 열에서 '따로 떨어져' 있는 곳에 '암탉의 수많은 알들'을 쑤셔 넣은 작은 장소가 있다. 전차 인간은 또 다른 모델을 발견할 수 있다. 말들처럼 말끔하게 정렬되어 있는 게 아니라, 한군데 쑤셔 넣어진 수많은 알들. 모든 말들이 수컷 정자를 공유하고 있었다면, 모든 알들은 한 마리 암탉을 공유한다 — 수탉은 필요 없다. 그의 친구 꿈속 의사-분석가는 잠시 사라졌다. 그가 돌아왔을 때 전차 인간은 재빨리 그 전리품을 다시 돌려놓아야 한다. 그것은 '그 위에 고립된 글자들이 있었기 때문에' 그가 '가장 크게 놀라면서' 들여다본 '놀랍도록 큰 콩 모양의' 알인데, '그 글자들은 점점 더 선명해졌다.' 이 큰 알은 전차 인간이다. 그는 가장 크고 가장 좋은 것이며, 그의 동기들은 그의 외피에 새겨진 분리된 글자들이다. 그 글자들은 점점 더 선명해지면서 그를 영광되게 하기 위해 거기 있다. 그의 놀랍도록 큰 경이로운 알-자기는 알 표면에 이 고립되고 선명한 글자들을 가지고 있다 — 여기서 우리는 아이들의 학습에 대한 클라인의 생각을 끌어들일 수 있을 것이다 (Klein, [1923]). 클라인은 읽기, 쓰기, 산수 및 기타 학교 과목들에서의 억제가 어떻게 아이의 억제되거나 억압된 성적 호기심에 근거하는지를 보여주었다— 한 아이는 상이한 대상들을 합산할 수가 없는데, 클라인은 이를 남성/여성 성교에 대해 생각하는 것에 대한 억제로 본다. 커다란 알— 전차 인간의 자기— 위에 있는 글자들은 연결되어 단어를 이루지 않는다. 글자들은, 서로에 대한 인정된 관계를 갖지 않은 동기들처럼, 고립자들이다.

이 경이로운 나르시시즘적 순간— 이 순간에 그는 무리 가운데 단연코 가장 좋은 것이며, 아무도 서로 관계하지 않고 오로지 그에게만 관계한다 — 이 지나고 나서 전차 인간과 그의 친구는 뜰로 나가는데 '거기서는 쥐를 연상시키는 동물들이 펜처럼 생긴 우리 안에서 사육되고 있었다'. 친구가 떨어져 있는 동안 전차 인간은 그의 외피에 새겨진 문자로서 동기들을 이상화한 것을 믿을 수 있다— 그의 친구는 그에게 이 이상화의 이면을 보여주어야만 한다: 놀이울 안의 냄새 나는 아기들처럼, 이 동기 쥐들은 참을 수 없는 냄새를 낸다. 그렇지만 전차 인간은 개별 글자들 사이에 아무런 관계도 보지 못하듯이 또한 동물들 사이의 관계를 알지 못한다. 마치 그는 아이들의 이름들— 꼬리표들— 을 들었지만 그것들 사이의 관계의 의미를 아직 파악하지 못한 것만 같다. (계열성보다는 차라리) 복제 또한 글자를 읽거나 수를 세는 것을 배우는 아이에게서 볼 수 있다. '단어들은⋯ 꼬리표나 동전 같아요, 혹은 떼 지은 벌들 같다고 하는 게 더 좋겠어요'(Sexton, [1962]). 사실 단어들은 이와 같지 않다. 섹스턴[15]의 것과 같은 단어들은 기호들이며 문장을 형성할 수 없다. 다수이지만 개별적으로 상이하면서도 유적으로 모두 비슷한 단어들이 바로 당신이 세는 어떤 것이다. 이 세기는 단순해 보이지만 그렇지 않다. 나는 4살 무렵의

---

15 | [앤 섹스턴(Anne Sexton). 미국의 시인. 앞의 인용은 「시인이 분석가에게 말했다(Said the Poet to the Analyst)」라는 시의 앞부분이다.]

내 딸이 커다란 광고판의 광고 문구에 몰두하던 일을 기억한다. '당신은 르노 5에서 절대로 5분 이상 떨어져 있지 않습니다.' 나는 딸아이가 주차장 분포나 도로에 있는 특정한 차들의 수에 대해 걱정한다고 생각했다. 하지만 그게 문제가 아니었다. 어려움은 어떻게 시간(5분)을 장소나 대상(르노 5) 위로 사상(map)했는가였다. 어떤 문화들에서는 상이한 대상은 상이한 형식의 세기를 요구한다.

「질투, 편집증, 동성애의 몇 가지 신경증적 메커니즘」(1922)에서 프로이트는 동성애 환자가 더 나이든 형제를 모델로 취했다는 결론을 내렸다.[16] 그 환자는 자신의 동기 증오/경쟁을 사랑/본뜨기로 역전시켰다. 아이슬러의 환자는 프로이트의 환자와 놀랍도록 유사한 특징들을 나타낸다. 그는 편집증적 환상들을 가지고 있으며, 아내의 부정(不貞)이라고 상상한 것에 대한 망상적 질투를 가지고 있다. 그리고 아이슬러는 그를 프로이트의 환자처럼 잠재적 동성애자로 간주한다. 수직적인 오이디푸스적 도식에 충실하게도 아이슬러는 이렇게 적고 있다. '확실히 이 환상들은 아동기의 유사한 환상의 신판(新版)으로 간주되어야 할 것인데, 아동기에 그건 어머니와 아버지의 문제였다. 가장 나이 많은 여동생과 관련한 그의 질투어린 태도는 연결고리로서 복무하는 것일 수 있다'(Eisler, 1921: 272). 프로이트가 자신의 논문에서 형제를 대수롭지 않게 다루듯이, 아이슬러는 여동생에 대해서 그 이상으로 취급하지 않는다. 하지만 여동생의 중요성은 모든 곳에서 분명해 보인다. 그는 여동생에 대해서, 의식적으로도 그리고 더 중요하게는 무의식적으로도, 강렬한 질투심을 느끼며, 그의 아내는 여동생의 재구현물이지만, 전차 인간 자신도 그러하다. 아내는 대상 선택이 아니라 동일시 노선상의 복제물이다. 그는 아내에 대해 살의적인 질투심을

—— 16 | [프로이트, 「질투, 편집증, 그리고 동성애의 몇 가지 신경증적 메커니즘」, 『정신 병리학의 문제들』, 황보석 옮김, 열린책들, 2003, 184쪽.]

느끼는데, 왜냐하면 동기처럼 그녀는 그가 자신의 자리라고 여기는 곳을 차지하기 때문이다. 그의 아내가 그의 질투적이고 나르시시즘적인 동일시에 너무나도 꼭 들어맞는다는 사실(그가 단성생식적으로 재생산하기를 원하듯이, '그녀 혼자서' 아이를 갖는다는 것)은 또한 그가 그녀에게 느낀 강박적 매력의 원천이었을 것이다. 그는 그녀와 관계가 있었고, 아마 그녀가 다른 남자의 아이를 임신했을 때 그녀를 포기했을 것이다. 하지만 아이가 더 나이가 들자 아이에 대해 알지 못했다고 주장하면서 그녀에게로 돌아와 결혼했다. 그는 자신의 혹은 그녀의 명예를 그 연인을 죽임으로써 지키려 계획한다 — 이것은 가족의 이름을 지키는 형제의 역할이다. 그의 환상 속에서 그녀는 그 자신이며 그가 하는 것을 한다. 즉 아기를 '어딘지 모를 곳'으로부터[17] 혹은 다만 그녀 자신으로부터 생산한다.

이론에서 동기들의 부재는 실천에서 특히 남성 히스테리의 비가시성과 결탁했다. 우리는 언제 남자가 나르시시즘적 노선을 따라서 자신의 누이와 동일시하는지는 알지 못한다. 하지만 그는 여전히 그녀를 증오하고 그녀가 죽기를 소원하면서 그녀를 사랑하고 그녀를 근친상간적으로 원할 수 있다 — 이것은 분명 수많은 문제적 결혼들에서 친숙한 시나리오다. 한 가지 표지로는 쉬운 성마름을 들 수 있을 것이다. 정신적 성마름은 생리적 성마름과 아주 유사하다: 외부의 작인이 정신이나 신체를 과도한 행동으로 자극한다. 어떤 사람이 심적으로 융합되어 있고 따라서 별개의 사람으로 인식하지 못하는 누군가가 갑자기 자신과 그다지-같지-않은 것으로 느껴질 때, 그 누군가는 외부의 작인처럼 작용한다. 모든 소소한 행동이, 자신의 것과 동일하지 않다면, 거슬린다.

히스테리의 이성애성은 또한 히스테리가 대상관계를 내포하는 게 아니라 오히려 자기의 복제를 내포한다는 사실을 감추었다. 아이슬러가 말하기

---

17 | [3장의 주19를 볼 것.]

를, '그는 대자연이 신체의 실제 구성을, 아기를 배는 중요한 작업을 전적으로 여자에게 맡겼다는 생각을 결코 받아들일 수 없었다. 이러한 환상에서의 일보 전진은 자기창조에 대한 믿음인데, 이는 보여줄 수 있을 정도로 환자 안에 현존했다'(1921: 273). 남자아이와 여자아이 모두(히스테리증자의 경우 그 둘 사이에 아무런 차이도 없다) 아기를— '꼬마 한스'의 말처럼, '자기들한테서'[18]— 얻을 수 있다. 하지만 동시에, 미치지 않았기에, 즉 완전히 망상에 빠지지 않았기에 전차 인간은 또한 그것이 사실이 아님을 안다— 여자는 그와 동일하지 않다: 그렇기에 여자는 '외적인' 것으로, 그와는 그다지-동일하지-않은 것으로 보이며, 그러한 정도로까지 여자는 커다란 성마름의 원천이다.

그렇지만 이보다 더 흥미로운 무언가가 있다. 햄멜은 이원성이 우리의 사고의 한 부분인지를 묻는다. 전차 인간은 그것이 그렇기를 원하지 않을 뿐더러, 또한 그것이 '자연 안에' 있지 않으며 우리의 사고 속으로 강제되어야 한다는 것을 보여준다. 재생산은 상이한/이원적인 두 성들로부터만 발생하는 것이 아니다. 혈통 있는 말에게서 종마 정자를 놓치기는 쉽다. 우리는 수정란과 무수정란의 차이를 볼 수 없다. 버찌 나무는 똥에 의해 수정된 돌에서 자라난다…. 오이디푸스 이야기는 이성애와 이원성을 고집하지만 이성애처럼 보이는 것도 심적으로 동성애거나 상상된 나르시시즘적 클로닝일 수도 있다. 재생산을 구성하는 것의 변이들을 분석해보면, 농장에서 태어난 아이는 한 가지 이상의 생식과 섹스 방법이 있다는 것을 알고 있다. 아이가 '다형도착적'이라는 것만이 아니다. 아이를 둘러싼 세계 역시 그렇다.

동기들로부터 우리는 우리가 이전에 온 자와 혹은 이후에 오는 다음 번 아기(아직도 젖가슴을 가질 수 있는 아기나 엄지손가락을 빨 수 있는

---
18 | [2장의 주4를 볼 것.]

유아)와 동일한 아이가 아니라는 것을— 동기들 사이에 차이가 있다는 것을— 배우거나 배우는 데 실패한다. 이것은 아이가 상징적 등치들 (Segal, 1986)을 만드는 맥락을 설정한다고 할 수 있을 것이다: 두 닮지 않은 것들— 아기와 걸음마 아기— 은 동기이거나 아이라는 점에서 비슷하다. 하지만 동기들은 그것이 또한, 아마도 대부분은, 정반내라는 것을 시사한다— 모든 혈통 있는 번식용 말들을 동일하게 보던 것에서 번식에서 같은 정자를 이용한다고 해도 각각의 말이 다르다는 것을 보는 것으로 나아가는 것이 성취다. 관련된 명령과 금지가 있다. 너의 이웃/형제를 너 자신처럼 사랑해야만 하며 죽이지 말아야 한다(카인과 아벨). 그렇지만, 너의 사랑은 성적이지 말아야 한다.

히스테리증자는 단성생식에 반대하는 법을 결코 받아들이지 않는다. 그는 '출산하기'를, 자신의 신체를 현존하는 바로서 이용하기를 계속하며, 그것을 상실한 후 표상하기를 계속해서 하지 않는다. 따라서 그의 신체는 표상되지 않으며 상징화되지 않는다(David-Menard, 1989). 팔이 히스테리적으로 마비될 때, 심장이 심장 발작을 흉내 낼 때, 정상인 눈이 보이지 않게 될 때, 이는 이 기관이나 신체 부위가 상징화되지 않았기 때문이다 — 따라서 그것들은 전환 신경증의 무수한 모든 가능성을 위해 이용될 수 있다. '배에 두통이' 있다고 주장하는 아이는 자신의 머리가 단어에 의해 표상될 수 있다는 것을 알아가는 도중에 있다. 한 신체 부위는 거기에 없을 수도 있다는 게 인식될 때에만 표상될 수 있다. 이러한 앎의 획득에서 숨바꼭질 놀이가 핵심적이다. 하지만 자신이 의지하는 방식으로 자신이 의지하는 때 출산할 수 있다는 믿음은 아이의 두려움, 즉 전능하고 전창조적(omnicreative)이지 않다면 아무것도 가질 수 없을 것이라는 두려움에 대한 보상일 뿐이다. 어른 히스테리증자는 그가 아이로서 가질 수 없는 아기를 애도하지 않았다— 그 대신 그는 아기 갖기를 실연한다. 우리 모두의 내부에 있는 히스테리증자는 성적 재생산의 이원성을 거짓되게 이용하는데, 왜냐하면 우리는 여자와 남자 양쪽 모두이기를 원하기 때문이다. 하지만 그는 더 깊은 딜레마 — 세계 안에 그와 동일한 누군가가 있다면 그는 어떻게 존재할 수 있는가? — 를 숨기기 위해 그렇게 한다.

아이는 자기 자신에게서 아기를 생산하기를 원한다. 환상 속에서 아이는 자신의 복제물을 생산하며, 동기나 또래와 함께 그것 놀이를 한다. 초목은 식물적으로 재생산한다. 수정되었건 그렇지 않건 똑같아 보이는 달걀은 마음을 사로잡으며, 병아리들은 부모에게서 나오는 게 아니라 마리옹의 공룡(2장)처럼 상자에서 나온다. 나뭇잎은 가을에 떨어지고 후일 다시 나온다. 놀이에서 네가 죽이는 다른 아이들이 쓰러져 죽어 있다가 다시 일어서는 것처럼 말이다. 아이는 이 후자의 지각을 포기하는 데 — 상실이 당분간은, 따라서 영원히, 절대적일 수 있다는 것을 인정하는 데 — 다만 마지못해서 동의할 것이다. 그렇지만 아이들이 죽음을 아주 일찍 이해할 수 있다는 많은 증거가 있다(Bowlby, 아래 7장). 전차 인간은 그가 그의 가장 나이 많은 여동생이나 가장 어린 여동생이나 미래의 아내와 같으면서도 다르다는 것을 인정한 사람이 아무도 없다는 것을 느끼며, 그 경험을 내재화했다. 하지만 그는 또한 놀이를 하고 있는 것일까? 유성재생산의 이원성조차도 우리가 그것을 어떻게 간주하는가는, 신경증자의 환상 속에서만이 아니라, 역사적으로나 문화적으로도 상이하다. 삶과 죽음 또한 다양하게 파악된다 — 당신이 먹은 버찌씨가 나무로 자랄 수 있다면, 불멸성은 멀리 떨어져 있는 것으로 보이지 않을 것이다. 한 층위에서 전차 인간은 단순히 그 자신의 문화의 관습들을 거부하고 있다. 하지만 이 관습들은 중요하다.

우리는 복제물이 계열성(seriality)으로 전환되기 위해 여동기와 남동기 사이에 설정될 필요가 있는 최소 차이를 위한 자리를 정신분석 이론 안에서 필요로 한다. (더 좋은 용어를 모르겠으나, 계열성이라는 용어는 불운한 용어일 것이다 — 연쇄 살인범(serial killer)은 분명 살해된 매 여자(혹은

'여동기와 남동기 사이에 설정될 필요가 있는 최소 차이'
〈헤니지 로이드와 그의 누이〉 토머스 게인즈버러 (c. 1750), 사진 © 케임브리지 대학교 피츠윌리엄
미술관

남자)를 그 이전 여자의 복제물로 보고 있다.) 행복한 가족 안에서 전치되
거나 다른 누군가를 전치시키려고 하는 것은 누구인가? 골디락스는 착한
소녀가 되거나 반사회적인 아이가 된다. 히스테리증자는 이 아동기 단계로
퇴행한다. 반사회적 아이와 정신병적 어른은 이 단계를 떠나지 않는다.
(상이한 판본에 따라서) 혼란스럽거나 버릇이 없는, 누나이거나 그녀의
부랑자 대안들인 골디락스는 어린 동기의 자리를 차지하려고 한다. 하지만
그녀는, 그녀의 필요들을 인정하지 않는 것처럼 보이는 가족 안에서 자리
를 발견하려는 노력을 하다가, 아기 의자를 망가뜨린다. 그렇지만 어떤
판본에서는 예쁘고 어린 골디락스는 새총을 쏘는 짓궂은 아기 곰의 손을
잡는다. 그들은 책가방을 메고 함께 학교로 떠난다.

7

애착과 모성 박탈: 존 보울비는 어떻게 동기를 놓쳤는가?

왜 2차 세계대전은 어머니의 유아 돌봄을 그 아이의 이후 정신적 건강의 알파와 오메가로 만든 그러한 노동 강화를 초래했는지 나는 오랫동안 궁금했다. 19세기 후반의 '도덕적 모성'(Davin, 1978)과 제2차 산업혁명은 아이의 시민적 자질, 아이의 교육과 체격을 어머니 책임으로 만들었다. 양차 대전 사이의 시기는 분명 어머니를 심리학적 역할로 이동시켰다. 심리적 상해가 물리적 대학살보다 훨씬 더 심대했던 1차 세계대전의 심리학적 대량상해는 왜 20세기 중반의 전시 상황에서 모든 것이 심리학적 건강에 비해 부차적이 되었는지를 설명하는 데 크게 도움이 된다. 전쟁은 거기 연루되거나 휘말린 대부분의 사람들에게 대량 외상이다.

나는 어머니의 막중함에 대한 이와 같은 강조의 유래가 된 자료, 즉 영국에서 있었던 도시와 소도시 가족에서 시골로의 대규모 아동 소개(疏開)에 대한 자료 일부를 연구하기 시작했다(Mitchell and Goody, 1999). 히스테리의 산출에 결정적인 동기관계의 부정적 측면을 발견한 후에, 형제자매의 긍정적 중요성이 내가 연구하고 있던 소개 일차 자료에서 금방 눈에 띄기 시작했다. 히스테리에 대한 정신분석 연구들에서 동기들이 오이디푸스

245

콤플렉스 배후로 혹은 더 최근에는 전-오이디푸스적 어머니 배후로 은폐되는 것처럼 보였다면, 소개 연구들에서 동기들은 아동의 심리 복지에 대한 연구 보고들에서 전적으로 누락되어 있었다. 삶과 문학에서는 그렇지 않았다(가령 Cary, 1947; Wolf, 1945). 일전에 나는 라디오에서 한 여성이 말하는 걸 들었다. 그녀가 소개자로서 민가 숙소에 도착했을 때 현관문을 연 집주인 여자가 자기는 한 명만 요청했다고 고함을 쳤다는 것이다. 이에 대해 숙소관리장교는 '하지만 이 아이들은 자매인데 우리가 떼어놓을 순 없지 않겠어요'라고 답했다고 한다. 학교로 떠나는 골디락스와 아기 곰 이미지는 소개시 아이-대-아이-돌봄에 대한 아이콘일 수도 있을 것이다. 한 전시 어머니가 일반적 심정을 대표할 수 있다. 소개를 위해 두 어린 아이를 배웅하면서 그녀는 아이들 목에 '둘을 떼어놓지 마세요'라고 쓴 표지를 각각 걸어준다. 나는 동기의 누락을 재사고하기 위해 존 보울비의 작업으로 되돌아갔다.

전쟁의 외상과 모성 박탈의 외상이 등치되었다. 하지만 역설이 하나 있었다. 즉 아이들을 최악의 폭격에서 구하는 것은 아이들을 핵가족의 산물로 보지 않고 국가와 공동체의 책임으로 본다는 것을 내포했다. 2차 세계대전의 소개를 다룬 문헌들은 '우리의' 아이들에 대한 지칭들로 충만하다. 우리의, 국가의 아이들은 동기들이고 또래들이었다— 소개의 성공은 이 점에 달려 있었다. 하지만 소개의 실패는 사라진 어머니들 탓으로 돌려졌다. 이러한 미끄러짐 속에서, 무엇이 나쁜 동기/또래에 반대되는 바로서의 좋은 동기/또래를 가능하게 해주는지의 문제는 사라졌다. 다시금 동기 상황은 수직적 패러다임 속에 쑤셔 넣어져야 했다.

그렇지만, 애착과 애착 실패의 중요성에 대한 연구 작업이 빠른 속도로 진행되는 동안, 왜 모성 분리가 불안을 야기하는지의 기초 도면은, 어머니의 중요성이 충분한 설명이 된다고 여겨지기 때문에, 주어진 것으로 간주된다. 보울비는 아기가 포식자들에 대한 두려움 속에서 산다는 그 자신의 개념을 확장하지 않았으며, 내가 보기에는 그 이후로 그 누구도 신경을 쓰지 않았다. 내가 제안하는바, 좋은 여동기나 남동기는 포식자가 변형된 것이다. 우리는 이러한 변형의 조건들을 그 측면적 관계에서 바라볼 필요가 있다.

나는 두 개의 개인적 일화와 보울비의 주저들을 재독서하면서 내게 들었던 아주 작은 한 가지 깨달음에서 시작할 생각이다. 이 세 사례가 임의적이고 고립된 것처럼 보이겠지만, 나는 그것들을 보울비의 중심 주제인 '애착과 모성 박탈'에 — 혹은, 내가 그것들의 결합점으로 보게 되었는바, '분리 불안'에 — 연결하고자 한다. 내 생각에 '분리 불안'은 재-강조와 정교화를 항상적으로 필요로 하는 주요 개념이다. 일화들은 '실험'이나 제어된 관찰이 아니며, 입증이나 반증에 관한 것이 아니다. 일화들은 물음의 상태, 궁금함(wondering)의 상태를 예증한다.

첫 사례. 얼마 전 나는 뭄바이 공항에서 밤새도록 꼼짝할 수가 없었다. 나의 아에로플로트 항공기는 아주 오래 지연되었고, 내 다리는 부러져 있었고, (인도라는 맥락에서 다소 놀랍게도) 누구도 내가 마침내 획득한 휠체어를 밀어주는 일을 열망하는 것 같지 않았다. 그래서 나는 오랜 시간 그 지점에서 꼼짝할 수 없었다. 나는 드문드문 소설을 읽고 있었지만, 대부분은 단지 주변을 관찰했다. 나는 팔에 안긴 아기들의 엄청난 비명을 목격하고는 깜짝 놀랐다. 수많은 가족 구성원들이 친척을 배웅하면서 함께 모여 있었다. 아기 또는 아기들은 이모[고모]나 언니[누나]나 할머니나 이모[고모]할머니로 보이는 사람이 안고 있었고, 드물게 일행의 남자 구성원이 안고 있었다. 물론 어머니가 안고 있기도 했다. 하지만 아기를 누가 안고 있는지와는 상관없이, 어머니가 콜라를 사오려고, 화장실에 가려고, 친구와 이야기하려고 일행을 떠날 때면, 여태껏 만족하고 있던 아기는 두 팔을 뻗고 등을 구부려서 누구의 팔이건 자신을 안고 있던 그 팔에서 빠져나가려고 버둥거렸으며, 그러는 내내 귀청을 찢는 듯한 외침 소리를 냈다. 이 모든 것은 어머니가 돌아올 때 멈추었다.

여러 번 반복해서 나는 이 현상을 지켜보았다. 그러다가 동이 텄고, 인도에 오래 살았고 거기 그 자신의 가족이 있는 의붓아들이 나를 발견해서 내 항공편으로 나를 밀어주기 시작했다. 나는 그에게 아기들에 대해 물었다. 서양에서 사람들이 저 정도로 귀청을 찢는 듯한 비명이 통상적인 일처럼 일어나는 것을 본다고는 나는 생각하지 않는다고 말하면서 말이다. 그는 더 이상 그것에 유의하지 않는다고 말하긴 했지만, 그런 행동은 완전히 전형적이라고 말하면서 내 관찰을 확인해주었다. 설명 삼아서 그는 인도에서는 아이들을 돌보고 안아 줄 사람이 언제나 아주 많아서 아이들은 자라면서 다중 돌봄에 익숙해진다고 말했다. 하지만 다중 돌봄을 받는 그 아기는 여전히, 무엇보다도 어머니의 부재에 반응했다. 실로 그 필사적임과 그로부터의 즉각적 회복은 어머니가 거의 유일한 돌봄자인 상황에서 마주하는 것보다 훨씬 더 격심하고 강렬했다.

이에 대해 논평하기 전에 나의 두 번째, 더 파악하기 어려운 일화를 들려주겠다. 존 보울비의 작업에 대해 생각하면서 나는 그의 작업이 평생 동안 나와 함께 있었던 것 같은 느낌이 드는 것을 깨달았다. 부분적으로 나는 이것을, 내가 1940년대와 50년대에 북런던에서 자라고 있을 때 '보울비주의'가 일반적으로 유포되어 있었던 사실을 가지고서 설명할 수 있을 것이다. 또한 부분적으로, 내가 그를 개인적으로건 직업적으로건 직접 만난 적이 결코 없었지만 그와 가까운 동료, 친구, 친척들을 잘 알고 있었다는 사실을 가지고서 설명할 수 있을 것이다. 이 북런던 지식인들의 작은 세계에서 내 딸은 그의 손녀 친구였고 나는 그의 며느리와 학교를 같이 다녔다…. 당시에 내가 그걸 알았을 수도 있다는 건 아니다! 이런 친밀함이다는 아니었다. 내가 이런 배경을 가지고 있음에도 보울비의 작업에 대해 생각할 때면 아주 특별한 신경과민이 생긴다는 것을 나는 깨달았다. 내가 보울비를 틀림없이 오해하고 있다는 느낌이 든다. 나는 이 불안을 과거에 내가 그의 작업에 대해 무언가를 공적으로 말했던 그 몇 안 되는 경우에 꽤 강하게 '꾸지람을 들었다'는 사실로까지 거슬러 추적했다. 한 번은, 내가 풋내기 시절에 밤낮 없는 어머니 돌봄에 대한 그의 요구에 대해 고전적인 여성주의적 반대를 한 것 때문이었다. 그 다음으로는 나중에, 정신분석 협회에서 수련을 받는 동안, 시설의 아이-돌봄에 그가 미친 해방적 영향을 과소평가한 것 때문이었다. 그리고 끝으로, 최근에 케임브리지에서, 보울비의 가장 중요한 영감의 원천 가운데 한 명이며 그의 지적인 협력자이기도 한 동물행동학자 로버트 하인드에게서 들은 꾸지람인데, 보울비가 도대체 '무의식'에 대해 말하고 있다고 생각한 것 때문이었다 — 더구나, 그 누구도 그래서는 안 된다는 것이었다.

나의 두 일화 사이의 연결고리는 작은 계시 이후에야 내게 찾아왔다. 보울비에 대한 나의 여성주의적 반응은, 1960년대에 시종일관 감지되었고 1966년에 처음으로 출판되었는데(Mitchell, 1966), '여성의 신비'(Friedan, 1963)에 항의하는 여성들 반응의 전형이었다. 그들은 전후에 여성을 가족과 모성으로 좌천시켰다는 이유로 보울비를 비난했다. 사회심리학자 웬디 홀웨이는 그 반응을 이렇게 묘사한다: '여자들은 전쟁 기간 동안 남자들의 일을 할 수 있는 능력을 입증했다. 그리고 이후에 모성과 가정으로의 복귀는 모성 박탈에 대한 보울비의 전문가 담론 때문이며 또한 그 담론이 전통적 노동력과 출산 촉진 정책을 재확립하려는 정부의 욕망과 조화롭게 맞아떨어졌기 때문이라는 것이 이제 판에 박힌 방식으로 주장되고 있다'(2000: 7, 강조는 나의 것). 보울비 시험에서 낙제한 어머니들은 이제 사회적 질병과 심리적 질병에 대해 책임이 있는 것으로 여겨졌다.

그리하여 보울비에 대한 여성주의적 비판은 너무 단순하기는 해도 분명한 논리를 가지고 있었다. 그렇지만 지금에서야 나는 여성주의적 거부의 배후에서 또 하나의 매우 다른 논리를 보게 되었다: 분명 보울비의 작업에 대한 거부는, 심층에서는, 그것이 반대하고 있던 것에 대한 반대

방향에서의 추인이었다. 즉 애착 이론에 대한 추인. 제2물결 여성주의를 개시한 내가 속한 세대는 보울비가 연구한 아이들이었다. 우리는 그가 1930년대 후반 모성 박탈을 위해 연구했던 사십사 인의 어린 도둑들은 문자 그대로는 아니었을 것이다(그들은 여하간 남자 아이들이었다). 또한 우리 모두가 전시 노동 어머니의 아이, 주간 탁아시설 상주지, 소개자, 혹은 방과 후 혼자나 친구랑 브리티시 레스토랑[1]에 밥 먹으러 가는 열쇠아동[2]이었던 것은 아닐 것이다. 하지만 바로 그것이 우리 세대였으며, 우리 중 다수에게는 우리의 현실 경험이었다. '[어머니는] 좋든 싫든 [아이의] 닻이 될 것이고, 어머니로부터의 분리는 문제를 야기할 것이다'[3]라는 보울비의 정식화에 항의하면서 우리는 우리의 '나쁜' 전시 노동 어머니에게 여전히 애착되어 있었다. 우리에게 충분히 아주 좋은 어머니였음을 우리가 입증하고 있었던 그 어머니에게 말이다. 전시와 전후 아기들인 우리가 국가나 공동체나 확대가족이나 이웃의 도움 제공을 통해 다중의 돌봄자들을 가졌던 것이라면, 우리는 은유적으로 여전히, 뭄바이 아기들처럼, 우리의 어머니를 향해 귀청을 찢는 듯이 비명을 질렀고 어머니가 돌아오면 안전하다고 느꼈다. 보울비에 대한 거부에도 불구하고, 그리고 특히 영국에서 성질 나쁜 여자들이라는 적대적인 이미지에도 불구하고, 제2물결 여성주의는 어머니와 아이 양쪽 모두를 요구했다(그리고, 되 요구했다). 일반적으로 받아들여진 관념과는 반대로, 제2물결 여성주의는 돌봄 커플[4]

---

* 이 장의 한 판본은 2000년 3월 런던 보울비 기념학회에서 발표되었다. 토론자였던 제러미 홈즈는 그의 논평 일부를 여기 싣는 데 동의해주었다. 매우 고맙게 생각한다.

1 | [2차 세계대전 동안 폭격으로 집을 잃은 사람들에게 저렴한 식사를 제공한 식당.]

2 | [방과 후 빈집으로 귀가하는 아동.]

3 | Riley 1983: 101에서 인용.

4 | [즉, 아기와 어머니.]

의, 그리고 어머니들의 감동적인 사랑을 표현했다. 종종 반복되곤 하는 '어머니를 통해 거슬러 생각하기'[5]라는 버지니아 울프의 명령을 승인하면서 말이다.

나는 내 딸에 대해 생각하기 시작했다. 딸이 태어났을 때 나는 정신분석가 수련을 마치고 있었다. 그 아이는 2시간이나 되는 나의 부재에 익숙했다. 아이가 10개월일 때 우리는 캘리포니아에서 일을 나갔다. 우리가 도착한 직후에 나는 4시간 동안 나가 있었고, 아이를 아이 아버지에게 맡겼다. 집에 돌아왔을 때 어느 쪽이 더 괴로운지를 알아내기가 힘들었다! 분명 약 2시간 20분 이후에 아기는 이미 가만히 있지를 못하게 되었고, 반시간이 더 지나서는 위안을 줄 수 없는 상태가 되었다. 생후 6주가 되었을 때 북적이는 이탈리아 식당에서 아이가 휴대용 아기 침대에서 갑자기 깨어난 일이 기억이 났다. 우리는 그 침대를 맞은 편 가까운 의자 위에 올려놓았는데, 하지만 아이는 우리를 볼 수 없었다. 내가 아이를 시끄럽고 붐비는 식당에서 데리고 나와서 우리끼리 조용히 흔들어줄 때까지, 아이의 울음은 필사적이었다. 이러한 것들은 낯선 실험실 상황에서 어머니의 가고 옴에 대한 유아 반응을 관찰하는 낯선 상황 실험(Strange Situation tests)의 일화적이고 극단적인 판본이다. 내 딸의 경우 물론 나의 부재와 재출현이 있었지만, 두 경우 모두(내가 주목한 다른 아기들의 사례들에서처럼) 친밀하지 않은 장소들의 현존 — 친밀한 것의 부재가 아니라 새로운 것의 예측 불가능성과 과도함 — 또한 있었다. 이러한 순간 어머니로서 우리는 상호작용하는 사람 같은 느낌이 드는 것이 아니라 — 이는 너무 과도한 것일 터이다 — 친밀한 장소 같은 느낌이 든다. 필요한 것은 우리 얼굴에 있는 달래주는 표정이 아니라 우리의 몸이다. 안나 프로이트 전시 보육원에 있었던 유아들에 대한 연구들을 읽으면서 나는 아기들이 얼마나 자주

---

5 | [버지니아 울프, 『자기만의 방』, 이미애 옮김, 민음사, 2006, 116쪽.]

'비명'을 지르는지를 (비록 그것에 대한 설명은 없지만) 알아차린다 —
아기들은 울지 않는다. 폭탄이 떨어지고 있었다. 이 비명은 고통을 겪고
있는 조용한 아기들에 비해 너무나도 안심이 된다.

　그래서 뭄바이 공항에서 비명을 지르는 나의 아기들로 돌아가보자.
혹은 오히려, 그들의 행동에 대한 내 의붓아들의 설명으로 돌아가보자.
그들이 다중 돌봄자에 전적으로 익숙하다는 것을 통한 설명 말이다. 그가
그렇게 말했을 때, 지적으로 나는 나 자신이 어떤 역설의 어지러운 정점에
있다고 느꼈다. 왜 다른 돌봄자들에 익숙한 아기들은 어머니가 떠날 때
몸부림치며 죽어라고 악을 쓰고, 그런 것에 그다지 익숙하지 않은 서양의
아기들은 항의를 훨씬 덜 한단 말인가? 나의 지적인 파악이 이리저리
미끄러지는 동시에, 나의 몸은 이해했다 — 나는 멜라니 클라인이 '느낌
속의 기억'이라고 불렀던 것을 가졌고, 저 뭄바이 아기들이 어떻게 느꼈는
지를 내가 안다고 느꼈다. 그러고 나서, 2년 후 다시금 인도에서 나는
나의 이전의 관찰에 대한 정확한 확인을 보울비에게서 읽었다: 다중 돌봄
자의 아이들은 어머니가 떠날 때 극도의 불안을 경험한다. 하지만 이번에
는 이와 관련해서 지적으로 문제적인 것이 아무것도 없었다: 그런 아이들
은 충분한 단독의 어머니 돌봄을 받지 못했기에 다만 정의상 더 불안정했
다. 하지만 왜 보울비의 이해는 내 의붓아들이 처음 나의 관찰을 설명했을
때 나에게 떠오르지 않았는가? 왜 그 설명은 여전히 나로부터 미끄러져
나가고 그런 다음 다만 마음을 어둡게 하는 분명함과 더불어서야 되돌아오
는가? 내 생각에 그 관찰에는 결정적으로 중요한 어떤 것이 있지만, 그
설명에는 어떤 결정적인 약점이 있다. 나는 보울비에 대한 나의 아주
표준화된 언급들 때문에 꾸지람을 듣는 것이 기억이 난다. 이제 생각해보
니 그것은 내가 내 의견을 유치하게 표현하기 때문에 발생한다. 다시
말해서, 나는 아주 충분한 돌봄을 받지 못해서 증상처럼 되돌아오는 유년
기로부터 말한다. 전문적으로는 — 즉 보울비의 용어로는 — 모성 박탈의

유년기 말이다. 나에게는 아주 초기의 유아기 때부터 상근직으로 일하는 어머니가 있었고, 어머니가 일하러 갔을 때 나를 돌보는 두 명의 대부모가 있었다. 그리고 틀림없이 비명을 지르는 분리 불안이 있었을 것이다. 나의 어머니가 상기한 것은 이례적인 견학 여행을 마치고 되돌아왔을 때 아직 말을 못하는 내가 그녀에게 표출한 (안도가 아니라) 격분이었다는 것 말고는 말이다. 보울비가 나의 평생 동안의 현존으로서 느껴졌던 것은, 은유적으로 내가 그가 글에서 다룬 아이이기 때문이다. 내가 그의 묘사들 가운데 그 어디에서도 나 자신을 그다지 알아 볼 수 없다는 것 말고는 말이다.

다중 돌봄자 문제에 대해서 보울비는 그 자신의 추종자들에게서 교정을 받았다. 에인스워스의 유명한 간다 족 아동 연구는 다중 돌봄을 받는 아이와 모성 돌봄을 받는 아이가 유사한 수준의 분리 불안을 보여준다는 것을 보여주었다. 이에 대해 제러미 홈즈는 이렇게 말한다.

> 증거는 보울비가 다중 돌봄제공자에 대해서 그저 명백히 틀렸다는 것을 보여준다. 메리 에인스워스의 원래 간다 족 유아들로 돌아가 보자. 그들에게서 다중 돌봄제공은 일반적이며, '낯선 상황'은 그들을 위해 고안된 것이었다. 불안정한 유아 대 안정된 유아의 분포는 표본이 중간계급 볼티모어에서 나오건 햄스테드에서 나오건 시골 우간다에서 나오건 거의 동일하다 ── 비율은 대략 3분의 1 대 3분의 2다. 우리의 빈곤한 도심 지역의 사회경제적으로 시달리는 도시 어머니들 가운데서만 불안정한 애착 비율이 극적으로 올라가며, 여기서 패턴은 현저히 혼란된다 ── 보울비가 사망할 무렵에서야 막 정교화되고 있었던 설명어.[6] (Holmes, 2000)

───── 6 | [애착 이론에서 애착의 패턴은 안정, 불안정-회피, 불안정-양가, 혼란, 이렇게 네 가지가 있다. 이 가운데 앞의 세 가지는 에인스워스가 1960년대에 도입한 것이다. '보울비가 사망할 무렵에서야 막 정교화되고 있었던 설명어'는 에인스워스의 동료 메리 메인이 1990년에 추가한 '혼란'을 가리키는 것으로

그렇다면 문제는 돌봄제공자의 숫자라기보다는 특수한 유형의 가난과 가치저하의 문제여야만 한다. 그리고 그것은 왜 '애착 이론'에 불편한 안일함이 있는지를 설명한다 — 잘사는 사람과 단순한 사회의 농부는 좋은 어머니가 된다. 그렇지만 그것은 부재하는 어머니와 관련해서 공포와 안심의 정도를 설명하지 못한다. 좋은 사회적 제공은 여러 형태를 취할 수 있겠지만, 어머니는 어떤 기본적인 방식에서 핵심적인 인물로 남는다. 다중 돌봄자가 있을 때 어머니와의 생물학적/신체적 유대는 더 강력하게 보유되며 유아는 그것이 절단될 때 더 크게 비명 지르며 그것이 되돌아올 때 더 즉각적으로 평온해진다고 상상해볼 수도 있을 것이다. 유사한 것이 우리 전시 아동에게도 발생했는가?

이러한 물음을 제기하기 위해서 나는 내가 참조한 바 있는 케임브리지 아동 소개자들에 대한 연구를 들여다보려고 한다. 연구를 이끈 사람은 수전 아이작스였다. 그녀는 영국정신분석협회 회장이었고, 몰팅 하우스 스쿨의 교장이었고, 런던 교육연구대학원 아동발달학과장이었다. 아이작스의 팀에는 멜라니 클라인과 존 보울비도 있었다. 그 팀은 아이를 집에서 떠나보내는 것이 아동발달에 미치는 결과를 살피기 위해 꾸려진 것이었다. 아이들에게 주어진 설문지 조사를 포함하는 그 연구는 아이작스의 비판적이고 자기비판적인 반성성에 있어 주목할 만하다(Isaacs, 1941). 우리는 아이들을 가족에서 떼어놓는 관행을 맥락화할 필요가 있다. 전쟁 이전에, 주로 '붕괴 가정'이나 '문제 가족'에서 온 매년 약 4만 명의 아이들이 다른 가족으로 옮겨 살았다. 보울비의 (그리고 다른 사람들의) 전시 및 전후 작업은 이러한 관행을 멈추게 하려는 것이었다 — 생물학적인 가정은 아이들을 그곳에서 떼어놓는 게 정당화될 정도로 충분히 나쁜 경우는

보인다. 보울비는 1990년에 사망했다.]

드문 것으로 가정되었다. 하지만 1939년 9월 동안 그 나라 초등학생 가운데 47퍼센트 혹은 약 75만 명이 그들의 교사들과 함께 도시에서 시골로 이송되었다. (군대 소집 전까지 리처드의 형 폴은 이러한 아동 가운데 한 명이었다.) 추가로 어린 아이가 있는 42만 명의 어머니와 만2천 명의 임산부 또한 이송되었다.[7] 이 행진하는 아동 군대 중 이즐링턴과 토트넘에서 온 약 3천 명은 케임브리지로 갔으며, 아이작스의 조사 내용이 도출되어 나올 수 있는 대상집단(pool)을 형성했다.

이 소개가 상대적으로 성공적이었다는 것이 나에게는 흥미롭다. 부모들은 아이들 생각이 났고 아이들은 고향집이 그리웠다. 하지만 한 가지 분명하게 주목된 어려움은 자기 아이들이 새로운 가족에 너무 잘 적응해서 부모들이 겪게 된 고통이었다. 이는 특히 어린 아이들의 경우 그렇다. 청소년들은 적응을 더 어려워했다. 그렇지만 이러함에도 불구하고 보울비는 유엔을 위한 그의 나중 작업 『어머니의 보살핌과 정신 건강』을 위해 이러한 연구를 이용하면서 아이들이 '박탈을 겪었으며 아직은 정서적으로 자립적이지 않았다'는 것을 강조했으며 '교사들은 향수병이 퍼지고 학업 집중력이 떨어졌다고 보고했다'는 것에 주목했다(Bowlby, 1951: 28). 이는 참이다. 하지만 교사들은 또한 ── 보울비는 언급하고 있지 않지만 ── 건강과 용모의 향상뿐 아니라 더 좋아진 교사나 또래와의 관계, 관심의 확장, 자신감의 엄청난 증가에도 주목을 했다(Isaacs, 1941). 우리는, 어쩌면 다소 시적으로, 이 아이들이 밤에는 베개에 얼굴을 파묻고 훌쩍이지만 낮에는 행복하고 민첩하고 우호적인 것을 상상할 수 있는가? 질문지에 답하면서 아이들은 어머니가 가장 보고 싶다고 말하지 않는다. 그들이 언급하는 것은 고양이, 개, 장난감, 그리고 무엇보다도 동기들이다. 그들은

_____
7 | 도시 폭격이 아직 일어나지 않은 1월까지 어머니 집단의 87%와 취학아동 중 93%가 집으로 돌아왔으나, 다수는 나중에 다시 시골로 이동했다.

어머니에 대한 의존이 너무나 자연스러워서 생물학적으로 보이는 나의 비명 지르는 뭄바이 아기들의 더 나이든 판본들인가? 나는 또한 발린트 그룹의 작업이 생각난다. 그 작업에서 그들은 개별 분석 치료를 받는 신경증이나 정신증 환자들을 집단 치료를 받는 환자들과 비교하고 대조하게 되었다: 전자의 환자들은 통찰을 얻었으며, 후자의 환자들은 더 큰 성숙을 성취했다(Balint et al., 1993). 소개자들은 — 집단 치료 참가자들처럼, 하지만 단일 '어머니 분석가'와의 특별한 단일 관계를 갖는 환자들과는 달리 — 긍정적인 방식으로 더 성숙해졌다. 유아기 초기의 부재하는 어머니로 인한 준-생물학적 고통이 있을 수 있지만, 그것 말고도 많은 일이 이루어진다. 사회적 이득 대 심적인 이득에 대한 이러한 관찰은 정신분석 그 자체에 대한 물음에 직접적으로 영향을 가한다. 정신분석은 무엇을 성취하고자 하는 것인가? 치료는 자기탐닉이라는 문외한들의 일상적인 가정에 대해서는 그것이 힘들고 고통스러운 절차이기 — 이어야 하기 — 때문에 반박을 해야 한다. 하지만 이 비판의 다른 측면은 적실성을 가지고 있을 수도 있다 — 정신병(psychopathy)의 만연이 시사하는바, 정신분석 이론에서 사실상 정신병의 누락은 공동체 안에서 그것이 얼마나 유포되어 있는가와 짝을 이룬다. 그것은 상담실을 벗어나는가? (또한 8장을 볼 것.)

보울비가 사회적으로 관심을 두었다는 데는 — 사회 안에서 아이들이 어떻게 살아갈 것인가에 관심을 두었다는 데는 — 내 마음속에 추호의 의심도 없다. 클라인이 아이의 자기에 초점을 맞추고 그런 다음 아이의 가족 내 관계에 초점을 맞춘다면, 보울비는 더 넓은 세계를 마음속에 둔다. 정신분석가로서 보울비의 자리는 다소 아이러니해 보인다. 그는 주체성의 고난과 시련에 관심이 없었기 때문에, 대부분의 정신분석가들은 — 여하간 내가 정신분석 협회에서 약간 얕보는 언급을 했던 당시에는 — 그의 작업에 거리를 두었다. 하지만 그는 또한 아이젠크 같은 주석가들로부터 단순히 정신분석가라는 이유에서 공정한 몫의 비난을 받기도 했다. 내가 보기에, 보울비 스스로가 자신의 작업을 정신분석의 경계 안에 있는 것으로 생각했고 이것이 그에게 중요했다는 것은 분명하다. '애착 행동, 성적 행동, 부모의 행동을 별개의 체계들로 인정하는 것이 정신분석 이론의 결실들을 결코 위태롭게 만들지 않는다는 것을 보여주기 위해서, 희망하건대, 이미 충분한 것이 말해졌다'(Bowlby, 1969: 234). 특히 보울비 는 그 자신의 이론의 준거로 프로이트의 1926년 논문『억제, 증상 그리고 불안』을 언급하고 있는데, 이 논문에 대해 그는 다소 기묘하게도 이렇게 쓰고 있다. '70세가 될 때까지 [프로이트는] 분명 분리와 상실을 그가 생애 절반의 연구를 바친 과정들의 주요 원천으로 지각하지 않았다. 하지 만 그때가 되면 정신분석 이론이 확립되었다'(Bowlby, [1973]: 48).[8]

『억제, 증상 그리고 불안』은 사실 그 어려움에서 있어 풍성한, 주목할 만한 책이다. 그 이론들의 어려움이 아니라 프로이트가 자신의 임상적이고 지적인 투쟁들을 드러냄에 있어서의 어려움 말이다.[9] 거기서 프로이트는, 다른 쟁점도 있겠지만, 성욕과 불안의 관계를 재고찰한다. 그가 이전에 주장했듯이 불안이 불충분한 성적 억압의 결과인 대신에, 불안은 이를테면 '첫째로' 오며, 위험의 신호로서 작용한다. 프로이트에게서, 불안이 경고를 보내는 것은 내부의 위험과 외부의 위험 둘 다에 대해서다 — 본능들은 내적 위험을 제시하며, 그것들에 대한 금지는 외적 위험을 지시한다. 클라

---

8 | 아주 어린 아이들의 경우도 애도를 도와주어야 한다는 주장을 펼친 그처럼 선구적인 작업을 했던 보울비가 프로이트의 1914년 논문 「애도와 우울증」을 누락한 것은 혹은 『히스테리 연구』에서 안나 O의 상실의 자리를 누락한 것은 아무리 좋게 말해도 이해할 수 없는 일이다.

9 | 분명 그것은 또한 전쟁에서 생겨난 물음들로 각인된 저작이며, 집단 심리학에 대한 요구가 반영되어 있다. 바로 이 책에서 프로이트는 히스테리의 문제에 재접근하며, 다시금 그로부터 물러난다.

인에게서, 이 위험은 거의 전적으로 내부로부터 왔다— 그녀는 우리의 내재적인 선망과 파괴성의 효과들을 강조한다. 보울비에게서, 그것은 외부로부터— 그가 '포식자'라고 지칭하는 것으로부터— 오는 위험이었다. 나는 프로이트가— 분리와 상실의 중요성을 오로지 후기에 가서야 파악했건 그렇지 않건— 보울비의 이러한 논의 전개에 동의했을 것이라고는 생각하지 않는다. 그렇다고 해서 물론 그것이 무효화되는 것은 아니며, 단순히 다른 어떤 것으로서 위치하게 되는 것이다. 프로이트의 책은 그가 이전에 집에 들인 적이 있던 주장과 아무런 거래도 하지 않는다. 그 주장은 모든 신경증의 기저에 놓여 있는 불안을 산출하는 것은 성욕이 아니라 인간 탄생의 외상이라는 오토 랑크의 생각이다(Rank, [1924]). 프로이트는 그것이 탄생이라고 믿지 않았다. 하지만 내 생각에 프로이트는 그것이, 보울비가 나중에 제안했던 방식으로, 분리라고 생각하지도 않았다.

프로이트 저작에서 '분리 불안' 개념은 흥미로운 개념이다. 여기서 그것이 여자아이 편에서 거세 불안 개념에 대한 도전으로서 떠오른다는 사실에 주목했으면 한다. 거칠게 말해보자면, '이미 거세된'(즉 음경을 가지지 않은) 여자아이가 어떻게 거세 불안을 느낄 수 있겠는가? 여자아이는, 프로이트가 주장하기를, 오히려 사랑— 일차적으로는 그녀가 오이디푸스적으로 향하고 있었던 아버지로부터의 사랑— 의 상실에 대한 위험을 느낀다. '분리 불안'과 더불어서 도입되고 있는 것은, 그렇다면, 여성성 편에서 온다. 하지만 그것은 또한 동기들을 위한 참조점이다. 프로이트가 동기들을 들여다보고 있는 한에서, 동기들은 부모로부터 사랑의 공평한 분배를 구하고 있다. 프로이트의 분리 불안 개념과 여성성과 동기들 사이의 이러한 연계들은— 프로이트의 것이 아니라— 나의 것임을 분명히 해야 한다. 하지만 프로이트에게서 성욕 없이는 '분리 불안' 같은 것은 없다는 것이 중요하다. 그것들은 보울비에게서처럼 상이한 체계가 아니다.

더 나아가, 한 인물의, 중요한 인간 대상의 상실은, 프로이트가 지적하기를, 불안이 아니라 고통을 야기한다. 이른바 '낯선 이 불안(stranger anxiety)'을 겪고 있는 8에서 10개월 된 아기의 얼굴에는 강렬한 고통이 있다. 또한 모든 애도자의 가슴에서 느껴지는 것도 고통이다. 불안은 분리의 위험을 사전 경고한다. 고통은 상실을 맞이한다. 그렇다면, 낯선 이의 얼굴에 대한 아기의 두려워하는 반응 안에 있는 고통은 다음과 같은 것을, 즉 그 새로운 얼굴은 (어머니의) 오래된 얼굴이 상실되었음을 의미한다는 것을 지시하고 있을 수도 있다. 불안은 어떤 것이 일어났다는 두려움이 아니라 일어날 것이라는 두려움이다. 상응해서 우리는 여자아이가 음경이 없다는 불안이 아니라 고통을 느낀다고 — 아무도 말하지 않음에도 불구하고 — 말할 수 있을 것이다. 여자아이가 '거세 불안'을 표현하고 있다면 이는 분명 그녀가 심적으로 양성적이기 때문이며, 그녀가 상실할 위험이 있는 음경을 가지고 있다는 환영을 보존하고 있기 때문이다. 그녀가 고통을 경험한다면, 이는 그녀가 그것의 부재를 애도하고 있기 때문이다.

나는 고통과 불안이라는 이 중요한 문제를 여기서 더 이상 추적할 수 없다. 나는 이 지점에서 프로이트의 개념과 보울비의 개념의 차이에 관심이 있는 게 아니다. 오히려 왜 프로이트의 이 특정한 텍스트가 보울비의 정신분석적 참조점인지에 관심이 있다. 확신하건대 '분리 불안'은 그의 명시적인 의식적 관심의 이유다. 하지만 잠재된 무언가도 있다. 『억제, 증상 그리고 불안』은 1926년에 쓴 것이지만, 세계대전 기간 동안 외상신경증과 정신신경증의 도래에서 남겨진 물음들과 깊은 관련이 있어 보인다. 그것은 이전의 효과적인 재조직화였던 『자아와 이드』(1923)와 같지 않으며, 또한 심지어 불안정하고 지적으로 유동적인 『쾌락원리를 넘어서』(1920)와도 같지 않다. 『억제, 증상 그리고 불안』은 프로이트가 오래된 확실성들이 거의 남아 있지 않다고 느끼는 근심스러운 텍스트다. 하지만 다른 곳에서처럼 여기서도 그는 외상신경증과 히스테리 사이의 — 특별한 사건에 의해 촉발된 상태와 금지나 소원성취의 제한을 외상적 경험으로 취급하는 상태 사이의 — 구분을 분명하게 주장한다. 하지만 보울비는 약 50년 뒤에 이렇게 쓰게 된다.

> [죽은 인물의] 오위치(mislocation)가 자기 내부에 있을 때, 때로 심기증이나 히스테리 상태라는 진단이 주어질 수도 있다. 오위치가 다른 사람 내부에 있을 때, 히스테리적이거나 정신병적 행동이라는 진단이 주어질 수도 있다. 이러한 용어들은 그다지 큰 가치가 없다. 중요한 것은 그러한 상태가 실패한 애도의 상태로서, 그리고 상실된 사람의 현존을 오위치시킨 결과로서 인지되어야 한다는 것이다. (Bowlby, [1980]: 161, 강조는 나의 것)

보울비에게서, 외상신경증과 정신신경증은 유의미하게 분리되지 않는다. 상실에 대처하는 일은 일체의 심적 구분들을 흐려 놓는다. 여기서의 이 논변은 결정적인 함축을 지닌다. 3부작 『애착과 상실』의 제1권 서두에서 보울비(1969)는 어떻게 그의 이론이 정신분석적 방법론을 역전시키는지를 단언한다. 고전적 정신분석에서 환자의 증상은 어떤 가능한 사건으로까지 거슬러 추적된다. 그 사건 안에는 현실의 중핵이 있을 수도 있겠지만 그 사건의 중요성은 그 중핵의 심적인 세공에 있다. 보울비의 이론은 외상과 함께 출발하며 전망적으로(prospectively) 움직인다. 그리하여 그것은 소급적(retrospective)이라기보다는 예언적이다. 바로 이와 같은 방식으로 그의 작업은 사회적 책임을 떠맡는다. 즉 우리는 앞을 보고 있다면 예방 조치를 취할 수 있다. 그렇지만 이는 자신의 과거를 변화시킴으로써만 자신의 미래를 변화시킬 수 있는 심기증적이거나 히스테리적이거나 정신병적인 성인들의 문제에 대한 질문을 불러일으킨다 — 또는 그 질문을 활짝 열어놓는다. 전이는 다른 곳에서처럼 여기서 어떤 새로운 차원을 띤다. 모든 사례들에서 병인적 작인은 어머니 인물의 상실이다. 비록 여기서 보울비가 현실적 죽음에 대해 쓰고 있기는 하지만, 그의 이론에는 [한편으로] 고통을 야기하는 애도되어야 하는 죽음과 [다른 한편으로] 엄밀히 말해 위험의 예상 속에서 불안을 야기하는 분리 사이에 생략이 있는 것처럼 보인다. 확실히 분리가 이미 확립된 상실로서 경험되는 경우에만 고통이 있는가?

구조적으로 말해서, 그렇다면 상실로서의 분리라는 이 사건은 인류의 심적 고뇌의 원인으로서의 탄생의 외상이라는 오토 랑크의 개념(Rank, [1924])을 닮았을 뿐 아니라, 또한 물론 히스테리 개인사의 근저에 놓인 부모의 성적 유혹 사건에 대한 프로이트 자신의 '발견'을 닮았다. 다시금 이는 그것이 잘못되었다는 뜻이 아니다— 오히려 반대다. 하지만 이는 그것에 특별한 지위를 부여한다. 프로이트는 생이 시작될 때 외상적인 무언가가 있다고 주장했다— 무언가가 방어 경계를 깨뜨리며 말하자면 안에서 내파한다. 보울비의 모성 상실 외상은 신생아적 삶보다 나중에 오는데, 왜냐하면 애착 행동은 때 이르게 태어나는 인간에게 있어 더디게 발달하기 때문이다. 애착은 1개월 때 형성되기 시작한다. 분리 불안은 강렬하며, 두려움의 대상에게는 '포식자'라는 일반명이 보울비에 의해 주어진다. 가능한 포식자로 인해 분리는 고통이 아니라 불안을 산출한다.

나의 어머니는 몇 년 전 그녀가 '극단적인 노년'이라고 부른 나이에 돌아가셨다. 그녀는 나의 딸인 그녀의 손녀에게 대부분의 성인기 동안에 썼던 일기를 남겼다. 나 자신의 애도 과정의 일부로서 나는 일기 대부분을 읽었다. 내가 태어났을 때 나의 어머니는 뉴질랜드에서 연구하고 가르치는 식물학자였다. 그녀는 학생들과 현장학습을 갈 때면 몇 개월 된 아기인 나를 숲으로 데리고 가곤 했다. 한 번은 나를 오두막 바깥에 잠자게 남겨두고 모두가 희귀식물을 찾아 나설 수 있다는 것이 얼마나 굉장한 일인지 이야기한다— 그녀가 나를 남겨둘 수 있는 것은 뉴질랜드에 위험한 동물이 전혀 없기 때문이다. 읽으면서 나는 나의 아기 자기가 항의하는 것을

발견했다: 내가 깨어나면 거미가 독이 없다는 것과 키우는 독수리가 아니라는 것과 새끼 양은 사자가 아니라는 것을 알지 못할 거라는 걸 알지 못했나? 신생아나 그 이상의 아이에게 세계는 때로 조화롭게 춤을 출 수도 있을 것이다. 하지만 나는 보울비에게 동의하는데, 세계는 아주 무서운 장소이기도 하다.

보울비가 이야기하고 있는 것은 내 생각에 외상신경증에서의 외상이다. 그러고 나서 그는 이 현실적 외상을 정신신경증의 중핵에서 발견한다. 프로이트의 『억제, 증상 그리고 불안』에서 정신신경증과 외상신경증 모두 외상적 사건이 있을 수 있지만 그 두 상태는 같지가 않다. 첫째 상태에서 외상은, 보울비가 기술하고 있듯이, 도움 없이는 병리적이 될 수 있는 반응을 산출한다. 하지만 둘째 상태에서는 다른 무언가 —— 성적 충동과 욕망 —— 가 끼어들었으며, 금지되었으며, 억압되었으며, 그 억압이 실패했다. 오래된 용어를 사용하자면, 보울비는 '현실 신경증'을 기술하고 있다. 그리고 실제로 보울비는 가령 꼬마 한스의 어머니가 그를 떠나겠다고 실제로 위협을 했다는 것을 발견하며, (보울비가 열거하는 수많은 또 다른 가슴이 미어지는 사례들에서처럼) 그 어린 소년이 겁을 먹었을 뿐 아니라 그의 두려움이 오지각되고 오해석되었다는 것을 발견한다. 분명 부모들은 끔찍한 것들을 말하며, 다른 사람들이 말해주어야 그러한 것들을 지각할 수 있다. 나는 어린 아기와 함께 로마에 있었던 일이 기억난다. 같이 머물고 있던 친구들에게 나는 모두가 어머니와 아기들에게 그토록 친절한 것처럼 보이니 얼마나 좋은지를 이야기했다. 내 친구는 나를 안마당으로 데리고 가서는 아파트 사방에서 들려오는 아기들을 향한 고함 소리를 듣게 했다. 그녀는 번역을 해주었다. 그건 난폭한 위협과 언어적 학대의 전쟁터였다.

3부작 3권에서 보울비는 동물행동학에 의존하던 것에서 사회학적 연구들을 이용하는 것으로 옮겨간다(Bowlby, [1980]). 처음에 나는 이 기지 이동이 실패한 애도에 대한 그 책의 중요한 초점맞춤에 더하여 어떤 쾌감을 내게 준다고 생각했다. 하지만 놀랍게도 나는 동물행동학이 그리워졌다. 나는 내 반응에 걱정이 들었네— 나는 젊은 여성주의자로서 1950년대 후반과 1960년대 초기 타이거와 팍스[10]의 생물학적 결정론을, '난 타잔, 넌 제인'을 혐오했던 것이 기억났다. 보울비가 유사한 동물행동학을 이용한 것에서 이제 내가 느끼는 쾌감은 그 이후로 내가 그의 협력자 로버트 하인드의 작업과 인품을 알게 되었고 존경하게 되었다는 사실에 기인했는가, 아니면 그 쾌감은 나이가 들어 우리 모두 어떤 역사 이전의 연속성 위에 있다고 느끼고 싶은, 열정이 다 소모된 마음의 평온의 한 사례— 잃어버린 종교적 위안에 대한 일종의 보상— 이었는가? 그리고 그런 다음 나는 깨달았다: 그의 동시대인들이 그를 비판했던 이유, 바로 그것 때문에 보울비는 그토록 흥미로웠던 것이다. 동물행동학은 보편적이고 공통적인 상황에 관한 것이다. 분리 불안의 보편적 표현에는 개별적이거나 주관적인 것이라고는 전혀 없다. 정확히 그것은 영장류에 공통적인, 그리고 어쩌면 덜 복잡한 생명 형태들(가령 보울비가 조롱을 당한 원인이었던 하인드의 새들)에 공통적인 초기의 외상에 대한 유적 반응이다. 탄생이 아니라, 성적 유혹이 아니라 포식자들을 막아주는 인물의 상실이나 상실 위협은 일반화된 기원적 외상을 위한 적합한 후보자로 보일 것이다. 그렇지만 이렇듯 유망한 출발에서 보울비는 내가 보기에 자신이 지각한 것의 절반을 빠뜨린다. 누군가는 [아기를] 돌봐주고 보호해줘야 한다. 하지만 아기는 누구로부터 혹은 무엇으로부터 보호되어야 하는가? 동어반복이 작동하고 있으며, 논변은 자기를 중심으로 돌고 있으며, 포식자의 위험은 그 대신 돌봄자 상실의 위험이 된다.

그리하여, 분명하게 애정을 쏟는 다수의 돌봄 제공자들이 있는 뭄바이

---

10 │ [Tygers and Foxes. 라이오넬 타이거(Lionel Tyger)와 로빈 팍스(Robin Fox)의 작업을 가리키는 농담이다.]

공항에서 비명을 지른 아기들은, 보울비가 그 행동을 해석하듯이, 단순히 한 명의 변치 않는 인물에 대한 부적합한 애착을 경험하고 있었던 것인가? 그렇기도 하고 아니기도 하다. 어쩌면 그것은 빈곤해진 도시 생활의 혼란된 애착[11]의 대량 사례였다. 어쩌면 그것은 너무나도 갑작스러운 관심의 동요, 어떤 부재, 어머니의 부재가 여하간 의미했던 자극과 방기 때문이었을 것이다. 하지만 어쩌면 그것은 위험의 정도와 유형에 관련되어 있었다 ― 포식자, 낯선 환경, 과도함. 『작은 것들의 신』(3장)에서 아룬다티 로이는 어떻게 인도인들이 삶의 매 순간 외상에 근접해 살고 있는지를 통절하게 묘사하고 제시한다. 대규모 외상은 개인적 비극을 왜소해 보이게 한다.

> 그[미국인 남편]는 알지 못했다. 어떤 곳에서는, 라헬이 떠나온 나라 같은 곳에서는, 여러 가지 절망이 서로 우위를 점하려고 다툰다는 것을. 개인적 절망은 결코 절망의 자격을 얻을 수 없다는 것을. 개인적 혼란이 길을 가다가 한 국가의 거대하고 난폭하고 빙글빙글 돌아가며 휘몰아치는 터무니없고 제정신이 아닌 비현실적인 공적인 혼란의 성소(聖所)에 들르게 될 때, 무슨 일인가가 일어난다는 것을. 큰 신이 열풍처럼 울부짖으며 복종을 요구한다는 것을. 그러고 나면 (아득하고 제한된, 사적이고 한정된) 작은 신은 마비가 되어 자신의 무모함을 감각 없이 비웃으면서 가버렸다. (…) 별로 문제될 것도 없었다. 그리고 문제가 되지 않으면 않을수록 더욱 문제가 되지 않았다. 그것은 결코 중요하지 않았다. 더 나쁜 일들이 있어왔으니까. 그녀가 떠나온 나라에서는, 전쟁의 공포와 평화의 끔찍함 사이에 영원히 매달려 있는 그 나라에서는, 더 나쁜 일들이 계속 일어나고 있었다. (Roy, 1997: 19[12])

---

11 | [이 장의 주6을 볼 것.]

12 | [아룬다티 로이, 『작은 것들의 신』, 34-35쪽. 번역 수정.]

구자라트[13]에서 발생한 최근의 지진과 이어진 종교적 폭동은 이를 생생하게 보여준다. 저널리스트 미켈라 롱은 최근에 영국의 홍수, 기차 참사 등등을 제3세계 상황에 비교하는 사람들을 맹비난했다. 그녀는 너무나도 평범한 말이 된 한 구절에서 친구의 말을 인용했다: '킨샤사에 사는 것은 상어들 사이에서 헤엄치는 것과 같다.'[14] 울지 않고 비명을 지른 런던 전시 보육원의 유아들은 대공습[15] 속에 살고 있었다.

이즐링턴과 토트넘에서 온 아동 소개자들은 사실상 전쟁터가 될 곳 바깥으로 이송되고 있었다. 포식자들이나 그와 등가적인 위험들이 현존하는 곳에서 다중 돌봄자들은 좋은 투자처 같다. 개발도상 세계가 개발되면서, 적어도 사하라 이남 아프리카에서, 유아 사망률과 영양실조 비율이 올라가고 있다. 즉 어머니들이 죽는다. 에이즈는 '소년소녀 가장' 가족을 낳았다. 뭄바이 아기들의 애착이 불안정한 것은 혼자만의 '조직화된' 애착[16]이 아니기 때문이 아니라 — 또는 오직 그것 때문만이 아니라 — 단순히 영국 정원[17]보다 바깥에 더 많은 위험들이 있기 때문일 것이다. 낯선 상황은 지구의 비참한 자들이나 도시의 빈민들을 언제나 위협한다. 잘못된 일들은 이미 일어났다. 비명을 지르는 아이는, '별로 문제될 것도 없었다.

---

13 | [인도 서부에 있는 주.]

14 | [아프리카 콩고의 수도. 영국의 저널리스트 미켈라 롱은 콩고에서 활동한 적이 있다. 롱은 영국의 재난 상황이 킨샤사의 상황과 비교할 것이 못 된다는 취지로 이 말을 인용하지만, 곧이어 미첼은 2차 세계대전 당시의 런던 아이들이 결코 그에 못지않은 상황에 처해 있었음을 상기시킨다.]

15 | [the Blitz. 나치 독일의 영국 대공습. 1940년 9월 7일 시작되어 이듬해 5월까지 계속되었으며, 4만 명 이상의 사망자를 낳았다.]

16 | ['organized' attatchment. '혼란된 애착(disorganized attatchment)'의 반대를 가리키기 위해 미첼이 임시로 사용하는 표현이다.]

17 | [아동 소개자들이 '전쟁터'를 피해 가게 된 영국 시골을 말하는 것 같다.]

그리고 문제가 되지 않으면 않을수록 더욱 문제가 되지 않았다. 그것은 결코 중요하지 않았다'라고 하는 상황 앞에서, 자신의 중요성을 획득하려고 건강한 노력을 하고 있는 것일지도 모른다. 위험은 무엇보다도 모든 이주자들을 위협한다. 그것이 또한 이주자들을 낳듯이. 그들은 가난이나 전쟁의 과도함으로부터 도망쳐야만 하지만, 결국은 다만 전적으로 새롭고 그렇기에 과도한 장소로 도망칠 수 있을 뿐이다. 안전한-장소로서의-어머니를 필수불가결한 것으로 만드는 것은 바로 낯선 장소의 압도적인 속성들이다. 하지만 이것은 혼동되기에 이르고 논변은 자기 자신의 꼬리를 물게 되어서, 낯선 장소의 과도함은 상실된 어머니와 동일한 것이 되어버린다.

보울비의 저작은 있어야만 하는 것(what ought to be)을 주장하는 데 결정적이었다. 하지만 어느 정도로 이것은 있는 것(what is)을 희생하는 것이었다. 아이작스의 연구는, 보울비가 이후에 유엔을 위해 산출한 작업처럼 계도적이거나 강령적이지는 않지만, 그럼에도 불구하고 궁극적으로는 거기 있지 않은 것에 대립되는 바로서 거기 있는 것을 분석할 기회를 놓쳤다. 일반적으로 아이들은 안전한 피난처에 적응했다. 적응하지 못한 아이들은 그곳이 안전하다는 것을 발견하지 못했다.

너무나 재빨리 어머니 대체자라는 명칭이 붙는 이 다중 돌봄자들은 누구인가? 안나 프로이트는 그녀의 전시 기숙 보육원에 있던 아이들에 대한 경험들을 기록하면서, 심각하게 교란당한 경험을 했던 아이들이 더 강한 — 수직적이 아닌 — 측면적 관계를 형성한다는 데 주목했다. 이는 특히 홀로코스트 아이들 집단에서 뚜렷했다. 그들은 다른 모든 것을 박탈당했기에, 응집되고 힘이 되어주는 동기 가족을 형성하고 있었다. 안나 프로이트에게서 — 그녀의 아버지처럼 — 정상 상황의 경우 오이디푸스적인 부모적인 가족 관계가 먼저 오고 그 다음에 그것이 동기들에게로 퍼져나간다. 안나 프로이트는 역전된 움직임에 주목했지만, 그것은 분명 문제 상황의 특징일 거라고 판결했다.

동기 집단이 병리적인 무언가를 대표한다는 것은 분명 1950년대를 통해 지속된 전후 불안이었다 —— 그것은 윌리엄 골딩의 『파리대왕』(1954) 같은 소설에 스며들어 있다. 그렇지만 그와 같은 병리화는 흥미롭다. 그것은 분명 잘못된 동기관계를 잠재적으로 좋은 동기관계를 통해서가 아니라 실패한 모성 돌봄을 통해 설명한 결과다. 불충분한 어머니에 대한 이러한 설명을 뭄바이 아기들에게로 옮긴다면, 이는 가설적으로 한 인구 전체를 병리화할 것이리라. 공항에서 어머니가 되돌아왔을 때, 아기들은 아기를 안고 있는 사람이 누구건 그 사람의 팔에서 조용해졌다. 아기들은 어머니에게 갈 필요가 없었다.

실로 양모나 위탁모나 모성적 보살핌을 제공하는 아버지처럼 진정한 어머니 대체자들이 있기는 하지만, 이 용어를 아기를 돌보는 모든 이들로 확장하는 것은 오도적인 모성중심주의를 가리킨다. 사실 어머니 대체자가 아닌 이 다른 돌봄자들을 보울비의 저작은 이따금씩 들여다보기는 한다. 그러한 경우조차도 그들의 현존은 다시금 모성적 보살핌(*mothering*)에 관하여 어떤 다른 논점을 지적하기 위해 이용되지만 말이다. '어떤 유아가 나이가 같거나 조금 더 많은 다른 유아들과 애착관계를 형성할 수 있다는 사실로 볼 때, 애착행동이 이 유아의 생리적 필요를 만족시켜줄 그 어떤 것도 하지 않는 인물을 향해 발달하거나 그러한 인물에게로 지향될 수 있다는 것은 명백하다'(Bowlby, 1969: 217, 강조는 나의 것.[18]).

보울비가 언급하는 이러한 애착 인물들은 나이가 같거나 조금 더 많다. 우리는 분리 불안 상태에 또 다른 차원이 있음을 깨달을 필요가 있다. 소개 아동들에게서는 더 어린 동기가 같이 있는 것으로도 분리 불안이

---

18 | [존 보울비, 『애착』, 김창대 옮김, 나남, 2009, 331쪽. 한국어본에서 '심리적 필요'라고 되어 있는 것을 여기서 '생리적 필요'로 바로잡았다.]

경감되었다. 보울비는 붉은털원숭이의 경우 아들들이 서로 가까이 지내고 딸들이 서로 가까이 지낸다는 것에 주목한다.[19] 강한 모성중심주의를 가진 보울비에게는 '아들과 딸이지만, 다른 지점에서 보게 되면 물론 형제들과 자매들이거나 반-형제들과 반-자매들이다. 개코원숭이는 4개월 무렵에 또래들과 사회적 놀이를 하게 되며, 6개월이 되면 그 놀이는 '어린 개코원숭이의 시간과 정력 대부분을 차지한다.'[20] 하지만 개코원숭이들은 10개월 때까지 젖을 떼지 않는다. 다시 말해서 측면 관계는 '모성 애착'이 절정일 때 중요하다.

일부다처 사회에서, 서양의 현대 재결합 가족에서, 프로이트의 가족처럼 어머니 죽음의 만연에 의해 구조화된 가족들에서, 이모/고모와 삼촌은 그들의 조카나 질녀보다 더 어릴 수 있다. 유아의 관점에서 범주의 구별은 무관할 수 있다. 우리의 관점에서도 기술은 분석 범주와 일치하지 않을 수 있다. 이 다중 돌봄자들은 '수직적' 친척일 수도 '측면적' 친척일 수도 있다. 하인이나 어린 유모나 오페어[21]도 수직적인 어머니 대체자로서만이 아니라 측면적 돌봄자로서 간주될 수 있을 것이다. 보육교사는 여러 아이를 돌보는데, 그 아이들은 종종 가까운 친구가 된다. 수직적 보호나 사랑이 측면적인 것보다 더 중요하다고 누가 말하겠는가?

나는 보울비가 동기의 중요성에 관하여 혼란스러워 하는 것을 발견한다. 1차 세계대전 이후 프로이트가 그랬듯이 말이다. 전쟁은 측면 관계를 그에 저항하는 이론과 실천에게 강요하며, 이와 관련하여 이 이론가들을 혼동스러운 상태에 남겨놓는다. 가령 보울비는 성인의 삶에서 동기의

---

19 | [같은 책, 288쪽, 주7.]

20 | [같은 책, 289쪽. 미첼은 'time and energy'를 'time and attention'으로 잘못 인용하고 있다. 번역에서는 바로잡았다.]

21 | [au pair. 이국 가정에 입주하여 아이 돌보기 등의 집안일을 하고 약간의 보수를 받으며 언어를 배우는 사람.]

죽음이 애도의 장애를 거의 야기하지 않는다고 주장한다. 이는 나 자신의 임상 경험도 아니며, 사례사들을 읽은 데서 오는 나의 인상도 아니며, 또한 누나의 죽음에 대한 늑대인간의 반응에 대한 프로이트의 경험도 아니다. 그리고 보울비 자신은 전투기 조종사들이 죽은 짝과 동일한 운명을 자초한다는 데 주목한다 ── 이 짝들은 형제 같지 않다면 무엇이겠으며, 이 죽음 모방은 방해받은 애도가 아니라면 무엇이겠는가? 분명 이것은 보울비 자신이라면 히스테리나 심기증이나 정신병에서처럼 죽은 인물을 주체 자신 내부로 '오위치'시킨 것으로 설명했을 사례다. 그는 또한 아동기에 동기의 죽음이 그 자체로가 아니라 오로지 부모의 변화된 행동을 통해서만 살아남은 아이들에게 영향을 미친다고 단언한다. '수직화하라'는 촉구가 이 최고의 아동 관찰자에게서 관찰상의 맹점을 낳은 것 같다. 가령 그가 '로티'라고 명명하는 아이가 유치원에 남겨졌을 때 그 아이는 그녀의 여동기 '도리'가 '된다'(Bowlby, [1973]: 50). 그는 아이의 상황에 대해 이렇게 쓴다.

> 엄마의 임신과 새 아기의 출산 예정 또한 다만 사소한 요인으로 배제될 수 있다. 첫째, … 임신상태가 아닌 엄마들의 아이들도 엄마와 떨어지게 되면 습관적으로 [낯선 상황에서의] 전형적 반응들을 보인다. 둘째, … 출산이 가까운 엄마의 아이들 13명의 행동과 임신상태가 아닌 엄마의 아이들 5명을 직접 비교할 수 있었다. 엄마와 헤어진 후 첫 14일 동안 이 두 집단의 아이들이 보여준 행동양식을 세밀하게 비교했을 때, 이들 사이에 아무런 유의미한 차이도 없었다. (Bowlby, 1969: 33[22])

하지만 그는 또한 다음에 주목한다 ── 그리고 여기서 나는 내 논제의

───
22 | [같은 책, 69쪽. 번역 일부 수정.]

중심 항목을 도입한다:

> 대부분의 어린 아이들에게 엄마가 다른 아기를 팔에 안고 있는 것을
> 보는 것만으로도 강한 애착행동을 유발하기에 충분하다. 나이가 더 많은
> 아이는 엄마 곁에 계속 있으려고 하거나 엄마 무릎 위에 올라가려고
> 고집을 부린다. 종종 아이는 자신이 마치 아기인 것처럼 행동한다. 이런
> 잘 알려진 행동은 다만 자신에 대한 엄마의 반응성 부족에 반응하는
> 아이의 특별한 경우일 수도 있다. 하지만, 엄마가 잊지 않고 관심과 반응을
> 보여주는 경우조차도 나이가 더 많은 아이가 종종 이런 식으로 반응한다는
> 사실은 더 많은 것이 관련되어 있다는 것을 시사한다. (Bowlby, 1969: 260-1,
> 강조는 나의 것.[23])

　내가 제안하는바, 실로 '더 많은 것이 관련되어' 있다. 어머니 배의
이상한 덩어리에 위협을 느낀 로티는 또 다른 여동생이 아닌가 하고서는
그것이 친숙해진 것 —— 도리 —— 과 같기를 희망하거나 아니면 자신이
도리이고 새로운 로티의 도래에 대처할 수 있기를 희망한다. 모성 애착
인물로부터의 너무 이른 해소되지 않은 분리는 내가 현실 신경증이라
불렀던 것의 발달을 위한 핵심적 상황을 산출하고, 그런 다음 동기의
도래는 정확히 이 외상의 새로운 사례인 것 아닐까? 자신을 복제하는
동기(혹은 또래)는, 그렇게 하면서 자신의 실존을 위협한다 —— 또 다른
딸, 아들, 아기, 선생님의 귀염둥이가 있다면 나는 누구인가? 경쟁자에
대한 증오는 놀이친구에 대한 사랑에 앞서 온다. 사랑은 모르는 자가
친숙해질 때 온다. 내가 제안하는바, 여기서 이 동기 외상 —— 동기 현존의
외상 —— 이 모성 분리에 의해 맞닥뜨리게 되는 생각지 못한 포식자의

---

23 | [같은 책, 393-394쪽. 번역 일부 수정.]

외상 위로 중첩될 때, 현실 신경증이 아니라 정신신경증의 중핵이 발견될 수 있다. 첫 '포식자'는 정서를 통해 경험된다. 동기는 사고를 요구한다. 측면 관계의 근친상간과 살의, 긍정적 사랑과 긍정적 증오는— 오이디푸스 콤플렉스와 거세 콤플렉스의 근친상간과 살의, 사랑과 증오와 나란히— 그것들 자체의 요구를 설정하며, 그것들 자체의 해소책을 필요로 한다. 증상에서 드러나는 심적 변형, 프로이트적 무의식, 반복 강복, 충동의 내몰림 등에서 드러나는 심적 변형은 측면성의 딜레마로부터도 온다.

그리고 여기서 나는 나의 시작 지점과 합류한다. 나에게 보울비는— 관심을 갖고, 염려하고, 끝없이 창조적이고, 생각이 깊고, 지적인바— 위대한 혁신가다. 하지만 보울비는, 아마도 아이였을 때 그 자신의 어머니를 그리워했기 때문에,[24] 그의 이론에서 어머니의 상실을 보상했으며, 하지만 동기들의 좋은 점을 잃어버렸다. 그런데 그 좋은 점을 그는 동료들과의 관계에서 실연했으며 그의 이해에 있어서는 무시했다. 어머니가 문제가 된다는 것은 내 마음속에 아무런 의문도 없다. 하지만 어머니는 다른 문제들— 포식자의 문제, 과도함의 외상— 에 답하기 위해 이용되지 말아야 한다. '이용되지 말아야'라는 표현으로써 나는 도덕성을 가리키는 것이 아니라 걸려 있는 논리를 가리키고 있다. 외상은 외상으로부터 아이를 보호해야 하는 어머니의 상실과 등치되었고, 이는 수많은 불운한 결과들을 낳았다— 그 가운데 하나는 1950년대에 '수퍼맘'을 만들려는

---

24 | 이 논문의 첫 발표에 뒤이은 토론에서 정신분석 치료사이자 존 보울비의 질녀인 줄리엣 홉킨스는 그 논문이 그녀에게 삼촌에 대한 새로운 관점을 주었다고 말했다. 줄리엣 홉킨스에 따르면, 삼촌은 '모성적으로 박탈되어' 있었고, 다른 동기들과 함께 거의 전적으로 '다락방에' 있는 유모들에게 길러졌다. 이 유모들 가운데 한 명만을 그 아이는 사랑했으며, 그녀를 위해서만 경쟁했다. 그녀는 어린 여자아이였고, 일종의 누나였다. 줄리엣 홉킨스는 그녀의 삼촌이 동료들이나 집단들과 왜 그토록 경탄스럽게 잘 지냈는지를 이제 이해할 것 같다고 말했다. 측면 관계인 것이다.

시도였으며, 처방에 맞지 않는 어머니들에 대한 비난이었다. 걸려 있는 것은 하나의 부조리다 — 그 어떤 어머니도 지진이나 전쟁이나 잔인한 사회의 파도를 멈출 수 있는 크누트 왕[25]이 아니다. 그녀가 아이의 동기를 출산하는 경우가 그러하듯이, 그 결과를 완화시키기 위해서 우리는 그녀가 아니라 그 결과를 바라보아야 한다. 소개 계획이 그토록 유용하게 하고자 했던 것이 바로 이것이다.

나는 (실재적이거나 은유적인) 형제자매들, 유아원이나 거리에서 나와 같이 싸우고 놀았으며 소리를 지르고 웃었고 당시에 그토록 만연했던 전염병들을 함께 나누고 반쯤은 즐겼던 친구들과 짝꿍들에게 경의를 표하고 싶으며, 그들을 정겹게 상기하고 싶다. 그러는 동안, 우리를 정말 좋아했기에 우리도 정말 좋아한 우리의 어머니들은 집을 떠나 일했고 폭탄이 떨어졌던 것이다. 풍요로운 측면 관계의 현존과 기억은 심적이고 사회적인 삶의 직조에서 과소평가된 부분이다.

---

25 | [크누트 왕의 전설에 따르면, 왕은 자신에게 아첨하는 신하들에게 세속적 권력의 무상함을 깨닫게 해주려고, 밀려오는 파도에게 멈추라는 명령을 내렸다고 한다.]

8

우리 자신의 시대에: 성욕, 정신분석, 그리고 사회 변화

1960년대 이래로 가족 패턴에 상당한 변화가 있었다. 하지만 이 영역에서 정신분석가들의 작업이 이용하고 있는 이론이나 정보는 그 분과만큼 오래되었거나(백년 이상) 아니면 2차 세계대전의 위기에서 나와 늦어도 1960년대에 끝나게 되는 작업만큼 오래되었다. 지배적 이론들의 시기들과는 구분되는 바로서 오늘날, 서양 세계에는 대체로 혼인율 감소, 이혼율 증가, 두 자녀 이하로의 가족 크기 축소, 혼외 출생아 수 증가가 있다. 또한 독신모 가족, 아버지의 잦은 부재, 동거, 연속 단혼, 그리고 아이가 있거나 없는 동성애 커플을 포함한 각양각색의 상이한 거주형태의 대규모 증가가 있다. 이 모든 현상들은 다른 역사적 시기에 또는 다른 사회들에서 목격되었다. 하지만 그것들은 정신분석 이론이 창조되었던 시기 — 또는 시대 — 에 서양 세계에서 지배적인 관행이 아니었다. 또한 가족생활의 이러한 특징들은 이전에 바로 이런 방식으로 결합되지는 않았다. 혹은, 전시 영국에서처럼 이러한 변화들 가운데 하나 또는 그 이상이 만연했을 때, 그 변화들은 신화적인 핵가족 이데올로기로 이어진 것처럼 보이는데, 이는 아이, 어머니, 부재하는 아버지에 초점을 맞추고 있던 이론과는 부합하지 않았다. 전시 임상 자료는 핵심적인 어머니-유아 단일체에 대한 이러한 이론을 위한 조건들을 제공했다. 아버지의 중요성에 대한 반복되는 선언에도 불구하고 부성이나 아이-아버지 관계에 대한 분석은 사실상 없었다. 아이러니하게도 중요한 텍스트들은 미래의 독신모를 위한 청사진으로 읽힌다. 결혼한 커플이 아니라 '양육'이 관심의 초점이었고 대체로 지금까지 그렇게 남아 있다.

나는 정신분석적 이론과 실천에 관한 내게 긴급해 보이는 몇 가지 물음들을—그 물음들을 사회적 변화들에 비추어 탐구함으로써—제기하는 데 관심이 있다. 내게서 초점은 이성애에 대한 우리의 이해를 둘러싼 문제들과 관련되는데, 이러한 이해는 변화하는 사회적 패턴들의 맥락 속에서 분석되기보다는 차라리 승인된 것 같다. 나는 여기서 성적 실천의 복수성(5장)에 관심이 있는 게 아니라 정상적인 것을 가장하여 나타나는 심적 현시들의 복수성에 관심이 있다. 정상적인 것에 대한 지지는 비정상적인 것을 배제해야만 한다(단지 정의상 그렇다는 게 아니다). 하지만 흔히 볼 수 있듯이 이 [정상적인] 실천은 자기 내부에 비정상적인 것이 있음을 감춘다. 이를 보지 못함은 분석이 이데올로기로 무너져 내린 결과다(2장). 심적인 삶에 대한 우리의 이론들을 사회적 조건들과 — 그 조건들이 '보편적'으로 보이건 특수해 보이건 — 상관짓는 데 실패하는 한 그 이론들은, 우리가 의도하지 않은 채로, 바로 이 조건들을 반영하게 된다. 실로 나는 거세 콤플렉스 개념과 어머니-유아 관계 개념 양자 모두와 관련해서 이런 일이 이미 발생했다고 생각한다. 처음에는 성격(character) 이론으로, 그 다음에는 인성(personality) 이론으로 미끄러져 들어간 결과(4장) 거세 콤플렉스는 더 이상 아버지의 자리로부터 발산되는 것으로 간주되지 않는다. 대신에 그것은 그 그림자를 어머니에게 드리우며, 그리하여 우리에게 주어진 것은 두려워하는(fearing) 아이보다는 두려운(feared) 어머니였다. 아이는 문명화된 세계로부터의 위협의 결과 자신의 이중적 욕망을 포기하는 게 아니라, 그 대신 거세하는 어머니 때문에 신경증적이 되거나 정신증적이 되었다. 그 결과 어머니-유아 목가는 오로지 올바른 장소들에서 올바른 어머니들을 위한 것이다.

순서를 추적해보자. 부성의 문제, 그러고 나서 모성의 문제, 그리고 끝으로 이 궤적에서 동기들의 지위. 세 가지 물음 모두는 이성애에 대한 추궁 속에서 생겨난다. 동기들은 부모성(parenthood)의 부재 속에서 심적으로 현저해지는가? 하지만 동기들은 또한 이 부재에 기여하기도 한다. 일찍이 1963년에 독일의 정신분석가 알렉산더 미철리히는 『아버지 없는 사회』(Mitscherlich, 1963)라는 책을 썼다. 오늘날 '아버지 없는 미국'이나 '쓸모없는 아빠'[1] 같은 묘사들은 흔하다. 부재하는 아버지들은 영국법에 변화를 초래할 정도로까지 법에 명시된 범주다. 미래에 그들은 아이 부양으로 한 아이에 대해 순소득의 15퍼센트를 지불하고 두 아이에 대해서는 20퍼센트를 지불하면 될 것이다. 보잘것없는 액수다. 미혼 상태면 그들은 아이의 교육이나 의학적 치료에서 아무런 결정권도 없다. 두 조치 모두는 사라지는 아버지를 제도화하는 것으로 보인다.

클라인학파 분석가의 경우건 영국 독립파(중간파) 분석가의 경우건, 대상관계 이론에서 거세 콤플렉스의 중요성이 쇠퇴한 것은 이러한 사회적 변화에 대한 — 인정되지 않은 — 반영으로 보아야 할 것이다. '아버지 없는 사회'는 거세 콤플렉스의 결정적 역할에 아무런 관심도 기울이지 않으면서 오이디푸스 콤플렉스의 중요성을 단언하는 이론으로 번역된다. 클라인학파 분석가들과 독립파 분석가들 양쪽 모두가 거세 콤플렉스 개념에 동의한다고 주장하지만, 그 개념은 이론적 관찰과 임상적 관찰 양쪽 모두에서 놀라울 정도로 부재한다. 내가 아는 한, 고 애덤 리멘타니는,

---

1 | ['dead-beat Dads'. 아이에 대한 부양의 의무를 회피하는 아빠를 가리키는 경멸적인 표현.]

이론에서가 아니라 정신분석가들이 대면하는 사례들에서 거세 콤플렉스의 부재에 대해 반성한 몇 안 되는 정신분석가 중 한 명이다. 리멘타니는 사회적 변화의 심적 결과들을 목격하고 있었던 것인가?

1986년 논문 「남성 이성애의 경계로: 보지 남자」(Limentani, 1989에 재수록)에서 리멘타니는 수년 동안의 임상 작업에서 배운 어떤 것을 남겨 한다. (사회적 실천과 심적 경험으로서의) 이성애는 거세 콤플렉스와 타협했다거나 아니면 타협하는 데 실패했다는 아무런 조짐도 보여주지 않은 개인에게서도 전적으로 가능했다: 거세 콤플렉스는 단순히 부재했다. 그것의 성공적인 해소나 성공적이지 않은 해소 양자 모두는 무의식적 표상으로서의 그것의 현존을 지시했을 터이다. 그렇지만, 성도착을 광범위하게 연구한 리멘타니에 따르면, 남성 이성애는 때로 거세 콤플렉스에 대한 아무런 인식 없이도 달성되었다. 거세에 대한 두려움이 없다면, 근친상간 금지나 금지하는 아버지의 내재화는 있을 수 없을 것이며, 따라서 승화가 동반되는 보호적인 윤리적 초자아로의 해소는 있을 수 없을 것이고, 문명의 전승은 있을 수 없을 것이다. 리멘타니의 '보지 남자들'은 그들이 사랑한 여자를 대상 선택으로서 택하기보다는 그 여자와 동일시함으로써 자신들의 원초적인 '이름 없는 두려움'(윌프레드 비온)에 대한 실행 가능한 해결책을 발견했다. 이 남자들은 여자가 원하는 것과 동일시할 수 있었기에, 짧게라도, 좋은 연인일 수 있었다. 문제는 이럴 것이다. 그들은 아버지가 될 수 있을까, 또는 자신의 여자를 생물학적 의미보다는 심적인 의미에서 아이들의 어머니로 받아들일 수 있을까?

리멘타니는 그의 '보지 남자'가 통상적인 주장처럼 동성애에 대항해 방어하고 있는 게 아님을 납득했다(그리고 납득시키고 있었다). 모든 정신분석의 수직적 모델을 사용해서 그는 '보지 남자'가, 동성애 대신에, 아버지가 심적으로 부재하는 기원적인 융합된 유아-어머니 관계에 의지하고 있다고 주장했다. 하지만 여기서 멈추어 서서 이 이성애는 무엇인지 질문해보자.

내가 보기에 공공연한 동성애는 정확히 동일한 심적 선택을 하는 것도 같다── 대상 선택보다는 '동일함'과 강렬한 동일시를 가치 있게 여기기. 그렇지만 동성애자와 이성애자가 동일한 심적 실천을 하고 있는 것일 수도 있다고 주장하는 것은 이 이성애자들이 가면을 쓴 동성애자라고 주장하는 게 전혀 아니다. 이성애의 사회적 실천은 다만 동성애의 실천이 그렇게 하지 않은 방식으로 심적 동일시를 흐려놓는 것일 뿐이다. 그렇다고 한다면 나는 또한 여자가 남자와 유사한 방식으로 '보지 여자'가 될 수 있다고 주장할 것이다── 증후군이 다르게 보이는 것은 다만 이 '정상적으로 보이는 병리'가 그녀가 되기로 '예정되어' 있던 것, 즉 여자에 너무 가깝기 때문이다. 이 경우, 대상 선택에서 동일시로의 퇴행은 어머니 대상 선택이 처음에 포기되고 그런 다음 내재화되지를 않은 퇴행이다. 보지 여자는 여자와 동일시했지만 '여성성'을 내재화하는 데 실패했으며 (Riviere, 1929), 또는 아마 더욱 중요하게는, '모성'을 내재화하는 데 실패했다── 즉 그녀는 그것들에 의미를 부여하는 데 실패했다. '보지 남자'나 여자는 동성애적이거나 이성애적일 수 있다: 그는 '젠더 트러블'(Butler, 1999)의 유용한 대변자다. 그렇다고 한다면 재생산은 문제적이 될 것이다 (5장). 보지 남자나 여자는 남자나 여자일 수는 있겠지만(우리는 나중에 이것이 무엇을 의미하는지 볼 것이다), 심적으로 아버지나 어머니 역할을 할 수는 없는데 왜냐하면 그/녀는 유아적 동일시를 했기 때문이다. 여기서 우리는 보지 남자/여자에게서의 히스테리의 표현뿐 아니라 정신병을 위한 전제조건을 발견하는가? 확실히, 수직적 모델의 제한들로 인해 상담실로부터 배제된 히스테리는 침실이나 거리나 일터의 광기 속에서 정신병의 한 국면으로서 발견된다.

이 이성애에 거세 콤플렉스가 없다면, '상징적' 아버지가 없다면, 아버지의 실존은 마음속에서 소멸된 것인가? 그렇다면 우리는 만연해 있는 어떤 '정상적' 이성애의 사례를, 그렇지만 그 심적 구조가── 아무리 가면 뒤에서 흐려진다 해도── 정신증적인 사례를 갖는다. 우리는 또한── 이성애가 일시적인 커플, 연속 단혼의 층위에서 충분히 잘 작동하고 있음에도 불구하고── 현실적이건 상징적이건 '아버지 역할하기'가 외상적이 될 상황을 갖는다. 왜냐하면 심적으로 '보지 남자'의 그 어떤 아이라도 아버지의 자식으로 경험되기보다는 오히려 그-자신의-어머니로서의-아내가 어떤 상상된 불륜적 결합에서 저지른 배신의 결과로 경험될 것이기 때문이다. 이 가능성은 자신을 배신했던 아내를 선택한 전차 인간(6장)의 문제이지 않은가?

리멘타니는 보지 남자가 어머니와 동일시했다고 주장한다. 그렇지만 이는 다시금 동기를 놓친다. 즉 이 융합된 동일성 속에서 보지 남자는 어머니인 동시에 아이다. 그의 현실적이거나 상상된 동기가 태어났을 때 그가 그러했듯이 말이다. 위니콧이 묘사한 '피글'처럼 전치된 아이는 다만 그녀가 상실한 어머니가 되는 것이 아니라 어머니와 새로운 아기 양쪽 모두가 된다. 퇴행하여 이르게 되는 이 아동기 동일시는 보지 남자가 무의식적 환상 속에서 그의 유아기 세대를 그 자신의 아이와 공유한다는 것을 의미한다. 이 경우 아버지와 아이 사이에 엄청난 동기 질투가 유발될 것이다. 보지 남자의 상실은 에로스적 대상으로서의 어머니가 상실되고 애정적 대상으로 변형되는 것이 아니었다. 어머니는 에로스적 대상으로 머물렀으며, 하지만 그의 마음속에서 그녀는 불륜으로 그녀의 아기(그 자신)를 배신했다: 어머니는 보지 남자 자신이 아닌 연인을 가진 것으로서 경험된다. 이것에 내가 덧붙이고자 하는바, 바로 이러한 동일시의 본성이 성인기에 보지 남자를 불륜적으로 만든다. 보지 남자의 아내가 실제 아이를 낳을 때, 이는 그에게 그가 언제나 두려워하던 어머니의 이 불륜에 대한 증거다.[2] 리멘타니의 논문에서, 그 남자는 다만 '원초적 두려움'으로부터 보호해주는 어머니의 화신으로서의 여자와 동일시한다── 이는 그

278

것의 핵심적인 성욕을 누락한다.

보지 남자가 여전히 그 안에서 살고 있는 아동기에, 그의 어머니는 그의 아버지 ── 그녀의 남편 ── 와 바람을 피워 그를 배신했다. 자신의 성적인 어머니와 동일시함으로써 한 명의 히스테리증자이며 한 명의 돈 후안인 보지 남자는 자신의 성욕을 발견했다. 그는 유아기 어머니의 불가피한 상실을 받아들이기보다는 에로스적 여성과 동일시했다. 보울비의 통찰을 가져오자면, 보지 남자/여자는 유아기 어머니도 유아기 자기도 애도하지 않았다. 흥미롭게도 그는 그 자신의 아동기에 대한 이미지를 혹은 심지어 기억을 거의 갖지 않는다. 그것을 포기하지 않음으로써 그는 물론 그것을 표상할 수 없었던 것이다.

심적인 그림으로서, 원초적 두려움의 인과적 효과들에 대한 리멘타니의 설명들은 내게 유아 원숭이를 생각나게 한다. 그 원숭이는 이상한 소리가 새로운 종류의 사자인 경우 어머니의 털에 달라붙었다. 하지만 그 원숭이가 달라붙은 어머니는 당연시되는 친숙한 어머니다. 그렇지만 성마름이나 질투 같은 보지 남자의 모든 증후군은 내게 다른 무언가를 지시한다. 바깥의 위험은 이중적이다. 저기 바깥에 보울비의 '포식자' 중 하나인 사자가 있는 것만이 아니다. 어머니 자신이 낯선 모습이 된다. 그것은 숲속의 소리만큼이나 생소하며, 이때 그녀의 생소함은 그만큼 위험한 것이다. 어머니는 임신했다. 보지 남자(혹은 여자)는 변화하는 어머니와 동일시하는 게 아니라 이상화된 여자와, 모습을 바꿀 수 없고 낯선 자가 될 수 없는 ── 또 다른 아기를 가질 수 없는, 늙을 수 없거나 아플 수 없거나 철회될 수 없는 ── 어머니와 동일시한다. 이처럼 동일시되는 여자는 하나의 환영이다.

───── 2 | 흥미롭게도, 돈 후안 이야기의 한 할리우드 판본은 그 인물의 돈 후안증을 어머니의 불륜으로 설명한다.

정신병의 기저에 놓여 있는 어떤 역설 속에서, 무섭게도 낯설어지는 것은 바로 친숙한 것이며 안전하게도 동일하게 느껴지는 것은 바로 새로운 것이다. 새로운 것은, 항상적으로 새로운 한에서, 모습을 바꿀 시간, 과거를 가질 시간, 탐구될 시간이 주어지지 않는다. 새로운 여자, 새로운 남자, 새로운 일, 새로운 아이는 아이러니하게도 심적인 현상태(status quo)를 보존한다. 항상적 변화는 사실상 다만 변경일 뿐이다. 그것은 삶 충동의 실재적 변화를 방지한다. 내가 주장하고자 하는바, 그것은 사실상 죽음 충동의 현시다. 심적인 정체(停滯)를 보장하는 다급한 서두름.

어머니의 변화된 모습이 어떤 타자 — 남동기나 여동기 — 의 징조일 때, 이상화되고 변화 없는 어머니에 대한 보지 남자의 방어적 동일시는 생소한 어머니에 대한 두려움을 막아준다. 하지만 그러고 나서 아기가 태어날 때, 보지 남자는 피글처럼 자신이 이제 누군지를 알지 못한 채로, 과거 아기 때의 자신이기도 한 그 새로운 아기가 된다.

리멘타니가 그리고 있는 초상은 온화하다. 그렇지만 몇 가지 요인들의 결합이 여자들과 아이들의 학대자들의 몽타주 원형을 우리에게 제공하는 것도 이상하지는 않다. ‘보지 남자’가 어머니와 아기 양자 모두와 동일시하는 방식에 의해 불가피해지는 — 그리고 ‘타자들’을 내재화하지 않은 것에서 연유하는 ‘자기가 텅 비어 있음’(발린트)의 깊은 감각이 결합된 — 경계들의 부재가 있다. 또한 일차적 질투(리비에르)가 있으며 이와 연관하여 변성되지 않은 원초적 격분이 있다. 나는 우리의 변화하는 사회적 실천들의 맥락 속에서 ‘보지 남자’의 만연이 아동 학대의 명백한 증가와 상관이 있을지 질문할 필요가 있다고 생각한다. 분명 리멘타니는 있을 수 있는 어떤 광범위한 ‘정상적’ 추세를 — 만연하는 어떤 이성애 유형을 — 지적하고 있다.

그렇지만 이것은 상황의 한 가지 측면일 뿐이다. 내가 제안했듯이, 어머니와의 유아적 융합만이 아니라 보지 남자는 또한 다른 사람을 측면적으로 지각하고 있으며, 자기 자신의 동기-유형적 확장으로서 지각하고 있다 — 따라서 여성(누이)인지 남성(형제)인지는 상관이 없다. '보지 여자'의 경우도 마찬가지다. 이러한 측면에서 고려될 필요가 있는 것은 가족의 실패만이 아니라 학교의 실패. '아버지의 법'(거세 콤플렉스)의 부재와 더불어 '어머니의 법'(2장)의 부재 문제는 동기들/또래들이 자신들의 폭력과 근친상간적 욕망을 계열성에 대한 존중으로 변형시킬 수 있는 공간 만들기의 부재로 인해 더욱 심각해졌다. 구조화된 또래집단 관계들은 학교와 공동체의 관심사가 되어야 한다.

보지 남자의 만연은 젠더 개념이 단순히 성적 차이에 무차별적인(5장) 것만이 아니라 바로 이 무차별성이 부분적으로 젠더를 구성한다는 가능성을 제기한다 — 두 개의(혹은 그 이상의) 위치들 사이의 관계로서의 젠더는 그 두 점이 자리를 바꾸는 것을 허용할 수도 있다. 보지 남자가 여자일 수 있고 그 역도 가능하다면, 둘 중 어느 하나임은 실제로 문제가 되지 않는다. 리멘타니는 그의 '보지 남자'가 돈 후안이라고 주장한다. 나의 견해로 돈 후안은 아무런 실제 변화도 없다는 것을 확실히 하기 위해 언제나 옮겨 다니는 사람에 대한 완벽한 본보기다.[3] 1960년대 이후 성욕의 한 가지 특징은, 임신에 대한 두려움으로부터의 자유와 더불어서, 여자들 사이에서의 돈 후안증이었다. 다시금, 이것은 결코 유일무이한 일이 아니다(이를 알기 위해서는 왕정복고 드라마를 보기만 하면 된다). 그렇지만

------
3 | 성적 방종의 허구적 상징인 돈 후안은 그가 유혹했던 귀족 여성 중 한 명의 아버지인 기사장을 죽였다. 살해당한 그 남자의 석상과 만날 때 돈 후안은 그 석상을 만찬에 초대한다. 석상은 참석을 하고, 여전히 오만하게 죽음한 태도 도전을 하는 돈 후안을 지옥으로 끌고 내려간다. 돈 후안 인물은, 어떤 다른 관점(거짓말 사례의 관점)에서 이용되어, 『미친 남자와 메두사』(Mitchell, 2000a)에서 한 장의 절반을 차지하고 있는 주제다. [『미친 남자와 메두사』의 8장 '히스테리적 거짓말'은 두 절로 이루어져 있으며, 제1절이 돈 후안을 다룬다.]

그것의 문화적 수용은 서양 세계에서의 우리의 사회적 상황의 핵심적인 부분이다. 이는 이성애의 정신분석적 옹호에 대한 반어법적인 반영이다.

에릭 브렌만의 1985년 논문 「히스테리」는 젠더의 생성에 대해 더 많은 것을 볼 수 있도록 도와줄 것이다. 브렌만이 그리고 있는 남성 히스테리증자의 초상을 고찰하면 할수록 나는 그가 리멘타니의 '보지 남자'와 동일한 (또는 적어도 현저하게 유사한) 현상을 묘사하고 있다는 생각을 하게 된다. 브렌만 역시 돈 후안 증후군에 초점을 맞춘다(Brenman, 1985: 423).[4] 그의 설명은 명시적으로 남성 히스테리증자에 관한 것이다. 또한 그의 설명은, 돈 후안증이 어떻게 '심적 현실의 부정'을 보여주는지를 예증할 때, 리멘타니의 '보지 남자'에 비해 훨씬 더 부정적인 초상이다. 이러한 부정성은 우리의 그림에 어떤 중요한 차원을 덧붙인다— (브렌만이 제안하고 있지는 않지만) 그것을 정신병이나 가능한 아동 학대에 연결시키는 데 도움이 되는 차원. 브렌만의 X 씨는 아이가 없지만 심리적으로 아내에 대해 학대적이다.

X 씨는 브렌만 박사에게 자기 자신을 심각한 불안과 공황 상태와 더불어서 제시했으며, 그런 다음에는 이로부터의 갑작스럽고도 기적적인 회복과 더불어서 제시했다. 그의 자기-제시는 완전히 모순적이었다. 가령 그는 자신이 무자비한 동시에 배려심이 있다고 주장했다. 그는 자신의 분석가와 분석과정을 고도로 조작적인 방식으로 통제하려고 했으며, 그러는 가운데 끊임없이 브렌만을 이중구속(G. 베이트슨) 상황에 놓았다. 그의 성욕은

---

4 | 나는 1989년 페루 쿠스코에서 열린 국제 신화 심포지엄에서 남성 히스테리증자로서의 돈 후안에 대해 말했다. 이는 『신화: 페루정신분석협회 국제심포지엄』, 20쪽에 나와 있다. 나는 리멘타니의 '보지 남자'를 이용했다. 하지만 독립파 대상관계 정신분석가로서 수련을 받았기에 나는 그 당시에 부끄럽게도 에릭 브렌만의 논문을 알지 못했다. 그렇지만 이 경험은 우리가 우리의 임상적 실천들 속에서 같은 것을 (다양하게) 보고 있었다는 나의 감각을 강화할 따름이다.

성적 만족을 위한 것이 아니라 타인에 대한 승리를 위한, '자신의 나르시시
즘적 정복에 복무하는 유사성욕'(Brenman, 1985: 423)을 위한 것이었다.
(이는 어떤 동기 근친상간을 너무나도 잘 묘사한다!) 브렌만은 X 씨에
의해 예증되는 히스테리에 대해 이렇게 쓴다.

> 내 생각에 분명 히스테리증자는 살아 있는 외부 대상들과 표면적(apparent)
> 관계를 맺을 수 있다. 그러한 외부 대상, 사람은 히스테리증자를 동여매는
> 데 이용되며, 우울이나 붕괴로의 더욱 심각한 와해 — 정신분열 — 를
> 방지하는 데 이용된다. (…) 이 논문의 기본 논제는 외부 대상 관계의
> 이용이 전체 대상(a whole object)에 대한 관계처럼 보이지만 본질적으로
> 나르시시즘적이라는 것, 그리고 겉보기에 전체인 대상이 와해를 방지하기
> 위한 부분 대상으로서 이용된다는 것이다. (1985: 422-3)

내게 이것은 '보지 남자'의 양화에 대한 음화처럼 보인다 — 양자 모두
는 다른-사람으로서의-자기(the self-as-another)다. 리멘타니 환자의 동일
시는 '원초적 두려움'의 돌파를 방지한다. 브렌만 환자의 '전체 대상'에
대한 거짓된 이용은 붕괴, 우울, 와해를 — 정신분열을 — 방지한다. 그렇
지만 브렌만은 또한 그처럼 이용되는 인간 '대상'에게 이것이 무엇을 의미
하는지에 관심을 둔다. 돈 후안의 타자에 대한 동일시는 타자의 욕구에
대한 어느 정도의 민감함으로 이어질 것이다. 그가 그러한 축자적 동일시
를 통해 '된' 그 여자는, 강탈당했다고 느끼기 전에, 처음에는 자신의 욕구
가 응답받았다고 느낄 것이다. 하지만 우리는 또한 유혹의 메커니즘을
목격한다: 근친상간의 경우처럼 여기에는 아무런 경계도 없다. 다른 쪽
끝에, 이 다른 사람 되기가 함축하는 투사의 정도는 타자의 타자성에
대한 완전한 부인과 학대로서의 '탈취'로 이어질 것이다. 리멘타니의 보지
남자가 이성애적으로 민감하다면, 역시 이성애적인 브렌만의 X 씨는 타자

의 심적 현실을 파괴한다. 이것을 브렌만을 히스테리의 증표로 본다. 환자가 표면적 대상과의 동일시 속에서 이용하는 메커니즘은 융합에서 시작해서 극단적인 투사적 동일시까지 그 범위가 이르는 심적 연속체의 양쪽 끝이다.

타자의 차이를 단언하는 타자의 행동을 포함해서, 이러한 씽맺기에 침범하는 그 어떤 사람이나 사건이라도 대혼란을 야기할 것이다. 브렌만의 X 씨는 그의 아내에게 그의 성적인 밀통 관계들을 — 그녀는 그런 관계가 없기는 하지만, 자신도 수용할 터이니 — 수용하라고 요구한다. 그렇지만 그의 주요한 정부에게 그 말고 다른 연인이 있을 때, 그는 그녀를 파괴하기 위해 정서적으로나 직업적으로나 사악하게 전력을 다한다. 그의 아내는 문란하지가 않아서 그가 하듯 문란함을 수용하지 않기 때문에 그의 격분을 자아낸다. 그의 정부는, 또 다른 남자와 추가로 관계를 가지면서 그가 하는 것을 하기 때문에 그의 격분을 자아낸다. 한 여자는 다르게 행동함으로써, 다른 여자는 유사하게 행동함으로써 그들이 그와는 다르다는 사실을 그에게 강요한다.

보지 남자나 히스테리증자의 세계 안에는 심적인 부모 역할하기가 전혀 없다. 이성애가 풍부하게 있다. 하지만 아동기에 그렇듯 그것은 동성애여도 좋을 것이다. 돈 후안 증후군은 무엇보다도 질투에 의해, 그리고 이 질투를 타자의 필사적인 반응 속에 삽입하려는 목적을 위한 성욕 사용에 의해 추동되는 증후군이다. 돈 후안은, 부정(infidelity)에 의해 정의되는 바, 연인/정부를 질투하게 만들며 그리하여 그렇지 않을 경우 느끼게 될 질투를 자기 자신에게서 덜어낸다. 선망받음이 선망하기의 고통을 막아주 듯이, 질투의 대상이 됨은 질주의 광기를 막아준다. 선망은 아프게 하며, 질투는 미치게 한다. 그 둘은, 종종 동시 발생하는 상태들이기는 하지만, 동일하지 않다. 히스테리증자 돈 후안은 질투의 광기를 실연하고 있으며 제거하려고 노력하고 있다. 선망은 어떤 사람이 무엇을 가지고 있는지에 관한 것이다. 질투는 다른 어떤 사람이 어디에 서있는지에 관한 것이다. 질투는 소유보다는 위치에 관한 것이다. 클라인적인 정신분석 이론은 주체의 일차적 선망 ― 아기가 원하는 모든 것을 포함하고 있기에 그 이론이 우선은 어머니의 가슴에 대한 선망으로 보고 있는 것 ― 에 초점을 맞추었다. 브렌만은 이론적으로 이러한 접근법에 얽매여 있지만 그의 자료들은 분명 이러한 제한을 벗어난다. 선망에 대한 초점맞춤은 어느 정도까지는 오이디푸스적 삼각형의 질투들을 언제나 흐려놓았다. 하지만 이제 오이디푸스적 질투들은 측면 관계의 엄청난 질투들을 흐려놓았다.

돈 후안증은 재생산 없는 성욕이다. 그것은 또한 질투를 배설하는 데 복무하는 성욕이다. 이 둘 모두는 동기관계 안에서 생겨난다. 원-돈 후안이 아버지 인물인 기사장을 살해한다는 사실에도 불구하고, 이야기의 활동과 정념의 전체 추동은 세대들 사이가 아니라 '동배들/또래들 사이에 있다. 그리하여, 돈 후안이 돈나 안나의 아버지인 가부장적 기사장을 살해함에도 불구하고 돈 후안은 기사장의 유령이 동배, 또래처럼 행동하기를 기대하며 그의 연회 초대를 받아들인다.

서양 세계 안에는 측면적이고 평등한 또래 관계들에 대한 이러한 강조를 장려하는 여러 사회적 요인들이 있는데, 이제 이러한 또래 관계들은 심적이고 실연된 돈 후안증의 만연에 대한 배경이 된다. 그 사회적 요인들이란 수직적 가족의 쇠락이다. 조부모들은, 특히 직업적 유동성과 더불어서, 존경을 받는 연장자로서의 지위를 상실하고 있다. 또한, 학교 교육이 그 또래집단 문화와 더불어서 확장됨. 세대적 정확성을 갖는 의붓가족(새로운 남편이나 아내는 그/녀의 의붓자식과 같은 나이일 수 있다)을 통한 침식. 남성적이고 여성적인 위치들과 표상들의 교환 가능성. 그 중심적인 현시들 다수에서 성욕의 비-재생산적인 추세 ― 성욕은 언제나 부분적으로 비-재생산적이었지만, 지금까지 이러한 측면은 매춘 같은 실천들 속에서 법적으로, 이데올로기적으로 주변화되었던 반면에 이제는 중심적이다.

동기들의 젠더는 수직적으로 유래하는 성적 차이만큼 심적으로 유표적이지 않다 — 혹은 남성-여성 젠더를 구별하는 것은 성욕이라기보다는 폭력인 것인가? 말 못하는 유아를 향해 죽어라고 절규하는 어머니는 어린 동기를 가졌던 것일 수도 있다. 그 어린 동기에게 그녀는 완벽하고 이상적이지만 부분적으로는 연극을 하고 있는 '어린 엄마(little mother)'[5]였다. 어린 동기의 이 '어린 엄마'는 몹시 분열되어 있는데, 왜냐하면 그녀는 또한 새내기를 죽이고 싶어 하기 때문이다. 우리가 목격하고 있는 것은 이러한 정도의 양가성의 불가능성이다. 나는 최근에 몇몇 친구들과 저녁 식사를 하고 있었다. 열 살 난 친구 딸이 학교 이야기를 하면서 즐겁게 해주고 있었다. 그러면서 그 아이는 아기 남동생에게 큰 애정을 보였다. 그 아이는 매력적이었다. 자신감 있고 재미있었고, 지켜보면서 이야기를 듣는 게 큰 기쁨이 되는 아이였다. 하지만 누군가의 관심이 기어 다니기 시작하는 아기에게로 넘어갔다. 그리고 우리 모두는 눈을 돌려 아기를 바라보면서 감탄했다. 어린 소녀는 조용하고 예의바르게 방을 떠났다. 그녀가 그렇게 할 때, 나는 그녀에게서 누구든 목격하라는 의도가 아니었던 한 가지 변화를 보았다. 그녀가 동생의 손가락 위로 방문을 거칠게 당길 때, 실쭉한 비참과 사악함 사이에 있는 찌푸림이 그녀의 얼굴을 그늘지었다. 이것은 흔치 않은 일이 아니다. 그리고 대체로 부모로서 우리는 주목하지 못하거나 잊어버린다.

리멘타니는 돈 후안적인 인물을 '보지 남자'의 전형적 사례로 간주한다. 그는 돈 후안이 대상 선택을 통해서가 아니라 여자와의 동일시를 통해서 이성애적이라고 본다. 브렌만의 히스테리증자 X 씨는 브렌만이 다중의 타자들과의 동일시를 통해서 문란해진다고 보는 돈 후안이다. (클라인은 소개자 환자 리처드를 환상 속에서 돈 후안으로 이해했다.) 브렌만은 히스

---

5 | [(동생들의 뒷바라지를 하는) 어머니 역할을 하는 여동기.]

'질투의 광기'
〈헤르메스, 헤르세, 아글라우로스〉 파올로 베로네세 (c.1576-84). 사진 ⓒ. 케임브리지 대학교 피츠월
리엄 미술관

테리증자 돈 후안의 이성애로 인해 그가 사실상 강렬하게 나르시시즘적이라는 것을 보지 못하게 된다는 점을 고찰한다. 브렌만의 환자는 또한 그 자신이 제정신인지를 염려하는 정도로까지 불안해한다── 이 불안은 그가 제거하려고 애쓰고 있는 무의식적 질투에 의해 부채질되는가? 그는 재앙적 상황을 이용하는 동시에 부인한다. 그는 아내에게 불충실하며 아내가 자신의 자유를 제약할 수도 있다는 데 격분한다. 그는 그녀가 불충실해지지 않을 것임을 알면서 그녀에게 '자유로워'지는 것을 허락한다. 그의 연인이 불충실할 때, 그는 그녀에게 준 모든 것을 그녀가 배신했다고 주장하면서 그녀를 개인적으로나 직업적으로 파괴하기를 원한다. 우리 가운데 1960년대에 젊었던 사람들에게 이는 정상으로 보일 만큼 너무나도 친숙한 시나리오다. 하지만 그 배후에는 남성이거나 여성인 돈 후안적 인물이 사랑하고자 하는 게 아니라 숭배받고자 하고 있다는 사실이 놓여 있다. 브렌만이 너무나도 적절히 말하듯이, '내가 네 몸의 모든 뼈를 부러뜨려야 한다고 해도, 나는 네가 나를 사랑하게 만들 거야'(Brenman, 1985: 427).

동기관계들이 현대적인 삶의 규범적 측면들의 근저에 놓여 있는 자율적 패러다임을 제공한다는 생각에서 우리가 전진하고자 한다면, X 씨와 보지 남자에 관한 두 관찰은 추가적인 탐사를 필요로 한다. 동일시가 의미하는 것은 무엇인가? 그리고 사랑을 제공하기보다는 흠모받기를 원하는 것의 함축은 무엇인가?

동일시, 내사(introjections), 내재화, 그리고 내가 '섭취'라고 불렀던 것[6]은 상이한 과정들이다. 하지만 언제 어느 것을 사용할지에 대한 분명한 합의는 없다. 나는 내재화(또는 내적 대상)라는 개념을 자기 자신의 일부이지 않은 것으로서 실현된(그리하여 '상실된' 것으로서 인정된) 어떤 것의

----
6 | ['섭취(ingestion)'라는 용어는 앞서 223쪽에서 동사 형태로 한 번 등장한다.]

288

재-현(re-presentation]에 한정해왔다 — 한 때 '타자적'이었던바 우리는 그
것을 내부의 이미지로서 받아들일 수 있으며, 그것은 마음의 눈 속에
보유될 수 있다. 내재화는 본질적으로 애도 과정과 관련이 있다. 그것은
신체적 실연으로부터 사고로의 이동을 용이하게 하므로, 정신화하는 능력
의 발달을 위해 핵심적이다. 보울비는 히스테리증자, 심기증자, 정신병자
와 관련해서 그들은 죽은 사람을 어떤 다른 사람 안에 또는 자기 자신
안에 오위치시켰다고 말한다. 히스테리증자, 심기증자, 정신병자는 타자
를 자신과 다른 자로서 보는 데 성공하지 못했다. 애도되기 위해서 그
죽은 사람들은 타자로서 인정되어야만 한다 — 자신의 삶은 계속되지만,
그들의 삶은 그렇지 않다. 그들이 애도된다면, 그들은 '내적 대상'으로서
받아들여질 수 있으며, 기억될 수 있으며, 이용될 수 있다. 심리적으로
별개인 '상실된' 다른 사람들을 타자로서 내재화한 그리고/또는 죽은 사람
들을 애도한 사람은 '자기가 텅 비어' 있지 않은데, 왜냐하면 (사람들일
수도 있고 장면들일 수도 있는) 이 대상들이 마음속에 거주하기 때문이다.
하지만 그것들은 그 이상을 한다. 그처럼 받아들여지기 위해서는 그것들은
분명 그것들의 타자성 속에서 지각되었을 것이다. 그리고 주체와 다르다
면, 주체는 자신이 타자에 의해 마찬가지로 그렇게 지각된다는 것을 지각
할 수 있다. 위니콧과 발린트는 아기에 대한 어머니의 인정의 발달적
중요성을 강조하는데, 그러한 인정은 아기가 아기 자체로서 보이게 해준
다. 이러한 정식화에 동의하면서도 나는 내가 방금 개괄한 과정의 중요성
을 강조하고 싶다. 나는 그것의 발생이 임상 작업에서 가장 핵심적인
변형적 계기들 중 하나라는 것을 발견했다. 나는 그것의 중요성을 예증을
통해 가장 잘 설명할 수 있다.

　동기들과 (정신분석적 진단이라기보다는 정신의학적 진단인) 정신병
에 대해 생각하기 위해서 나는 한 심리학자가 최초의 '이유 없는 반항'이었
던 정신병적 죄수 해럴드에 대한 '최면분석'을 정신분석을 가미해 설명해

놓은 것을 읽었다(Lindner, 1945). 읽는 동안 나를 당혹스럽게 한 것들 중 하나는 나 자신의 기분의 움직임이었다. 나는 관점을 발견할 수 없었고, 내가 생각했던 것을 결정할 수 있는 그 어떤 위치에도 나 자신을 놓을 수 없었다. 해럴드가 자신의 이야기를 치료사에게 들려줄 때(그리고 내가 그것을 읽을 때), 우선 나는 그가 그의 가정환경 안에서 용납되어서는 안 되는 격심한 우울과 당연시되는 수준의 폭력 — 매질, 잔인한 비웃음, 그의 신체적 결함에 대한 조롱 — 의 희생양이었다고 느꼈다. 정신병에 대한 위니콧의 정식화는 내가 일시적으로 나 자신을 위치시킬 수 있도록 도왔다: 정신병자는 반사회적인 아이이며, 박탈당한 아기다. 나는 가능한 살인자인 해럴드에 대해 안쓰러움을 느꼈다. 하지만 그러고 나서 나의 기분은 바뀌었다. 나의 관점이 변화되었다거나 내가 새로운 무언가를 보았다는 게 아니라, 나의 감정에 또 다른 층위가 있었다는 것이다. 나는 그가 때려 부순 모든 대상들에 대해, 그가 도둑질을 하고 하찮게 취급했던 사람들에 대해 안쓰러움을 느꼈다. 나는 내가 어디에 있는지를 알지 못한다는 것을 깨달았다. 나는 그 가운데 무엇이건 믿었던가?

해럴드는 (치료사를 포함해서) 모든 사람에게 문제를 일으키는 것처럼 보였다. 그의 이야기의 많은 부분은 아마도 사실적으로 참이었을 것이다. 하지만 그것은 해럴드에게 어떤 목적을 위한 수단으로서가 아니라면 아무런 의미도 없었다. 환상과 현실 사이에 아무런 구분선도 없었다. 그리고 이 점으로 인해서 나는 아이들과의 놀이 기법에 대한 멜라니 클라인의 초창기 설명을 상기하게 되었다. 치료에서 클라인은 아이의 게임에 참여하면서 아이가 그녀에게 할당한 역할을 맡았다. 이때 단서조항이 있었다. 즉 그녀가 맡아야 하는 인물이 너무나도 견딜 수 없이 끔찍하다면, 너무나도 엄청난 고문자라면, 그녀는 실연에 앞서 '나는 …인 척하는 거야'라는 말을 한다는 것이었다. 그리하여, 내 생각에, 그녀 자신과 그녀의 환자를 환상의 '현실'로부터 보호하면서 말이다. 일정한 나이의 아이에게 그리고 해럴드에게, 환상은 실재적이며 실재는 환상이다. 아무런 구분선도, 아무런 '척하기'도 없다. 이는 또한 가령 비온의 「상상적 쌍둥이」(9장)에서 기술된 환자의 경우도 참이다. 실로 이는 많은 사람들에게 이따금씩 참이다. 그것은 정신병에서 틀림없이 중요성을 갖는 실재-상상 융합의 성질이다. 그것은 순전한 요점 없음과 뭔가 관련이 있다. 대부분의 시간에, 허구로부터 얻는 아무런 이득도 없고 다만 진리에 대한 무관심만 있는 것 같다.

분명 이에 대해 말할 것들이 많이 있다. 하지만 내가 해럴드를 소개한 것은 내재화 과정의 중요성을 예증하기 위해서였다. 내재화 과정은 다른 사람이나 대상이나 장소가 다른 것으로서 보이게 되고 그런 다음 '받아들여지고', 사고되고, 기억되고, 내부의 눈으로 '보이게' 되는 과정이다. 이것이 성취되면, 이 대상은, 인간 대상으로서 지각된다면, 주체를 볼 수 있는 누군가로 보이게 될 것이다. (나무와 장소, 동물 등등에 대해서는 주체는 '풍경의 일부'임을 느끼며,[7] '개에 의해 사랑받는' 것을 느끼며, 등등이다.) 정신병 상태의 해럴드는 타자를 볼 수 없었고, 따라서 그 자신이 보이는 것을 지각할 수도 없었다. 앞에서 말했듯이, 주체가 그 자신을 타자의 관점으로부터 보는 때가 주요한 전환점이다. 이것은 주체의 성취. 그것은 어머니의(혹은 여하한 누군가의) 인정과는 다르며 그러한 인정 너머에 있다. 그것은 '내재화' 과정의 주요 차원이다. 아동기에 어머니가 죽은 환자의 경우, 그를 떠나는 것이 어머니에게 얼마나 끔찍한 일이었는지를 갑자기 그가 알게 되었을 때 돌파가 찾아왔다 — 어머니의 죽음을 겪는 것이 그에게 견딜 수 없는 것이라기보다는 말이다. 움직일 수 없는 희생양의 위치인 것은 바로 후자의 자세다.

보통은 이보다 문제가 복잡하다. 내가 이미 참조했던 에르나의 사례에서, 클라인은 환자가 자상한 실재 어머니를 (내가 내사물an introject이라고

_____

7 | [마치 자신이 나무, 장소, 동물인 양 느끼며.]

부르는) 괴롭히는 마녀 이마고로부터 떼어놓을 수 있도록 돕는다. 나는 이 실재(자상)와 환상(마녀)의 구분을 단언하기보다는 다음과 같은 것을 강조하고자 한다. 즉 주체(해럴드나 에르나)는 부모가 자신의 아이에게서 사랑스러운 점을 지각할 수 없는 그런 종류의 사람이라는 사실이 부모한테 슬픈 일이었음을 알 필요가 있다. 이러한 깨달음은 사라의 경험, 즉 그녀가 괴로워할 때 그녀가 행복하다고 생각한 어머니에 의해 오인되었던 경험의 거의 반대다. 후자는 잘 기록되어 있으며 다양하게 묘사되었다— 그것은 아기에게 '혼란된 애착'을 산출한다. 내가 지금 강조하고 있는 것은 그것이 타자의 관점에서 자신을 경험하거나 타자를 객관적으로 지각할 수 없는 아이의 무능력을 함축한다는(또는 그러한 무능력에 뒤따르는 것일 수도 있다는) 것이다. 하지만 나중에 다루게 될 추가적인 물음이 있다: 왜 우리는 우리 자신을 '척하기'를 가지고서 보호해야만 하는 정도로까지 사악한 환상들을 믿는가? 혹은 실로 왜 우리는 고문자나 살인자 등등이 되면서 환상들을 실연하는가?

사물들은 받아들여지지만 내가 말하는 의미에서 '내재화되는' 것은 아닐 수도 있다. 내가 '내사물'이라고 부르는 것이 이것들이다. 사라(3장)는 '자기가 텅 비어 있는' 것만이 아니라 그녀의 머리는 야생의 늑대들로 가득하다. 유죄 선고를 받은 해럴드는 언제나 관념들로 '윙윙거린다'. 하지만 돈 후안의 여자들이 그렇듯, 이러한 생각들이나 동물들 중 그 어느 것도 연결되지 않는다. 모든 인성의 정신병적 측면이 지닌 그 유명한 '영리함'은 이렇듯 충분히 사고될 수도 없고 전개될 수도 없는— 종종 백과사전적인— 정보 조각들의 내사를 내포하는 것으로 보인다. 돈 후안이 903명의 여자들 목록을 이용할 때처럼, 이 정보는 연결되어 있다기보다는 덧셈적(additive)이다. 그렇다면 내사물들은 이질적인 고립물로 받아들여지는 바로서의— 오히려, 화가 프란시스 베이컨이 관련 없는 사람들과 대상들의 묘사를 통해 제시하는 바로서의— 세계 속의 대상들이다. 그리하여 내사물들은 '내적 대상'이 아니다. 그것들은 또한 동일시도 아니다.

동일시는 — 시간이 흐르면서 나는 애매할 때도 있는 이 용어를 사용할 필요가 생기게 되었는데 — 대상이 주체의 일부가 될 수 있도록 대상을 받아들이는 것을 내포하지 않는다. 주체는 부분적으로 그가 내재화하는 것들로 이루어진다. 주체는 그가 내사하는 모든 것들로 넘친다. 하지만 주체가 어떤 동일시를 조사(examine)할 수 있을 정도로 그 동일시를 받아들인다고 할지라도, 그것은 주체의 일부가 되지 않는다 — 그는 그것이 된다. 그렇다면 움직임은 타자에게로 나가는 움직임이다. '나는 그 주장과 동일시할 수 있다. 하지만 그것에 동의하지는 않는다'는 단순히 당신이 타자의 입장을 타자의 입장에서 이해할 수 있다는 것을 의미한다. 다른 누군가의 입장에 설 수 있는 것은 중요하다. 하지만 물론 거기서, 타자의 자리에서 길을 잃을 수 있다. 동일시는 훈련된 관찰자의 기술이다: 나가서 타자가 되기, 그런 다음 다만 바라보고 이해하려고 하는 데 충분한 만큼 받아들이기, 그런 다음 '동일시'에서 대상으로의 회귀와 관찰자의 탈동일시. 관찰자가 동일시를 유지하거나 동일시에 매이게 되면, 관찰은 관찰로서 작용할 수 없다. 이것은 관찰자로서의 치료사가 환자의 여하한 '원인(cause)'을 떠맡을 수 없는 — 또는 환자에게 분석가의 '원인'과 동일시하도록 요청할 수 없는 — 이유 중 하나다.

그렇지만 사람들은 내내 동일시에 매인다. 프로이트 이전에, 거식증 소녀 같은 히스테리 환자는 놀랍도록 마른 또 다른 소녀와 동일시하는 것이라고 주장되었다. 프로이트는 동일시가 다른 소녀의 욕망과의 동일시라는 것을 명시했다 — 첫 소녀에게는 남자친구가 있고, 거식증자도 남자친구를 원하기에 그 행운의 소녀처럼 보이게 변모한다. 보지 남자와 X 씨의 경우, 리멘타니와 브렌만에 따르면, 세계 안에 존재하는 주요 방법은 그들이 사랑을 요구하는 여자와의 동일시다. 브렌만이 명시하기를, '전체 인물'과의 그러한 동일시는 동일시가 없을 때 발생할 X 씨의 붕괴와 파편화를 방지하기 위해 이용된다. 하지만 여기 한 가지 문제가 있다. X 씨의 경우에 가장 쉽게 볼 수 있는 문제. 즉 관찰의 동일시를 통해서 사고하는 것은 X 씨에게 그리고 우리에게 하나의 문제다. 그의 아내나 정부가 그에게 주는 사랑이 충분하지 않다는 것만이 아니다. 그 두 여자가 그를 사랑하면서 행하는 그 무엇이건 잘못이라는 것이다. 그는 사랑을 얻기 위해 뼈를 부러뜨릴 것인데, 왜냐하면 그 사랑은 결코 옳지 않기 때문이다. 브렌만은 X 씨의 문제가 어머니와 동일시하면서도 그 자신은 이상적 아기라는 데서 생겨난다고 이해한다. 그는 어느 쪽일지를, 어머니일지 아기일지를 결정할 수 없다.

> 얼마간의 시간이 지나고 그가 나아지고 있을 때, 그는 후배 동업자들에게 더 많은 보수와 더 큰 몫을 주기 위해서 사업일을 재조정했다. 그는 모순적인 견해들과의 투쟁으로 괴롭힘을 당하고 있다는 것을 깨달았다. 한편으로 그는 모든 것이 사업에 주어져야 하고 수익은 재투자되어야 하고 그와 그의 동업자들은 급여를 희생해야 한다고 느꼈다. 그는 그 자신이 사업이라는 것을 — 모든 것을 가졌던 아기와 먹을 것을 제공한 어머니 양쪽 모두라는 것을 — 깨달았다. 동시에 그는 그에게 그러한 요구를 하는 사업을 증오했으며, 그가 사업으로부터 모든 것을 얻어야 하고 사업을 돌보지 말아야 한다고, 사업이 그에게 모든 것을 제공해야 한다고 생각했다.
>
> 그는 그 갈등 속에서 그 자신이, 모든 것이어야 하는 이상적 가슴인 동시에 모든 것을 가져야 하는 이상적 아기라는 것을 깨달았다. 그는 아무런 주고받음의 역량 없이, 양쪽 모두를 완벽하게 충족시키기를 원하는 갈등 속에 붙잡혀 있었다. 그는 이것을 그가 생각하는 그의 어머니의 성격과 연결시켰다. … 이 특징들은… 격렬하고 탐욕스러운 의존성을 보여준다. (Brenman, 1985: 426)

위의 설명에는 후배 동업자들과 동기들의 노선을 따라서 전이 해석(그리고 역전이 문제)을 위한 여지가 있다. X 씨는 정서적으로 아내를 학대한다 — 그녀는 어머니만이 아니라 누이였을 수도 있지 않을까? 그의 독선적인 불충실은 가령 질투하는 것은 그가 아니라 그녀라는 것을 보증하는 방법이었다 — 수직적이라기보다는 측면적인 시나리오. 새로운 아기가 태어날 때, 주체의 자리에 있는 것은 그 아기인데, 주체는 그 아기와 동일시한다. 그는 자신이 새로운 아기와 동일하지 않다는 것을 알 수 있도록 조력을 받을 수 있다 — 또는, 그가 관찰하고 있는 새로운 아기와의 동일시에 빠질 수도 있다.

아기로서의-동기와의 동일시 없이는, 왜 정신병자나 히스테리증자에게 도대체 아무것도 괜찮지 않은지를 이해할 수 없다. 브렌만의 이해는 X 씨의 관계들이 지닌 '아무것도 도대체 옳지 않다'라는 성질, 너무나도 익숙한 그 성질을 붙잡지 못한다. 하지만 그 어떤 작은(혹은 그렇게 작지 않은) 아이라도, 새로운(혹은 그렇게 새롭지 않은) 동기들에 직면할 때, 그 경우에 해당한다. X 씨는 어린 형제자매들(후배 동업자들)과 공유하려고 노력하지만 차마 할 수가 없다. 그는 가장 나이가 많으며 모든 것을 얻어야 한다. 많은 사람들이 사랑을 얻는 것은 아주 잘 하지만 사랑을 하는 것은 혹은 그것이 무엇을 의미할지를 인식하는 것은 어려워한다. 그들이 받는(그리고 그들이 하는) 사랑은 결코 옳지 않으며 그래서 그들은 다른 누군가로부터 올바른 사랑을 얻으려고 계속 노력한다 — 또는, 신경 쓰지 않는다. 동기의 도래와 더불어서 모든 것이 잘못되었기 때문에, 바로잡으려고 노력하는 것은 불가능하고 가치도 없는 것으로 보일 수 있다. 그냥 다 박살내는 게 더 낫다. 여동생과 섹스를 한 해럴드가 결국 그렇게 했듯이 말이다.

그렇다면, 대상-사랑 — X 씨와 보지 남자의 경우 이성애, 그리고 감옥에 있는 해럴드의 경우 동성애 — 이 있는 것처럼 보이는 곳에서, 이 동일시는 무엇인가?

> [페리는] 아직도 내게… 나를 사랑한다고 말해요. … 많은 친구들이 내게 그가 어떤지, 그것이 마음에 드는지 묻고 있어요. … 그것이 싫다는 말이 아닙니다. 우선은 내가 그것을 좋아할 수도 있기 때문에, 그것을 하고 싶지 않은 겁니다. 당신도 알겠지만, 내가 만일 그런 것을 한다면 나는, 나는 그 사람을 쳐다볼 수 없을 겁니다. … 내가 그 사람을 쳐다볼 필요가 없다면 아마 그것을 할 겁니다. 내가 그 사람을 보아야만 하는 한 나는 그것을 결코 하지 않을 겁니다. / 난 페리와 아주 재미나게 지내고 있어요. … 그는 최근 욕을 곧잘 합니다. 실제로 나는 나한테서 욕을 배웠다고 그를 놀리곤 하죠. (Lindner, 1945: 139)

해럴드의 모든 설명들이 그렇듯, 누가 무엇을 했으며 어느 것이 어느 것인지를 아는 게 불가능해진다. 그의 지속적이면서도 가장 문제적인 증상 중 하나는(그는 그로 인해 수술을 받았다) 눈을 똑바로 뜰 수 없다는 것이다. 그가 분명하게 볼 수 없다는 것만이 아니다. 우리도 그럴 수 없다. 이 불확실성은 그의 젠더로까지 확장되며 아마도 여동생과의 성적 관계의 한 측면일 것이다. 아동기에 여동생과 근친상간을 하면서 그는 그녀에게 그리고 그의 말처럼 '그 자신에게' 그가 그녀보다 낫다는 것을 보여주기 위해 자지를 어루만진다. 그의 아버지는 자지를 가져야 하는 건 그의 여동생이라고 하면서 그를 조롱했다.

내가 보기에 동일시의 특정한 대상은 동일시 과정 그 자체에 비해 이차적이다. 나는 그 과정에 상이한 맥락들과 사람들에게서 상이한 방식으로 균형이 잡히게 될 두 가지 차원이 있다고 생각한다. 첫 번째 동일시는 외상에 대한 반응이다. 그것은 카멜레온 같으며 보호적이다 — 리멘타니와 브렌만이 주장하듯, 그것은 '원초적 두려움'이나 주체의 붕괴에 대해 방어적이다. 이 동일시는 분명 '전체 대상'이라 불리는 것, 한 완전한 사람과의 동일시이지만, 그렇다고 해서 그 사람이 그 사람 자체로서 인지된다는 말은 아니다. 오히려 그 사람은 친숙한 장소다. 외상에 대한 이 동일시적 반응에는 아무런 욕망도 없다. 하지만 그 과정의 두 번째 측면으로서 욕망이 있다. 올바른 방식으로 사랑받으려는 욕망 — 이는 문제가 되는 유일한 자가 된다는 말인데, 바로 그렇기에 이 동일시는 결코 작동하지 않는다. 그것은 포기되어야 하는데, 왜냐하면 걸음마 아기는 결코 다시는 아기 폐하가 될 수 없기 때문이다. 하지만 더 나아가 그것은 또한 주체가 자기 자신이지 않기 때문에 결코 작동하지 않는다 — 그가 요구하는 사랑을 얻기 위해서 그는 그의 아기로서의-동기가 되었다.

브렌만에 따르면, 히스테리증자는 (증상에서 경험되는) 재앙과 (겉보기에 건강한 인성 속에서 표현되는) 부인 사이에서 스위치를 작동한다. 다시금 우리는 이러한 기술 밑에 깔려 있는 사회적 시나리오를 상상할 수 있다: 아이는 그를 대체한 동기가 절대적으로 흠모할 만하거나 감탄할 만하지 않을 수 있다는 것을 전적으로 부인하지만, 아이는 먹기를, 심지어 걷기나 말하기를 멈추며, 신체적 질병에 걸리며, 야경증을 겪고, 기타 등등이다. 브렌만은 X 씨에 대해 이렇게 쓴다: '애정 있고 상냥한 척하기는 애정 있는 관계를 성취하기 위해 고안된 것이 아니다. 거짓으로 흠모받는 사랑의 대상이 되어, 이른바 사랑하는 대상들이 이후에 경멸되고 소멸되게 하여 그 대상들에게 승리를 거두기 위해 고안된 것이다'(1985: 425). 내가 제안하기를, 이것은 어머니보다는 동기에 대한 거짓 사랑의 최종결과일 수도 있다. 어머니에게 요구하는 사랑은 어머니에 대한 승리가 아니라 이 사랑을 훔친 동기에 대한 승리를 함축한다.

브렌만은 히스테리증자들이 하는 불안정하고 문란하고 얕은 동일시들에 대한 친숙한 관찰을 실재적 대상이 아니라 이상적 대상들을 가지고서 해명한다. 나에게 이것들은 모습이 바뀌기 이전의, 또 다른 아기를 갖기 이전의 어머니다. 그는 이것들이 언제나 다중 동일시라고 말한다— 아마도 돈 후안의 수많은 이상화된 여자들. X 씨의 꿈들 중 하나를 설명하면서 그는 정신분석가(그 자신)가 러시아 해군(환자, X 씨)을 함정에 빠뜨리는 독일 해군인지 아니면 그 역인지를 말하는 게 얼마나 어려운지를 말한다. 이 과정들을 브렌만은 수직축을 따라, 어머니-아이 또는 아버지-아이 축을 따라 이해한다. 하지만 이 혼동스럽게 교환 가능한 러시아 해군과 독일 해군은 내게는 형제적 경쟁자들 사이의 싸움으로 이해하는 게 더 적절해 보인다.

정신분석 안에서 사례사들이나 임상적 설명들을 읽을 때 혹은 실로 정신의 구성에 관한 이론적 명제들을 읽을 때 우리는 그것들의 복잡성에 놀라지 않을 수 없다. 브렌만의 논문은 그 전형적인 사례다. 이와 유사하게 민족지적 묘사들을 읽을 때, 사회적 세계와 그 세계의 관계들은 뒤얽혀 있고 미묘하며, 종종 일반 독자들이 완전히 파악하기에는 그 복잡성에서 난해하다. 하지만 정신분석적 관점에서 정신의 이 복잡한 세계와 우리를 둘러싼 사회 사이의 연계는 이상하게도 단순하다. 오이디푸스 콤플렉스와 전-오이디푸스적 어머니-유아 관계는 무의식적 사고 과정들과 정서들의 내부 세계를 외부의 사회적 세계와 연계하는 유일한 결합들(nexuses)로서 제시된다. 삼각형의 오이디푸스적 패턴과 레비-스트로스의 것을 비롯한 이원적 구조들(정신분석에서는 전-오이디푸스)은 다중의 방향으로 나아갈 수 있으며 다양한 장소들에서 발견될 수 있다. 수많은 이원체들과 수많은 삼각형들이 있다. 하지만 잔여적[8] 구조로서 이것은 여전히 단순하다. 오이디푸스 콤플렉스는 환원적 개념이라기보다는 잔여적 개념으로서

---

8 | [residual. 미첼은 여기서 '잔여적'이 '기본적'이라는 뜻으로 사용된 것이라고 역자에게 설명했다. 다른 것이 다 없어져도 '남아 있는' 것을 '기본적인' 것으로 볼 수 있다.]

제시되며, 모든 것을 자신으로 끌어당기거나 모든 것이 자기로부터 열려져 나오는 중핵 콤플렉스로서 제시된다.

오이디푸스 콤플렉스는 근친상간적 소원들과 이 소원들에 대한 금지 때문에 핵심적이다. 다른 한편 민족지학은 욕망들과 금지들의 다양성을 보여준다. 영국의 현행 혼인 규정들을 일별해보더라도 이러한 다양성의 단서를 얻는다. 누구와 혼인할 수 있거나 없는지에 대한 법규들과 규정들은 아주 놀라울 정도로 복잡한데, 이는 무한한 가능성을 암시하는 게 아니라 기저에 놓인 패턴이 단지 둘이나 셋보다 더 많을 것임을 암시한다.

오이디푸스 콤플렉스는 관계들의 결합(nexus)에 대한 은유다. 거세 콤플렉스에 대한 인정과 더불어서 성적 차이와 세대적 차이 양자 모두는 표상될 수 있다. 레무스와 로물루스, 카인과 아벨 같은 측면 관계들은, 다양한 창조 신화에 등장하는 쌍둥이들은 결합이 아니라 계열(series)을 형성한다. 선상에 그 다음을 위한 여지가 있음을 인정하는 것은 계열성의 표상을 허용하며, 이와 더불어 동기들과 그들의 계승자들 사이에서 성욕(이성애나 동성애)과 폭력에 대한 터부의 인정을 허용한다.

X 씨나 해럴드나 보지 남자의 이른바 '사랑'의 대상은 엄밀히 말해서 대상으로서는 무관심한 문제다. 요점은 그것과의 동일시다. 그러므로 '대상'은 어느 쪽 성일 수도 있다. 정신분석적 이론과 실천의 이데올로기적인 반성적 자세로 인해 분명 정신분석은 자신이 병리화하는 것을 위해 바깥 가장자리를 찾는 경향이 있으며,[9] 중심의 병리학을 놓친다. 이 경우에 실천적 층위에서 이성애에 대한 정신분석의 지지는 이성애적 실천들의 몇몇 측면들에 내재하는 위험들을 숨길 수 있다. 이론적 층위에서 그것은 동기들을 숨기며, 이번에는 이것은 무언가 핵심적인 것이 분석에서 누락된

---

9 | 정신분석 이론에서 '동성애'에 대한 탁월하고 간결한 설명으로는 보그단 레스닉(Bogdan Lesnick)이 『정신분석 백과사전』(R. Skelton 편)에 기고한 글을 볼 것.

'선상에 그 다음을 위한 여지가 있음을 인정하는 것'
〈콜몬들리 자매〉 영국 화파 (c. 1600-10), ⓒ 런던 테이트 2003

다는 것을 의미한다. 히스테리증자나 정신병자는 동일시 속에서 심적으로 이성애적인 게 아니라 양성애적이다 —— 동기도 그렇다: 어린 동기나 더 나이든 동기 속에 자신이 반영된 것을 볼 때, 아이가 자신으로서 보는 그 대상은 적어도 처음에는 어느 쪽 성일 수도 있다. 이 초기 반영은 동기의 죽음에서 아주 분명하게 보인다. 가령 오라비가 죽거나 전쟁에서 죽임을 당한다면, 그의 누이는 그와 동일시함으로써 그의 상실에 대한 인식을 지체시킬 것이다(오라비가 누이에 대해 그렇게 할 것처럼). 키츠가 어떻게 한 명의 시인으로서 자신이 길 위의 새가 되었는지에 대해 유명한 글을 썼을 때 그는 종이나 젠더의 경계에 관심이 있었던 게 아니다. 그는 그가 동일시를 통해 주변의 대상들과 동일한 것이 되는 어떤 상태를 탐사하고 있었다. 주체가 대상과 동일한 것이 되는 것은, 주체가 또한 다르다는 것을 알고 있다면, 안전하다. 대상이 되는 것은 그렇게 좋은 경험은 아닐 수도 있다. 새는 시인에 의해 이해될 수 있을 것이지만, 시가 종결되지 않는다면 키츠는 자신의 아내의(새의) 삶을 장악하는 X 씨 같았을 것이다.

주체가 대상이 될 때, 그는 바로 그 대상이 주체와 동일한 것으로 보였던 이전의 위험을 역전시키고 있는 것이다. 이는 주체가 소멸되는 것을 두려 워했다는 것을 의미했다. 측면축을 따라 이루어지는 이 주체-대상/대상-주체 동일시는 분명 생애 전체를 통해 현존한다. 바로 이것, 즉 이해의 원천인 동시에 그것의 위험에 대한 보호책으로서 바로 이것으로부터 차이 가 구성된다. 아기와 아이에게는 물론 저기 바깥 그를 둘러싼 세계 안에 있는 타인들에 의해 구축된 차이들이 이미 있으며, 그래서 그는 이 차이들 을 이용해서 그 자신의 차이들을 구축하거나 세계의 차이들을 개체적 층위에서 재구축할 것이다. 젠더는(인종처럼) '저기 바깥'에 있는 현저한 차이들 중 하나다. 동기적인 반영이나 동일함의 젠더 무차별성으로부터, 방어적인 '타자화' ── 전치된 동기의 생존 욕구의 폭력이 내재해 있는 차이 ── 로서 젠더가 구축된다.

9

결론: 동기들, 그리고 젠더의 생성 [1]

다른 장소들과 다른 시간들에서

말리노프스키에 따르면, 트로브리안드 군도에서는 오라비와 누이와 누이의 아들이 일차적 삼각관계를 형성한다. 누이의 오라비는 권위를 상징하지만 아이의 어머니와는 물론 성관계를 맺지 않는다. 말리노프스키(Malinowski, 1927, 1929)는 이것이 오이디푸스 콤플렉스의 보편성에 도전한다고 주장한다. 당시에 영국 정신분석학회 회장이었던 어니스트 존스는 정신분석의 가장 중요한 식별어(shibboleth)를 위해서 맞서 싸웠다.

그 논쟁은 독립적 측면 구조의 가능성을 전적으로 놓쳤다. 트로브리안드인들에게 오라비-누이 근친상간은 최고 터부다. 그들의 상호관계는 극도의 회피로 특징지어지며, 그래서 중개자가 그들 사이에서 물건을 전달해야만 한다. 금지와 관련하여 그러한 근친상간은 트로브리안드 신화의 중요한 특징이다. 근친상간은 죽음으로 이어진다. 트로브리안드인들은

---

[1] [Engendering of Gender.]

303

동기간 성욕에 대한 꿈을 꾸는지 질문받을 때 아주 불안해하며 부인한다.[2]

트로브리안드의 관습과는 반대로, 프톨레마이오스 왕조의 이집트 왕가에서는 동기간이 결혼을 하고 자손을 낳도록 명해졌다. 이러한 관습은 아마 일반인들 가운데서도 상당히 널리 퍼져 있었을 것이다. 측내혼(lateral endogamy)은 왕족 혈통 유지를 보장하고 기족이나 씨족 내 재산 처분을 조직화한다(Goody, 1990).

심리사회학적 관점에서 볼 때, 측면적인 터부와 적극적 짝짓기 명령은 겉보기에 대립적이지만 동일한 목적에 복무하는 것일 수도 있다. 즉 그 둘은 세계를 더 안전한 장소로 만든다(Parsons, 1969). 트로브리안드의 금지된 오라비는 누이를 지원하며 책임진다. 형제간이나 사촌간의 결혼은 동일한 안전을 제공한다. 세대 간 짝짓기는 같은 방식으로 기능하지 못할 것인데, 왜냐하면 어머니나 아버지는 죽기 때문이다. 아버지-딸 근친상간의 만연은 몇몇 공동체에서 노년기에 아버지를 돌보지만, 측면적 명령이나 금지가 할 수 있는 것과 동일한 방식으로 그 새로운 공동체일 수도 붕괴된 공동체일 수도 있는 것에 복무하지는 못한다.[3]

이번에는 시인이나 소설가가 아니라 영화에 의지해보면, 형제애의 중요성은 비스콘티의 영화 <로코와 형제들>(1960)에서 매혹적으로 그려진다(1장). 우리는 어떻게 서아프리카 탈렌시 족에서 행위자들이나 관찰자나 똑같이 광증의 증가(30년의 기간에 걸쳐 13배)를 가나 남부의 노동 이주 증가에 귀속시켰는지 보게 될 것이다. <로코>는 이보다 더 총체적인 이주를 묘사한다.

---

2 | 헤겔이 누이-오라비 관계를 성욕 없는 친밀성이라는 이유에서 이상적인 것으로서 지각한 것은 이것의 또 다른 판본이다.

3 | [아버지-딸 근친상간이 만연하는 곳은 새로운 공동체일 수도 붕괴된 공동체일 수도 있을 것이다. 하지만 그러한 만연이 그 공동체를 안전한 장소로 만들지는 못한다.]

<로코와 형제들>은 이미 알려진 사회성 규약 위에 구축된 사회로부터 사회나 문화 그 자체의 핵심 규칙들이 개별화되어 있는 사회로의 이행점을 '인간형태화한다'(비스콘티의 개념).[4] 낡은 것과 새로운 것 사이에 붙잡혀 있는바, 주요 인물들과 이야기는 멜로드라마적이다 — 그들의 이주 곤경을, 히스테리증자가 개인적 층위에서 그렇게 하듯이, 사회적 층위에서 극화한다. 하지만 멜로드라마가 비극적 함축을 지니는 것은 바로 행위자들이 불가능한 과거와 반기지 않는 미래를 연결하는 데 실패하는 어떤 구렁텅이 옆에 서 있기 때문이다.

파론디 집안이 기차를 타고 밀라노 중앙역에 도착한 것은 가족의 비극을 — 격변이 몰고 온 일반적인 역사적 비극을 나타내는 어떤 특수한 비극을 — 품고 있다. 기차는 진보의 메카에서 정지했지만 파론디가 사람들에게는 거기 아무것도 없다. 그들이 자신들의 과거를 떠났다는 것만이 아니다. 그들의 과거가 그들을 버렸다. 아버지 없이 뿌리를 잃은 가족에 대한 모든 책임을 떠맡아야 했던 장남 빈첸조는 그들을 마중하러 역에 나오지 않는다. 실로 그들이 그를 발견할 때, 과거와 미래의 충돌로 인해서 파론디가 도착자들 대부분에게는 받아들일 수 없는 현재만 있다는 게 분명해진다. 현재는 그들이 퇴거당하기 전까지 거주하게 될 지하층에서 주변화된다. 밀라노는 노숙자를 보고 싶어 하지 않으며, 그래서 만약 그들이 퇴거당하는 데 성공하게 되면, 그들에게는 다른 집이 제공될 것이다.[5]

---

4 | ['anthropomorphizes'. 비스콘티에게는 '인간형태적 영화(anthropomorphic cinema)'라는 개념이 있다.]

5 | [파론디 가의 장남 빈첸조는 남부에서 밀라노로 상경한 나머지 가족들이 살 곳으로 자신과 약혼녀가 사는 집을 내주어야 할 처지에 놓이게 된다. 그래서 친구에게 자신의 딱한 사정을 하소연하러 간다. 그랬더니 그 친구는 남부 사람들이 다 하는 방식으로 하라고 조언을 한다. 남부 사람들은 우선 공영 주택을 하나 임대받는다. 그러고는 임대료를 지불하지 않는다. 그러면 퇴거를 당하게 된다. 그런데 밀라노 시청은 거리에 노숙자가 있는 것을

일은 아주 임시적인 노동이다. 짐승같이 잔인한 권투의 착취 세계로 내려가는 것만이 그러한 노동으로부터의 유일한 탈출구다. 권투선수로서의 '미래'를 위해 시모네는 이와 턱을 검사받는다. 남부의 고향 땅에서 동물들이 그랬던 것처럼 말이다.

기차역에 빈첸조가 없었던 것은 낡은 형제애의 종언을 가리킨다. 그의 약혼녀 지네타의 가족은, 역시 원래는 남부 출신인데, 파론디가 사람들이 장남한테 돌봄을 받으러 온 게 아니라 여느 현대 가족처럼 이 아들의 약혼을 축하하러 왔다고 생각한다. 그렇다면, 구심적 형제애로부터 분리된 핵가족을 형성하기 위해 떠나 자기 길을 가려는 커플로의 이동이 있는 것이다.

아주 단순히, 하나의 삶의 방식이 끝나가고 있으며 새로운 방식은 태어나기에 무력하다. 이 남녀 주인공들은 그들의 과거에서나 미래에서나 아무 것도 아니다. 남부 형제 집단에서의 안전한 자리 없이, 또는 북부 도시 산업화 핵가족에서의 정체성이 없이, 각 인물은 뿌리 뽑힌 감정의 덩어리다. 이미지상, 우리가 보는 것은 지배적인 어머니에게 표나는 존경을 바치는 형제들의 집단이며, 하지만 또한 이 형제애가 가치와 구조의 측면에서 붕괴되고 있다는 시각적 증거다. 형제애적 혈통은 부상하는 핵가족과 대면하고 있지만 그 둘 사이의 공간에서 의미 없이 길을 잃었다.

나폴리에 대한 연구에서 앤 파슨스(Parsons, 1969)는 형제 이주 집단이 남자들만 있는 술집에서 생활하는 거리 갱으로 변모되었다는 것을 보여준다. 이 집단은 도시 가족만큼 강하거나 도시 가족보다 더 강하다. 파슨스는 거리의 중요성에 주목한다. 하지만 그녀는 그것을 또한 친족 구조로서 검토할 수 있는 모델이 없다. 비스콘티의 영화는, 최선인 곳에서, 문화들의

싫어서 퇴거당한 사람들에게 살 집을 제공해준다. 하지만 시로부터 살 곳을 제공받으려면 우선은 임대받은 집에서 퇴거당하는 데 성공해야 하는 것이다.]

충돌 사이에 있는 틈새를 보여준다. 좀 더 제한된 결말에서, 영화는 영화가 지향하고 있는 개인주의적 문화의 정서들을 통해 형제애를 읽고 있다. 정신분석적인 문화인류학자 앤 파슨스와 더불어서도 영화감독 비스콘티와 더불어서도 우리는 동기의 심리학에 이를 수 없다. 비록 후자가 그에 대한 생생한 초상을 제공하지만 말이다. 사회심리학에 대한 이러한 이해 결핍은 여러 맥락에서 함축을 갖는다. 가령 1차 세계대전에서 이미, 집단적 요인들이 외상적 조건에 대한 개인적 반응들보다 훨씬 더 중요하다는 것이 인지되었다(Shepherd, 2002).

거리 갱은 이데올로기적으로 헤게모니적인 핵가족의 부정이 아니라 대안일 수도 있다. 트로브리안드인들은 누이-오라비 회피를 처음부터 명하지만, 공식적인 금지, 책임, 존경은 생식력으로 인해 동기 근친상간의 가능성이 성욕에서 재생산으로 이동하는 사춘기에 생겨난다 — 이는 유아기와 잠재기의 동기간 상호 이끌림을 인지하고 있는 것이라고 가정할 수 있지 않은가? 다만 겉보기에만 대립되는 프톨레마이오스 왕가의 결혼에서처럼, 이러한 관습들과 규제들은 어떻게 동기간 상호 감정의 힘이 규제만 된다면 좋은 사회적 용도로 사용될 수 있는지를 지시하는 것으로 보일 것이다. 규제에 대한 필요는 그 감정의 힘을 지시한다. 측면성을 지각하고 분석하는 데 실패하면서, 근친상간이나 폭력을 진지하게 취하지 않으면서 우리는 이 힘의 좋은 잠재력이 지배적인가 나쁜 잠재력이 지배적인가를 운에 맡기고 있는 것이다. 다른 문화들이 이에 대해 인식하고 있다는 것은 혹은 더 많이 인식하고 있다는 것은 의심의 여지가 없다. 우리는 우리의 수직적 모델을 어디에서나 지니고 다닌다. 하지만 말리노프스키의 트로브리안드 군도 관찰들처럼 자료들은 믿기 어려울 정도로 그 모델을 초과한다.

보스턴 병원의 이탈리아 이주민 정신증을 나폴리 병원의 정신증 발생과 비교하면서, 그리고 동일 진단을 위한 대조시험을 하면서 앤 파슨스는 그녀의 모델의 한 가지 특정한 기대가 그 어떤 관점에서도 확인되지 않는다는 것을 발견했다. '어떤 환자도 어머니의 죽음 이후에 최초로 정신증적이 되지 않았으며, … 단 한 명이 아버지의 죽음 이후에 그렇게 되었다'(1969: 110). 정신증은 부모의 죽음과 연계되어 있는 것으로 간주된다 — 파슨스는, 그렇지 않다는 것을 발견하고서도, 더 이상 조사하지 않는다.

파슨스는 대단히 주의 깊고 예민한 관찰자다. 하지만 내가 보기에 그녀는 '주세피나'에 대한 개별 사례사에서 성인기 초기에 정신증이 발병할 때 (10개월 연상인) 오빠의 죽음의 중요성을 놓치고 있는 것 같다. 내가 보기에 주세피나의 내력에는 정신증과 관련이 있었을 것 같은 두 가지 중요한 죽음이 있다. 첫째, 그녀의 오빠는 결핵으로 죽는데, 그것은 1960년대 나폴리 공동체에서 너무나도 두려운 질병이어서 그 두려움의 처리를 도와주는 의례들이 있다. 둘째, 주세피나가 친구(즉 측면 관계)로 여기는 한 여자는 사생아 낙태로 인해 죽는다. 주세피나 자신은, 엄격한 사회적 습속을 전적으로 깨면서, 남편과 혼전 섹스를 가졌다. 정신증이 발병할 때 그녀는 새로 태어난 그녀의 아기의 모든 몸짓을 그녀에 대한 공격 행위로 해석한다. 그리고 아마도 이것은 그 아기에 대한 그녀 자신의 공격성의 투사일 것이다. 주세피나는 낙태를 한 여성 친구가 사실은 그녀의 친구가 아니라 어머니의 친구라고 주장하는데, 이는 다만 내가 그리고자 하는 그림을 확인해줄 뿐이다: 어머니가 될 때 주세피나는 마음속에서 그녀 자신의 어머니와 그리고 모든 어머니들과 혼동된다. 그녀가 동기가 생길 가망에 직면하고 있던 아이였을 때 아마 그랬듯이 말이다. 그녀가 죽기를 소원했을 새로운 동기는 근소하게 연상인 이미 죽은 오빠와 혼동된다. 그의 죽음, 그녀의 친구의 죽음, 그녀의 어머니의 친구의 죽음은 그녀로 하여금 그녀 자신의 죽음을 두려워하게 만든다. 그녀는 이 모두를 혼동했는데, 이는 그녀가 그녀의 아기와 친구의 죽은 아기를 혼동하기 때문일 것이다. 파슨스가 사용하고 있는 정신분석과 문화인류학 양자의 수직적 모델들은 측면적 함축들을 볼 수 있게 해주지 않는다 —— 하지만 자료는 거기 있다.

1963년에 인류학자 마이어 포티스는 정신과 의사인 아내 도리스 메이어와 함께 가나 북부의 탈렌시 족에게로 돌아갔다. 그는 1934년부터 1937년까지 그들과 함께 작업한 바 있었다. 「정신증과 사회적 변화」에서 그들은 정신분석 모델의 영향이 배어 있음을 보여주는 방식으로 탈렌시 족의 가족생활을 기술한다(Fortes and Mayer, 1965). 아이의 사회적 세계는 일련의 구역들을 통해 예증된다. 아이의 발달 과정은 어머니의 방 안에서 어머니와 함께 시작되며, 그 다음에는 그의 동기들과 아버지의 다른 부인들이 낳은 반-동기들과 함께 아버지의 구역에서 이루어지며, 끝으로 대략 다섯 살 이후에는 삼촌과 아주머니와 사촌 등이 있는 더 넓은 씨족 가운데서 이루어진다. 이러한 사회적 배치는 정신분석적인 전-오이디푸스(어머니), 오이디푸스(아버지), 후-오이디푸스(더 넓은 사회)의 내적 도식과 말끔하게 일치한다. 하지만 이 모델을 제쳐놓으면, 포티스와 메이어의 작업은 무언가 다른 것을 예증한다. 즉 구조화하는 자율적인 동기관계의 영역. 탈렌시 부모들은 1960년대에도 여전히, 아기가 태어난 때부터 걸음마 아기가 스스로 돌아다니고 먹을 때까지는 서로 성관계를 삼갔다. 그래서 어머니에게서 출산간격은 보통 3년에서 3년 반이었다. 이와 대조적으로 아기에게서 가장 가까운 동기는 어머니가 다른 반-동기일 것이기에 발생 순서상 '쌍둥이'일 가능성이 높았다. 그렇지만 어머니의 새로운 임신이나 같은 어머니의 아기(모계동기)는 걸음마 아기로 하여금 상당한 교란과 강렬한 경쟁심을 유발할 것으로 예상되었다.

포티스와 메이어가 설명하기를, 어머니가 새 아기를 낳을 때쯤이면 이미 극도로 강력한 동기와 또래집단이 있어서 두 살과 세 살 사이의 아이들이 다정하게 어깨동무를 하고 돌아다니는 것을 드물지 않게 볼 수 있었다. 포티스와 메이어는, 그들이 반복해서 주목하고 있는 강력한 부모의 돌봄과 더불어서, 이 측면적 유대가 탈렌시 족의 튼튼한 정신적 건강에 기여하는지에 대해서 말하자면 행간에서 분명 궁금해 하고 있다. 1962년 이스라엘 갈릴리 바다 근처의 매우 자유주의적인 키부츠의 보육원에서 일할 때 나는 두 살쯤 된 아이들의 작은 또래집단들에서 동일한 친밀성을 보았다. 나는 그들의 공동 양육의 위험에 대해 읽은 적이 있다. 하지만 내가 본 것은 그것의 힘이었다: 측면적 유대는 널리 인정되었으며 중요한 것으로 간주되었다. 더 최근에, 다른 사람들과 알바니아 남동부에 있는 아름다운 16세기 교회들을 찾아다니다가 우리의 관심은 외부의 프레스코화에서 어떤 전원(田園)으로 갑자기 이동했다. 세 살에서 네 살 사이 어디쯤 되어 보이는 두 명의 꼬마 아이들이 바구니를 함께 들고서 흙길을 따라서 깡충깡충 뛰고 춤추면서 내려가고 있었다. 아이들은 웃으면서 짧은 노래들을 부르고 있었고, 같이 재잘거리고 있었다. 얼마 동안 아이들은 어깨동무를 했으며, 껴안았고, 그러고 나서는 떨어져서 계속 춤을 췄다. 우리가 도취되어 그들을 바라보고 있는 것을 보게 된 그들은 수줍어 서로 떨어져서는 재빨리 달아났다. 우리는 사랑의 아이콘을 보았던 것이다.

동기 이야기에는 밝은 면이 있고 어두운 면이 있다. 그동안 내 설명은 후자 쪽으로 편향되어 있었다. 왜냐하면 나는, 우리가 동기의 중요성을 표지하는 데 실패하고 따라서 측면 패러다임을 산출하는 데 실패한 것이 전쟁이나 정신 질환에서 동기간의 개인적이거나 집단적인 폭력 남용을 보는 데 실패한 것을 반향한다고 생각하기 때문이다.

1965년에 마이어 포티스는 탈렌시 족을 처음 방문했던 1934-7년에 하나의 광증 사례가 있었음을 지적했다. 30년 후에 동일한 사회 집단 안에 열셋이 있었다(Fortes and Mayer, 1965). 노동 이주의 증가는 이 '광증'의 증가에 대한 설명처럼 보였다. 탈렌시 족은 무엇이 '광증'을 구성하며 광증을 기행이나 정신박약이나 여러 가지 이상한 행동들과 구별시키는지에 대해 아주 분명했다. 그의 아내 도리스 메이어는 교차문화적인 정신의

학적 차이들을 찾고 있었다. 하지만 그 대신 그녀는 탈렌시 족의 '광증'이 서양의 정신증으로 매끄럽게 번역된다는 것을 발견했다. 미친 탈렌시 족 사람 가운데 한 명은 산후 우울증이 있었고, 한 명은 조증이 있었으며, 한 명은 멜랑콜리였고, 나머지 모두는 정신분열증을 앓고 있었다. 40년 후인 오늘날 우리는 아마도 이 마지막 사례들 중 적어도 몇몇을 경계선 또는 나르시시즘적 인성장애라고 부를 것이다. 70년 전이라면 아마 히스테리성 정신증의 사례였을 수도 있었듯이. 편집증은 전혀 없었으며, 메이어는 이를 M. J. 필드의 관찰과 대조했다. 1960년에 필드는 가나의 아칸 족 중 52명의 정신분열증자에 대한 연구를 보고했다. 이들 중 26명의 남자는 편집증자였다. 여자의 50퍼센트는 우울증 상태에 있었다. 아칸 족 사람들이 성인이 되어 편집증이나 우울증에 걸리기 쉬운 성향을 보이는 가능한 원인은 아동기에 '사랑을 받던 작은 아이가 자라서 경멸의 대상이 되는 외상을 겪어야 한다'는 사실에 있다고 언급되고 있다(Field, 1960: 30). 서아프리카 아샨티 족과 가(Ga) 족의 행동은 탈렌시 족과 강한 대조를 이룬다. 탈렌시 족은 예상되는 격렬한 동기 경쟁관계에서 더 나이 든 아이를 돕는다. 하지만 다른 가족 체계들은 더 나이 든 아이를 밀어낸다. 이는 영국 의사 세설리 윌리엄스(Williams, 1938)에 의해 기술된다. 그는 황금해안 아크라의 아동 병원에 있는 아샨티 족과 가 족 아이들을 주로 관찰했다. 닥터 윌리엄스는 아동기에 만연하는 질병인 콰시오커를 연구했다.

사하라 이남 아프리카 일반에서, 여전히 치명적일 수 있는 단백질 결핍 질병인 콰시오커는 '동생이 태어날 때 아이가 걸리는 병'으로 알려져 있다. 『랜싯』[6]에 처음 발표된 윌리엄스의 글은 이렇게 시작한다. "'콰시오커'라는 명칭은 동생이 태어날 때 폐위되는 아기가 걸리는 질병을 가리킨

---

6 | [*The Lancet*. 영국의 의학전문지.]

다'(1935: 1151). 초기에 걸릴 경우, 영양을 잘 공급해주면 아이를 구할 수 있다. 그렇지만 3년 후에 황금해안의 아동 건강에 대한 좀 더 완전한 논문에서 윌리엄스는 대부분의 어린 아기들의 목가적인 삶과 더 나이 든 아이에 대한 거부를 기술하고 있다.

> 여자는 아기와 함께 있고 싶어 하는 시간이 많다. 처음에 그녀는 아기를 천천히 시간을 끌면서 씻긴다. 그런 다음 그녀는 아주 정확하고도 여유롭게 구슬의 배열을 변경한다. 그녀는 아기에게 파우더를 바른다. … 어린 아기에 대한 이 세심한 사랑은 더 나이 든 아이를 취급할 때의 그 태만, 무관심과 놀랍도록 대조된다. … 두 살이 될 때까지 아이는 철저하게 응석받이로서의 삶을 영위한다. 하지만 이러한 실존은 거칠게 중단된다. 그의 어머니는 또 다른 아이를 갖거나 아니면 남편과 함께 떠나고 아이를 아이 할머니에게 남긴다. … 나는 어머니 등에 있는 자리가 새로운 아기에 의해 찬탈당한 것을 발견한 아이에게서 커다란 분노와 비통을 보았다. … 맹목적인 비참의 시기가 지나고 아이는 여기에 익숙해진다. 사람들은 그에게 잘해 준다. (1938: 99, 강조는 나의 것)

윌리엄스 박사는 동기의 도래를 명시적으로 외상으로 지칭한다. 심지어는 황금해안 지역 신문들에 실리는 성인들이 쓴 투정이 심하고 신중하지 못한 글들이 이 외상적인 아동기 경험 탓일 수 있다고 제안하고 있다. 유아기 질투가 성인의 험담글 속에서 실연되고 있다는 것이다.

1962년 다시금 콰시오커에 대해 좀 더 완전한 글을 쓰면서 윌리엄스 박사는 A. P. 파머가 동아프리카에서 보고한 사례들을 이용한다. '28개의 연구된 콰시오커 사례들에서, 48개의 잠재적 원인이 있었다. 이 원인들 가운데 4개는 가난과 연관된 영양 실조였고 다른 17개는 의학적 질병이 그 기저에 있었다.' 하지만 '사회적이고 심리적인 원인들이 19개에 대해 책임이 있었으며 또 다른 8개는 "갑작스런 젖떼기"와 관련이 있었다(1962: 342). 취약한 경제에서, 새로운 아기가 도래하고 유일하게 신뢰할 수 있는 원천 — 젖 — 을 필요로 할 때, 식량은 실로 불충분해진다. 쌍둥이의 경우도 마찬가지다. 단순한 문화들에서, 서양의 설명들이 유아의 탐욕으로 간주하는 것은 유아의 배고픔일 것이다. 걸음마 아기는 동기가 도래할 때 잃을 게 많다. 탈렌시 족 같은 몇몇 사하라 이남 종족은 더 나이 든 아이의 폐위를 상냥한 방식으로 다루며, 다른 종족은 그 외상을 경감시키려 하지 않는다 — 하지만 그것이 외상이라는 점은 다양한 모든 참여자들에 의해 언제나 인지되는 것으로 보인다. 양 대전 사이의 시기에 몇몇 서양의 관찰자들은 그것을 지각했다. 하지만 자신들의 관찰을 동기의 중요성에 대한 소견으로 결코 확장하지 않았다. 질투의 결과인 정상적인 동기 질병은 이처럼 다른 문화들에서 널리 인지된다. 사실 그것에 중요한 자리를 부여하지 못하는 우리의 실패는 분명 종족중심적이다.

정신분석과 동기들

나는 동기 이해하기의 세 측면에 초점을 맞출 것이다. 정신분석적 관찰, 전이/역전이, 측면성의 심리학을 특징지을 수 있을 가능한 메커니즘과 역학. 이것들 모두는 동기를 정신역학적 관점에서 위치짓기 위한 목적을 갖는다. 세설리 윌리엄스, A. P. 파머, 포티스와 메이어가 자신들의 관찰을 진행하고 있던 당시에, 정신분석가 수련을 이제 막 시작한 런던의 소아과 의사 도널드 위니콧은 '아기가 태어날 때 더 나이든 아이가 걸리게 되는 병'에 대해 그다지 다르게 쓰지 않았다. 충족한 조건이 있는 여기서, 현실적 영양실조의 문제는 전혀 없다. 그렇지만 서양의 아이는 종종 먹기를 거부한다.

많은 수의 아이들의 몸무게를 잼으로써 임의의 주어진 나이에 평균 몸무게가 얼마인지 알아내는 것은 쉽다. 동일한 방식으로, 평균은 다른 모든 발달 측정에서도 발견될 수 있다. 그리고 정상성 검사는 아이의 측정치를 평균과 비교하는 것이다. / 이러한 비교들 덕분에 평균값은 매우 흥미로운 정보가 된다. 하지만 계산 전체를 망칠 수 있는 복잡함이 생겨날 수 있다. 보통은 소아과 문헌에서 언급되는 않는 복잡함. / 순전히 신체적인 관점에서 볼 때 건강 상태로부터의 그 어떤 일탈이건 비정상적인 것으로 간주되겠지만, 정서적인 압박이나 스트레스에 기인하는 신체적 건강 저하가 필연적으로 비정상이라는 것은 따라 나오지 않는다. 다소 놀라운 이러한 관점은 해명이 필요하다. / 다소 투박한 사례를 들어보자면, 두세 살 먹은 아이가 남동생이나 여동생 아기의 탄생 때문에 아주 속상해 하는 일은 매우 흔하다. 어머니의 임신이 진행되면서, 또는 새로운 아기가 도래할 때, 지금까지 활발했고 괴로움의 원인을 전혀 알지 못했던 아이가 불행해지고 일시적으로 핼쑥해질 수도 있으며 야뇨증, 심술궂음, 메스꺼움, 변비, 비충혈 같은 여타 증상을 보일 수 있다. 이때 폐렴, 백일해, 위장염 같은 신체적 질병이 발생한다면, 회복 기간이 지나치게 연장될 수도 있다.

(Winnicott, [1931]: pp. 3-4)

외상을 강조하는 대신에 위니콧은 괴로움의 정상성을 지적한다. 그렇지만 위니콧이 이 점에 주목한다는 사실이 중요한 이유는, 우리가 그것을 다른 관찰들을 끌고 들어와 읽어볼 수 있기 때문이다. 우리가 동기의 중요성에 대한 정신분석적 정식화를 향해 나아갈 수 있는지 알아보기 위해서 말이다. 그가 관찰한 동기 충격은 그의 나중 개념 — 성인 환자가 언제나 곧 닥칠까봐 두려워하는 재앙은 이미 그의 아동기에 일어났다는 개념 — 을 위한 완벽한 후보자일 것이다. 사실상 위니콧의 이 유명한 생각은 아이러니하게도 분석가가 동기를 보는 데 실패하고 있음을 말끔하게 표현하는 관찰이다. 미래에 대한 두려움이 사실은 과거의 기억되지 않는 외상이라는 것을 깨닫지 못하는 것은 환자만이 아니다. 분석가 또한 언제나 거기 있어왔던 동기들의 충격을 알아채는 데 실패했기 때문에 동기들이 자신 앞에 언제나 닥칠 수 있는 가망성을 안고 있지 않을 수 없는 것이다.

클라인처럼 위니콧은 동기의 중요성에 대한 초기의 소아과적 관찰을 잊은 것처럼 보인다. 하지만 그것은 그의 몇몇 후기 정식화들 속으로 인지되지 않은 채로 들어오는 것처럼 보인다. 예를 들어, 그것은 정신병의 발생에 대한 아래 설명 같은 후기 진술들에 말끔하게 들어맞는다.

> [정신병은] 치료되지 않는 비행으로서의 성인 상태다. 비행자는 치료되지 않는 반사회적인 소년이나 소녀다. 반사회적인 소년이나 소녀는 박탈당한 아이다. 박탈당한 아이는 어떤 좋은 것을 충분히 가지고 있었으나 그런 다음에 그것이 무엇이건 더 이상 그것을 가지지 않게 된 아이다. 박탈이 외상적으로 지각되기 위해서는, 박탈 당시에 개인의 충분한 성장과 조직화가 있었다. (Winnicott, [1959-64]: 134. 첫 번째 강조는 나의 것)

'그것이 무엇이건'은 분명 전-동기적 어머니를 가리킨다. 어머니의 상실은 새로운 아기가 어머니를 훔친 것일 때 외상적으로 보인다.

> 그것은 좋았던 어떤 것의 상실이었다. 그리고 나는 어떤 일인가가 일어났으며 그 이후에 그 무엇도 다시는 동일하지 않았다는 것을 암시하고자 하는 것이다. 그러므로 반사회적인 경향성은 외부 현실로 하여금 기원적 외상을 고치게 만들려는 아이 안의 강박을 나타냈는데, 그 외상은 물론 재빨리 망각되었으며 따라서 단순한 역전에 의해서는 고칠 수 없는 것이 되었다.

정신병자에게서 외부 현실로 하여금 그것의 실패를 수리하도록 계속해서
강제하려는 이러한 강박은 지속된다. (Winnicott, 1965a: 51. 강조는 나의
것[7])

동기 이후에 그 무엇도 다시는 동일하지 않다. 다시 한 번, 환자나 내담사에
게서 보이는 것이 분석가에게 적용된다. 즉 관찰된 동기 외상은 재빨리
망각된다.

　이러한 진술들 속에서 위니콧은 어머니를 실패 지점으로서 지칭하고
있다. 하지만 우리는 그가 제공하는 예시들을 이용해서 어떻게 그 무엇도
다시는 동일하지 않게 만드는 것이 바로 동기의 도래인지를 보여줄 수
있다. 물론 가 족과 아샨티 족 아이처럼 서양의 아이도 위니콧이 이 정신병
맥락에서 외상으로 명기한 것을 극복할 수 있지만 말이다. 끈에 강박적으
로 사로잡힌 병든 남자아이에 대한 묘사를 살펴보자. 위니콧은 심각한
우울증에 빠진 어머니로부터의 분리를 외상적인 것으로 간주한다. 하지만
우리는 여동생을 읽어낼 수 있다. '어머니는 그 아이를 여동생이 태어날
때까지 돌보았다. 그때 그는 3년 3개월이었다. 이것은 중요한 첫 분리였
다'([1960]: 153). 다수의 분리들이 뒤를 잇는다. 가령 어머니가 입원할
때처럼. 위니콧에게, 바로 이러한 과도한 차후의 박탈들이야말로 기원적
박탈을 되돌릴 수 없는 것으로 만든다. 어머니로부터의 분리가 두려워서
그 남자아이는 끈을 이용해서 모든 것을 함께 묶는다. 급기야 어느 날
'끈에 대한 그 아이의 집착은 점차 새로운 특징을… 전개하고 있었다.
최근에 그는 여동생의 목둘레에 끈을 묶었다(이 여동생의 탄생으로 인해
서 그 아이는 어머니로부터 처음으로 분리되게 되었다)'([1960]: 154).
　위니콧의 명시적인 설명 속에서 끈의 사용은 분리된 대상들을 연결하

---

7 | [미첼이 따로 말하지 않지만, 이 인용문의 강조는 모두 미첼의 것이다.]

316

려는 남자아이의 유순한 노력을 가리킨다. 나는 다음의 사실을 지적하고자 한다. 즉 단절된 유대로 인해 너무나도 가혹하게 재-강요된 것은 바로 동기 탄생의 기원적 외상이기 때문에 그 연결이 필요한 것이다. 따라서 끈은 전혀 유순하지 않다. 그를 어머니와 통합할 그 동일한 끈이 여동생의 목을 조를 끈이다.

또는 열여섯 살의 한 여자아이를 예로 들어보자. 그녀는 위니콧에게 와서 이렇게 말했다. '제가 알기로는, 두 살이었을 때 남동생이 태어나는 걸 좋아하지 않았기 때문에 선생님을 보러왔어요.' 열여섯이 되어 그녀는 비명을 지르고 또 지르기 시작한다. 20개월의 나이에 어머니가 임신 3개월이었을 때, 바로 그렇게 했듯이 말이다. (이 비명은 뭄바이 아기들과 전시 탁아소 아기들의, 혹은 『작은 것들의 신』(Roy, 1997)의 라헬의 비명인가, 너무 끔찍한 일이 일어났을 때 외치는?)

위니콧은 바로 이 지점에서 여자아이가 병에 걸린다고 말한다. 유아 경험을 반향하고 있는 열여섯 살 소녀의 통제 불가능한 비명은 이 기원적 경험이 대처할 수 없는 경험이었음을 시사한다. 끈에 집착하는 남자아이는 끈을 물건들을 함께 묶는 데 이용했으며, 어머니로부터의 분리를 문자 그대로 막아줄 것인 양 그것을 사용했다 — 이것이 위니콧의 초점이다. 하지만 그가 여동생의 목둘레에 끈을 묶을 때 분명 우리는 어떤 다른 광기의 영역으로 이동한 것 아닌가? 외상이 생에서 너무 일찍 찾아올 때 정신증이 위협한다. 정신병은 나중에, 아이가 이미 생에 관해 무언가 좋은 것을 알게 된 이후에 온다. 정신증은 현실의 부인으로서 현시된다. 정신병은 현실이 변해야 한다는 거친 강박적 요구로서 현시된다. 정신증자들은 '구체적으로' 말한다 — 단어들은 사물 자체다. 정신병자들은 (히스테리증자처럼) 단어들이 아직 상징적이지 않은, 단어들이 문자 그대로 사용되는 아동기 발달 시기를 이용한다. 이 나이는 끈-소년의 경우처럼 주체를 폐위시킬 혹은 실제로 폐위시키는 현실적이거나 가능적인 동기에 대한 인식이 있는 나이와 일치한다. 끈-소년은 그가 듣는 조롱 — '그는 어머니의 앞치마 끈에 매어 있다' — 을 문자 그대로 해석하고 있는 것일까? 그리고 나서, 광기로 미끄러져 들어가면서, 그는 '여동생을 끈으로 목매달기'를 생각하는 것일까?

앙드레 그린은 광증(madness)을 정신증과 대립되는 것으로 복권시킬 필요가 있다고 주장했다 — 일반적인 광증 반응의 원천은 바로 여기에, 즉 또 다른 아이에 의해 전적으로 전치된 것에 놓여 있다. 탈렌시 족에게서 서양의 다양한 정신증 범주들은 하나의 용어로 포섭되는데, 이 용어는 광증으로 번역할 수 있다. 당사자도 자신이 미쳤다고 느낀다. 셰익스피어의 『말괄량이 길들이기』에서 연극은 빈털터리 슬라이를 위해 공연된다. 그가 깨어나 보니 귀족이 되어 있을 때, 그는 자신의 옛 정체성을 원한다 — 명백히 다른 누군가로의 변화는 그로 하여금 자신이 완전히 미쳤다고 느끼게 만든다. 이 광증은 우리의 정교한 정신증 범주들에는 누락되어 있다 — 그것은 동기에 의해 전치된 어린 아이의 광증이다.

이것이 광증의 계기다. 사물들을 문자 그대로 취하고 자신이 어디에 있고 누구인지를 알지 못하는 계기. 어른들에게 비웃음을 당하는 아이는 무로 소실된다. 우리는 전적인 오해와 잘못된 정체성의 영역에 있다. 광기로 치달으면서 리어 왕은 '내가 누구인지를 말해줄 수 있는 사람?'이라고 묻는다. '리어의 그림자지'라고 바보가 답한다.[8] 위니콧의 피글은 '그녀의 이전 자기의 그림자'였다.[9] 미친다는 것은 사회적인 것으로서 이해되는 것 외부에 있다는 것이다. 폐위된 아이에게 잘해 주는 탈렌시 족 사람들은

---

8 | [윌리엄 셰익스피어, 『리어 왕』, 최종철 옮김, 민음사, 2005, 49쪽. 1막 4장.]

9 | [영어에서 'a shadow of one's former self(이전 자기의 그림자)'라는 표현은 어떤 사람이 이전만큼 강력하거나 건강하거나 온전하지 못한 상태가 되었음을 뜻한다. '리어의 그림자'에서도 '그림자'는 그런 함의가 있다. 근사한 한국어를 따로 찾는다면 '허깨비' 정도가 있을 것이다.]

미친 사람과 동기의 도래를 견뎌 내지 못한 아이 양쪽 모두를 단적으로 비사회적이라고 간주한다. 이주자는 그가 떠난 사회에서 자신의 자리를 잃었으며 그가 진입한 사회에서 아무런 정체성도 가지지 않는다. 비사회적이거나 반사회적인 사람은 타인들을 그 자체로서 존중을 필요로 하는 타인으로서 지각할 수 없으며, 타인들에게서 자신을 그러한 타인으로서 경험할 수도 없다.

나는 위니콧의 저작에서 추출한 동기에 대한 희귀한 관찰들을 두 가지 최종적 사례들을 가지고서 결론짓겠다. 그 사례들은 해소될 수도 되지 않을 수도 있는 외상으로서의-동기에 대한 우리의 그림을 확인해준다. 첫째는 1931년 위니콧의 소아과적 의견을 예증하는 아이 조운이다. 둘째는 1978년에 기술된 분석 치료에서 온 것으로 자신을 피글이라고 부르는 어린 여자아이다.

2년 5개월 된 조운은 13개월 전 남동생이 태어날 때까지 외동아이였다. / 이 사건이 있기 전까지 조운은 완전히 건강한 상태였다. 그러고 나서 그녀는 질투심이 심해졌다. 그녀는 식욕을 잃었고, 따라서 수척해졌다. 일주일 동안 먹을 것을 강요하지 않은 상태로 놓아두자, 그녀는 사실상 아무것도 먹지 않았고 몸무게가 줄었다. 그녀는 이런 상태로 있어왔으며, 아주 성마르며, 그녀의 어머니가 그녀를 떠날 때면 언제나 불안 발작을 일으킨다. 그녀는 누구에게도 말하지 않으려 하며, 밤에는 비명을 지르면서 깨어난다. 심지어 밤에 네 시간 동안 그런 적도 있다. 실제 꿈 재료는 분명하지 않다. … / 그녀는 아기를 꼬집고 심지어 문다. 그리고 아기에게 가지고 놀 것들을 내주지 않는다. 그녀는 아무도 아기에 대해 말하는 것을 허락하지 않으려 하며, 찌푸리다가는 결국 개입한다. (Winnicott, [1931]: 3-4)

여기서 아이를 콰시오커와 연결짓는 것은 멀지 않기다—— 새 아기는 옛 아기의 먹을 것을 앗아갔다. 여기에도 비명이 있다. 이러한 증상들을 별도로 한다면, 이러한 외상의 결과는 무엇인가? 다음은 1978년 정신분석가 위니콧의 이야기다.

어머니는 최근에 피글에게서 건강 악화를 초래한 큰 변화가 있었다고 말했다. 그녀는 못되게 굴지 않았고 아기에게 다정했다. 문제가 무엇인지를 말로 표현하는 게 어려웠다. 하지만 그녀는 그녀가 아니었다. 사실 그녀는 그녀 자신이기를 거부하면서 이렇게 말했다. '나는 엄마야. 나는 아기야.' 그녀는 그녀 자신으로서 불릴 수가 없었다. 그녀는 고음으로 수다를 떨고 있었는데, 그건 그녀의 것이 아니었다. (1978: 13, 강조는 나의 것[10])

정신증적인 주세피나의 경우처럼, 여기서도 정체성의 상실이 있으며 다른 누군가일 필요가 있다. 피글은 그녀가 잃기를 원하지 않는 어머니의 정체성과 그녀가 그녀 자신으로 남아 있기 위해서 여전히 필요한 아기의 정체성을 취한다. 여기에는 또한 복화술 목소리가 있는데, 그것은 이후의 '헛소리하는' 강박적이고 흘러넘치는 수다의 기저에 놓여 있는 목소리다. 이전 어머니의 상실이 있으며, 하지만 한층 더 중대하게는 이전 자기의 상실이 있다. 아이가 자기 자신을 재획득할 때(그리고 재획득한다면), 자기와 세계에 대한 새로운 관점과 더불어서 그래야만 할 것이다. 탈렌시 족의 개념으로, 아이는 사회적 존재가 되었다. 아이의 자기인식은 자신을 다른 사람의 관점에서 볼 수 있는, 자신이 타인들과의 관계에서 어떠하며 어디에 서 있는지를 볼 수 있는 능력일 것이다.

분명 이 새로운 관점은 나르시시즘적 자기의 상실을 내포하는 자기존

10 | [도날드 위니콧, 『피글』, 반건호·유희정 옮김, 하나의학사, 2002, 32-33쪽.]

중의 시작이다. 동기 경험은 상실의 수용을 통해 — 웅대한 '자기'에 대한 애도 과정, 아기 폐하의 '죽음'을 통해 — 나르시시즘을 자기존중으로 조직화한다. 이것은 자신이 평범하다는 것에 대한 필수적인 수용이다. 하지만 그것은 자신이 유일무이하지 않다는 것을 의미하지 않는다. 다만 다른 모든 형제자매들 또한 평범하면서 유일무이하다는 것을 의미하는 것이다. 이 점진적이면서 결코 완전히 확립되지는 않는 자기 변형이 없다면, 반사회적 아이가 겪는 괴로움과 교란은 혹은 광증의 질병들은 예정되어 있는 것이다.

동기 외상의 충격은 또한 반복될 것이다. 그 충격은 어떤 사람을 자신이 누구이고 어디에 있다고 생각했던 바로부터 전치시키고 몰아내는 여하한 미래의 사건 속에서 다시 겪어내야 한다. 최초의 혹은 이어지는 충격들이 너무 크다면, 외상은 내사되며 그 사람 내부에서 폭력의 중핵을 형성한다. 따라서 질투심만이 아니라 폭력(여동생의 목둘레에 끈을 묶기)도 하나의 내재적 가능성인 것이다. 그리하여 폭력은 모든 동기관계에 그리고 동기 성욕과 근친상간에 언제나 잠재되어 있다.

동기나 또래가 주체와 같은 것으로 여겨질 때 동기나 또래에게로 확장되는 나르시시즘적 사랑은 주체의 웅대한 나르시시즘이 포기되는 바로 그 동일한 순간에 변형될 수 있다. 자기존중과 동기에 대한 '대상 사랑'은 동등하다: 자기와 타자는 '객관적으로objectively' 사랑받는다(그리고 증오받는다). 하지만 나르시시즘적 사랑 역시 보유될 수 있으며 그리하여 동기/또래는 다만 자기로서 사랑받으며 동기/또래가 조금이라도 타자적으로 여겨지는 순간 폭력이 분출할 것이다 — 이는 근친상간 관계에서 실제로 있을 수 있는 일이다. 그 과정은 또한 더 넓은 사회적 활동에 아주 중요한 영향을 미칠 수 있다. 해럴드 같은 정신병적 성인은 폭력과 항상적 질투의 방아쇠에 손을 대고 있다. 히스테리증자는 매번의 방해를 마치 기원적 재앙인 양 다시 산다. 양자 모두는 외상의 결과들을 타인들에게 전달한다. 양자 모두의 중핵에는 편집증의 가능성이 있다: 이런 일이 내게 행해졌다, 그리고 나는 타인들이 그것을 애처롭게 여기게 만들 수 있다. 정신병자는 바로잡을-수-없는 격분을 세상이 바로잡게 만들기 위해 노력한다. 즉 새로운 아기를 되돌려 보낼 것을 요구하기 위해 노력한다. 이것이 실패하면 그는 경험을 타인들 가운데서 나누고 분배하며, 그리하여 동기 안에 편집증을 투사하고 창조한다(모든 사람이 너를 끔찍한 아기라고 생각해). 이것은 당신의 적수로 하여금 모든 사람이 그를 증오한다고 믿게 만드는 고전적인 사회적 기법이 될 수 있다. 장면은 보유된 아동기에 설정되어 있기에, 환상들은 현실성을 가지며 주체의 확신에는 가담자가 있다. 히스테리증자나 정신병자는, 교란당한 아이처럼, 아주 멀쩡해 보인다 ― 문제를 증언하는 것은 그를 둘러싼 주변의 혼돈이다.

동기는 죽이려는 소원을 반응으로 이끌어내는 정도의 질투를 야기한다. 아이에게서 이것은 아주 의식적이다. 그것이 금지되어 있다는 것을 깨닫게 될 때 그것은 무의식적이 된다. 시간이 지나면서 아이는 또한 죽이지 않는 것이 잘하면 죽임당하지 않음을 보증해줄 수도 있다는 것을 깨닫는다. 이러한 인식에는 측면적 놀이를 통해 도달한다. 그리고 그 놀이는 또한 살의가 무의식적이 되거나 아니면 합법적 통로('죽일 권리')로 유도되는 것을 보증하는 규칙들을 창조하고 실연한다. 외상 그 자체의 내사된 폭력은 무의식적이 되지 않는다: 외상은 정의상 표상될 수 없으며, 다만 그것의 효과가 경감되기 전까지는 자기나 타자 안에 있는 구멍이나 자기나 타자에 대한 폭력으로 경험될 수 있을 뿐이다. 외상은 표상될 수 없기에, 무의식적 과정으로서 내재화될 그것의 표상은 없다 ― 따라서, 그것은 무의식적이지 않기에 그것을 무의식으로부터 되찾는 방법 또한 없다. 그리하여 '구멍' 또는 외상은, 전문적으로 말하면, 행동이나 증상으로부터 연역되는 가설이다. 이는 심리-사회적 상호작용에 대한 복합적인 견해가 필요함을 뜻한다. 가령 더 어린 아이 또한 더 나이든 동기의 폭력을 내사하고 나서 그것을 타인들 속에 재-외재화할 필요가 있을 수 있다 — 우리는 치료가 필요한 아이를 쉽게 잘못 고른다.

멜라니 클라인이 1941년에 치료한 소개자 아이 리처드(5장)는 그의 그림에서 복엽 비행기에 줄을 그었다— 줄긋기는 격추를 의미했다. 그는 클라인 부인에게 비행기를 그의 형 폴의 대리물로 그렸다고 말했다. 곧바로 그는 자신의 적개심에 대해 불안해졌으며, 자기 모순적인 말을 했다. 그는 그의 형이 병사이며 실제로 쉽게 죽을 수도 있다고 설명하는 동시에 그가 그린 비행기는 그가 좋아하지 않는 토니 삼촌이라고 설명했다. 멜라니 클라인은 토니 삼촌은 그의 나쁜 아빠라고 설명했다. 어쩌면 — 하지만 폴에게 일어난 일은? 분서은 리처드가 욕망하면서 두려워한 소멸을 해석하기보다는 반복했다. 형에 의해 죽임을 당할 것에 대한 두려움을 외화하려는 리처드의 노력들이 눈에 띄지 않고 넘어가서 그가 형이 죽기를 원한다면, 그 노력들은 존속할 것이고 죽음에 대한 두려움 또한 존속할 것이다. 그리고 여하간, 다시금, 왜 언제나 측면적 경험들을 마치 수직적 경험인 양 설명하는가 — 전자에는 충분한 성욕과 죽음 충동의 현시들이 있으며, 그렇기에 그것들을 후자로 이동시켜서 그것들을 부모와 부모 대체자들의 무의식적 표상들의 요구에 맞출 필요가 없다. 분명 리처드는 자신이 질투한다는 것을 의식적으로 알고 있다. 하지만 그는 자신의 편집증의 깊이를 알지 못하며, 또한 그것의 개연적이며 실로 현저한 원천들 중 하나도 알지 못한다. 소멸 가능성의 외상이 그것이 불러일으킨 정서들에 의해 표상된 관념들에 대한 인식을 통해 의식적이 될 수 있다면, 그것은 적어도 당분간은 극복되어 가는 도중에 있는 것이다.

그 어떤 정신분석가나 정신분석적 치료사도 치료 환경의 전이나 역전이를 마치 서로가 동기간인 양 해석하지 않았다는 게 아니다. 내가 동료들에게 그들의 작업에서 어떻게 동기들이 등장하는지를 물었을 때, 다양한 답변을 들었지만 어떤 일률성이 있었다. 몇 가지 예외가 있었지만: 한 동료는 자기 오빠의 중요성을 놓치고 있었음을 깨달았을 때 한 번 더 온전한 기간의 수련 분석으로 돌아가게 되었다고 내게 말했다. 대부분의 경우 동기는 치료사의 다른 환자나 치료사가 상상하거나 알고 있는 아이로 서 들어온다. 그리하여 전이는 아이-부모 전이로 간주되기에, 이는 배타적 인 수직적 이해를 확인해준다. 때때로 실제로 측면적으로 해석하는 경우가 있다. 내 환자 가운데 한 명의 경우, 우리 둘 중 누구도 내가 어느 정도로 그녀의 언니로 보이는지를 놓칠 수가 없었다. 그것이 거의 의식적이었다는 것만이 아니다. 때로는 나 자신이 내가 이 누나처럼 보이기 시작한다는 것을 느꼈다. 그리고 우리는 이웃에 살았기 때문에 나는 이것이 단지 환자의 지각만이 아님을 알게 되었다. 자신의 내적 세계에서 남동생과 의붓남동생이 관여자(actors)로 있었던 환자인 (4장에서 논의된) X 부인과 관련해서, 나는 돌이켜 보면서 내가 관여자들 중 어느 누군가였던 중요한 순간들을 놓쳤다는 것을 발견한다. 다시 말해서 나는 나의 역전이의 본성 을 알아차리지 못했다. 내 남동기에 대한 여동기로서가 아니었다. 그건 쉬웠다. 오히려 내 남동생이 분명 나를 어떻게 경험했던가에 관한 것이었 다. 그렇다고 한다면, 그리고 내가 내 남동생의 나에 대한 경험을 실로 놓쳤다면, 나는 X 부인이 그녀의 동기들에게 자신이 어떻게 보였는가를 볼 수 있게 도울 수 없었던 것이다. 아무리 고통스럽고 어렵더라도(실로 고통스럽고 어렵기 때문에) 그것은 외상후 스트레스에서 자기인식을 획득 하는 핵심적 단계다.

얼마 전 나는 한 히스테리 환자에 대한 발표에 논평을 해달라는 요청을 받았다. 동기들을 위해 측면적인 자율적 자리를 도입하자는 나의 제안이 어떻게 히스테리 사례에 영향을 미칠 것인지를 입증해줄 방식으로 논평을 해달라는 것이었다. 환자는 외동아이였다. 치료사가 부각시키려고 선택한 것은 다음과 같은 사실이었다. 즉 치료의 처음과 끝에서 그녀가 중요하다 고 느꼈으나 완전히 해소하지 못한 어떤 역전이에 주목하게 되었다는 사실이었다.

치료사는 이 성공적 분석이 끝나갈 무렵에 그녀 자신의 생각이 셰익스피어의 『말괄량이 길들이기』에 의해 지배당하고 있음을 발견했다는 데 주목했다. 이에 대한 명백한 연상은 어떤 성질 나쁜[11] 환자와의 싸움에 대한 연상이었으나, 치료사를 계속해서 괴롭히는 무언가가 남아 있었다. 그 당시에 — 비록 '평생' 그 연극을(결코 좋아하는 연극은 아니었다) 읽거나 본 것이긴 했지만 — 나는 그 작품에 관한 다음과 같은 사실들을 기억했다. 두 자매가 희곡의 바로 그 중심에 있다. 말괄량이 카타리나는 여동생 비앙카를 몹시 싫어하며 육체적으로나 언어적으로나 여동생에게 폭력적이다. 비앙카는 상냥하고 순종적이고 아버지의 사랑을 독차지한다. 아무도 난폭한 카타리나와 결혼하지 않으려 하며, 상냥한 비앙카의 손을 잡으려 줄을 서서 기다린다. 하지만 문제가 하나 있다. 즉 끝에 가서 길들여진 말괄량이는 비앙카보다 성품이 더 고결하다. 비앙카의 매력은 어느 정도의 기만과 조작에 기반하고 있다. 역전이에서, 여성 히스테리증자를 직면하고 있는 여자인 그 치료사는 어디에 위치하고 있었는가? 그녀는 길들이는 자, 즉 카타리나의 구혼자이자 남편인 페트루치오였는가? 혹은 그녀는 환자가 — 분석 기술을, 분석 내내 환자가 공언했듯이, 싸구려 기만과 조작으로서 남겨놓은 채 — 여전히 승리했을 수도 있다는 것을 무의식적으로 걱정했던 것일까? (단지 겉으로만 변화된) 말괄량이가 사실상 동기에게 그리고 아마도 남편에게 승리를 거두게 되는 고쳐 쓴 희곡에서 치료사는 비앙카의 위치에 있었던 것인가?

치료사나 환자는 잊힌 비앙카였는가? 그 토론이 있고 나서 희곡을 읽다가 나는 셰익스피어가 자매 관계에 중심 역할을 부여함에 있어서

---

11 | ['성질 나쁜'은 'shrewish'라는 단어의 번역이고, 『말괄량이 길들이기』에서 '말괄량이'는 'the Shrew'다.]

그의 여하한 원천들을 훌쩍 뛰어넘었다는 것을 알게 되었다. 잊힌 비앙카는 핵심적인 것으로 보였다. 내가 삽입하고 싶은 것은 동기로서의 치료사다. 우리 자신의 분석가들이 전반적으로 우리에게서 이 차원을 탐구하지 않기 때문에, 그것은 우리의 역전이의 친숙하지 않은 부분이 될 수밖에 없다. 동기들을 생각하지 않고서는 우리는 이 차원을 알 수 없을 것이다. 특히 동기 패러다임이 없다면 우리는 현실적 개인사에 동기들이 전혀 없는— 단지 무의식적 마음속과 사회적 실연들 속에 동기들이 많이 있는 — 곳에서는 동기에 대해 생각하기가 어려울 것이다. 이 현실적이거나 상상된 동기들, 또래들, 혹은 히스클리프, 나의 남동생, X 부인의 남동생 같은 '대체' 아이들, 우리의 남동기의 여동기로서의 우리들, 카타리나와 비앙카는 서로를 어떻게 다루고 있는가? 우리의 문제는 무엇인가?

이 문제를 고찰하기 위해서 나는 쌍둥이 관계에서 동기 극단을 살펴보려고 한다. 모든 곳에서 쌍둥이는 특별한 관심을 받는 주체들이다. 사하라 이남 아프리카는 세계의 다른 곳보다 쌍둥이가 더 흔한데, 그곳에서 쌍둥이들은 악의 사례일 수도 있고, 행운의 사례일 수도 있다. 쌍둥이 관계는 나이와 태생이 다른 두 아이에게 서로를 '쌍둥이'로 지정하는 이른바 '은유적' 관계일 수 있다.[12] 콰시오커의 경우처럼 아프리카라는 맥락은 또한 우리에게, 쌍둥이를 적절히 먹이는 게 종종 힘들다는 점에서, 질투와 괴로움의 실재적 근거를 제공해준다. 하지만 악-선 변이는 흥미로우며 정신분석적 개념에 반향되어 있다. 긍정적인 편에서, 이른바 '이중화(doubling)'는 거세의 위협에 대한 방호인데, 이때 거세는 죽음의 표상이다. 다른 한편으로 주체가 그 자신의 분신(double)으로서 되돌아오는 것은 '섬뜩한' 것이다. 여기서, 내가 측면 관계의 정신역학을 보기 위해 쌍둥이에게로 돌아가는

---

12 | 나이지리아 북부의 관습과 관련해 유니버시티 칼리지 런던의 머리 라스트 교수와 사적으로 대화한 내용.

것은 쌍둥이의 상징성 때문이 아니라 쌍둥이가 동기성의 조건들의 극단적 사례를 제공하기 때문이다. 나는 언제나 쌍둥이나 쌍둥이 부모와 임상 작업을 하는 게 특별히 흥미로웠다. 아마도 내가 아동기에서 회상하는 어떤 매혹의 잔여물일 것이다.[13]

<hr />

[13] 나는 언제나 쌍둥이에 대한 생각에 의해 매혹되는 동시에 지적으로 억제되었다. 즉 쌍둥이를 이해하고 싶었지만 쌍둥이에 대해 어떻게 생각해야 할지를 알지 못했다. 나는 이것을 분명하게 기억하는 아동기의 한 사건으로까지 역추적할 수 있다 — 하지만 그것은 나의 문제가 그것보다 앞선다는 것을 지시할 뿐이다. 나는 분명 일곱 살쯤 되었을 것이고 학교 운동장 가장자리에 있는 통나무 위에 한 학교 친구 무리와 함께 앉아 있었다. 윗반에 있는 일란성 여자 쌍둥이가 그 무리에 있었다. 나는 오랫동안 그들에게(혹은 오히려 그들이 나타내는 그 무엇에) 이끌리고 있었다. 그래서 갑자기 질문이 튀어나왔다. '쌍둥이인 게 어떤 거야?' 내가 굴욕감을 느낀 것은 나의 무의식적 호기심의 절박함이 들통이 나서기도 했고, 더 어린 아이가 명백히 나를 깔아뭉갠 것 때문이기도 했다. 쌍둥이 중 하나가 — 나는 그게 '더 나이든' 쪽이라고 항상 상상해왔다. 하지만 그건 또한 내 기억 속에서 둘 모두에게로 융합된다 — 이렇게 답했다. '정말 멍청한 질문이네. 그게 어떤 건지를 우리가 어떻게 알 수 있겠어? 그것 말고 다른 거인 적이 없는데.'

어쩌면 그 대답이 나를 정신분석으로 이끌었을지도 모른다. 어떻게 우리가 다른 사람을 알 수 있는가라는 더 명백한 문제만이 아니라, 우리가 자기 자신 말고는 그 누구도 아니라는 사실이 주어졌을 때 어떻게 우리가 자기 자신을 알 수 있는가라는 문제. 이제 이것은 내게 동기들의 문제로 보인다. 내가 열이나 열한 살이었을 때, 나는 의사가 되겠다고 했고, 내 구급상자 치료를 통해 모든 사람을 들볶곤 했다. 그 당시에, 소토보체 주제처럼, '정신분석가'가 되는 것에 대한 관심은 거의 들을 수가 없었다. 나는 아버지가 정신분석가인 친구가 있었는데, 그분은 우리 모두에게 큰 난처함의 원인이었다. 긍정적인 영감이 찾아온 것은 열일곱 살이었을 때다. 토요일마다 나는 정신분석 수련을 받고 있는 한 여자의 어린 쌍둥이와 아기 여동생을 돌보았다. 이 글을 쓰고 있으니 생각하게 되는데, 동경하면서 읽었던 '세계의 쌍둥이' 책 시리즈물은 다른 나라에 대한 나의 사랑에 얼마간 책임이 있음에 틀림이 없다. 하지만 학창시절의 바로 그 생생한 기억의 근저에는 아마도 — 우리 모두 안에 있는 작은 아기의 편집증-분열증 국면에서의 자아 분열

나는 젊었을 때 나에게 불쾌감을 주었으나 내 호기심을 동하게 한 어떤 농담이 기억난다. 배가 많이 부른 한 임신한 여자가 결코 출산하지를 못했다. 그녀가 죽은 뒤에 사람들이 그녀의 불어난 배를 잘라 열어보니 그 안에는 똑같이 생긴 주름이 쪼글쪼글한 두 늙은 남자가 있었는데, 서로가 '네가 먼저 나가'라고 말하고 있었던 것이다. 윌프레드 비온은 '상상적 쌍둥이'를 가진 한 환자에게서 이 농담과 비슷한 경험을 했다. 그 남자와 얼마간의 작업을 한 뒤에 비온은 그에게 말한다. 다루기 힘든 아이에게 효과 없는 훈계를 하고 있는 부모 같다는 느낌이 들게 만든다고. 비온은 이러한 의견을 말한 뒤에 그 환자의 면담에서 '표현하기 힘든'[14] 변화가 일어났다고 기록하고 있다.

> 그에 관한 자료에 대해서는 마치 두 가지 아주 별개의 공존하는 율독 (scansions)이 가능한 것도 같다. 하나는 압도적인 권태감과 우울감을 전한 다. 다른 하나는, 그가 연상들의 흐름 가운데 규칙적인 간격으로 휴지(休止) 를 도입했다는 사실에 의존하는바, 마치 그가 '계속해. 네 차례야'라고 말하는 듯 거의 익살스러운 효과를 전한다. (Bion, [1950]: 5)

더 나아가, 환자가 현실 인물을 언급하고 있을 때에도, 점차로 비온은

에 속하는 — '보편적인' 쌍둥이 관계가 놓여 있을 것이다. [소토보체(sotto voce)란 이탈리아어로 '소리를 낮추어, 작은 소리로'라는 뜻이다. 성악곡에 서 살며시 노래하는 부분을 지시하는 발성상의 악어(樂語)다. 정신분석가라 는 직업이 선망받는 직업이 아니었을 때, 즉 '소토보체 주제'였을 때, 아이들 은 작은 소리로 '쟤네 아버지는 정신분석가래'라고 말했을 것이다.]

14 | [미첼은 'a difficult-to-express'라는 표현을 따옴표 안에 넣고 있지만 비온의 해당 원문은 이렇다. 'In due course I pointed this out to him and a change, not easily formulated, occurred(적절한 때에 나는 이를 그에게 지적했다. 그리고 쉽게 정식화되지는 않는 어떤 변화가 일어났다).']

이 인물들이 환자 자신의 판본들일 수 있다는 것을 깨달았다. 비온은 —— 이 점에 주목하는 게 중요한데 —— 환자를 자신의 고집불통 아이로 데리고 있는 타이르는 부모로서 자기 자신을 놓음으로써 환자의 행동을 해석했다. 그렇지만 이 해석에 뒤이어 환자는 꿈을 꾸는데, 그 꿈은 비온을 당당히 상상적 쌍둥이로 놓는다. 꿈속에서 차 안에 두 사람이 있는데, 각자는 상대방이 나가는 것을 방해하고 있다. 내가 상기한 농담처럼 비온은 그 차를 자궁으로 번역하며 환자는 분석용 소파에서 웅크린 태아형 자세를 취함으로써 이 해석에 응답한다. 비온이 설명하기를, 만약 환자가 자궁에서 '출현한다(emerge)'면 증오에 의해 압도당할 것이다. 그렇지만 만약 그가 그의 상상적 쌍둥이로서 비온과 관계를 형성한다면, 그들은 상호 증오에 의해 소진될 것이다. 추가적인 꿈이 이 측면적 해석을 따른다. 그 꿈에서 그 환자에게 한 아버지가 자기 딸을 두 번째 눈 전문가에게 보내달라고 요청한다. 분명 자료상의 근거를 가지고서 비온은 첫 번째 '나'[15] 전문가는 수동적인 어머니이고 두 번째 '나' 전문가는 더 능동적인 아버지라고 설명한다. 이 해석을 따라서, 오이디푸스적 자료가 산출되기 시작한다. 그것이 틀렸다는 게 아니다. 엄청난 기회를 놓치는 것처럼 보인다는 것이다. 자신이 환자의 상상적 쌍둥이라는 것을 깨달았을 때 비온이 거의 접근했던 동기들의 기회. 두 번째 꿈에서, 자신의 '나'가 돌봄을 받을 필요가 있던 그 아이는 여자아이이다. 하지만 비온은 그 자신의 해석이 담고 있는 젠더전환을 중요하게 다루지 않는다. 남자 환자는 자신의 '나' 또는 자아를 여성으로 꿈꾼다.

비온은 또한 그 자신이 우리에게 알려주고 있는 사실을 중요하게 다루지 않는다. 그의 환자가 한 살이었을 때 누나가 죽었다는 사실을. 이 나이의 아기는 그의 동기에 의해 거울반영되었을 것이다 —— 그 자신을 그녀 안에

———
15 | [영어에서 눈(eye)과 나(I)는 발음이 같다.]

서 볼 뿐만 아니라 그 자신을 그녀의 관점에서 보기 시작할 것이다. 이 죽은 누나는 상상적 쌍둥이의 근본 원인 아닌가? 일란성 쌍둥이가 어릴 때, 한 쌍둥이 자신의 거울 속 반영은 종종 다른 쌍둥이의 그것과 동일시된다. 쌍둥이는 너무나도 가까워서 자기에 대한 동기적 관점을 발견하기는 힘들다. 전시 기숙 보육원 쌍둥이에 대한 유명한 연구에서 도로시 벌닝험 (Burlingham, 1952)은 쌍둥이 두 쌍의 거울반영 행위를 기술한다. 거의 2년 6개월 때 빌은 버트를 '다른 한 명의 빌'이라고 불렀고, 침실 거울에서 자기 자신의 반영을 보면서 그것 또한 '다른 한 명의 빌'이라고 불렀다. 더 어렸을때(17개월 때) 그의 쌍둥이 버트는 아팠고 식욕이 전혀 없어서 일체의 음식을 거부했다. 한 보육사가 거울 앞에서 다만 반영된 거울상만을 가리키면서 버트를 먹이기 시작했다. 아주 기뻐하면서 버트는 그의 건강한 쌍둥이 빌처럼 먹기 시작했다. 자신의 거울상을 마치 아픈 버트가 건강한 빌인 양 쳐다보면서, 그 '또한' 음식을 기쁘게 먹어댔다. 쌍둥이 베시가 아픈 아이를 위해 따로 마련된 보호소에 있을 때, 그녀를 보는 게 허락되지 않은 제시는 자신의 모든 장난감을 거울 앞에 놓고는 그녀의 거울상/쌍둥이와 같이 놀았다. 그들이 떨어지기 전에 그랬듯이 말이다.

비온의 환자는 누나를 상상하지 않는다. 그 대신 그는 '쌍둥이'를 갖는데, 왜냐하면 누나의 죽음과 더불어 그는 그녀를 거울로 사용할 가능성이나 그녀에 의해 보일 가능성을 상실했을 것이기 때문이다. 한 살 때 그는 누나를 자신의 반영이라고 생각하곤 했다. 따라서 두 번째 검안사에 의해 다루어질 필요가 있는 그의 출현하는 '나' 또는 자아는 애도되지 않은 상상적 쌍둥이로 지각된 그의 죽은 누나다. 비온이 환자 자신의 한 판본으로서 경험되는 바로서 상세하게 언급하는 단 한 명의 사람은 그의 동성애적인 처남인데, 비온은 그가 환자의 아내와 근친상간적 관계를 가졌을 수도 있다고 믿고 있다. 이 처남은 분명 또 다른 동성의(여기서는 소년, 꿈에서는 소녀) 쌍둥이다. 그렇다면 그 두 '나' 전문가는 환자의 양친이거나 두 치료사를 갖게 될 전망일 뿐만 아니라 또한 남동기와 여동기, 남동기와 동성애적인 처남의 두 '나', 쌍둥이 거울 반영들, 상상적 쌍둥이, 서로의 거울-쌍둥이로서의 환자와 비온이지 않은가?[16]

수년 후 그 분석에 대해 논평하면서 비온은 심리학적 쌍둥이 개념에 흥분했던 게 잘못이었다고 생각했다(나는 동의하지 않는다).

> 나는 이제 '상상적 쌍둥이'의 패턴이 핵심적 중요성을 전혀 갖지 않는다고 생각한다. 외동아이 정신분석의 몇몇 측면들에서 그것이 해명적인 바가 있다는 것을 발견한 적이 있지만 말이다. 그렇다고 할 때 그것은 좀 더 일반적인 분열 패턴의 어떤 특수한 사실일 때가 많다. 내가 기술했던 환자는 외동아이가 아니었으나 상황이 그로 하여금 그렇다고 느끼게 만들었다. (Bion, 1967: 127)

---

16 | 「상상적 쌍둥이」는 아주 흥미로운 논문이다. 하지만 그럼에도, 몇몇 측면에서 비온은 줄거리를 놓친 것 같다. 교사라는 환자의 가장은 적절해 보이지 않는다. 방어가 '불법적'이라는 그의 설명은 합법적 방어와 불법적 방어라는 지지할 수 없는 구분을 함축한다. 근친상간적 처남은 비온이 말하듯 동성애적인 게 아니라 분명 양성애였을 것이다. 이 환자는 — 치료 집단이 그렇듯 — 원초적인 부모와 오이디푸스 패러다임만을 산출하는 걸 어려워지게 한 것인가? 비온은 해리 포터를 기숙학교에 다니게 한 것에 대한 J. K. 롤링의 항변을 이해했을 터이다. 아이들은 부모와 떨어져야 흥미롭다는 항변 말이다. 여덟 살 때 인도에서 영국 기숙학교로 보내진 비온은 성공적인 남학생이었고, 1차 세계대전 때는 빅토리아 십자 훈장을 받았다. 그 자신의 그 모든 핵심적인 측면적 경험들이 분석적으로는 실제로 수직적인 경험들로서 이해되었기에 그는 처음에 바로 그 최초의 어머니와-아기의 '내가 나이기 전에'로 나아갔고, 그런 다음에는 추상적인 격자(grid)로 나아갔고, 그런 다음에는 『미래의 회고록』(1975)으로 나아간 것인가? 내 생각에, 「상상적 쌍둥이」의 '담화' 분석은 '두 명의 나'가 있고 분석가가 그 둘 중 하나인 순간들이 분석가에게는 지독하게 어려운 상황이라는 것을 가리킨다.

비온에게 쌍둥이 관계는 다만 일반적인 편집증-분열증 국면의 특수한 변이일 뿐인데, 거기서 아기는 대상을, 따라서 자기 자신을 좋은 것과 나쁜 것으로 분열시키며, 그런 다음 자신의 감정 가운데 부정적인 모든 것이 투사된 그 나쁜 것이 되돌아와 자신을 공격할 것을 두려워한다. 그렇지만 그러한 분열이 함축하는 박해 상태는 비온의 환자에게서는 발달하지 않은 것으로 보인다. 대신에 상상적 쌍둥이로의 분열이 있다. 나중에 비온은 이것이 외동아이에게 의미가 있다고 믿는다. 치료사로 하여금 자신을 치료 대상으로 받아들이도록 만들었으며 치료사에게 『말괄량이 길들이기』를 생각나게 했던 외동아이는 이웃 가족에 있는 유사-동기들에 비해서도 그리고 치료받는 중에도 자신이 총애받는 아이로서 받아들여지게 하는 데 성공했다. 멜라니 클라인은 외동아이 환자 에르나를 길게 기술했다. 에르나는 그녀의 어머니와 아기들의 살인, 고문, 죽음, 파괴의 환상된 세계에 살았다. 그렇지만 우리는 왜 에르나가 외동아이였는지 아무것도 알지 못한다 ─ 그것은 선택이었나, 아니면 세계 인구의 대부분에게서 불가피하듯 유산, 낙태, 죽음이 있었나? 에르나를 비온의 성인 환자와 비교할 때 나에게 유관하다는 인상을 강하게 주는 측면은 에르나가 여섯 살 때 거의 전적으로 환상 세계에 산다는 것이다. 내게는 두 환자 모두가 어떤 특수한 현실이 너무나 외상적이기 때문에 환상을 이용하고 있는 것 같다. 즉 죽은 동기의 현실은, 만일 그것이 어떤 나이 어떤 때 찾아오고 아이나 유아가 애도 과정에 착수하기 위한 조력을 받지 못한다면, 해소되지 않은 환상에 의해 다루어져야만 할 것이다. 에르나는 심각하게 허언증적이며 꿈 상태에서 삶을 산다.

보울비나 벌링험 같은 분석가들이 애도의 중요성을 강조할 때조차도 동기 죽음이 큰 중요성을 갖는다는 것을 믿지 않는다는 사실은 주목할 만하다. 환자가 비온 자신을 훈계하는 부모로 만드는 것에 대한 비온의 언급이 환자의 '이제 네 차례야식의 소통으로의 변화를 산출할 때, 비온은 그러고 나서 친구나 가족과 나눈 대화에 대한 환자의 보고들이 현실적일 수도 있겠다는 — 또는 완전히 상상적일 수도 있겠다는 — 것을 깨닫게 된다. 환상은, 내가 제안하는바, 죽은 누나의 현실에 대한 방호책이다. 환자의 여성적인 '나'는 죽은 누나와의 동일시에 기초하는데, 이는 — 비온이 그것을 볼 수 없다면 — 환자로 하여금 그를 도울 또 다른 '나' 전문가를 원하게 만든다.

비온은 상상적 쌍둥이를 누나의 죽음에 의해 제시된 문제에 대한 해결책으로 보지 않는다. '쌍둥이는 상상적이었다. 나의 환자는 쌍둥이의 탄생을 막았으니까 말이다 — 사실상 쌍둥이는 없었다. 따라서 그가 쌍둥이를 불안의 경감 수단으로 사용한 것은 불법적이었다'([1950]: 8). 나는 반대로 당신의 분석가가 아마 다른 모든 사람들처럼 당신의 누이의 죽음이 중요하다는 것을 믿지 않을 때 쌍둥이를 산출하는 것은 아주 가능한, 실로 매우 '합법적인' 심적 방어책이라고 생각한다.

멜라니 클라인은 아이들의 놀이가 무의식적 과정들을 이해함에 있어 중요하다는 주장으로 유명하다. 그리고 사실 놀이는 그 자체로도 중요한데, 왜냐하면 놀이는 꿈의 기능을 제공할 수 있기 때문이다. 잘 노는 아이는 꿈이 어른에게 남기는 느낌을 갖는다. 중요한 무언가가 제기되었다가 해소되었다는 느낌을. 노는 것과 꿈꾸는 것은 그야말로 더 좋아진 느낌을 준다.[17] 하지만 여기서 유관한 것은 꿈과 놀이가 자기의 측면들에 대한

---

17 | 나의 첫 환자들 중 한 명의 어머니는 그 여자 환자가 생후 6개월이었을 때 임신중절 수술을 받다가 사망했다. 물론 그녀는 어머니에 대한 기억이 없었다. 그렇지만 어느 날 그녀는 활기가 있는 상태로 변해서 왔다. 생애 처음으로 어머니에 대한 꿈을 꾼 것이다. '그냥 어머니한테서 걸려온 전화였어요. 전화를 기다려 온 지가 한참 된 것 같아요[나의 환자는 중년의 나이였다]. 하지만 어머니에게서 연락이 온 건 정말 좋았어요.' 그녀는 덧붙였다. '어머니는 내가 거기 있었다는 걸 틀림없이 알고 있었던 거예요.' 이 꿈

의인화를 공유한다는 점이다. 우리는 타자들을 자기로서 그리고 자기를 타자들로서 놀고 꿈꾼다. 두 경우 모두 의인화는 타자와 자기 양자 모두다 — 인형은 우리의 아기이거나 우리의 어린 남동생이나 학교 친구인데, 이들 모두는 우리가 이 실재적이거나 상상된 사람들이 누구일 것이라고 지각하는 그 누구인 동시에 우리가 그들을 이해하기 위해 사용한 우리 자신의 측면들, 그들에 대한 우리의 동일시일 것이다. 에릭 브렌만 (Brenman, 1985)의 환자 X 씨는 자기 자신을 '파편화한다'. 놀이를 하면서 모든 어린이들도 그렇게 한다. 비온의 환자도 그의 상상적 쌍둥이와 함께 있으면서 그렇게 한다. 비온의 환자는, 에르나 같은 아이처럼, 의인화된 놀이에 매여 있으며, 그러한 아이처럼 대부분의 시간 동안 인형은 또한 인형이라는 사실을 알지 못한다. 언젠가는, 그리고 이따금씩은, 놀이를 멈추어야 한다.

비온의 환자는 두 '나'의 꿈으로부터 격분과 공포에 압도되어 깨어난다. 시오드맥의 영화 <검은 거울>(1946)에서 올리비아 드 하빌랜드는 일란성 쌍둥이 자매 루스와 테리 양쪽을 모두 연기한다. 루스는 예쁘고 상냥하고 사랑스럽다. 테리는 질투심이 강하고 살인자다. 영화 속 심리학자는 우리에게 성인 쌍둥이에 대해 이야기한다. 한 명은 미국 서부에 살고 다른 한 명은 동부 대서양 연안에 사는데, 같은 날 같은 시간에 이를 뽑았다. 한 명은 대학 교수이고 다른 한 명은 징역형을 살고 있다. 아이로서 쌍둥이는 차이화를 향한 이러한 경로를 취할 수 있지만, 쌍둥이가 하나는 좋고

덕분에 그 환자는 어머니가 아기인 딸을 남겨놓고 떠날 때 어떤 느낌이었을 지를 생각할 수 있게 되었다. 그리고 이것으로부터 우리는 자기-지각의 개시로 나아갈 수 있었다. 나는 이러한 관점이 동기 관계의 외상에 있어 한 가지 쟁점이라는 주장을 하고 있다. 물론 그것은 어머니의 인정 같은 다른 영역들을 기반으로 하며 그 영역들로 분기되어 들어간다. 3장을 볼 것.

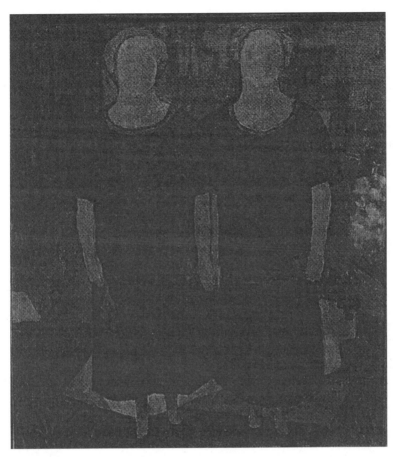

일란성 쌍둥이
〈쌍둥이〉 더피 에어즈. ⓒ 작가

하나는 나쁜 것으로 판명이 난다는 증거는 사실상 전혀 없다. 그것은 분명 우리 관찰자가 어떤 사람이 다른 사람과 너무나도 거의 똑같다는 딜레마를 극복하는 방법이다. 우리는 거친 구별을 필요로 한다. 동일시된 타자가 죽을 때, 우리가 문제를 환상을 통해 다루고 있다는 것을 지각하는 일은 현실로 인해 더 어려워진다. 현실적이건 상상적이건 문제는 죽음이 된다. 자신이 반영되지 않는 검은 거울은 죽음을 의미한다.

두 개의 '나'가 있다면, 어떻게 하나가 있을 수 있는가? 심지어 끔찍한 꿈에 나오는 농담, 즉 '어쨌든 우리는 눈이 두 개다'[18]라는 농담도 있지 않은가? 라캉의 '거울 단계'에서 아기는 어머니에 의해서 자신의 무질서한 자기에게 일관된 게슈탈트가 제공되고 있는 거울을 바라보게 된다. 위니콧의 어머니는 진정한 아기를 아기 자신에게로 거울반사한다. 둘 모두는 또 다른 아이 — 그 다른 아이는 무언가를 바라보았다(즉, 자기처럼 보인다), 하지만 어딘가로부터 바라보았다(즉, 차이가 있음을 본다) — 의 능동적 역할을 무시한다.[19] 걸음마 아이가 아기의 도래를 기대하고 있을 때, 아이는 자기의 반복을 예상한다. 실제로 아기가 도래할 때, 아기는 문자 그대로 모든 기대를 초과한다. 이 초과는 외상이다. 하지만 그 초과가 극복될 수 있다면, 아기를 아기로 보는 걸음마 아이는 아기가 아기 자신을 볼 수 있는 조건을 제공한다. 두 아이 모두에게 두 '나'는 '너와 나'가 될 것이다. 쌍둥이에게는, 그리고 동기가 죽은 경우에는, 이를 성취하기는 더 힘들다.

이 두 '나'로의 분열을 타협할 때, 하나를 좋은 '나'로 하나를 나쁜 것으로 만드는 것은 너무나도 쉬운 일이다 — 그러고 나서 나중에 '나'는 좋은 '나'가 될 것이고 너는 나쁜 것이 될 것이다. 비온은 그의 환자가 성적이었어야 하는 장소들에서 폭력적이라는 데 주목한다. 동기들에게 성욕의 조건은 자기와 타자의 타협의 폭력이며 그 역도 마찬가지라고 나는 주장하고자 한다. 나는 나 자신을 사랑한다, 나는 나의 동기를 나 자신처럼 사랑할 것이다, 나의 동기는 나 자신이 아니다, 나는 나의 동기를

---

18 | [we do after all have two eyes. 여기서 농담이라고 한 것은 발음상 'eye'가 'I'와 'eye'를 가리키도록 말장난을 하고 있기 때문이다.]

19 | [Both ignore the active role of another child who looked *at*, looks like the self, but who looked *from*, sees that there are differences.]

나와 비슷한 또 다른 사람으로서 사랑해야만 한다. 그리하여 나는 나의 유일무이한 웅대한 자기를 위험에 처하게 한다: 운이 있으면 나는 나 자신이 나의 동기에 의해 보이는 것을 볼 수 있다. 격분과 공포는 나르시시즘으로부터 대상사랑으로의, 자기중요성으로부터 자기존중으로의, 살인 대 소멸됨 사이의 선택으로부터 자기와 타자에 대한 관용, 자기존중과 타자에 대한 존중으로의 이행과 변형을 필연화하는 외상 극복을 표지한다. 주체가 타자의 관심 대상이 될 때, 자기와 타자 양자 모두는 실현 가능해진다. 그렇지만 서로에 대한 폭력과 서로의 근친상간은 동일한 문제틀로부터 태어난다.

젠더의 생성

비온의 남자 환자가 꿈에서 눈/나 전문가에게 보내는 사람은 어린 여자 아이다. 그는 또한 자신을 그의 동성애적인(분명 양성애적인?) 처남과 혼동하며 아마도 그의 아내를 처남과 공유한다. 동기간의 '나'와 '너'는 어떻게 젠더화되는가? 신생아의 초과가 동기에게 들이닥칠 때, 차이들은 그 상황과 관련하여 불가능한 모든 것의 초점이 될 것이다. 전차 인간의 아동기를 격발시켰고 그 다음에는 성인 히스테리를 격발시킨 것은 바로 (그의 형제들이 아니라) 그의 누나와 가장 어린 여동생이었다. 질투는 위치와 관련되어 있다— 그는 내가 서 있기를 원하는 곳에 서 있다. 하지만 질투는 욕망의 충족 불가능성에 함축되어 있다. 충분한 영양 섭취를 잘 하는 아기도 모든 젖을 원하며, 따라서 질투심은 가진 것이나 가지지 않은 것에 대한 선망과 더불어서 동요한다. 그는 내가 가지지 않은 것을 가졌고 나는 그것을 원한다. 혹은 그것의 다른 면으로, 경멸— 나는 그녀가 가진 것을 원하지 않는다, 혹은 그들은 내가 가진 것을 가지지 않았다.

여기서 우리가 이해해야만 하는 것은 어떻게 '사소한 차이들의 나르시시즘'이 어떤 작은 차이들을 선정해서 큰 차이들이 되게 하는가다—생식기든 피부색이든 아니면 그 무엇이든 간에. 젠더의 경우 대부분의 분석들은 젠더가 차후에 성적 차이의 재생산에 예속되는 것이야말로 (이상화되고 폄하되는) 미래의 어머니리는 여자에 대한 압제에 기여한다고 제안한다. 나는 아주 다른 관점을 주장하고자 한다. 내가 제안하는바, 동기 외상은 젠더 차이의 구성을 조장한다. 젠더는 동기(또는 동기 등가물) 관계 속에서 생성된다.

언뜻 보기에 사회적 조직화는—그리고 그것에 대한 이론들은—아이 낳기와 제2의 성으로서의 여자의 지위 사이의 관계성에 대한 널리 퍼진 가정을 지지하는 것처럼 보일 것이다. 여하간 이 설명의 우선성에 도전하기 위해서 나는 우선 서양 세계에서의 성적 차이, 재생산, 광기를 내 논변의 틀로서 위치시키고자 한다. 왜 광기인가? 내 논변의 첫 단계는 우리를 동기로부터 벗어나게 하는데, 그런 다음 나는 동기로 되돌아올 것이다. 사회적 변화와 정신적 구조의 관계성은, 표면으로 나와 사회적 변화를 개시하는 동시에 그 변화에 반응하는 어떤 잠재적인 정신적 구조들이 언제나 있음을 의미한다: 정신적인 것과 사회적인 것 사이에는 일대일 상관관계가 전혀 없지만, 의심할 여지가 없고 필수적인 상호의존이 있다. 정신분석적 관점에서, 정신 질환은 정상적 정신 과정이 크게 쓰어진[20] 것이다: 이른바 제정신인 것과 미친 것은 별개의 정신적 과정이 아니라 연속성 위에 있다. 그러므로 정신병리들은 개별적 정신만이 아니라 그것을 산출하는 사회적 세계에 대한 열쇠를 제공할 수 있는 유용한 과장들이다.

서양 세계에서 정신 장애가 있는 것으로 진단받는 여자들의 수가 남자들보다 더 많은 것과 대강 동일한 비율로 감옥에 있는 남자들의 수가

---

20 | [1장의 주8을 볼 것.]

여자들보다 더 많다는 것을 지적하는 일은 흔한 일이다. 그 비율은 범죄와 광기의 젠더화를 자연화하는 경향이 있다. 마치 남자들은 정의상 시민적 질서를 위반하기(범죄) 쉬우며 여자들은 여자이기 때문에 인간 질서 자체에 무질서와 불합리를 가져오는(광기) 듯이 말이다. 남자들은 사회에 반할 수 있으며, 여자들은 인간성 바깥으로 나갈 수 있다. 나는 정신 질환과 범죄라는 개념이 이미 젠더화되어 있다고 제안한다. 그것은 한 남자의 세계 안에서 — 또는 종종(그리고 아마 옳게) 주장되듯, 그 세계가 한 남자의 세계이기 때문에 — 정신적 질환을 갖게 되는 여자들의 수가 불균형적이라는(Porter, 1987; Chesler, 1997; Ussher, 1997 등등) 문제가 아니다. 오히려 '여자들'과 '정신 질환'이 연결된 용어라는 것이다. 이러한 일반적 반성은 특수한 역사들을 갖는다. 그리고 나는 궁극적으로 바로 그러한 특수성의 측면들로 관심을 끌고 가기를 원한다.

여자로서의 여자들이 정치체 외부에 있는 자리를 차지하고 있고 따라서 광기와 영역을 공유한다면, 남자로서의 남자들은 정치체 내부로부터 정치체의 구조에 거스를 것이다 — 따라서 그들은 범죄자일 것이다. 그렇지만 적어도 현재의 영국에서는 여성 범죄자의 수가 놀라울 정도로 증가하고 있으며 동시에 범죄자들의 아주 큰 비율이 꽤 심각하게 정신적으로 병들어 있다는 염려가 증가하고 있다. 우리는 광기와 범죄의 어떤 젠더전환을 지켜보고 있는 것인가? 영국에서 남성과 여성 죄수들에 대한 최근 설명들은 대다수가 정신적으로 병들어 있다고 보고 있으며, 그리하여 젠더들을 서로 더 가깝게 놓고 있다.

그리하여, 태고 이래로 그리고 많은 신화에서 교차문화적으로 하나의 일반적 명제로서, 여자는 사회 질서에 주변적인 것으로 정의되어왔다. 광기 — 정신 질환의 극단 — 는 이와 유사한 자리를 차지한다. 그것은 천재, 신성 그리고/또는 지옥의 무기력과 악마를 품을 수 있다. 그것은 비이성적인 것, 분출될 때 배제되어야만 하는 것이다. 비록 푸코의 전근대적 목가에서 그러하듯, 그것은 여전히 — 여자들처럼 — 공동체 내부에서 먹을 것을 제공받고 있지만 말이다. 그럼에도 그것은 사회적 법과 질서 외부에 있다. 대부분의 모든 인간 역사에서 광인도 여자도 완전한 시민이 아니다. 하지만 광기와 여자는 동일하지 않다. 오히려 그들은 저 동일한 외부 공간의 다양하고 상이한 부분을 차지한다. 우리는 또한 탈렌시 족에게서 모계동기가 도래하기 전의 아이는 — 비록 공동체 내부에서 물론 한 명의 인간 존재로서 돌봄을 받지만 — 비사회적이라는 것을 기억해야 한다. 나는 여자와 광인과 전-동기(pre-sibling) 유아의 등치에 중요성이 있다고 제안할 것이다.

1989년에 캐럴 페이트먼은 '가부장제'라는 용어가 남성 지배의 부성적 형태만이 아니라 형제적 형태 또한 포함해야 한다고 주장했다. 나는 이러한 융합에 동의하지 않는다. 하지만 나는 '형제애'를 가부장적 압제로 보는 그녀의 논쟁적인 설명이 흥미로운 동시에 유용하다고 본다. 캐럴 페이트먼은 근대 정치이론의 구성이 여자들의 예속에 의존한다는 것을, 하지만 이 예속은 부성적 가부장제에 대한 예속이 아니라 형제애에 대한 예속이라는 것을 설득력 있게 주장한다. 17세기에 근대 국가의 부상과 그에 뒤이은 '계약에 대한 강조는 형제들이 서로 평등할 것이고 자신들의 아버지임에 대해 똑같이 확신하게 될 것임을 보증했다. '아마 계약 이야기에 대한 설명들의 가장 현저한 특징은 형제애에 대한 관심의 결여일 것이다. 자유와 평등이 그토록 많이 논의될 때 말이다.'[21] '오로지 남자들만이 자유롭고 평등하게 태어난다. 계약론자들은 성적 차이를 정치적 차이로서, 남자들의 자연적인 자유와 여자들의 자연적인 복종으로서 구축했다'(Pateman, 1989: 5). 여자들의 의무는 아이 낳기다. 남자들의 의무는 국가를 위해 죽는 것이다. 아직도 여전히 지배적으로 우리와 함께

---

21 | [Pateman, 1989: 34-35.]

하는 조건들을 열었던 계약론자들은 17세기에 '부권론자들'과 대립하고 있었다. 왕과 아버지의 자연적 권리와 국가의 기반으로서의 가부장적 가족을 옹호하는 논거들을 전복하고 그 대신 개인의 권리를 주장하면서, 계약이론은 만인의 평등을 위한 공간을 열어놓았다. 하지만 여자에게 그것은 여자의 자연적 역할을 통해 차단되어 있었다. 그 역할은 사회적인 것 외부에 있었다.

> 형제적 사회계약은 새로운 근대적 가부장적 질서를 창조하는데, 이 질서는 두 개의 영역으로 분리된 것으로 제시된다. 하나는 시민사회 또는 자유, 평등, 개인주의, 이성, 계약, 공평한 법의 보편적 영역 — 남자들 또는 '개인들'의 영역이다. 다른 하나는 특수성, 자연적 예속, 혈연, 정서, 사랑과 성적 열정의 사적 세계 — 이는 여성들의 세계이며, 그 안에서도 또한 남자들이 지배한다. (Pateman, 1989: 43)

사회정치적 세계가 그처럼 분리되어 있음에도 불구하고, 이는 모든 개인들이 개인의 권리를 갖는다는 사실에 의해 가려진다. 추상적 권리를 갖는 '추상적' 개인이라고 하는 이 사실은 이제 우리가 그 배후에서 형제애를 보지 않는다는 것을 의미한다. 남성적인 형제적 주체는 무신체적이고 무성적인 사적 개인으로 가장한다. 우리는 이를 여러 방향으로 확장할 수 있다. 그리하여 사람의 노동의 사용가치에 의존하지 않고 사람들이 생산하는 잉여가치에 의존하는 경제 또한 추상적이 되며, 이론적으로 무성이 된다. 광기 개념 또한 중립적 개인의 지배하에 들기 시작하는가(오늘날에서야 실현되고 있는 과정)? 노동과 시민자격은 추상적이지만 남성으로 표지되며, 여성으로 표지된 광기는 추상적이 된다. 추상적인 것 안에서, 젠더 위치는 변할 수 있다.

『리어 왕』에서 우리는 가부장적 질서의 늙은 왕이자 아버지가 히스테리적이 되는 것을 본다: '오, 이 자궁이 내 심장을 향해 부어오른다!'[22] 아버지는 유일한 부모로 간주되었으며, 그렇기에 리어는 히스테리를 느낄 수 있다. 히스테리는 여자들의, '자궁(the mother)'의 병이었다. 하지만 리어는 아버지이면서 어머니이기 때문에 '자궁의 질식'을 겪을 수 있다.[23] 히스테리 진단은 17세기에 변동하여 뇌와 연동되었다. '증기(vapours)'는 자궁과 연결되어 있었지만, '신경(nerves)'으로 인한 고통이 대부분 증기를 대체했다. 이는 남자들도 히스테리가 될 수 있다는 걸 의미했다. 그들이 종종 그렇게 간주되었다는 말은 아니다. 여자들이 정치가로 간주되지 않았듯이. 새로운 정치 이론이 중립적인 정치적 개인, 새로운 사회경제적 조건, 중립적 노동자 등을 낳았다면, 정신 질환에 대한 태도도 덩달아 이를 따랐다. 정신의학과 약리학은 점차 젠더 중립적 환자에게 응답했으며 그러한 환자를 산출했다. 하지만 정치체와 경제에서 중립적인 것이 여전히 남성적이라면, 광기에서는 중립적인 것이 여전히 여성적이다. 그럼에도 불구하고 제안된 것 — 정치체에서의 진정한 중립성 — 을 요구하기 위한 어떤 공간, 어떤 가능성이 열린다. 그리하여 마찬가지로 광기와 히스테리는 남자들에게 열리게 되고 결국은 탈-젠더화되는가?

만약 여자들이 페이트먼이 주장하듯이 그들의 재생산적 역할 때문에

22 | [셰익스피어, 『리어 왕』, 최종철 옮김, 민음사, 2005, 76쪽. 미첼은 이곳에 나오는 'O, how this mother swells up toward my heart! Hysterica passio! Down, thou climbing sorrow!'라는 구절을 읽고 있다. 최종철은 '오, 울화통이 내 심장을 치받고 올라온다! 화병이여, 차오르는 슬픔이여, 내려가라.'라고 번역하고 있다. 즉 '자궁'을 '울화통'으로, '히스테리'를 '화병'으로 옮기고 있다.]

23 | [1603년 에드워드 조던(Edward Jorden)은 히스테리에 대한 영어로 된 최초의 책을 출간했는데, 그 책 제목은 'A Briefe Discourse of a Disease Called the Suffocation of the Mother'이었다. 여기서 'suffocation of the mother'는 조던이 이 질병에 대해 사용한 용어 중 하나이며, 이때 'mother'는 자궁의 구식 표현이다.]

342

그들에게 완전한 평등과 자유를 부여하지 않은 형제애 아래 예속되었다면, 현실에서의 변화와 출산 개념에서의 변화로 인한 구분 극복은 어디까지 나아가는가? 사회경제적 수준이 높을수록 여자가 아이를 낳을 가능성은 낮아진다. 스웨덴 같은 나라에서 남자아이는 여자아이들과 함께 보육에서 평등하고 젠더 구별이 없는 역할을 교육받는다. 어쩌면 재생산에 대한 관계 변화는 분명하게 대립적인 노선을 따르는 성적 차이의 종언의 시작을 신호할 것이다. 이는 '젠더'가 승리할 것이고 모델은 부모가 아니라 동기가 될 것임을 의미할 것이다. 하지만 차이의 기준을 바꾸는 일이, 젠더 차이의 종언이 있을 것인가? 나는 그렇지 않을 것이라고 생각한다. 아버지에 대한 앎을 확보하는 것이 아내-어머니의 자유가 제약되게 하는 주요 요인이기는 하지만, 내가 믿기로 그게 전부는 아니다.

아이가 마음속에서 자신과 같다고 가정되었으나 불가피하게 다른 것으로 판명나는 자로 인한 외상에 압도당할 때, 아이는 이 차이를 표지할 방법들을 발견하거나 얻는다 — 나이가 그 하나고 젠더는 또 다른 하나다. 희망컨대 친숙함은 곧 충격이 해소될 수 있게 해줄 것이다. 그렇지만 최초의 경험에 내재하는 폭력은 하나의 가능성으로 남는다. 외상은 폭력이 언제나 잠복해 있음을 보장한다. 그것은 현실의 동기들 사이에서 극복되었다 하더라도 더 넓은 세계 속의 동기 대체자들에게 이용 가능하다. 젠더 차이의 요람은 세계 안에서 전치되는 외상적 순간의 나르시시즘적 사랑과 폭력이다. 젠더 차이는 누이를 더 못한 존재로 표지하기 위해 물리적 힘세기와 악의가 이용될 때 생겨난다. 남자들은 국가를 위해 죽어야 하는 반면에 여자들은 아이를 낳는다는 페이트먼의 관찰의 첫 부분은 충분치 않았다. 병사는 침입자를 물리친 오라비에게서 나오며, 남자는 어린 여동생을 헐뜯은 소년에게서 나온다.

'가부장제'라는 용어는 19세기 말 이래로 널리 사용되어왔다. 하지만 제2물결 여성주의의 부상 이래로 더 단호하게 사용되었다. 가부장제 개념의 한 가지 측면을 6장에서 고찰한 '이원성' 개념과의 유비로서 고찰할 수 있다. 이원성을 보편적인 것으로 발견한 레비-스트로스에 대한 햄멜(Hammel, 1972)의 비판은 이중의 진술에 의존했다. 이원성은 모든 것에서 발견되거나(그 경우 그것에 대해 할 말이 별로 없다), 아니면 특수한 사고 양태다(그 경우 관찰자의 사고 양태와 피관찰자의 사고 양태 사이의 관계를 따져 묻는 것이 중요하다). 내적인 이원적 모델을 사용하여 사고하는 것은 모든 사람인가, 아니면 오로지 일부 사람인가, 아니면 일부 시간에 일부 사람인가, 아니면 일부 시간에 모든 사람인가?

가부장제와의 유비는 약하기는 해도 유관한 비교다. 오킨(Okin, 1989), 테르본(Therborn, 2002) 그리고 다른 많은 이들이 '가부장제'는 보편적이라고 주장해왔다. 그럴 경우 그것은 변수로 사용될 수 없는데, 그렇다면 그것을 가지고 어떻게 하라는 것인가? 보편자로서 그것은 분석적 관점에서 특별히 흥미롭지 않다. 그렇지만 '젠더'가 분석의 한 범주라는 것을 고려할 때, 우리는 그 내부에 배치할 항들을 가져야 한다. 내가 제안하는바, 이원적인 것이 유일한 사고 양태가 아니듯, 가부장제는— 그 자체 다양하면서도— 남성 지배의 유일한 양태가 아니다. 남성 지배 안에는— 남성 지배 그 자체는 '보편적인' 것이면서도— 가부장적이거나 비가부장적이지만 여전히 남성지배적인 규칙의 다양한 유형들이 있을 것이다.

제2물결 여성주의는 또한— 주로 식민주의와 인종주의에 대항한 투쟁들에서 가져온 것으로서— 압제(oppression)라는 용어를 채택하고 발전시키고 대중화하였다. 압제는 하나의 일반적 양태였으며, '착취'는 다른 사람의 노동력으로 생산된 잉여가치를 가져가는 것과 관련된 그것의 특수한 하위범주였다. 포스트모더니즘은 압제 개념을 비판했다. 그렇지만 지배의 이면으로서 그것은 내게 여전히 얼마간 유용해 보인다. 내가 제안하는바, 여자들의 압제와 남성 지배는 젠더 분석이 자신의 준거항들로서 정립해야 하는 보편자의 두 측면이다. 보편적으로 현존하는바 그것들이 모든 곳에서 똑같다거나 매 개별 사례에서 항시 현시된다는 말이 아니다. 오히려 그 반대다. 분석적으로 그것들 또한 그 자체로는 흥미롭지 않다. 탐구의 대상이 될 필요가 있는 것은 그것들의 변수와 변화하는 관계다.[24]

그렇지만 '비재생산적'과 '재생산적'의 구분 노선을 따라서 '젠더'와 '성적 차이'를 구별할 것을 제안할 때 나는 여성압제/남성지배라는 일반항들의 하위범주를 제안하고 있는 것이다. 재생산과의 관계에서 남성과 여성은 심적으로 양극화된다(성적 차이). 그것들은 부모로서 자연화되는 이원적 항들 속에서 사고된다. 비재생산적 관계들에서 젠더 항은 이원적이지 않다. 젠더는 이원적 구성물이 아니다. 다시 말해서 성적 차이는 양극성의 표지다. 그리고 젠더는 그 한쪽 극단에서는 항들의 사라짐이나 사라짐의 초기 단계를 지시할 수도 있는 연속체다.

고전적인 정신분석 이론에서의 성적 차이 그리고 라캉에 의해 재강조된 성적 차이는 남자아이와 여자아이가 거세 콤플렉스('아버지의 법')에 외상적으로 예속되는 것과 더불어서 확립된다. 아이들은 아기를 만들거나 낳을 수 없다는 고통스러운 깨달음으로의 예속 또한 있다고 나는 덧붙였다(나는 그것을 '어머니의 법'이라고 제안했다). 이 후자가 외상이건 아니건, 그것은 분명 전능함에 제한을 부과한다. 아이는 자신이 아이로서 생식력이

---

24 | 여성주의는(그 자체, 여성/남성 관계들이 함께 더 가까워진 결과인바) 사회적으로 전경화되었다가 뒤이어서 겉보기에 사라진다는 특성이 있다. 나 자신의 것을 포함한 여성주의적 작업은, 그것의 더 조용한 양태로부터 재-부상할 때마다, 불가피하게도 보편적이고 교차문화적이고 초역사적이고 여전히 존속하는 젠더 불공평을 설명하기 위해 노력한다.

없으며 계속 달리 상상하는 것이 허락되지 않는다는 사실을 극복해내야 한다. '성적 차이'는 재생산을 위한 두 '반대' 성에 대한 문화적으로 다양한 표상이다. 모든 사람은 이 차이화에 종속될 것이다 — 혹은 그것을 회피하거나 부인할 방법을 발견해야만 할 것이다. 바로 그것을 부추기는 외상이 저항의 대상이 되고 있는 것이다. 아무도 자신이 '불완전'하다는 앎을 원하지 않는다. 그렇지만 그것은 인류의 정신의 한 조건이다. 오이디푸스 콤플렉스의 이중적 측면, 즉 '어머니처럼, 아버지처럼' — 하지만 둘 중 어느 한 쪽과도 동일한 위치에 있지는 않은 그들의 아이로서 — 은 모든 사람의 성적 충동이 생식의 환상에 종속된다는 것을, 모든 사람이 심적으로 '재생산적'이라는 것을 의미한다. 그들의 선택이나 부인이나 억압이 무엇이건 간에 말이다. 이 외상들 혹은 기념비적 제약들은 죽음의 불가피성에 대한 암시들이며 그것들이 야기하는 폭풍을 이겨내는 일은 사회적 존재가 되는 데 필수불가결하다.

그렇지만 유일무이한 주체에게 가해지는 결정적인 타격은 똑같은 타자의 현존이다. 처음에 그것은 적어도 동일한 어머니나 모계를 갖는 동기나 장래의 동기에 의해 대표된다. 아이는 이 위험한 상황의 모든 측면을 통제하기를 바란다. 최근에 나는 네 살 먹은 아이가 간절히 기다리던 여동생이 남동생일 수도 있다는 말을 듣고는 '내가 원하지 않으면 내게 남동생이 있어야 하는 건 아니야'라고 응수하는 것을 들었다. 모든 사람은 잠재적인 동기를 갖는다. 과거나 미래에 한 아이를 임신한 부모는 다른 아이를 임신할 수 있다. 외동이는 그/녀의 유적인 인류 속에서 유일무이하지 않다. 일부다처 아버지를 통해 백 명 이상의 형제자매를 셌던 추장 아들(Goody, 2002)이나 아홉을 낳은 어머니였던 빅토리아 여왕의 아이만큼이나 말이다.

삼십 년에 걸친 적극적 캠페인과 토론 뒤에 브라질은 2003년 1월 젠더 평등적인 법안을 도입했다. 여자들은 남자들과 동일한 권리를 갖는다.

'가장'으로서의 남성은 폐지되었다. 프랑스에서 완전한 동등함의 성취를 위한 운동은 개념적 평등의 축자적 함축을 진전시키는 데 얼마간의 성공을 거두고 있다. 여성/남성 대의제는 50 대 50퍼센트 기초 위에 있어야 한다. 각 개별 시민은 동일한 권리를 가져야 한다. 동시에 브라질은 동등한 존중에 대한 여성의 권리를 강행하기 위해 수많은 여성 운영 경찰서를 도입했다. 강간도, 구타도, 근친상간도 있어서는 안 된다. 입법은 개선이 필요한 관행들을, 즉 성과 폭력을 겨냥한다. 무엇이 변하고 있는가?

젠더 차이의 성적인 기반은 도시 빈민의 전 세계적인 갱 문화에 건재하다. 그렇지만 젠더 구분이 붕괴되고 있는 몇몇 조짐들이 있다. 로스앤젤레스는 범죄 갱단원들을 강제 추방해왔으며, 그들과 함께 로스앤젤레스 사람들은 젠더 평등 이데올로기를 수출했다. 십오에서 이십 년 전에, 엘살바도르 사람들은 전쟁을 피해 불법 이민자로 캘리포니아로 도망쳤다. 부모들이 로스앤젤레스 사람들의 집을 청소하거나 건설하는 동안, 그들의 아이들은 — 남자아이들과 어느 정도는 여자아이들도 — 거리 갱을 형성했다. 그들은 빼앗고, 강간하고, 죽였다 — 대개는 서로를. 유죄를 선고받은 범죄자들은 걸음마 아기 때 떠났던 나라 엘살바도르로 강제 추방된다. 거기서 소년뿐 아니라 소녀들도 폭력적인 갱을 형성한다. 다른 곳에서처럼 두 가지 '해결책'이 제안된다: 감옥이냐 종교냐. 감옥과 종교 공동체 양자 모두는 갱의 사회적 성격을 구조적으로 반복한다. 하지만 그것들은 갱을 외적 권위 하에 둔다.

내가 성장하고 있을 때, 우리는 불안정한 갱들을 형성했다. 좋아하는 전쟁을 위한 모임 중 하나는 '소년을 뒤쫓는 소녀'나 '소녀를 뒤쫓는 소년' 이었다. 그 당시에 그것은 그날 누가 누구 편인지를 기억하는 것보다 더 쉬운 절대적 구분으로 보였으며 지금도 그러하다. 우리의 폭력은 거리 와 학교에서 발생했다. 하지만 규칙을 정한 것은 학교였다. 팔보다 긴 막대기 금지. 홍커봉커(철퇴처럼 빙빙 돌리지만 사람 머리를 겨냥해서는 안 되는 촘촘한 매듭의 축구 양말) 안에 마로니에 열매 넣기 금지. 그렇지만 규칙은 상상력을 대적할 수가 없었다. 높은 수직 흙벽을 쌓은 특별히 판 구덩이에 던져 넣기, 양팔을 몸통에 묶고 나뭇가지에 매달기, 무단 침입한 '큰 집'의 방공호에서 불과 연기를 가득 피우면서 대담하게 오랫동안 머물러 있기 등등. 무시무시한 장난은 사춘기에 거의 마법처럼 멈추었다. 이차성징의 신체 이미지, 월경, 체모, 목소리, 가슴, 정액, 성적 차이 등에 대한 적응을 통해 네다섯 살 때의 오이디푸스적 물음들의 반복은 재단언되며 '젠더'를 이원적인 성적 양극성으로 재정식화하게 한다. 청소년기의 성적 차이는 젠더 차이를 성적 차이에 관한 오이디푸스적 환상들의 반복으로서 재분절한다. 하지만 그렇게 하기 위해서 그것은 또한 동기적인 젠더 차이의 바닥 위에서 건축을 한다. 이 차이는, 아동기와 청소년기와 성인기에, 측면 관계의 모든 함축들로 채워져 있다.

동기 상황은 같음의 위협을 도입한다. 차이가 더 분명하게 확립될수록, 지배적인 사람은 더 안전하다. 주요 차이는 여성적 타자다. 큰/작은, 흰/검은, 남성/여성 등을 표상하기 위해 신체를 사용하면서, 폭력은 이 다른 타자에 대항하여 주체를 확립하기 위한 사회적 수단이 된다. 앤 파슨스는 시골 가족이 나폴리 빈민가로 이주할 때 가부장제가 쇠락한다는 것에 주목했다. 여자들이 돈을 벌었고, 어머니들이 아이들 먹을 것과 남편 담배를 살 돈을 제공했다. '연옥에 있는 영혼들처럼 그는 입을 벌리고 나를 기다려요. 빵을 달라고 외치는 아이들과 똑같지요.'(피조사자, Parsons, 1969: 97). 아버지 탤컷[25]의 유명한 세대 간 패러다임의 덫에 걸린 앤 파슨스는 자신의 틀을 초과하는 관찰들을 하면서 가족들이 더 모친 중심적이 된다는 것과 남자들이 아무런 가부장적 모델 없이 남성 갱들로부터 자신들의 남성적 규정을 취한다는 것에 주목했다. 이것은 '남성성의 위기'라는

---

25 | [미국의 저명한 사회학자 탤컷 파슨스. 앤 파슨스는 그의 딸이다.]

친숙한 주제인데, 이는 여성주의에 대항해 변함없는 반격을 만들어내기 위해 지배/압제 이원성의 다른 면을 단언한다.

동기 모델은 우리에게 다음과 같은 것을 보여준다. 즉 젠더 관계에는 언제나 어떤 잠재된 위기가 있으며, 이는 큰/흰/남성의 우월성이라는 예측 가능한 해결책을 찾는다. 그와 같은 우월성은 개인적이거나 집단적인 전능함으로서 문화적으로 코드화되는데, 그러한 전능함은 타자를 소멸시키거나 무력한 존재로 국한시키는 것에 의존한다. 무서울 정도로 폭력적이고도 평등주의적인 사춘기 이전 습속을 지닌 로스앤젤레스/엘살바도르 소녀 갱들이 있기는 하지만, 갱 세계의 더 인습적인 소녀들이 그들의 남자들을 구조하려고 노력하면서 과거의 가족에 향수를 느낀다는 사실은 슬픈 아이러니다. 이 과거의 가족은 상상된 시골 농장 핵 공동체(nuclear community)에 산다. 하지만 브라질이 전형적이다. 브라질의 농장들은 노예 설탕 재배장이었으며, 여자들에 대한 남자들의 폭력이 남자의 권리로서 제도화되어 있는 곳은 바로 시골 지역이다. 더 나이 든 남자들이 젊은 여자와 결혼하는 곳에서, 가부장적으로 그들은 아버지의 자애로운 훈육으로 아내를 때릴 수도 있고, 측면적 자기-차별화의 통제되지 않은 폭력을 자기 아이들의 어머니로 가정되지 않는 여자들을 위해 준비해 둘 수도 있다. 그리고 아마도 이따금씩, 더 작은 자, 더 약한 자, 구성된 타자는 비앙카처럼 폭력에 대한 대체물을 배치함으로써 돌아갈 방법을 찾는다.

정신분석가 조지 엥겔은 논문 「쌍둥이의 죽음」(Engel, 1975)에서 어떻게 그의 쌍둥이 동기가 예기치 않게 사망한 기일에 극도의 자기 혼동을 재-경험했는지를 서술했다. 그들 둘은 그러한 혼동을 주관적으로 알고 있었으며 타자의 지각으로부터도 알고 있었는데, 그들은 이를 아이로서 두려워하는 동시에 이용했다. 꿈에서만이 아니라 깨어 있을 때도 그는 그의 형제의 이름에 답했으며, 거울 속에서 그의 형제를 보았으며, 그가 죽은 지 1년이 되었을 때 자기 진단된 히스테리적 전환 증상으로서 '동일

한' 심장 발작을 겪었다(그로부터 그는— 그의 쌍둥이 동기와는 달리
— 자연스럽게 회복되었다).

쌍둥이 또한 심적 위치들의 가변성을, 같음과 다름의 놀이를 보여준다.
날 때부터, 동일한 '복제'형 쌍둥이조차도, 차이가 있다. 삶의 경험들은
차이화를 촉진한다. 그렇지만, 동일시 과정은 반대 방향으로 잡아당긴다
— 쌍둥이가 더 차이 나게 되면서, 그 둘은 또한 더 닮아 간다. 의존적/독립
적, 더 강한/더 약한 등등의 역할들은 어느 정도 정착이 된다. 하지만
아이의 삶에서 매 위기 때마다 그 역할들은 재타협[재협상]된다. 그리하여
모든 시간 모든 상황에서 고정된 것은 결코 없다. '젠더'가 발산되어 나오
는 자리로서 이 측면 관계들은 젠더 차이 역시 마찬가지로 어떤 유연한
표지임을 지시한다. 때로 젠더들은 멀리 떨어져 있을 것이고 때로는 함께
가까이 있을 것이다. 쌍둥이처럼, 각 젠더의 특징은 서로 자리를 바꿀
수 있다. 이것은 젠더에 대해 주장되는 이원적 경직성처럼 보이는—
하지만 경직성이지는 않은— 것의 변형 가능성을 지시한다. 쌍둥이는
예외라기보다는(문헌들은 예외로 간주하지만), 문제들을 부각시키는 극
단적 사례이며, '동기' 규범의 영광이자 악몽이다. 쌍둥이에게서, 동기들에
게서, 갱 속의 친구들에게서, 종교적 공동체 안에서, 결혼에서, 당신 자신의
복사물 속에서, 당신은 당신이 예상하는 것 이상을 얻는다. 더 좋든 나쁘든
간에 말이다.

경제적 성공은 일반적, 개별적 층위에서 한 자녀나 무자녀를 가리키는
일반적 경향이 있다. 아마 우리는 곧 묻게 될 것이다: 그 모든 동기들은
어디로 갔지? 하지만 심리학적으로 말해서, 동기들은 그들의 도래를 기대
하거나 그들에게 일어날 수도 있는 일을 두려워하는 외동아이에게도 핵심
적이다. 현실적 동기는 해결될 수 있는— 그리하여 사회성이 결과하는
— 방식으로 증오에로의 접근을 허용한다는 점에서 중요하게 간주된다.
동기들은 같은 사람을 사랑하고 증오하는 것을 배우는 방법을 제공한다.

동기들은 그 자체로 중요하며, 동시에 그 어떤 친족 집단에서도 중심적이다. 어느 정도까지 동기들은 또래집단 가운데서 친구와 적에 의해 대체될 수도 있다 — 모든 사람은 자신이 유일무이하지도 전능하지도 않다는 것을 받아들여야 한다. 웅대한 자기의 상실과 자신과 유사한 타자들의 수용은 핵심적인 것으로 남을 것이다. 주체는 또한 다른 사람들의 세계 안에서 살아남아야 한다. 자기존중과 타인들에 대한 존경은 같은 동전의 양면이다.

그런 가운데, 동기들이 번창하는 세계에서는, 그들의 중요성을 그들 자체에서만 볼 수 있는 게 아니라 모든 측면 관계에서 볼 수 있다. 동기성이 타협될 때의 정신적 수단들은 핵심적이다. 자아와 대상의 분열, 동일시와 투사, 사랑과 증오의 동시적 역전, 이 모두를 뒤이어서 — 희망컨대 — 나르시시즘은 대상-사랑으로 변형되며, 살의는 자기와 타자 안에서 잘못된 것이나 악한 것에 대한 대상적 증오로 변형된다. 이것들은 — 수직적 패러다임이 아니라 — 측면적 패러다임의 구성 요소다. 동기들은 또한 폭력과 권력과 비-재생산적 성욕의 상호침투를 이해함에 있어, 같음의 매트릭스로부터 벼려낸 차이로서의 젠더의 생성에 있어, 측면성의 중요성을 가리킨다.

참고 문헌

대괄호 속 연도는 최초 출판연도다. 저술들을 제 시대에 놓는 게 도움이 될 때 사용했다. 이런 경우, 인용 쪽수는 나중 판본을 따른다.

Abraham, K. [1913] Mental after-effects produced in a nine-year old child by the observation of sexual intercourse between its parents. In Abraham 1942, pp. 164-8.

Abraham, K. (1922) Manifestations of the female castration complex. *International Journal of Psycho-Analysis* 3, pp. 1-29.

Abraham, K. (1942) *Selected Papers on Psychoanalysis*. London: Hogarth Press and Institute of Psycho-Analysis.

Agger, E. M. (1988) Psychoanalytic perspectives on sibling relationships. *Psychoanalytic Enquiry* 8, no. 1, pp. 3-30.

Alexander, F. (1923) The castration complex in the formation of character. *International Journal of Psycho-Analysis* 4, pp. 11-42.

Anzieu, D. (1986) *Freud's Self-Analysis*. London: Hogarth.

Ariès, P. (1962) *Centuries of Childhood: A Social History of Family Life*. New York: Vintage Books. / 필립 아리에스, 『아동의 탄생』, 문지영 옮김, 새물결, 2003.

Bainham, A., Day Sclater, S. and Richards, M. (eds) (1999) *What is a Parent? A Socio-Legal Analysis*. Oxford: Hart.

Balint, E. [1963] On being empty of oneself. In Mitchell and Parsons 1993, pp. 37-55.

Balint, E., Courteny, M., Elder, A., Hull, S. and Julian, P. (1993) *The Doctor, the Patient and the Group*. London: Routledge.

Balint, M. (1952) *Primary Love and Psycho-Analytic Technique*. London: Tavistock.

Balint, M. (1968) *The Basic Fault: Therapeutic Aspects of Regression*. London: Tavistock.

Bank, S. and Kahn, M. D. (1982) *The Sibling Bond*. New York: Basic Books.

Barker, P. (1996) *Regeneration*. London: Viking.

Bion, W. R. [1948] Experiences in groups. In Bion 1961.

Bion, W. R. [1950] The imaginary twin. In Bion 1967.

Bion, W. R. (1961) *Experiences in Groups, and Other Papers*. London: Tavistock.

Bion, W. R. (1967) *Second Thoughts: Selected Papers on Psychoanalysis*, London: Heinemann Medical.

Blok, A. (2001) *Honour and Violence*, Cambridge: Polity.

Boer, F. and Dunn, J. (eds) (1992) *Children's Sibling Relationships: Developmental and Clinical Issues*. Hillsdale, N.J.: Lawrence Erlbaum.

Bollas, C. (2000) *Hysteria*. London: Routledge.

Bowlby, J. (1951) *Maternal Care and Mental Health*. Geneva: World Health Organization.

Bowlby, J. (1969) *Attachment and Loss*, vol. 1: *Attachment*. London: Hogarth and Institute of Psycho-Analysis. / 존 보울비, 『애착』, 김창대 옮김, 나남, 2009.

Bowlby, J. [1973] *Attachment and Loss*, vol. 2: *Separation, Anxiety and Anger*. New edn, London: Pimlico, 1998.

Bowlby, J. [1980] *Attachment and Loss*, vol. 3: *Loss: Sadness and Depression*. New edn, London: Pimlico, 1998.

Breen, D. (1993) (ed.) *The Gender Conundrum: Contemporary Psychoanalytic Perspectives on Femininity and Masculinity*. London: Routledge.

Brenman, E. (1985) Hysteria. *International Journal of Psycho-Analysis* 66, pp. 423-32.

Brunori, L. (1996) *Gruppo di Fratelli / Fratelli di Gruppo*. Rome: Borla.

Brontë, E. [1847] *Wuthering Heights*. Reprint London 1949. / 에밀리 브론테, 『폭풍의 언덕』, 김종길 옮김, 민음사, 2005.

Brown, D. (1998) Fair shares and mutual concern: the role of sibling relationships. *Group Analysis* 31, pp. 315-26.

Burlingham, D. (1952) *Twins: A Study of Three Pairs of Identical Twins*. London: Imago.

Butler, J. (1999) *Gender Trouble: Feminism and the Subversion of Identity*, 10th anniversary edn. London: Routledge. / 주디스 버틀러, 『젠더 트러블: 페미니즘과 정체성의 전복』, 조현준 옮김, 문학동네, 2008.

Byatt, A. S. (1992) *Angels and Insects*. London: Chatto and Windus. / 앤토니어 수잔 바이어트, 『천사와 벌레』, 윤희기 옮김, 미래사, 2004.

Carveth, D. L. and Carveth, J. H. (2003) Fugitives from guilt: postmodern de-moralization and the new hysterias. At www.yorku.ca/dcarveth.

Cary, J. (1947) *Charley is my Darling*. London: Michael Joseph.

Cawson, P., Wattam, C., Brooker, S. and Kelly, G. (2000) *Child Maltreatment in the United Kingdom: A Study of the Prevalence of Child Abuse and Neglect*. London: National Society for the Prevention of Cruelty to Children (NSPCC).

Charles, M. (1999) Sibling mysteries: enactments of unconscious fears and fantasies. *Psychoanalytic Review* 86, no. 6, pp. 877-901.

Chen, X. and Rubin, K. H. (1994) Only children and sibling children in urban China: a re-examination. *International Journal of Behavioural Development* 17, no. 3, pp. 413-21.

Chesler, P. (1997) *Women and Madness*. New York: Four Walls Eight Windows.

Cixious, H. (1981) Castration or decapitation. *Signs* 7, no. 1, pp. 36-55.

Clement, C. (1987) *The Weary Sons of Freud*. London: Verso.

Coles, P. (1998) 'The children in the apple tree': some thoughts on sibling attachment. *Australian Journal of Psychotheraphy*, nos 1-2, pp. 10-33.

Colonna, A. B. and Newman, L. M. (1983) The psychoanalytic literature on siblings. *Psychoanalytic Study of the Child* 83, pp. 285-309.

Conran, M. (1975) Schizophrenia as incestuous failing. Paper to the International Symposium on the Psychotherapy of Schizophrenia, Oslo, Aug.

Coren, V. (2002) Why I need to beat up my brother. *Evening Standard*, 29 Oct.

David-Menard, M. (1989) *Hysteria from Freud to Lacan: Body and Language in Psychoanalysis*. Ithaca: Cornell University Press.

Davidoff, L. (1995) *Worlds Between: Historical Perspectives on Gender and Class*. Cambridge: Polity.

Davidoff, L. (2000) Sisters and brothers – brothers and sisters: intimate relations and the question of 'incest'. Paper for workship, European University Institute, Florence.

Davin, A. (1978) Imperialism and motherhood. *History Workshop Journal* 5, pp. 9-65.

de Beauvoir, S. (1972) *The Second Sex*. Harmondsworth: Penguin. Originally published in French, 1947. / 시몬느 드 보부아르, 『제2의 성』, 이희영 옮김, 동서문화사, 2009.

Deutsch, H. (1947) *The Psychology of Women: A Psychoanalytic Interpretation*, vol. 2: *Motherhood*. London: Research Books.

Dunn, J. (1985) *Sisters and Brothers*. London: Fontana Paperbacks.

Dunn, J. and Kendrick, C. (1982) *Siblings: Love, Envy and Understanding*. London: McIntyre.

Eisler, M. J. (1921) A man's unconscious phantasy of pregnancy in the guise of traumatic hysteria. *International Journal of Psycho-Analysis* 2, pp. 255-86.

Engel, G. (1975) The death of a twin. *International Journal of Psycho-Analysis* 56, pp. 23-40.

Erikson, E. [1964] The inner and the outer space: reflections on womanhood. In Erikson 1975.

Erikson, E. (1975) *Life History and the Historical Moment*. New York: Norton.

Farmer, P. (ed.) (1999) *Sisters: An Anthology*. London: Allen Lane.

Fenichel, O. (1945) *The Psychoanalytic Theory of Neurosis*. New York: Norton.

Field, M. J. (1960) *Search for Security: An Ethno-Psychiatric Study of Rural Ghana*. London: Faber.

Fortes, M. and Mayer, D. Y. (1965) Psychoses and social change among the Tallensi of Northern Ghana. *Études et Essais* (Revue du Centre National de la Recherche Scientifique), pp. 5-40.

Freud, A. (1923) The relation of beating-phantasies to a day-dream. *International Journal of Psycho-Analysis* 4, pp. 89-102.

Freud, S. [1895] *Studies on Hysteria*. In Freud 1953-74, vol. 2. / 프로이트, 『히스테리 연구』, 김미리혜 옮김, 열린책들, 2003.

Freud, S. [1900-1] *The Interpretation of Dreams*. In Freud 1953-74, vols 4 and 5. / 프로이트, 『꿈의 해석』, 김인순 옮김, 열린책들, 2003.

Freud, S. [1905a] Fragments of an analysis of a case of hysteria. In Freud 1953-74, vol. 7. / 프로이트, 「도라의 히스테리 분석」, 『꼬마 한스와 도라』, 김재혁 · 권세훈 옮김, 열린책들, 2003.

Freud, S. [1905b] *The Three Essays on Sexuality*. In Freud 1953-74, vol. 7. / 프로이트, 『성욕에 관한 세 편의 에세이』, 김정일 옮김, 열린책들, 2003.

Freud, S. [1907] On the sexual enlightenment of children. In Freud 1953-74, vol. 9. / 프로이트, 「어린아이의 성교육」, 『성욕에 관한 세 편의 에세이』, 김정일 옮김, 열린책들, 2003.

Freud, S. [1909] Analysis of a phobia in a five year old boy. In Freud 1953-74, vol. 10. / 프로이트, 「다섯 살배기 꼬마 한스의 공포증 분석」, 『꼬마 한스와 도라』, 김재혁 · 권세훈 옮김, 열린책들, 2003.

Freud, S. [1913] *Totem and Taboo*. In Freud 1953-74, vol. 12. / 프로이트, 「토템과 터부」, 『종교의 기원』, 이윤기 옮김, 열린책들, 2003.

Freud, S. [1918] From the history of an infantile neurosis. In Freud 1953-74, vol. 17. / 프로이트, 「늑대인간: 유아기 신경증에 관하여」, 『늑대인간』, 김명희 옮김, 열린책들, 2003.

Freud, S. [1919] 'A child is being beaten': a contribution to the study of the origin of sexual perversions. In Freud 1953-74, vol. 17. / 프로이트, 「매 맞는 아이」, 『정신병리학의 문제들』, 황보석 옮김, 열린책들, 2003.

Freud, S. [1920] *Beyond the Pleasure Principle*. In Freud 1953-74, vol. 18. / 프로이트, 「쾌락 원칙을 넘어서」, 『정신분석학의 근본 개념』, 윤희기 · 박찬부 옮김, 열린책들, 2003.

Freud, S. [1921] *Group Psychology and the Analysis of the Ego*. In Freud 1953-74, vol. 18. / 프로이트, 「집단 심리학과 자아 분석」, 『문명 속의 불만』, 김석희 옮김, 열린책들, 2003.

Freud, S. [1922] Some neurotic mechanisms in jealousy, paranoia and homosexuality. In Freud 1953-74, vol. 18. / 프로이트, 「질투, 편집증 그리고 동성애의 몇 가지 신경증적 메커니즘」, 『정신 병리학의 문제들』, 황보석 옮김, 열린책들, 2003.

Freud, S. [1923] *The Ego and the Id*. In Freud 1953-74, vol. 19. / 프로이트, 「자아와 이드」, 『정신분석학의 근본 개념』, 윤희기 · 박찬부 옮김, 열린책들, 2003.

Freud, S. [1925] An autobiographical study. In Freud 1953-74, vol. 20. / 프로이트, 「나의 이력서」, 『정신분석학 개요』, 박성수 · 한승완 옮김, 열린책들, 2003.

Freud, S. [1926] *Inhibitions, Symptoms and Anxiety*. In Freud 1953-74, vol. 20. / 프로이트, 「억압, 증상 그리고 불안」, 『정신 병리학의 문제들』, 황보석 옮김, 열린책들, 2003.

Freud, S. [1928] Dostoevsky and parricide. In Freud 1953-74, vol. 21. / 프로이트, 「도스또예프스끼의 아버지 살해」, 『예술, 문학, 정신분석』, 정장진 옮김, 열린책들, 2003.

Freud, S. [1933] Femininity. In Freud 1953-74, vol. 22. / 프로이트, 「여성성」, 『새로운 정신분석 강의』, 임홍빈 · 홍혜경 옮김, 열린책들, 2003.

Freud, S. (1953-74) *The Standard Edition of the Complete Psychological Works of Sigmund Freud*, ed. J. Strachey. 24 vols, London: Hogarth and Institute of Psycho-Analysis.

Friedan, B. (1963) *The Feminine Mystique*. London: Gollancz.

Gallop, J. (1982) *Feminism and Psychoanalysis: The Daughter's Seduction*. London: Macmillan.

Girard, R. (1978) Narcissism: the Freudian myth demythified by Proust. In A. Roland (ed.), *Psychoanalysis, Creativity and Literature*, New York: Columbia University Press, pp. 293-311.

Golding, W. (1954) *Lord of the Flies*, London: Faber. / 윌리엄 골딩, 『파리 대왕』, 유종호 옮김, 민음사, 2002.

Goody, J. (1990) *The Oriental, the Ancient and the Primitive: Systems of Marriage and the Family in the Pre-industrial Societies of Eurasia*. Cambridge: Cambridge University Press. / 잭 구디, 『중국과 인도의 결혼풍습 엿보기』, 연국희 옮김, 랜덤하우스코리아, 1999.

Goody, J. (2002) The African family: yesterday, today and tomorrow. Paper to seminar Gendered Family Dynamics and Health: African Family Studies in a Globalizing World, Legon, Ghana, Oct.

Green, A. (1995) Has sexuality anything to do with psychoanalysis. *International Journal of Psychoanalysis* 76, no. 5, pp. 871-83.

Hacking, I. (1995) *Rewriting the Soul: Multiple Personality and the Sciences of Memory*. Princeton: Princeton University Press.

Hammel, E. A. (1972) *The Myth of Structural Analysis: Lévi-Strauss and The Three Bears*. Addison-Wesley.

Herman, J. L. (1992) *Trauma and Recovery: From Domestic Abuse to Political Terror*. London: Pandora. / 주디스 허먼, 『트라우마』, 최현정 옮김, 열린책들, 2012.

Hobson, P. (2002) *The Cradle of Thought*. London: Macmillan.

Hollway, W. (2000) Psychological and psychoanalytic discourses on partnering and parenting: the post-war period. Paper, University of Leeds, at www.leeds.ac.uk/cava.

Holmes, J. (1980) The sibling and psychotherapy: a review with clinical examples. *British Journal of Medical Psychology* 53, pp. 297-305.

Holmes, J. (2000) Reply to Juliet Mitchell. John Bowlby Memorial Conference, London, Mar.

Hopkins, K. (1980) Brother-sister marriage in Roman Egypt. *Comparative Studies in Society and History* 22, pp. 303-54.

Hopper, E. (2000) Sibling relationships in groups, organisations and society. Lecture and workshop for International Association of Group Psychotherapy (IAGP) Project, Professional Exchange for Further Education (PEFE), Istanbul, May.

Hufton, O. (1995) *The Prospect Before Her: A History of Women in Western Europe*, vol. 1: *1500-1800*. London: HarperCollins.

Hunter, D. (1983) Hysteria, psychoanalysis and feminism: the case of Anna O. *Feminist Studies* 9, no. 3, pp. 464-88.

Isaacs, S. (ed.) (1941) *The Cambridge Evacuation Survey: A Wartime Study in Social Welfare and Education*. London: Methuen.

Jacobs, J. [1890] The story of the three bears. In *English Fairy Tales*, London: Everyman Library, 1993.

Jacobus, M. (1995) *First Things: The Maternal Imaginary in Literature, Art and*

Psychoanalysis. London: Routledge.

Jones, E. (1922) Notes on Dr Abraham's article on the female castration complex. *International Journal of Psycho-Analysis* 3, pp. 327-8.

Kaplan, L. (1991) *Female Perversions.* London: Pandora Press.

Kelley, M. (1983) *Post-partum Document.* London: Routledge and Kegan Paul.

King, H. (1993) Once upon a text: hysteria from Hippocrates. In S. L. Gilman, H. King, R. Porter, G. S. Rousseau and E. Showalter (eds), *Hysteria beyond Freud,* Berkeley: University of California Press.

Klein, M. [1923] The role of the school in the libidinal development of the child. In Klein 1975, vol. 1.

Klein, M. [1932] The sexual activities of children. In Klein 1975, vol. 2. / 멜라니 클라인, 「아동의 성적 활동」, 『아동 정신분석』, 이만우 옮김, 새물결, 2011, pp. 203-217.

Klein, M. [1952] On observing the behaviour of young infants. In Klein 1975, vol. 3.

Klein, M. [1957] Envy and gratitude. In Klein 1975, vol. 3.

Klein, M. [1961] *Narrative of a Child Analysis.* In Klein 1975, vol. 4.

Klein, M. (1975) *The Writings of Melanie Klein,* vols 1-4. London: Hogarth Press and Institute of Psycho-Analysis. / [2권] 멜라니 클라인, 『아동 정신분석』, 이만우 옮김, 새물결, 2011.

Klein, M. (2000) *The Selected Melanie Klein,* ed. J. Mitchell. London: Penguin.

Kristeva, J. (1982) *Powers of Horror: An Essay on Abjection.* New York: Columbia University Press. / 쥘리아 크리스테바, 『공포의 권력』, 서민원 옮김, 동문선, 2001.

Lacan, J. (1982a) Intervention on transference. In Mitchell and Rose 1982, pp. 61-73.

Lacan, J. (1982b) The meaning of the phallus. In Mitchell and Rose 1982, pp. 74-85.

Lacan, J. (1993) *The Seminar of Jacques Lacan: Book III, The Psychoses (1955-1956),* ed. J.-A. Miller. London: Norton.

Laing, R. D. (1962) Series and nexus in the family. *New Left Review* 15, pp. 7-14.

Laplanche, J. and Pontalis, J.-B. (1973) *The Language of Psycho-Analysis*. London: Hogarth Press and Institute of Psycho-Analysis. / 장 라플랑슈 · 장 베르트랑 퐁탈리스, 『정신분석 사전』, 임진수 옮김, 열린책들, 2005.

Laufer, M. E. (1989) Adolescent sexuality: a body/mind continuum. *Psychoanalytic Study of the Child* 44, pp. 281-94.

Lechartier-Atlan, C. (1997) Un traumatisme si banal. Quelques réflexions sur la jalousie fraternelle. *Revue Française de Psychanalyse* 1, pp. 57-66.

Lévi-Strauss, C. (1963) *Structural Anthropology*. New York: Basic Books.

Lévi-Strauss, C. (1994) *The Raw and the Cooked: Introduction to a Science of Mythology*. London: Pimlico.

Libbrecht, K. (1995) *Hysterical Psychosis*. New Brunswick, N.J.: Transaction.

Limentani, A. (1989) To the limits of male heterosexuality: the vagina-man. In *Between Freud and Klein: The Psychoanalytic Quest for Knowledge and Truth*, London: Free Association Books.

Lidner, R. M. (1945) *Rebel without a Cause: The Hypno-analysis of a Criminal Psychopath*. London: Research Books.

Malinowski, B. (1927) *Sex and Repression in Savage Society*. London: Routledge and Kegan Paul. / 브로니슬라브 말리노프스키, 『미개사회의 성과 억압/문화의 과학적 이론』, 한완상 옮김, 삼성출판사, 1982.

Malinowski, B. (1929) *The Sexual Life of Savages*. London: Routledge and Kegan Paul.

Mannoni, O. (1968) *Freud and the Unconscious*. New York: Pantheon.

Mauthner, M. (2003) *Sistering: Powers of Change in Female Relationships*. London: Palgrave Macmillan.

Mitchell, J. (1966) Women: the longest revolution. *New Left Review* 40, pp. 11-37.

Mitchell, J. (1984) *Women: The Longest Revolution: Essays on Feminism, Literature and Psychoanalysis*. London: Virago.

Mitchell, J. (2000a) *Mad Men and Medusas: Reclaiming Hysteria and the Effects of Sibling Relationships on the Human Condition*. London: Penguin.

Mitchell, J. (2000b) *Psychoanalysis and Feminism* (with a new introduction). London: Penguin Press. First published 1974.

Mitchell, J. (2003) Natasha and Helene in Tolstoy's *War and Peace*: gender conventions and creativity. In F. Moretti (ed.), *Il Romano*, vol. 3, Rome: Einaudi.

Mitchell, J. and Goody, J. (1999) Family or familiarity? In Bainham et al. 1999, pp. 107-17.

Mitchell, J. and Parsons, M. (eds) (1993) *Before I was I: Psychoanalysis and the Imagination* by Enid Balint. London: Free Association Books.

Mitchell, J. and Rose, J. (eds) (1982) *Feminine Sexuality and the École Freudienne*. London: Norton.

Mitscherlich, A. (1963) *Society without the Father*. London: Tavistock.

Oakley, A. (1972) *Sex, Gender and Society*. London: Temple Smith.

Oberndorf, C. P. (1928) Psychoanalysis of siblings. Paper to the 84th annual meeting of the American Psychiatric Association, Minneapolis, June.

Okin, S. (1989) *Justice, Gender and the Family*. New York: Basic Books.

Parsons, A. (1969) *Belief, Magic and Anomie: Essays in Psychosocial Anthropology*. New York: Free Press.

Pateman, C. (1989) *The Disorder of Women: Democracy, Feminism and Political Theory*. Cambridge: Polity.

Pontalis, J.-B. (1981) On death-work. In J.-B. Pontalis, *Frontiers in Psychoanalysis: Between the Dream and Psychic pain*, London: Hogarth Press and Institute of Psychoanalysis, pp. 184-93.

Porter, R. (1987) *A Social History of Madness: Stories of the Insane*. London: Weidenfeld and Nicolson.

Rank, O. [1924] *The Trauma of Birth*. London: Routledge, 1999.

Riley, D. (1983) *War in the Nursery: Theories of the Child and Mother*. London: Virago.

Riviere, J. (1929) Womanliness as masquerade. *International Journal of Psychoanalysis*, pp. 303-13.

Riviere, J. [1932] On jealousy as a mechanism of defence. In Riviere 1991.

Riviere, J. (1991) *The Inner World of Joan Riviere: Collected Papers: 1920-1958*. ed. A. Hughes. London: Karnac.

Roheim, G. (1934) *The Riddle of the Sphinx*. London: Hogarth and Institute of

Psycho-Analysis.

Roy, A. (1997) *The God of Small Things*. London: Flamingo. / 아룬다티 로이, 『작은 것들의 신』, 황보석 옮김, 문이당, 2007.

Rubin, G. [1975] The traffic in women: notes on the political economy of sex. In Scott 1996b, pp. 105-51.

Rutter, M. (2000) Eight John Bowlby Memorial Lecture. City of London School for Girls, Mar.

Saadawi, Nawal El (2002) *Walking through Fire: A Life of Nawal El Saadawi*. New York: Zed Books.

Sabbadini, A. (1988) The replacement child: an instance of being someone else. *Contemporary Psychoanalysis* 24, no. 4, pp. 528-47.

Sabean, D. W. (1993) Fanny and Felix Mendelssohn-Bartholdy and the question of incest. *Musical Quarterly* 77, no. 4, pp. 709-17.

Sayers, J. (1991) *Mothering Psychoanalysis*. London: Hamish Hamilton.

Scott, J. W. (1996a) Gender: a useful category of historical analysis. in Scott 1996b, pp. 152-80.

Scott, J. W. (ed.) (1996b) *Feminism and History*. Oxford: Oxford University Press.

Seccombe, W. (1993) *Weathering the Storm: Working-Class Families from the Industrial Revolution to the Fertility Decline*. London: Verso.

Segal, H. (1986) *The Work of Hanna Segal: A Kleinian Approach to Clinical Practice*. London: Free Association Books.

Sexton, A. [1962] All my pretty ones, In Sexton 1991.

Sexton, A. (1991) *The Selected Poems of Anne Sexton*, ed. D. W. Middlebrook and D. H. George. London: Virago.

Shechter, R. A. (1999) The meaning and interpretation of sibling-transference in the clinical situation. *Issues in Psychoanlaytic Psychology* 21, nos 1-2, pp. 1-10.

Shepherd, B. (2002) *A War of Nerves: Soldiers and Psychiatrists 1914-1918*. London: Pimlico.

Showalter, E. (1987) *The Female Malady: Women, Madness, and English Culture, 1830-1980*. London: Virago.

Showalter, E. (1997) *Hystories: Hysterical Epidemics and Modern Culture*. London:

Picador.

Steiner, R. (1999) Some notes on the 'heroic self' and the meaning and importance of its reparation for the creative process and the creative personality. *International Journal of Psychoanalysis* 80 (Aug.), part 4, pp. 685-718.

Stoller, R. (1968) *Sex and Gender.* London: Hogarth.

Sulloway, R. (1996) *Born to Rebel: Birth Order, Family Dynamics and Creative Lives.* London: Little, Brown.

Szreter, S. (1996) *Fertility, Class and Gender in Britain, 1860-1940.* Cambridge: Cambridge University Press.

Therborn, G. (2002) Between sex and power: the family in the world of the twentieth century. Paper presented at the Yale Colloquium on Comparative Social Research, 24 Oct.

Ussher, J. (ed.) (1997) *Body Talk: The Material and Discurisve Regulation of Sexuality, Madness and Reproduction.* London: Routledge.

Volkan, V. D. and Ast, G. A. (1997) *Siblings in the Unconscious and Psychopathology.* Madison: International Universities Press.

Walby, S. (1986) *Patriarchy at Work: Patriarchal and Capitalist Relations in Employment.* Cambridge: Polity.

Weldon, E. V. (1988) *Mother, Madonna, Whore: The Idealization and Denigration of Motherhood.* London: Free Association Books.

Williams, C. D. (1935) Kwashiorkor. *Lancet,* 16 Nov., p. 1151.

Williams, C. D. (1938) Child health in the Gold Coast. *Lancet,* 8 jan., pp. 97-102.

Williams, C. D. (1962) Malnutrition. *Lancet,* 18 Aug., pp. 342-4.

Winnicott, D. W. [1931] A note on normality and anxiety. In Winnicott 1975.

Winnicott, D. W. [1945] The only child. In Winnicott 1957.

Winnicott, D. W. (1957) *The Child and the Family: First Relationships* (broadcast talks). London: Tavistock.

Winnicott, D. W. (1958) *The Anti-social Tendency: Through Paediatrics to Psycho-Analysis.* London: Tavistock.

Winnicott, D. W. (1964) *The Child, the Family, and the Outside World.* London: Pelican.

Winnicott, D. W. [1959-64] Classification: is there a psycho-analytic contribution to psychiatric classification? In Winnicott 1965b, pp. 124-39.

Winnicott, D. W. [1960] String: a technique of communication. In Winnicott 1965b.

Winnicott, D. W. (1965a) *The Family and Individual Development*. London: Tavistock.

Winnicott, D. W. (1965b) *Maturational Processes and the Facilitating Environment*. London: Hogarth Press and Institute of Psycho-Analysis.

Winnicott, D. W. (1971) *Playing and Reality*. London: Tavistock. / 도널드 위니콧, 『놀이와 현실』, 이재훈 옮김, 한국심리치료연구소, 1997.

Winnicott, D. W. (1975) *Through Paediatrics to Psycho-Analysis*. London: Hogarth.

Winnicott, D. W. (1978) *The Piggle: An Account of the Psychoanalytic Treatment of a Little Girl*. London: Hogarth Press and the Institute of Psycho-Analysis. / 도널드 위니콧, 『피글: 한 어린 소녀의 정신분석적 놀이 치료 사례』, 반건호·유희정 옮김, 하나의학사, 2002.

Wolf, K. M. (1945) Evacuation of children in wartime: a survey of the literature, with bibliography. *Psychoanalytic Study of the Child* 1, pp. 389-404.

Young-Bruehl, E. (1988) *Anna Freud: A Biography*. London: Macmillan.

(ㄱ)

가나
>아칸 족 정신분열증자 311
>탈렌시 족 309-13, 318, 320
가부장적 종교 51
가부장제 21, 209-10, 340-1, 344
가족
>가족 패턴의 변화 27-8, 273-4
>아이가 꾸려가는 가족 30-1
>이탈리아 친족 304-8
>탈렌시 족의 가족생활 309-13
강간과 환상 164
거세 콤플렉스 127-8, 180
>부재하는 아버지 275
>분리 불안 258
>~와 대상관계 분석 216
>~와 여자 180-4, 203
>~와 오이디푸스 콤플렉스 35
>☞ 알렉산더

<검은 거울> (영화, 시오드맥) 334

결혼

　　　　결혼 패턴의 변화 273-4

　　　　프톨레마이오스 왕조의 이집트 304

　　　　혼인 규정 299

경쟁

　　　　경쟁과 창조적 예술 49-50

　　　　매질 환상 154

　　　　살의적 경쟁 65-8

　　　　성적 기관들에 관한 경쟁 59

계약론 21-2, 340-1

계열성 101-2, 135, 215, 221, 237, 281

　　　　계열성과 최소 차이 243

　　　　계열과 결합 217, 299

　　　　안티고네 211

고아 92-3n

골디락스와 곰 세 마리 213, 215, 218-9 244

골딩, 윌리엄(Golding, William):『파리대왕』24, 267

광증 304, 310-1, 318, 321

국립아동학대예방협회(NSPCC) 82, 110n

꿈

　　　　살인에 관한 꿈 219

　　　　사라의 사례 140-1

　　　　전차 인간의 꿈 227, 233-8

권력 관계 23, 172-3　　　　☞ 가부장제

그린, 앙드레(Green, André) 85n, 200, 318

근친상간

　　　　문화적 차이 23

　　　　프로이트의 근친상간 이야기들 124

　　　　생식기화 121-2

　　　　게르트와 일제의 사례 145-6

문학에서의 근친상간 116, 118-9, 120

근친상간의 드물지 않음 82, 109, 114, 135, 143

억압 55

사라의 사례 112-5, 121-3

근친상간 터부 68, 303-4

트로브리안드인들과 근친상간 18-9, 303-4

(ㄴ)

나르시시즘

나르시시즘과 히스테리 91

나르시시즘적 자기의 상실 320-1

모성의 나르시시즘 159

나르시시즘과 신경증 52

나르시시즘과 다른 아이들 44-5

일차적 사랑 79

나르시시즘과 재생산적 충동 190

타자-사랑으로의 변형 76-7

남자

가부장제와 형제들 340-3

남자와 히스테리 33, 36-7

리멘타니의 '보지 남자' 276-84, 286

출산을 하려는 소원 204

☞ 형제, 환상, 젠더

내사(introjection) 36, 54, 288, 291-293 321-323

놀이와 게임 290, 333-4

계열성 101-2

포르트/다 214n

늑대인간 82, 139, 269

늑대인간과 X 부인 157

늑대인간의 강박 149
매질 환상 165, 169-175
원장면 199

(ㄷ)

다른/같은
방어적인 타자화 301
다른 관점을 보지 못함 291
젠더 337-343
근친상간과 같음 179-80
주체임을 인정하기 215-217
동기들의 같음 95
성적 차이 345-8
주체/대상 상호작용 203-4
쌍둥이 333-7, 350
'보지 남자' 276-282
대상관계 이론 69, 130, 204
부재하는 아버지 275
거세 콤플렉스 216
상호주관성 221
대상관계 이론과 동기들 219
대상-애착 53
던, J.(Dunn, J.) 111
도라의 사례 ☞ 바우어, 이다
도스토예프스키, 표도르(Dostoevsky, Fyodor) 228
도이치, 헬레네(Deutsch, Helene) 93n, 97, 207
돈 후안증 279n, 281-8
동일시 297
동기

생물학적 동기 22, 95

동기들의 구별짓기 101

첫째 아이의 병 311, 313-20

아프리카에서의 질투 311-3

유일무이함의 상실 233

동기와 오이디푸스 콤플렉스 40

동기로서의 자식 178-80

긍정적 애착 270-2

의붓동기 167

동기로부터의 지원 265-72

동성애

히스테리증자와 정신병자의 양성애 298-301

동성애와 클로닝 환상 240-1

동성애와 가족 273

질투와 경쟁 181-3

잠재적 동성애 62, 231

동성애의 같음 175, 277

동성애와 동기 섹스 82-4

동일시 292-6

동일시와 내사 292

또래집단

또래집단과의 동일시 43-50

동기간 터부 22

(ㄹ)

라이히, 빌헬름(Reich, Wilhelm) 201

라캉, 자크(Lacan, Jacques) 37, 225, 236n, 345

거세 콤플렉스 216

'아버지의 법' 88-9, 96

거울 단계 122

모성적 정신분석 51

전-오이디푸스적 영역 219

성적 차이 202-4

상징계 99

선자 인간 229-30, 235

랑크, 오토(Rank, Otto) 258, 261

레비-스트로스, 클로드(Lévi-Strauss, Claude) 30, 213, 344

로이, 아룬다티(Roy, Arundhati): 『작은 것들의 신』 82, 119, 137, 142, 264, 317

로젠펠드, 허버트(Rosenfeld, Herbert) 194

<로코와 형제들> (영화, 비스콘티) 55, 304-5

로하임, 게자(Roheim, Geiza) 103, 107

루터, 마이클(Rutter, Michael) 92-3n

리멘타니, 애덤(Limentani, Adam) 283

돈 후안증 286-7

동일시 293, 295-6

「남성 이성애의 경계로: 보지 남자」 276-9

리버스, W. H.(Rivers, W. H.) 90

리비도 ☞ 성욕

리비에르, 조운(Riviere, Joan) 37, 280

리처드의 사례 192-3, 323 ☞ 클라인

린드너, R. M.(Lindner, R. M.) 해럴드의 사례 289-91

(ㅁ)

마노니, 옥타브(Mannoni, Octave) 206

말리노프스키, 브로니슬라브(Malinowski, Bronislaw)

트로브리안드의 동기들 150

트로브리안드인 연구 18-20, 22

보편적인 오이디푸스 콤플렉스에 대하여 303-5

메이어, 도리스(Mayer, Doris) 313

「정신증과 사회적 변화」(포티스와 공저) 309-10

무의식

욕망의 억압 220

유아기와 아동기 73-4

문학

문학과 동기 근친상간 115, 118-20

문화

가정들 30

빈곤한 나라에서의 위험들 265-6

사회질서의 차이 23

이슬람 문화 23

미철리히, 알렉산더(Mitscherlich, Alexander)

『아버지 없는 사회』 275

미첼, 줄리엣(Mitchell, Juliet)

『내가 나이기 전에: 정신분석과 상상력』 111

『미친 남자와 메두사』 16, 73, 112, 225

(ㅂ)

바우어, 이다(Bauer, Ida) ('도라') 135, 139, 167

바우어와 오토 139

임신 228-9

발린트, 마이클(Balint, Michael) 38, 77, 160

발린트, 이니드(Balint, Enid) 98, 214, 216, 256, 289

『내가 나이기 전에: 정신분석과 상상력』 111

「자기가 텅 비어 있음에 대하여」 110, 121-3, 136-7, 280

☞ 사라의 사례

바커, 팻(Barker, Pat)

『갱생』 89-90

발달 심리학 42

벌링험, 도로시(Burlingham, Dorothy) 330

버틀러, 주디스(Butler, Judith)

    비생산적 성욕 208

바이어트, A. S.(Byatt, A. S.)

    『천사와 벌레』 110

보부아르, 시몬느 드(Beauvoir, Simone de)

    『제2의 성』 217

볼칸, V. D.(Volkan, V. D.) 219

분리 불안

    저자의 관찰들 247, 251-2

    '보울비주의' 247-8

    끈을 가진 남자아이 316-8

    분리 불안과 위험 261, 263-6

    프로이트 257-9

    내적/외적 257-8

    분리 불안과 다중 돌봄자 246-8, 252-4

    동기의 지원 266-72

비온, 윌프레드 R.(Bion, Wilfred R.) 41, 126, 131, 199, 276

    상상적 쌍둥이 291, 328-333

블록, 안톤(Blok, Anton) 95n

볼라스, 크리스토퍼(Bollas, Christopher) 181n

보울비, 존(Bowlby, John) 94, 257n, 279, 289

    『애착과 상실』 260-3

    동물행동학 262-3

    보울비에 대한 여성주의의 반응 249-50

    아이작스의 연구 254-6

    로티와 도리의 사례 269-70

    『어머니의 보살핌과 정신 건강』 255

    긍정적 동기들 271

    분리 불안 246-9

       사회적 책임과 외상 260-1

부모

       생물학적 의미 19-22

       원장면 170-3, 198-9

       ☞ 출산, 아버지, 어머니

분열 54-5

불안 ☞ 분리 불안

브렌만, 에릭(Brenman, Eric) 334

       「히스테리」 282-4

       동일시 293-9

       X 씨의 사례 286-8

브론테, 에밀리(Brontë, Emily) 114, 163

       『폭풍의 언덕』 114-7, 142

(ㅅ)

사라의 사례

       근친상간과 히스테리 111-4, 121-2, 131, 136-7, 139-42

       내사 292

사랑

       사랑과 양가성 78-9

       나르시시즘적 사랑 321

       '아무것도 도대체 옳지 않다'라는 성질 295

       사랑과 정신분석 31

       사랑의 역전 54, 70, 159

사회적 관계

       개인적 내재화 222

       사회적 관계와 모성 97

사회적 정의

       측면적 질투 47

보육원 42

쌍둥이 81

　　　쌍둥이의 죽음 349

　　　쌍둥이에 매혹됨 327-8n

　　　상상적 쌍둥이 291, 328-334, 331n

　　　쌍둥이에 관한 농담 328

　　　쌍둥이와 반영된 이미지 330

　　　같은/다른 333-7, 350214-15, 224

　　　자족성 119

　　　탈렌시 족 반-동기들 309

　　　『폭풍의 언덕』의 쌍둥이 환상 117

샤르코, 장-마르탱(Charcot, Jean-Martin) 33, 38

성마름 224-5, 240

성욕

　　　성욕의 일깨움 171

　　　히스테리증자와 정신병자의 양성애 299-301

　　　아동기 동기 놀이 82-4

　　　무의식적 억압에서 중요한 성욕 178

　　　돈 후안증 279, 281, 284, 286-8

　　　증오적 성욕 90

　　　유아 성욕 124

　　　리비도와 젠더 205

　　　말리노프스키와 트로브리안드인 18-20

　　　신체적 차이 204

　　　성욕의 복수적 관계들 209

　　　긍정적 동기 관계 174

　　　성욕과 정신분석 이론 199-208

　　　재생산적 충동과 성욕 69-70, 190, 204-208

　　　재생산에서 풀려난 성욕 207-12

　　　☞ 젠더, 오이디푸스 콤플렉스

성적 기관

거세 콤플렉스 128-9

차이 58-9

성적 기관과 근친상간 121-2

자궁의 위치 123, 129-32

부재하는 남근 58-9

음경 선망 183

성기의 박동 176

자궁 123n

☞ 오이디푸스 콤플렉스

성적 행위

삽입 56, 197

부모 성행위의 목격 170-3

욕망에 대한 금지 74

☞ 출산, 근친상간, 성욕

세계 인권선언 15

섹스턴, 앤(Sexton, Anne)

언어에 대해서 151-2, 238

셰익스피어, 윌리엄(Shakespeare, William)

『안토니우스와 클레오파트라』 147

생물학과 법 21

『햄릿』 58

『리어 왕』 110n, 318, 341-2

『말괄량이 길들이기』 318, 325-6, 332

소개 아동 245-6, 254-6, 265

리처드의 사례 323

소포클레스

『안티고네』 63-4

『오이디푸스 왕』 62, 71-2

숫자능력(numeracy) 88

스콧, 조운(Scott, Joan) 26, 121

스타이너, 리카르도(Steiner, Riccardo) 49-50, 229, 234

스톨러, 로버트(Stoller, Robert) 123n, 202

승화 76, 84, 131, 150-1, 153, 175, 183

식이장애

>아이들의 먹기 거부 313-4

>식이장애와 '자궁' 132-4

신경증

>고전적 정신분석 52-3

>신경증과 부모 사랑 53

(ㅇ)

아들러, 알프레드(Adler, Alfred) 173, 175, 178, 182, 191

아버지

>매질 166-7

>아버지의 죽음의 효과 308

>아버지의 법 88, 96, 281, 345

>어머니의 연인으로서의 아버지 127

>아버지의 혈통 237

>중요성의 변동 96

>사회변화와 아버지 273-5

>☞ 남자

<아버지가 온다> (영화, 트로이트) 187

아브라함, 칼(Abraham, Karl) 97, 181n

>전쟁의 집단 폭력 174

>여성 거세 콤플렉스 181, 183n

>부모 성교 171-2

>항문 성애 181, 184

아샨티 족 311, 316

아스트, G. A.(Ast, G. A.) 219

아이슬러, 미하일(Eisler, Michael) 225-6, 231n

전차 인간의 사례 225-43
아이작스, 수전(Isaacs, Susan) 254
아프리카 235, 265
　　가족과 에이즈 31
　　☞ 가나
안티고네 콤플렉스 64
　　측면적 젠더 성욕 211-2
알렉산더, 프란츠(Alexander, Franz)
　　「성격 형성에서의 거세 콤플렉스」 182, 183, 184
어머니 333-4n
　　어머니의 죽음 291, 308
　　환상적인 어머니 99-100
　　어머니와 히스테리 181n
　　어머니의 법 42, 69, 81, 88, 98, 100-2, 104, 131, 134-5, 281, 345
　　어머니와의 남성 동일시 278
　　'도덕적 모성' 51, 96, 245
　　'모성적 정신분석' 51
　　어머니의 위치 102
　　어머니로의 중요성 변동 96-8
　　어머니와 여동기의 혼동 102-3
　　어머니 대체자 268
　　☞ 출산, 분리 불안, 여자
억압 55, 191-8
　　욕망의 억압 220
　　성욕과 억압 178
　　☞ 오이디푸스 콤플렉스, 무의식적 재생산, 출산
언어 151, 238
에인스워스, 메리(Ainsworth, Mary) 253
X 부인의 사례
　　역전이 324, 326
X 씨의 사례 283-4

    동일시 293-8

엘 사다위, 나왈(El Saadawi, Nawal) 129

엥겔, 조지(Engel, George) 349

엥겔스, 프리드리히(Engels, Friedrich) 21

여성주의 345n

    여성주의와 거세 콤플렉스 203

    두 젠더 모두를 탐구하기 28

    여성주의와 압제 344

    여성주의와 가부장제 344

    복수적인 성적 관계 209

    보울비에 대한 반응 249-50

여자

    거세 콤플렉스 35-6, 180-4

    여자와 히스테리 33-4

    여자와 재생산 199

    여자의 지위 339

    ☞ 젠더, 어머니, 남매

영웅 47-50, 68, 151

예술가

    내적인 모델 49

    시인-영웅 48

오이디푸스 이야기 29n

    동기간 아이들 62, 71-2, 107-8

    누이 스핑크스 103-4, 107-8

    부지불식간의 아버지 살해 75

오이디푸스 콤플렉스

    거세 불안과 오이디푸스 콤플렉스 35-6, 127-8

    아버지가 어머니의 연인이라는 발견 127

    에르나의 사례 198

    입법자로서의 아버지 98-9

    오이디푸스 콤플렉스와 히스테리 124-5

　　　　　죽음의 모방 39-40

　　　　　입법자로서의 어머니 98

　　　　　대상관계 204

　　　　　원장면 173

　　　　　억압 56

　　　　　재생산과 오이디푸스 콤플렉스 80

　　　　　삼각관계 214-5

　　　　　오이디푸스 콤플렉스의 보편성 214, 303

오킨, S.(Okin, S.) 344

외상 38, 85-6

　　　　　탄생의 외상 258, 261,

　　　　　에미와 마리옹의 사례 92

　　　　　외상과 히스테리 37-8

　　　　　동기 탄생의 외상 311-21

　　　　　전쟁의 외상 89-90, 184, 224, 226

　　　　　☞ 외상신경증

외상신경증 223-4

울프, 버지니아(Woolf, Virginia)

　　　　　'어머니를 통해 거슬러 생각하기' 68, 251

　　　　　학대받은 울프 110

위니콧, 도널드(Winnicott, Donald) 216, 289, 290

　　　　　어머니에 대한 아기의 증오 77-8

　　　　　먹기 132

　　　　　동기 도래 이후의 질병 313-20

　　　　　조운의 사례 319

　　　　　사회적 상호작용 배우기 28

　　　　　미친 어머니 98

　　　　　피글의 사례 65-6, 319-20

　　　　　정신병 225, 315-6

　　　　　인형 로지 박살내기 62

　　　　　쌍둥이 336

윌리엄스, 세설리(Williams, Cecily) 311-2, 313

융, 칼 G.(Jung, Carl G.) 79, 88, 173, 201, 221

이드 184, 220

이리가라이, 뤼스(Irigaray, Luce) 99

이원성과 비-이원성 213-6, 221, 344-5　☞ 계열성

이십트, 프톨레마이오스 왕조 84, 199, 220, 304, 307

(ㅈ)

자매(여동기, 누이) 209n

　　　　어머니와의 혼동 102-4

　　　　어머니 역할하기 286

　　　　오이디푸스의 누이 104

　　　　여동생과 아내 239

　　　　☞ 동기

자살 39, 90, 157-8

자아 184

　　　　자아와 자아이상 43-4

　　　　자아의 근절 176

　　　　자아와 성적 신체 204

자위

　　　　매질 환상과 자위 84, 147-53

　　　　위안으로서의 자위 161

　　　　젠더 차이 152

　　　　자위와 동기 근친상간 145-6

　　　　늑대인간 169

　　　　☞ 환상

전이/역전이 178, 196

　　　　사라의 사례 140, 142

　　　　동기간으로서의 전이/역전이 323-5

전쟁 76
  집단 폭력 174
  소개자 아이들 245-6, 254-6, 265
  갱들의 전쟁 347-8
  남성 히스테리 88-90
  외상신경증 224, 226
전제자/악동 24-5
전차 인간의 사례
  출산 욕망 228-243
  꿈 227, 233-5
  환상 239
정신병(psychopathy)
  정신병의 양성애 299-300
  정의 52
  해럴드의 사례 289-92
  정신병과 동기 외상 223-5
  위니콧 225, 315-6
정신분석 이론
  이원적 논리 214-6
  보울비와 정신분석의 관계 256-7
  정신분석 이론과 젠더 개념 187-9
  히스테리 연구 32-41
  아동기의 중요성 17
  자기 입장의 비가시성 68-9
  측면축 30
  모성적 정신분석 51
  개인 심리학을 넘어서 221
  동기 관계의 처리 219
  성욕과 차이 199-207
정신분열증 53
  구체적 사고 151

가나 311

'정상적'인 사람들의 정신분열증 195

정신 질환

정신 질환과 젠더 338-9

전치로 인한 광증 318-9

의학 모델 51

정신증(psychosis)

고전적 정신분석 52

정신증과 동기 외상 203

제이커버스, 메리(Jacobus, Mary): 『최초의 사물들』 99-100

젠더

젠더 개념 187-9

방어적인 타자화 301

내면의 배/자궁 123-4

측면적 성욕 210-2

젠더와 압제/지배 344-5

다른/같은 337-343

폭력의 해소 207

젠더와 성적 차이 68, 189, 199-202

젠더와 동기 성욕 56-63

☞ 아버지, 남자, 어머니, 여자

존스, 어니스트(Jones, Ernest) 17, 22, 97, 202

말리노프스키와의 논쟁 105, 303

여성 거세 콤플렉스에 대하여 181

죄책감 143-4, 145-6 ☞ 오이디푸스 콤플렉스

죽음

죽음과 『안티고네』 63-4

전치시키는 동기들 75-6

죽음의 꿈 234

동기들에게 미치는 영향 268-9

죽음과 상상적 쌍둥이 330

죽음의 모방 39-40

죽음의 불가피성 61

살의적 경쟁 65-8

반복 강박 86-7

자살에 의한 죽음 90

위험에 대한 폭력적인 반응 211

지라르, 르네(Girard, René) 45

집단 심리학

집단 심리학의 망상적 국면 43-4

또래와의 동일시 43-9

증오

어머니와 아기 77

증오와 죽음 충동 86-7

에미와 마리옹의 사례 92

히스테리에서의 증오 77

질투 337

질투와 성인의 험담 312

질투와 동성애 182-3

질투와 편집증 53

질투의 격분을 다시 살기 321

(ㅊ)

출산

항문 출산 환상 101

출산에 대한 아이의 견해 125-6, 134

출산과 식이장애 132-4

히스테리와 출산 80-1, 101, 132-3

자궁의 소재 129-31

남자들의 출산 욕망 204, 226, 228-243

　　　X 부인의 출산에 대한 두려움 158-9, 179-80

　　　출산과 압제/지배 345

　　　타자들과 복제물들 135

　　　단성생식 환상 59, 180, 184, 231n, 240-3

　　　출산과 성욕 69, 204-7

　　　출산으로부터 풀려난 성욕 208-212

　　　출산에 대한 동기적 호기심 80

　　　동기간 출산 83

　　　출산의 상징들 231, 233, 237

　　　출산과 여자의 지위 386, 340

초자아 49, 96, 184, 276

(ㅋ)

콰시오커 311-2, 320, 326

크리스테바, 줄리아(Kristeva, Julia) 99-100, 77-8n

클라인, 멜라니(Klein, Melanie) 69, 191n

　　　내부로부터의 불안 257-8

　　　파괴적 선망 74, 84

　　　먹기 132

　　　「선망과 감사」 194

　　　에르나의 사례 164, 197, 292

　　　게르트와 일제의 사례 145-7, 150

　　　귄터와 프란츠의 사례 197

　　　학습에서의 억제 237-8

　　　느낌 속의 기억 252

　　　클라인과 어머니 97, 98, 180

　　　나르시시즘에 대하여 45-6

　　　『아동 분석의 내러티브』 192-3, 196

　　　긍정적인 동기 성욕 174

억압과 동기 191-8

보복 97, 98

소개자 리처드 322

(성적인) 놀이 109, 114, 143-4, 290, 333

(ㅌ)

탈렌시 족

가족 구조 309

탈렌시 족의 광증 310-3, 318

톨스토이, 레프(Tolstoy, Leo):『전쟁과 평화』115, 142

트로브리안드인 105

근친상간 303-4, 307

말리노프스키의 연구 17-20, 22

(ㅍ)

파머, A. P.(Farmer, A. P.) 312, 313

파머, P(Farmer, P.):『자매들』219

파슨스, 앤(Parsons, Ann) 306-8, 348

페니켈, 오토(Fenichel, Otto) 122

페이트먼, 캐럴(Pateman, Carole) 340, 342-3

편집증 53, 195, 198, 311, 322

포르노

매질 환상 177

포르노의 개조 110

포티스, 마이어(Fortes, Meyer) 313

「정신증과 사회적 변화」(메이어와 공저) 309-11

폭력 23-4, 75, 102

끈을 지닌 남자아이 321
살인하는 꿈 219
권터와 프란츠의 환상 197
해럴드의 사례 290-1
젠더의 도덕성 207
격분한 질투에서 나오는 폭력 321
위험에 대한 반응 211
퐁탈리스, J.-B.(Pontalis, J.-B.) 63
푸코, 미셸(Foucault, Michel) 91, 339
프로이트, 안나(Freud, Anna) 161, 217, 265
자위 환상 147-50
비명 지르는 아기 251-2
프로이트, 지그문트(Freud, Sigmund) 41, 173
매질 환상 147-9, 153-4, 160-6
『쾌락원리를 넘어서』 259
생물학적 부성에 대하여 20
반대로의 역전 54
탄생의 외상 261
'한 아이가 매 맞고 있어요' 182
죽음과 무의식 65
성욕의 결정적 역할 191
도라의 사례 135
프로이트와 도스토예프스키 228
「히스테리 분석 단편」 139
『집단 심리학과 자아 분석』 42, 47-9
한스의 사례 135
동성애와 사회적 삶 175
동일시에 대하여 293
근친상간에 대하여 109
『억제, 증상 그리고 불안』 257-8, 262
『꿈의 해석』, 219

남자들을 위한 리비도 205

프로이트와 원장면 171, 173, 191, 197-8

프로이트와 재생산적 충동 200

「질투, 편집증, 동성애에서의 몇 가지 신경증적 메커니즘」 175, 182-3, 239

누이 근친상간에 대한 터부 58

『세 편의 성이론 논문』 206-7

『토템과 터부』 47, 109

문학 사용 115

늑대인간 사례 82, 167-75

☞ 거세 콤플렉스, 오이디푸스 콤플렉스, 정신분석 이론

프리단, 베티(Friedan, Betty): 『여성의 신비』 249

플로베르, 귀스타프(Flaubert, Gustave): 『보바리 부인』 150-2, 164

필드, M. J.(Field, M. J.) 311

필머 경, 로버트(Filmer, Sir Robert) 21

(ㅎ)

하인드, 로버트(Hinde, Robert) 249, 263

해럴드의 사례 289-92, 295-6, 321

햄멜, E. A.(Hammel, E. A.) 221, 241, 344

　　　　『구조적 분석의 신화』 213-5

행동화 / 이입 행동화 98

헤겔, 게오르크 W. F.(Hegel, Georg W. F.) 203, 304n

헤시오도스(Hesiod) 104

형제(남동기, 오라비)

　　　　자매에 대한 지배 129

　　　　형제애적 병사들 28-9

　　　　이탈리아적 관계 304-8

　　　　가부장제 340-3

자아이상의 기원 48-9

　☞ 동기

호르나이, 카렌(Horney, Karen) 97

홈즈, 제러미(Holmes, Jeremy) 253

홉슨, 피터(Hobson, Peter): 『사고의 요람』 126

홉긴스, 줄리엣(Hopkins, Juliet) 271n

환상

　보바리즘 150-2

　아동 포르노 177

　아이의 게임 290

　죽은 동기 환상 168, 179

　해럴드의 사례 290-1

　Y 씨의 사례 165-8

　X 부인의 사례 154-65, 174, 177

　'멋진 이야기들' 150-1

　단성생식적 환상 59, 80-1, 101, 168, 180, 184, 231

　실제 삶과 환상 164

　사라의 사례 178

　전차 인간의 사례 239

　폭력 197

　늑대인간의 사례 169-74

히스테리 89n

　히스테리의 양성애 300-1

　출산과 히스테리 80-1, 101, 131-2, 228

　같음에 대한 두려움 175-6

　증오와 히스테리 77

　침입자와 히스테리 217-9

　애도의 상실 85

　『보바리 부인』과 히스테리 152

　기억과 히스테리 156

　남자 히스테리 36-7, 38

단성생식과 히스테리 242-3
정신분석 이론에서의 히스테리 33-41, 73
성적 학대와 히스테리 124
동기 외상과 히스테리 223-5
전차 인간 사례에서의 히스테리 225-43
전쟁 외상과 히스테리 88-90 .
늑대인간의 사례 149

한국어판 ⓒ 도서출판 b, 2015

저자_ 줄리엣 미첼(Juliet Mitchell)

영국의 정신분석가이자 사회주의 여성주의자. 1940년 뉴질랜드에서 태어나서, 1944년 어머니를 따라 영국으로 이주. 옥스퍼드 대학교에서 영문학을 공부했으며,『뉴 레프트 리뷰』를 이끈 초창기 멤버이기도 하다. 주요 저서로는『정신분석과 여성주의』(1974),『미친 남자와 메두사』(2000),『동기간』(2003) 등이 있다.

옮긴이_ 이성민

서울시립대학교 철학과 박사과정을 수료했다. 지은 책으로『사랑과 연합』이 있으며, 옮긴 책으로『사랑과 증오의 도착들』,『암흑지점』,『이라크』(공역),『실재의 윤리』,『까다로운 주체』,『신체 없는 기관』(공역),『부정적인 것과 함께 머물기』,『지젝』,『오페라의 두 번째 죽음』,『라캉의 주체』,『주체성과 타자성』 등이 있다.

부엉이 총서 ①

동기간: 성과 폭력

초판 1쇄 발행 2015년 2월 24일

지은이 줄리엣 미첼 | 옮긴이 이성민 | 펴낸이 조기조 | 기획 이성민, 이신철, 이충훈, 정지은, 조영일 | 편집 김장미, 백은주 | 인쇄 주)상지사P&B | 펴낸곳 도서출판 b | 등록 2003년 2월 24일 제12-348호 | 주소 151-899 서울특별시 관악구 미성동 1567-1 남진빌딩 401호 | 전화 02-6293-7070(대) | 팩시밀리 02-6293-8080 | 홈페이지 b-book.co.kr / 이메일 bbooks@naver.com

ISBN 978-89-91706-88-0 03100
값 25,000원